「台灣菜」的文化史

食物消費中的國家體現

陳玉箴　著

我的台菜之旅

為什麼要以食物作為研究的主題？

第一是因為我很愛食物。

食物不只是好吃而已，每種食物背後都有很長的歷史、很多有趣的故事，還有食物製作者的故事。食物是有尊嚴的。

而且，食物可以給人幸福感。

颱風天裡的一碗泡麵、媽媽特地炒的麻油九層塔、大熱天的紅豆牛奶冰、剛出爐的香噴噴麵包。我特別感興趣的，是每個家庭裡獨特的味道。

但是愛吃還不足以產生為食物寫一本論文的念頭，直到2000年夏天，升碩二的我到英國旅行，行程最後我在Cambridge的Waterstone's書店裡為碩士論文主題找靈感。然後我看到Food and Love《飲食與愛情》這本書。

這是劍橋大學人類學家Jack Goody的大作（Food and Love: a Cultural History of East and West）。我第一次發現，食物是可以用這種方式被認真對待的。在書店裡同時還有好幾本書，討論食譜或某些國家飲食發展的歷史。

食物並不寂寞。

就在那個書店我決定，以後如果有機會寫另一本論文，一定要寫與食物相關的主題。

這個給自己的承諾在十年後兌現，2010年6月我從荷蘭萊頓大學（Universiteit Leiden）以一本主題是台灣菜的論文畢業，題目是：*Embodying Nation in Food Consumption: Changing Boundaries of "Taiwanese Cuisine" (1895-2008)*；又經過十年，終於將這本博士論文大幅改寫並在台灣出版，讓我的台菜驚奇之旅有個階段性的成果。

我的台菜之旅出發點雖是基於對食物的濃厚興趣，但同樣重要的是對社會長期的觀察與疑惑。

從大學時期就讀政治系國際關係組，到之後轉讀新聞，於媒體工作三年後再赴荷蘭唸人文研究，一路走來看似一直轉換領域，其實都圍繞著一個核心關懷：「國家」是如何影響個人？什麼是「國家」？許多人說不要什麼都扯上政治，但不談政治就不會受其影響嗎？這個研究嘗試從最日常生活、所有人都一定有的經驗「飲食」來探索這個問題。

把飲食訂為博士論文主題，在2005年仍非易事，最感謝我的指導教授Prof. Axel Schneider（施耐德）讓我勇敢前行、悉心指導，引介許多不同領域的學者給我寶貴意見。我從一個媒體研究的學徒，陸續接觸到歷史學、社會學、人類學、文學，在多個領域間，發現不同學科的共同關懷，及對「國家」的不同思考。

這本書「並非」台灣飲食文化的全面分析，而是檢視「台灣菜」這個概念在百年間如何被定義、被認識、被實踐。「台灣菜」的定義與展演，涉及多層面的政治與文化議題，同時每個人自身也有相異的經驗與認知。如何將鑲嵌在歷史中的個人們，與整體的大歷史脈絡與社會變遷進行對話，並進而產生意義，使「台灣菜是什麼」這個問題，不再僅停留在個人經驗式的答案，是這本書希望達到的目的。

　　研究中最有趣的莫過於田野調查，感謝讓我進入廚房、被我一再打擾的餐廳老闆、廚師，及所有報導人。也感謝從事台菜研究漫長路上，眾多幫助我、指導我的貴人、師長們。感謝我父母與所有家人，給我豐美的家庭滋味。謝謝品滄，在論文撰寫與不斷改寫的過程中與我討論、提供許多重要的想法及線索。

　　必須說明的是，雖然本書以博士論文為基礎，但已將之大幅改寫與新增，其中部分曾陸續在期刊發表，各章節說明如下：

　　第二章〈殖民地的高級料理：日治時期「台灣料理」的誕生〉，其中部分曾發表為如下期刊論文：2008.12〈食物消費中的國家、階級與文化展演：日治與戰後初期的「臺灣菜」〉，《臺灣史研究》卷15，第3期，頁139-186，但已增加不少資料，如表2.3、2.5均為新增。

　　第三章〈古早台灣味：庶民的餐桌〉為本書新增（原英文版論文亦無）。少數段落出現在2008.12〈食物消費中的國家、階級與文化展演：日治與戰後初期的「臺灣菜」〉，《臺灣史研究》卷15，第3期，頁139-186。

　　第四章〈移植與混雜：戰後飲食版圖的重劃〉的第一、二節曾發表於如下期刊論文：2013.5〈政權轉移下的消費空間轉型：戰後初期的公共食堂與酒家（1945-1962）〉，《國立政治大學歷史學報》第39期，頁183-230。

　　第五章〈族群、階級與飲食「傳統」的創造〉部分內容曾以英文發表於：2011. 9 Ethnic Politics in the Framing of National Cuisine: State Banquets and the Proliferation of Ethnic Cuisine in Taiwan. *Food, Culture and Society*. Volume 14, Number 3, September 2011, pp. 315-333.

　　第六章〈台灣菜與「家鄉味」：家與文化記憶的變遷〉其中

部分曾發表於如下兩篇論文：

2014.12〈從溝通記憶到文化記憶：1960-1980年代臺灣飲食文學中的北平懷鄉書寫〉，《台灣文學學報》第25期，頁33-68。

2016.6〈「家」的身體實踐：林海音飲食書寫中的烹與食〉，《成大中文學報》第53期，頁155-188。

另外，這本書的改寫過程，感謝科技部曾給予「專書寫作計畫」研究經費協助（NSC 100-2410-H-328-003-MY2）（2011.8-2013.7），真的很高興我終於完成了！

最後，非常謝謝聯經出版公司所有人員，讓這一切成為可能！

目次

第一章

序論
「台灣菜」的文化史

一、什麼是「台灣菜」？

　　什麼是「台灣菜」？是清粥小菜、夜市小吃？高檔酒家菜？阿沙力的快炒？或是辦桌流水席？這個問題在近年引起相當討論，隨著2018年《米其林指南臺北》首次出版，有哪些台菜餐廳入榜、米其林或必比登榜單是否具有「台味」等議題更重新引起社會大眾對台灣菜的重視。究竟「台灣菜」如何定義？為何有如此多不同的見解？許多對台菜源流的解釋看似合理，卻又經常相互矛盾。本書作為一本歷史研究，目的不在廣泛探討當代「台灣美食」的內容，而是希望能回到歷史的經緯，檢視「台灣菜」（Taiwanese cuisine）這個概念的源頭與其意涵的歷史變遷，分析眾多對台菜源流的解釋從何而來，台灣人是透過怎樣的舌尖標準確認：「啊！這就是台灣味！」

　　在進入「台灣菜」的討論之前，需先思考的問題是：菜餚的「國籍」如何產生？當我們走進法國餐廳、義大利餐廳、日本料理店，菜單上的菜餚是從何時開始被認為是該國的代表性菜色？例如，「可樂餅」的源頭來自歐洲、炸豬排更在近幾十年才在日本被廣泛食用，為何今日它們是「日本料理」？是在怎樣的歷史過程中，特定的菜餚有了國籍，且被特定群體的人認定為「我們的味道」？

　　儘管「各國因不同風土而產生相異特色佳餚」看來似乎理所當然，但這些被認為具有各國代表性特色、被賦予國家象徵義，且經常與國家民族情感相聯繫的「國家料理」或「民族料理」，也就是本書統稱的「國族菜」（national cuisine），其實是近代隨著民族國家（nation-state）之形成才逐漸產生的結果，並非源遠流長的歷史遺跡。在此之前，儘管各地確實有不同的風土菜、地

方菜,卻未必會以「西班牙菜」、「泰國菜」、「義大利菜」等國家的形式加以認知。在此情形下需探究的便是,這些國家、民族與菜餚間的連結,是何時、如何建立起來?

此類「國族菜」的研究在近三十年興起,已是歷史學、人類學中的重要主題。「國族菜」可能是原本就存在的,也可能是新創的,無論何種方式,將特定菜餚「命名」為「國族菜」的行為,往往是建立或鞏固國家、族群團體過程的一部分,能達到政治與觀光的效果。[1]而人們對國族菜的界定,一方面反映了群體對自身的認知與希望向外人展示的形象,另一方面也可能是認同衝突時基於便利性而產生的象徵。[2]飲食文化之於國家民族,可說是畢利(Michael Billig)所謂「具意識型態的習慣」(ideological habits),在日常生活中沿路插旗並悄聲吶喊(flagged),是持續生產國家意象卻又毫不顯著的民族主義(banal nationalism)。[3]

1 Murcott, Anne, *The Nation's Diet: The Social Science of Food Choice* (New York: Addison Wesley Longman, 1998); Cusack, Igor, "Pots, Pens and 'Eating Out the Body': Cuisine and the Gendering of African Nations," in *Nations and Nationalism,* 9(2) (2003): 278; Mintz, Sidney W, "Eating Communities: The Mixed Appeals of Sodality," in T. Döring, M. Heide & S. Mühleisen (eds.), *Eating Culture: The Poetics and Politics of Food* (Heidelberg: Winter, 2003), pp. 19-34; Belasco, Warren James & Scranton, Philip, *Food Nations: Selling Taste in Consumer Societies* (New York: Routledge, 2002).

2 Mintz, Sidney W, "Eating Communities: The Mixed Appeals of Sodality," in T. Döring, M. Heide & S. Mühleisen (eds.), *Eating Culture: The Poetics and Politics of Food* (Heidelberg: Winter, 2003), p. 32; Augustin-Jean, Louis, "Food Consumption, Food Perception and the Search for a Macanese Identity," in D. Y. H. Wu & S. C. H. Cheung (eds.), *The Globalization of Chinese Food* (Richmond, Surrey [England]: Curzon, 2002), pp. 113-127.

3 Billig, Michael, *Banal Nationalism* (London; Thousand Oaks, Calif.: Sage, 1995).

　　「國族菜」在不同國家有不同的重要性與形成方式，相關研究多著眼於飲食發展與政治變遷的關係，經常被討論的觀點包括「全球化」與「國家建構論」。其中，全球化觀點從全球化 vs. 地方化的研究視角，認為國族或民族料理的興起是各地方對全球化影響的回應或反動。[4] 而「國家建構論」則傾向將國族菜的形成視為民族主義作用下的結果，是「國家文化建構」的一環，特別是對於後殖民國家飲食發展的研究，多採取此種觀點，例如阿帕度拉（Arjun Appadurai）對印度菜的研究、庫薩克（Igor Cusack）對南非菜，及皮爾契爾（Jeffrey M. Pilcher）對墨西哥菜的研究等。[5] 然而，「全球化」觀點的研究大多簡化了國家力量的影響；國家建構論視角則容易忽略市場經濟運作與消費者的主動性，對台灣特殊歷史、政治環境下的飲食文化發展，無法提供適當的解釋。台灣在百年內歷經殖民、威權與民主化等不同政治體制的獨特歷史經驗，提供從生活史、文化史探究飲食、身體與國家關係的豐富

4　此類研究如：Ball, Eric L., "Greek Food after Mousaka: Cookbooks, 'Local' Culture, and the Cretan Diet," in *Journal of Modern Greek Studies*, 21(1)（2003）: 1-36; Cwiertka, Katarzyna J. and Boudewijn C. A. Walraven（eds.）, *Asian Food: The Global and the Local*（Richmond: Curzon, 2002）; Watson, James L.（ed.）, *Golden Arches East: Mcdonald's in East Asia*（Stanford, Calif.: Stanford University Press, 1997）; Yiakoumaki, Vassiliki, " 'Local,' 'Ethnic,' And 'Rural' Food: On the Emergence of 'Cultural Diversity' in Post-EU-Accession Greece," in *Journal of Modern Greek Studies*, 24(2)（2006）: 415-445.

5　參見：Appadurai, Arjun, "How to Make a National Cuisine: Cookbooks in Contemporary India," in *Comparative Study of Society and History*, 30(1)（1988）: 3-24; Cusack, Igor, "Pots, Pens and 'Eating out the Body': Cuisine and the Gendering of African Nations," in *Nations and Nationalism*, 9(2)（2003）: 277-296; Pilcher, Jeffrey M., *Que Vivan Los Tamales!: Food and the Making of Mexican Identity*（Albuquerque: University of New Mexico Press, 1998）.

議題。

　　因此，本研究從考察「台灣菜」的多元內涵出發，回到歷史脈絡與社會結構的轉變，檢視殖民、威權、民主化等不同政治歷史時期下，食物消費、地方文化與國家（nationhood）的關係，進一步回答「什麼是台灣菜」。

　　由於飲食研究屬於一較新的研究範疇，以下先回顧目前主要的研究主題，再說明本文採取的研究取徑。

二、新興的飲食研究領域

　　飲食開始進入學術範疇並成為研究主題，相較於其他領域，實是相當晚近之事，且因人類社會中的飲食行為包括農漁牧生產、流通、進食、購買、共享、祭祀、餽贈等各環節，飲食研究在發展初期就呈現跨領域的特色。較早開始涉足飲食研究的學者，多為人類學者與歷史學者，之後又逐漸擴及到社會學、地理學、文化研究、營養學、農業、傳播學、政治學與管理、觀光等不同學科。不過，這樣的說法實是受限於當代學科區分愈趨細緻之故，飲食為每個人幾乎每天都會從事的行為，從食物的上游到下游、產地到進食，原本就涉及多個不同的社會範疇與群體，及多種政治、經濟與社會活動，因此所謂「跨領域」，只不過是反映了「飲食活動」的本質。然而，也受惠於各學科領域的蓬勃發展，不同學門均為飲食研究提供更多元而嶄新的研究視野與研究方法，有助於增加飲食研究的廣度與深度。

　　在人類學方面，飲食研究較早的源頭可溯自19世紀。[6]至1940

6　19世紀研究如：Mallery, Garrick, "Manners and Meals," in *American Anthropologist,*

年代因為二次大戰之故，攸關戰力的飲食與營養學受到許多國家重視，開始關注如何提出有效的營養飲食計畫。美國人類學者米德（Margaret Mead）等也在此背景下，投入探究飲食習慣改變的心理與文化因素。至1960年代，結構主義逐漸在飲食研究上成為重要的理論基礎與研究取徑。法國人類學者李維史陀（Claude Levi-Strauss）是提倡以結構主義來研究文化的主要學者，他認為，支配人們行為思想的一般性原則必須從人類的思維結構中去尋找，他的著作對親屬關係與神話學的研究影響至深，如「生—熟—腐爛」的「食物三角」（culinary triangle）為結構主義飲食研究的重要概念。英國人類學家道格拉斯（Mary Douglas）在1966年出版的《潔淨與危險》（*Purity and Danger*），日後常被用為分析食物禁忌的理論性工具；她對「餐」（meal）的結構分析與將飲食視為一種社會體系的分析，也是早期的重要著作。[7]

　　歷史學方面，1930年代漸興的法國「年鑑學派」（Annales School）常被認為是重要的源頭。[8]年鑑學派的總體史觀強調科際間的交流，關注焦點涵蓋物質文化史、庶民生活方式的歷史轉變等，代表作如布勞岱爾（Fernand Braudel）《15至18世紀的物質文明、經濟和資本主義》、《地中海史》。不過，在1950年代之

1（3）（1888）；關於早期飲食研究發展，參見：Mintz, Sidney and C. Du Bois, "The Anthropology of Food and Eating," in *Annual Review of Anthropology*, 31（2002）: 99-119.

7　如Levi-Strauss, Claude, "The Culinary Triangle," in *Partisan Review*, 33（1966）: 586-595; Douglas, Mary, "Deciphering a Meal," in *Daedalus*, 101（1975）: 61-81.

8　參見：Watts, Sydney, "Food and the Annales School," in Pilcher, Jeffrey M.（eds.）, *Oxford Handbook of Food History*（New York: Oxford University Press, 2012）, pp. 3-22.

前，食物主題的研究仍是附屬於其他主題研究的一部分，很少成為關注焦點。直到1960、1970年代，因為社會史研究興起，農業生產、人口變化、生活水準變遷等社會史中的重要研究議題均與食物密切相關。在後繼研究者如法蘭亨（Jean-Louis Flandrin）等人的努力下，食物品味的歷史、與食物密切相關的農業史也都開始得到重視。

發展至1980年前後，幾位學者出版了數本至今仍被認為是飲食研究經典的重要著作，包括考古人類學者張光直所編的《中國文化中的食物：人類學與歷史學觀點》（*Food in Chinese culture: anthropological and historical perspective*, 1977）、英國劍橋大學教授古迪（Jack Goody）撰寫之《烹飪、菜餚與階級：比較社會學的研究》（*Cooking, Cuisine, and Class: A Study in Comparative Sociology*, 1982）、美國人類學家敏茲（Sidney Mintz）的《甜與權力：糖在近代歷史上的地位》（*Sweetness and power: the place of sugar in modern history*, 1985）等，從這些早期經典著作就可看出，飲食研究事實上無法拘泥於特定的學科，但歷史與人類學的視野與觀點的確提供了進行飲食研究時的重要方法。

而從1990年代至今，三十年間飲食研究領域有了非常豐富、多元的長足發展，包括博物館學、科技與社會、飲食哲學、飲食倫理觀點的導入等，都已累積相當成果。尤其2010年聯合國教科文組織（UNESCO）首次將飲食文化項目如「法國盛餐」（Gastronomic meal of the French）、「傳統墨西哥菜」（Traditional Mexican cuisine）等納入「非物質文化遺產」（intangible cultural heritage）後，飲食文化相關研究更大為興盛，出版成果豐碩。除了以個別國家為主題的飲食研究外，以亞洲區域飲食視角、移民

研究，或從文化遺產視角進行的研究都有顯著成長。[9]另外，隨著環境與食安議題在全球受到關注，環境正義、都市農業、氣候變遷，及食物的道德議題等，是另一重要的新興主題。[10]

　　儘管飲食研究領域的確不斷擴展，分析觀點益發多元，但筆者認為其核心主題仍多圍繞在以下五大範疇，也可說是飲食研究的基礎議題：

1. 飲食體系與結構

　　此範疇重點置於各種飲食分類架構與體系的討論，包括物質面的體系與文化面的體系。物質面的體系包含一地或一社群飲食系統中的主食、副食、日常生活食、節慶食、救荒食物、燃料、水源、烹飪法、調味方式、飲品、休閒食等種種食物面的分

9　近十年相關研究相當多，此處難以完整列出，僅舉數例：Bhushi, Kiranmayi (ed.), *Farm to Fingers: the Culture and Politics of Food in Contemporary India* (Cambridge, United Kingdom; New York, NY: Cambridge University Press, 2018); Avieli, Nir, *Food and Power: A Culinary Ethnography of Israel* (Oakland, California: University of California Press, 2018); Farrer, James (ed.), *The Globalization of Asian Cuisines: Transnational Networks and Culinary Contact Zones* (New York, NY: Palgrave Macmillan, 2015); King, Michelle T. (ed.), *Culinary Nationalism in Asia* (Bloomsbury Academic, 2019); Halloran, Vivian Nun, *The Immigrant Kitchen: Food, Ethnicity, and Diaspora* (Columbus: The Ohio State University Press, 2016); Brulotte, Ronda L., *Edible Identities: Food as Cultural Heritage* (Farnham, Surrey; Burlington, VT: Ashgate, 2014).

10　例如，Collinson, Paul, Iain Young, Lucy Antal and Helen Macbeth (eds.), *Food and Sustainability in the Twenty-first Century: Cross-disciplinary Perspectives* (New York: Berghahn Books, 2019); Van Wieren, Gretel, *Food, Farming and Religion: Emerging Ethical Perspectives* (Abingdon, Oxon; New York, NY: Routledge, 2018).

析。[11]對飲食文化的討論或研究，往往必須先以完整的飲食體系調查為基礎，透過詳細的田野調查，對特定人群「吃什麼」先取得詳細的資料，有較完整的了解後，才能進行後續各種主題的分析。

除了物質面的飲食體系分析外，尚有文化面的飲食體系分析，也就是將飲食視為一個具有特定象徵性意義的文化系統，不僅探究飲食作為一種文化系統的意義，分析其中的規則，也進一步探析飲食文化系統與其他文化系統間的關係與互動。

此範疇中，重要的飲食研究主題例如：飲食文化民族誌（ethnography）、各社群或文化中相異的各「餐食」（meal）結構、「菜系」研究、[12]飲食禁忌、節慶飲食等。對於此範疇的研究，研究者一方面需對欲觀察的現象有完整而細緻的描述與了解，同時對同一社群的文化體系也應有所認識，才能進行符號與象徵層面的分析。

---

11 如筆者與曾品滄所執行的台江飲食文化調查研究，就是依據此架構，對台江地區的飲食文化進行調查分析。參見：陳玉箴、曾品滄，《台江地區文史資源調查及應用規劃研究（四）：台江飲食文化源流成果報告書》（台南：台江國家公園管理處，2015）。

12 如Chang、Anderson將Chinese cuisine視為一套文化體系，探析其歷史演進、飯─菜飲食結構、地區差異、藥膳等。Simoons進一步介紹動植物食材的源起與應用。另外如Halvorsen，以菜系分類說明類型的形成，Wu & Tan（eds.）檢視中華菜系在亞洲的混雜與改變等等。參見：K.C. Chang, *Food in Chinese Culture*（New Haven: Yale University Press, 1977）; Eugene N. Anderson, *The Food of China*（New Haven: Yale University Press, 1988）; Frederick J. Simoons, *Food in China: A Cultural and Historical Inquiry*（Boca Raton: CRC Press, 1991）; Francine Halvorsen, *The Food and Cooking of China: An Exploration of Chinese Cuisine in the Provinces and Cities of China, Hong Kong, and Taiwan*（New York: J. Wiley, 1996）; David Y. H. Wu and Chee Beng Tan, *Changing Chinese Foodways in Asia*（Hong Kong: Chinese University Press, 2001）.

2. 飲食方式（dining manners）與儀式

此範疇著重食物的食用形式與儀式之產生與形塑，及其他社會與文化要素的影響，此範疇的重要研究主題包括：飲食禮儀與規範的形成、飲食方式「文明化」的過程、宗教飲食、不同族群或社會群體在用餐方式上的比較與變遷、不同文化的餐具使用等。對此主題影響很深的學者如歷史社會學家伊里亞斯（Norbert Elias），以餐桌禮儀的歷史為例來說明歐洲國家在前現代時期「文明化」（civilizing process）的歷程。他的學生曼乃爾（Stephen Mennell），在1985年出版的研究中也應用文明化的理論概念來分析英國與法國飲食方式上的差異如何形成，為此範疇的重要著作。[13]

3. 飲食發展與社會、政經變遷

此範疇是從較巨觀的視野、拉長時間脈絡，對一地之飲食發展進行長期分析，探究造成飲食習慣、模式變遷的原因，及各種政治、經濟、社會因素之改變與飲食變遷的關聯性。可說以食物發展、傳布的歷史為縱軸，以生產、分配、消費等層面為橫軸，從食物的生產、分配、消費層面觀察政治、經濟變遷如何塑造、影響人們的日常飲食。此類範疇中，重要者如敏茲（Sidney Minz）從糖的歷史討論殖民主義、資本主義之發展關係為一例，該研究將巨觀的資本主義與殖民關係發展，與微觀的用糖習慣變

---

13 Elias, Norbert, Edmund Jephcott（trans.）, *The Civilizing Process: The History of Manners and State Formation and Civilization*（Oxford: Blackwell, 1994）; Stephen Mennell, *All Manners of Food: Eating and Taste in England and France from the Middle Ages to the Present*（Oxford: Basil Blackwell, 1985）.

化連結起來。[14]

此範疇的另一重要研究主題，是全球化與地方化下的飲食變遷，有許多研究關注全球化下食物貿易增加與範圍擴大對不同地區飲食景觀的影響。[15]也有專門關注一種特定的食材或食物（如披薩、漢堡、馬鈴薯等），從食物傳布的歷史，檢視飲食文化變遷與全球歷史變遷的連結。

4. 飲食與集體記憶、認同

此範疇的飲食研究分析著重集體或個體飲食行為與情感的連結，從飲食的相關實踐與消費者的認知等層面，探究食物或飲食實踐與自我認同、集體記憶的關聯，例如大貫惠美子（Emiko Ohnuki-Tierney）分析稻米在日本人自我認同中的重要性，敏茲以「食的共同體」（eating communities）稱呼這種建立在共同飲食基礎上的連結關係，[16]另外不少研究者分析個體如何藉由飲食行為來展現或維繫對族群或民族的認同，如威爾克（Richard Wilk）

---

14 Mintz, Sidney W., *Sweetness and Power: The Place of Sugar in Modern History* (New York: Penguin Books, 1985).

15 如：Andrée, Peter, Jeffrey Ayres, Michael J. Bosia, and Marie-Josée Massicotte (eds.), *Globalization and Food Sovereignty: Global and Local Change in the New Politics of Food* (Toronto; Buffalo; London: University of Toronto Press, 2014); Oosterveer, Peter and David A. Sonnenfeld, *Food, Globalization and Sustainability* (London; New York: Earthscan, 2012); Bampilis, Tryfon, *Greek Whisky: the Localization of a Global Commodity* (New York: Berghahn Books, 2013).

16 Ohnuki-Tierney, Emiko, *Rice as Self: Japanese Identities through Time* (Princeton, N. J.: Princeton University Press, 1993); Sidney W. Mintz, "Eating Communities: The Mixed Appeals of Sodality," in Tobias Döring, Markus Heide, and Susanne Mühleisen (ed.), *Eating Culture: The Poetics and Politics of Food* (Heidelberg: Winter, 2003).

對加勒比海國家貝里斯食物的研究即是一例。[17]而本研究所關注的
「國族菜」（national cuisine）也是這個題目的次領域之一。此範
疇的重要主題還包括：族群或地方飲食、食物與認同（identity）、
療癒食物（comfort food）、懷舊食物（nostalgia food）、移民飲食
等。以移民飲食來說，多關注飲食的適應、改變與對母地文化的
保留，以及食物記憶如何反映了人與地方的緊密連結，隨著各類
人口移動的數量增加，移民食物的研究也不斷推陳出新。

5. 食物中的社會區辨，如族群、階級、性別

「社會」並非一個同質的整體，而是有不同族群、階級、性
別、文化資本等多元的差異，本範疇即是關注這些差異與食物實
踐的關聯性，探討主題為各種形式的「飲食行為與社會區辨」，
對飲食消費型態、階級品味、性別角色進行分析，例如：特定食
物或特定型態的外食消費如何扮演一種文化標籤（cultural
marker），以作為品味、生活風格、社會階層等社會群體的劃分
方式。食物中的性別差異也經常是此範疇的研究主題，如社會學
者庫尼（Carole Counihan）有不少從性別角色出發的研究，討論
食物的選擇、對身材的要求如何成為對女性身體的壓迫及家庭中
的不平等。[18]另外，「家庭」也是一個了解飲食中性別差異的重要

---

17 Wilk, Richard R., "Real Belizean Food: Building Local Identity in the Transnational
　 Caribbean," in *American Anthropologist*, 99(1999).

18 Goody, Jack, *Cooking, Cuisine, and Class: A Study in Comparative Sociology*
　 (Cambridge; New York: Cambridge University Press, 1982); Counihan, Carole M.
　 The Anthropology of Food and Body: Gender, Meaning, and Power (New York:
　 Routledge, 1999); Counihan, Carole M. *Around the Tuscan Table: Food, Family,
　 and Gender in Twentieth-century Florence* (New York: Routledge, 2004).

場域，如德渥特（Margaret L. DeVault）研究美國家庭餐食製備過程所反映出的女性角色與社會脈絡。渥德（Alan Warde）與瑪婷（Lydia Martens）的外食研究及對消費者飲食習慣的研究，凸顯出吃什麼食物並非單純個人選擇，而是與更大的社會文化脈絡相關，消費者往往基於特定的社會文化脈絡，具有不同的經濟、文化資本、品味、社會階級位置，因此食物選擇不僅是個人心理的表現，更可由此探究背後的社會脈絡。[19]

　　藉由前述各範疇對食物文化的探究，可更深入在日常生活層面了解不同社會的結構、階層、價值觀、信仰、群體關係與區辨方式。不過需強調的是，這些分類僅為大主題、大方向，並非可以截然劃分，許多飲食現象可以從不同範疇的理論視角進行分析。以本書而言，研究主題為「國族菜」（national cuisine），雖較接近前述第3、4類範疇，但並非僅出於對食物歷史與認同的關心，而是從巨觀的歷史發展出發，考察政治社會變遷與食物實踐變遷的關聯性。同時，在分析時也兼及族群、社會階級等議題。

三、國族、國族性、國族菜

　　「台灣菜」的例子之所以能有如此豐富的考察面向，與台灣歷史的複雜性有關，多年來台灣的「國族性」（nationhood）其實一直十分曖昧，這也使得「什麼是台灣菜」成為一個特別有趣的

---

19 DeVault, Margaret L., *Feeding the Family: The Social Organization of Caring as Gendered Work* (Chicago: University of Chicago Press, 1991); Warde, Alan & Martens, Lydia, *Eating Out: Social Differentiation, Consumption, and Pleasure* (Cambridge〔England〕New York: Cambridge University Press, 2000).

問題。本研究以「國族菜」為研究核心，需先對國族菜的定義進行說明。

「國族」（nation）此概念在汗牛充棟的「國族主義／民族主義」（nationalism）研究成果中已有豐富討論，常被視為一個在共享歷史與共有文化的基礎上，認為自身群體與其他群體有別，欲尋求或維持政治主體性的群體。[20] 儘管對於「國族」的界定，學界也有不同的看法，如史密斯（Anthony D. Smith）區分的「國家論者」（statists）與「族群論者」（ethnicists）對此概念就有不同的偏重，前者著重領土與政治要素，後者較重視共有的文化傳統，[21] 但無論如何，政治要素與文化要素在國族／民族的發展上總是位居核心。就政治要素而言，國族基於共有土地與政治系統，是一政治、法律共同體，也是在這個意義上，追求或維持其主體性與政治主權。就文化要素而言，文化要素如共享語言、傳統、歷史對國族的建立至關重要，因為這些文化要素形塑了國族的獨特性，也建立了個體對國族的情感連結，並進一步激發人們的努力來追求或維持國族的地位。

除了可辨識的政治與文化要素之外，國族成員的主觀認同（subjective identification）對於「國族」的形成也同樣重要。許多學者在界定「國族」時均指出此點，如法國學者瑞南（Ernest Renan）在19世紀已提出除了客觀的共有文化外，一國族之成立仰仗這群人共同擁有的記憶、對共同生活的想望，以及對共有文

---

20 Smith, Anthony D., *National Identity*（Reno: University of Nevada Press, 1991），p. 14; Townsend, James, "Chinese Nationalism," in *The Australian Journal of Chinese Affairs,* 27（1992）: 103-104.

21 Smith, Anthony D., *Theories of Nationalism*（New York: Harper & Row, 1971），p. 176.

化的高度重視；格爾納（Ernest Gellner）認為只有當政治機構、
共有文化與人民的意志等要件均達成時，國家才得以成立。[22]換言
之，人們對所屬國族的歸屬感與情感連結至關重要，由此觀點來
說，國家也是一個情感的共同體，在共有政治體系的基礎上，所
屬成員共享了一組與國族相關的記憶與情感。

綜上，由於政治要素、文化要素與成員的主觀認同是「國
族」構成的要件，這三者也是「國族性」（nationhood）之維繫的
重要因素。「國族性」使國族可資辨識，也帶來一種歸屬感。此
種對國族的歸屬感不僅是一種人與人間的連結，同時也是一種納
入與排除的心理機制。藉由此種心理機制，人們區分不同的國族
成員，也劃定「我們」的界線，並嘗試維持「我們」作為一共同
國族的特殊性。

基於前述「國族性」的特色，「國族菜」可說是一種鑲嵌或
被賦予了國族性的特定菜餚。藉由國族性的賦予，特定的菜色成
為國族性的象徵，也被視為劃分「他們」與「我們」的界線。然
而何謂「賦予國族特性」？延續前述國族的構成要素，在國族菜
的形成中，政治要素、文化要素與成員的主觀認同三者，也是關
鍵的影響要素。

在政治要素方面，政府對飲食的影響可直接來自於對食物生
產、進出口貿易、營養、食品工業乃至消費面與食物傳布的種種
政策、法律管制。舉凡對食物進出口的規範、營養與食安方面的
管制，以及食品工業的建制與管理等，都形塑了一地可取得之食

---

22 Renan, Ernest, "Qu'est-ce Qu'une Nation?," in J. Hutchinson & A. D. Smith（eds.），
Nationalism（Oxford; New York: Oxford University Press, 1994), pp. 17-18; Gellner,
Ernest, *Nations and Nationalism*（Ithaca: Cornell University Press, 1983), p. 55.

物景觀。例如，希娃茲卡（Katarzyn J. Cwiertka）對日本料理歷史的研究指出，形塑現代日本料理的關鍵要素來自19世紀末匯流的多種政治與社會變革，如軍事強化下的軍隊伙食變革、帝國主義下的食物流通、家庭餐食革新、戰時糧食配給等，這些要素影響了日本全國性食物品味走向一致與同質，原本的地區多元性則漸趨淡化，此走向一致的歷史過程，事實上消弭了許多地區飲食的地方特性。[23]

以文化要素而言，國族菜的獨特性來自共同語言、傳統與歷史。許多菜餚都有獨特的地方名稱，且必須以地方語言發音，不僅翻譯困難，且一旦經過翻譯，就失去了許多原本名稱所承載的歷史或文化資訊。飲食文化，包括用餐儀節、禁忌、儀式等，則是經由特定的歷史過程所形成，並構成重要的文化傳統。如同Appadurai所言，當代印度國族菜的興起，是「複雜公共文化建構過程的一部分」。[24]國族菜的形塑反映出國族的不同文化要素，國族菜本身，則構成了國族文化的一部分。

除了政治與文化要素，主觀認同對「國族菜」的構成更是不可或缺。Pilcher對墨西哥菜餚的研究指出，在墨西哥仍被西班牙殖民期間，對墨西哥人而言，消費本地的玉米捲餅與西式白麵包，二者具有不同的象徵意涵，此種主食消費的差異，與族群界線有若干重疊。在歷經1810-1821年獨立戰爭擺脫殖民後，19世紀形塑出的「墨西哥菜」則標示了當時正逐漸形成的國家認同。在此過程中，「墨西哥菜食譜」不僅有助於創造一套「國家的」

---

23 Cwiertka, Katarzyna Joanna, *Modern Japanese Cuisine: Food, Power and National Identity* (London: Reaktion, 2006).

24 Appadurai, Arjun, "How to Make a National Cuisine: Cookbooks in Contemporary India," in *Comparative Study of Society and History*, 30(1) (1988): 22.

菜餚，同時也有助於形塑一種共有的社群感。另外也有許多與移民或離散相關的研究，特別指出移民與家鄉食物之間的顯著連帶關係，對離鄉者而言，家鄉食物經常是喚起家鄉記憶、強化與故土連結及歸屬感之物，甚至標示了個體的文化認同，成為自身安身立命的參考體系。[25]

　　然而，在這些研究所指出現象的基礎上尚須進一步釐清的是，「國族菜」的形塑過程究竟如何發生？若政治要素、文化要素與主觀認同都是「國族菜」形塑的核心，這些要素又是如何運作、相互影響？對於民族國家形成中所產生的「國族菜」論述，政治與文化行動者各自扮演何種角色？國族中的個體，在國族菜形成的過程中只是消費者嗎？特別是當如前所述，主體認同在國族性的維繫上具相當重要性時，「國族菜」便很難簡化地僅認為是由政治或文化行動者所塑造。特別是對於「飲食喜好與認同」的連結，無法視之為理所當然，而應對二者的關聯進行縝密考察。

　　綜言之，本書的考察重點將是在「台灣菜」形構與變遷過程中，政治要素、文化要素與個體主觀認同三者間的互動與影響。這些互動涉及了政策的擬定與執行者、文化行為者（如美食評論

25 Naguib, Nefissa, "The Fragile Tale of Egyptian Jewish Cuisine: Food Memoirs of Claudia Roden and Colette Rossanti," in *Food & Foodways*, 14(2006): 35-53; Roy, Parama, "Reading Communities and Culinary Communities: The Gastropoetics of the South Asian Diaspora," in *Positions*, 10(2)(2002): 471-502; Murcott, Anne, "Food as an Expression of National Identity," in S. Gustavsson & L. Lewin (ed.), *The Future of the Nation State* (New York, London: Routledge., 1996), pp. 49-77; Palmer, Catherine, "From Theory to Practice: Experiencing the Nation in Everyday Life," in *Journal of Material Culture*, 3(2)(1998): 175-199.

者、食譜作家）、市場上的行動者（包括餐廳老闆與廚師、小販），以及消費者。

在此脈絡下，本文的主要問題意識是：將台灣菜的生產、展演與消費視為一日常生活飲食與文化場域，探究其間的政治、文化要素與消費者主體認同間如何互動，創造、維持或改變了「國家」在日常生活中的意涵與具體實踐？

基於此問題意識，筆者提出三個具體的研究問題：

(1) 在殖民、威權、民主化不同政治制度時期，「台灣菜」的定義分別為何？其內涵、型態有何變遷？

(2) 誰促成了「台灣菜」定義的變遷？在政治與社會結構的改變下，政治菁英、市場力量、文化媒介等行為者如何造就「台灣菜」內涵及飲食文化的改變？如何競逐或共構台菜的界線與定義？

(3) 消費者如何理解「台灣菜」的內涵？在「台灣菜」變遷的過程中，消費者扮演何種角色？

從這些研究問題可看出，本書並不在一開始先定義什麼是「台灣菜」，因為本書的目的即是要探究「台灣菜」定義在不同歷史時期的變遷，以及哪些力量導致了此種改變。

本研究屬於文化史、社會生活史的研究範疇。近年來對台灣日常生活與文化相關歷史的研究逐漸增加，這些研究顯示出，日常生活面的變遷往往與政經脈絡的變化密切相關。文化史與生活史研究的目的不僅是要了解過去的生活狀態與日常生活文化，更必須探究這些現象是由哪些結構性、歷史性或偶然性的因素所導致，以及這些因素與當時的現象如何影響到今日的台灣社會與人

群。換言之，文化史與生活史的研究將生活面視為社會整體文化
的呈現，但亦需進一步分析此面向與政治面、經濟面因素的相互
關聯，並將台灣的發展置於更大的區域性、全球性脈絡之下進行
比較。

在這樣的研究視野下，「食物」作為一種日常生活必備之
物，一方面可從歷史面向探索食物使用方式、社會價值之長期變
遷，另一方面可與身體或身體感研究結合，討論與食物相關之味
覺、嗅覺、噁心感、家鄉味等。而本研究即結合此二者，從探索
「物」的社會生命史出發，繼之分析身體對此「物」感知經驗的
關聯。下文說明本書所採取的研究取徑。

四、從巨觀到微觀：物與體現的研究取徑

為分析政治、文化要素與個體主觀認同間的互動，本書所採
取的研究取徑需能處理「從巨觀到微觀」的提問。由於人文社會
科學的學術研究重要題目經常圍繞著政治、經濟的種種歷史變
遷，著眼於大範圍的人群與變化，此處則需進一步分析，究竟各
種政治、經濟面的變化，是如何具體而微地影響了人們的日常生
活與每個個體？意即從巨觀的歷史社會變遷，轉向關注一個巨觀
的「現象」如何影響微觀的「感覺」與「認知」，進一步探究：
這些國家、社會面的改變如何影響了個人？

當我們試圖了解某社會的人如何看待、因應重大歷史事件所
造成的改變，以及如何記憶這些事件、對該事件有何感受等細緻
問題時，往往必須回到個體身上，才能理解當個人置身於社會結
構與脈絡中，是如何與他所處的「社會」或「群體」相互影響，
個人的記憶與集體記憶乃至歷史記憶之間又有何種關聯。

這樣的提問，將焦點從整體社會變遷，以及涉及國家、社會、族群等議題的大歷史敘事，轉向為關注歷史變遷如何在個體層次為人所理解。因為在歷史研究中經常關注的「國家」、「社會」、「族群」等大命題，其實不僅是一個理論型概念、一種制度，同時更是一個人們實際上身處其中的物質環境，其體制與規範束縛著不同時代人們的行為，影響人們的言行舉止，而此物質環境，亦是人們創造自身身體經驗的處所。

具體言之，國家、社會、族群等大概念，落實在多個具體可觸及的空間中（corporeal grounding），有其可觸、可感受的面向，例如：人們在與警察的交涉中感受到國家權力的運作、在敬神的大型辦桌活動與慶典儀式中體認鄰里社群的緊密連結，又在與其他族群的肢體衝突中確認彼此在情感相屬上的差異。各國家、社會、族群的成員，乃是透過其感官知覺、生活經驗，確實感受到此空間、機制的存在與權力，並產生對該國家、社會、族群在心理上的所屬、聯繫感。如克雷（Ian Craib）、布朗（Melissa J. Brown）等學者都認為，「認同」是在社會實踐、社會互動中形塑而出，[26] 而此社會實踐、社會互動，也包括了「身體實踐」。社會人類學者康乃頓（Paul Connerton）在其名著《社會如何記憶》（How Societies Remember）中即論及，身體實踐是使過去得以復現（Bodily practice enacts the past）的重要方式之一。[27]

歸納如上討論，對於國家、社會等概念的理解可從二方向進

---

26 Craib, Ian, *Experiencing identity* (Thousand Oaks, CA: Sage Publications, 1998); Brown, Melissa J., *Is Taiwan Chinese? The Impact of Culture, Power, and Migration on Changing Identities* (Berkeley: University of California Press, 2004).

27 Connerton, Paul, *How Societies Remember* (Cambridge [England]; New York: Cambridge University Press, 1989).

行研究:一是構成此概念空間的種種物質環境,二是個體置身此物質環境中所創造的身體經驗。此二方向的研究或許不能取代以文獻、思想、論述為主體的研究傳統,但或能提供不同的思考方式,並對現有研究進行補充。

對於第一種方向,以物質環境為主的研究,即為由「物質文化」切入的研究,此類研究除在人類學、社會學界已有相當累積外,[28] 歷史學界近年也有多位學者投入,從物質文化產生的歷史條件、日常生活物質之使用,重新探究不同時代的人們如何理解外在歷史條件、社會結構,並創造不同的文化。[29] 對於此種研究,Appadurai所提出之「物的社會生命史」是一重要影響觀點,此觀點認為,每一種「物」有其獨特的生命歷程,基於社會的持續變

28 如Appadurai提出「物的社會生命史」觀念、Miller從物件(objects)本身的運用及其與人的關係討論文化的構成。余舜德等人在《體物入微:物與身體感的研究》一書中的研究則著重物性與身體感受,強調身體感官知覺之意義是社會與歷史條件作用下的產物,主張應深入探究感官經驗的歷史面向,了解身體感覺如何被內化形成,而此身體感的形成又與「物」的物質社會史研究密切相關。上述研究參見:Appadurai, Arjun, *The Social Life of Things: Commodities in Cultural Perspective* (Cambridge; New York: Cambridge University Press, 1986); Miller, Daniel (ed.), *Material Cultures: Why Some Things Matter?* (Chicago: The University of Chicago Press, 1998);余舜德主編,《體物入微:物與身體感的研究》(新竹:國立清華大學出版社,2008);余舜德,〈物與身體感的歷史:一個研究取向的探索〉,《思與言》44:1(2006),頁5-49。

29 參見:蒲慕州,〈西方近年來的生活史研究〉,《新史學》3:4(1992),頁139-153;邱澎生,〈物質文化與日常生活的辯證〉,《新史學》17:4(2006),頁1-14;巫仁恕,〈明清飲食文化中的感官演化與品味塑造——以飲膳書籍與食譜為中心的探討〉,《中國飲食文化》,20:2(2006),頁45-95;連玲玲,〈典範抑或危機?「日常生活」在中國近代史研究的應用及其問題〉,《新史學》,17:4(2006),頁255-281。

遷，該「物」的運用方法、社會價值也會不斷呈現轉變，因此，藉由對「物」之社會生命史的探究，可進一步理解社會環境的變遷。物質文化的歷史研究，多著重於討論物質的特性、物質被使用的歷史、社會條件，及其所反映出的社會經濟變化等等，有助於探究巨觀歷史、微觀事物二者間的互動。

在眾多「物」中，對於巨觀社會條件與微觀個體感知間的互動，食物，特別是「國族菜」，是一個很好的研究題材。由於每個國家人民所消費的食物，其實都受到國家政策、全球貿易、市場行銷、文化中介、個人選擇等不同的影響，因此很適合作為討論巨觀、微觀連結時的題目。從物質文化觀點，本研究欲探析以下三面向的問題：

（1）物質如何為人所使用、使用方式如何變化、此變化乃受到哪些因素影響；
（2）物質如何被符號化或成為某種象徵，此符號化的過程如何產生；
（3）個體既是物質文化的創造者，也深受物質文化的影響，這些影響如何發生？

第二種方向著重於身體經驗，本研究採取「體現」（embodiment）的研究取徑。「體現」的研究取徑反對西方哲學研究傳統中主客二分的看法，避免身與心、主體與客體的二元對立，而將焦點放在知覺形成的過程、物質文化與身體經驗的互動。[30]類似觀

---

30 Csordas, Thomas J., "Embodiment as a Paradigm for Anthropology," in *Ethos*, 18（1）（1990）: 5-47.

念如史崔森（Andrew Strathern）的 body thought 或舍柏 - 休斯
（Nancy Scheper-Hughes）與洛克（Margaret M. Lock）的 mindful
body 等，均用以強調身體的主體性。[31] 在此理論脈絡下，身體、感
官知覺的意義是社會與歷史條件作用下的產物，對感官之了解，
亦應深入感官經驗的歷史面向，了解身體感覺如何被內化形成。
接續此脈絡，余舜德、顏學誠等提出「物與身體感」的研究取
徑，強調身體感官知覺之意義是社會與歷史條件作用下的產物，
主張應深入探究感官經驗的歷史面向，了解身體感覺如何被內化
形成，而此身體感的形成又與「物」的物質社會史研究密切相
關。[32]

　　以食物為主題進行研究的特殊性與重要性在於：食品與料理
不僅具有維生的實用價值，更有其象徵價值與商品的經濟價值。
食物相關的文化分類是一種鑲嵌於日常生活、透過食用經驗而
「以身體現」的分類方式，在人們熟悉並實踐這些分類的過程
中，常不自覺地將此分類體系及其價值觀嵌入自身，影響自身的
思考與行動。藉由重複共食、烹飪等方式，可確定並強化日常生
活中的文化分類，而此文化分類又與政治權力、社會階層等條
件，有著極為密切的關聯。

　　從體現的研究取徑出發，「台灣菜」不僅是一種市場商品，

---

31 Strathern, Andrew, *Body Thoughts*（Ann Arbor: University of Michigan Press,
　1996）; Scheper-Hughes, Nancy and Margaret M. Lock, "The Mindful Body: A
　Prolegomenon to Future Work in Medical Anthropology," in *Medical Anthropology
　Quarterly*, 1（1987）: 6-41.
32 余舜德，〈物與身體感的歷史：一個研究取向的探索〉，《思與言》44:1
　（2006），頁 5-49；余舜德、顏學誠，〈體物入微：「物與身體感專號」導
　言〉，《國立臺灣大學考古人類學刊》65（2006），頁 1-8。

更是一國族概念在日常生活中得以體現的文化範疇。在不同的歷史時期、台灣具有不同的國家定位，這些不同的定位影響了人們對「國族」及自身文化認同有不同的認知，且這樣的認知是在日常生活與文化實踐中不斷強化，或產生改變。此書因此不僅是「台灣菜」的歷史，更是關於國家認知如何變遷、國族文化（national culture）在不同歷史條件下如何不斷重塑的歷史。

　　綜合以上兩種研究觀點，本書以「台灣菜」為焦點，一方面從其歷史面向探索其定義與社會價值之轉變，另一方面與身體感研究結合。亦即從探索「物」的社會史出發，繼之分析身體對此「物」感知經驗的關聯，探究「物、符號形成、身體實踐」這三者間的關係。

　　「物」：指「台菜」所指涉的具體內容與物質。

　　「符號形成」：指加諸在「台菜」上的特定意涵，包括菜餚與地方、國家符號連結的歷程、所涉及國族（nationhood）概念的建立、轉化或變遷。

　　「身體實踐」：指台灣人在飲食上的實踐行為，與對「台菜」概念的認知。

　　三面向中，對物的歷史及其符號化的探究涉及政經因素的影響、舊慣風俗的形成。對身體知覺之探究則包含情感、文化記憶的累積，對上述面向的分析有助於理解人們歷史意識的形成及對過去生活的認識。藉由探究「台灣菜」概念在近百年間的變遷，能進一步分析國族性（nationhood）如何在日常生活消費行為中被實踐與「體現」。

　　基於前述研究問題與研究取徑，本書的章節安排如下：第二

章至第五章主要回答，在殖民、威權、民主化不同政治制度時期，「台灣菜」的定義、內涵產生何種變遷？不同的行為者如何造就「台灣菜」的改變？第二章以日治時期為主要分析階段，第三章則涵蓋日治與戰後初期。第四章除了關注二次戰後大批移民來台引致的飲食移植與混雜，並說明1960、1970年代「台菜」餐廳的發展；第五章則以2000年政黨輪替後的改變為分析焦點，從族群、階級等面向探析當代「台灣菜」內涵的改變。包括原住民菜、客家菜、「台灣小吃」的形塑及國宴下鄉等現象。第六章關注認知面的變遷，從唐魯孫、逯耀東、林海音等人的飲食書寫分析「家鄉味」書寫中的台灣菜，並由此析論個體認知、記憶與群體文化記憶的相互關聯。

需特別說明的是，第二、三章所涵蓋的歷史時期雖均以日治期間為主，但第二章分析的是「台灣菜」作為一種新的符號（台灣料理）如何被提出與展示，第三章則是說明台灣人在飲食上的日常實踐，二者分別屬於「文化展演」與「生活實踐」的不同層次。

如威爾克（Richard Wilk）指出，在食物研究裡經常有公共展演（public performance）與生活實踐（lived practice）兩個面向，對於一社群的飲食文化，前者指在公開場合經常被挑選出來展示，具有特定文化象徵的飲食，後者則是一般人生活中真正習慣、實踐的飲食，這兩個面向從來就無法明確區分開來，[33] 但仍有助於理解台灣菜的「文化再現」與「生活經驗」二概念。

---

[33] Wilk, Richard R, "Food and Nationalism: The Origins of 'Belizean food'," in W. J. Belasco & P. Scranton（eds.）, *Food Nations: Selling Taste in Consumer Societies*（New York: Routledge, 2002）, p. 70. 此二面向參見表1.1。

表1.1　飲食文化的生活實踐與公共展演

生活實踐	公共展演
烹飪 cooking	佳餚 cuisine
家中餐食 meals at home	公眾宴席 public banquet
古老傳統 ancient tradition	現代創作 modern artifice
勞工階級 working class	菁英階級 elite class
地區的 regional	國家的 national
地方的 local	大都會的 cosmopolitan

　　在此二分類中，文化工作者、餐廳老闆或食譜作者對於菜餚的界定屬於公共展演，亦即「文化再現」的層次，這些佳餚從菜名、選材到烹飪方式大多經過設計，並強調佳餚具有特定文化的代表性，享用者大多為上層階級，且在商業活動、外食機會較頻繁、酒樓也較多的都會區才有機會享用到。第二章所述關於「台灣料理」的論述與介紹，也因此較侷限於這個經過挑選的文化展演層次，卻未必能呈現、說明大多數台灣人在日常生活中實際的飲食生活。

　　相對於文化再現面的台灣菜，「生活經驗面」的台灣菜，包含食物本身、烹調與用餐方式，及其所反映出的社會關係、社會價值，乃至一般大眾對地方飲食的認知等，則難以在官方文獻、報端食譜等得到詳細說明與例證。尤其在日治時期，對大多數汲營於生計、僅求溫飽，特別是在都市以外的台灣人來說，「台灣料理」仍是一陌生而不具意義的概念。大多數台灣人在現實生活中的飲食生活，顯然與這「文化再現面」的呈現有著不小的落差。

　　相較於飲食的「文化再現」常被作為文化象徵、用以彰顯國

家民族的特殊性，或是社會上層階級的品味與文化價值，「生活經驗」面的實際飲食生活則多如 Wilk 所言，是已然習慣、鑲嵌於生活中的經驗。人們通常不會意識到自己每天所吃的食物具有何種特定的文化意涵，因此對於生活經驗面台灣飲食的探析，必須相當仰賴私領域中關於日常生活的歷史資料，其中又以民俗資料與日記中的記述最為豐富，此為第三章的分析焦點。由第二、三章的比較，也可凸顯出國族菜的「符號形成」與「身體實踐」二層面間亦有可能存在不小的差距。

第二章

殖民地的高級料理
日治時期「台灣料理」的誕生

前言：台灣料理──被命名的他者

何時開始出現一個名詞，專門指稱台灣這個地方的特有菜餚？「台灣菜」（Taiwanese cuisine）這個概念何時誕生？雖然在19世紀之前的漫長時間中，島上的人群來來去去，在口語交談中或許也曾出現一些詞彙用來指稱台灣的食物，但從文獻的考察來看，真正出現一套有系統的論述，介紹、說明台灣的特色食物，是在日本展開對台的殖民統治之後。從日人的眼光來看，在台灣所見食物，無論在烹調方式、食材種類、味道上，都與日本的料理截然不同，對需要長期居住於此的日本人而言，有必要加以命名、理解。正如同英國人將印度的多種香料命名為「咖哩」，菜餚的國籍往往來自「他者」的出現，「台灣料理」的命名亦是來自初來乍到的日本殖民者。

然而，從日人出發的視角，也使得「台灣料理」最初的意涵限縮為從殖民者視角出發的「殖民地料理」，指涉在台灣宴席、酒樓等場合供應的高檔菜餚。換言之，日治初期的「台灣料理」並非指「台灣人吃的菜餚」，而是用以展示台灣這處新殖民地特色風味的佳餚，是一種「殖民地料理」。在殖民時期參與台灣料理論述的主要行動者，包括了日本皇族、官員、高級料理屋業者，及通熟日、台語言，扮演中介者角色的通譯。但是到了日治中、後期，有更多的台灣知識分子開始在「台灣菜」的定義與演繹上扮演重要角色。

第一節　台灣料理初登場

大正12年（1923）4月16日，日本皇太子裕仁，也就是三年

後登基的昭和天皇，從基隆港登陸來到台灣，展開行啟之旅。[1] 當時日本統治台灣已將近三十年，台灣總督田健治郎多次奏請皇太子前來巡察，希望將殖民地的治績與建設成果呈獻在皇太子面前。對日本政府而言，皇太子的巡視，正可作為一種征服的象徵。回望過去，日本領台之初與台人衝突不斷，近三十年後，則準備將井然政績呈現在皇室成員面前。對日人而言，彷彿可藉由皇太子的蒞臨，驗收日本的統治成果，並再次確認對殖民地台灣的統治權力。

　　這趟皇太子為期十二天的台灣之旅，對台灣總督府及各級官員來說，自是至為重要的盛事。舉凡台北圓山運動場的修築、各地「行啟記念館」的建設、街道清潔、相關人員的健康檢查等，都嚴格執行。裕仁皇太子於4月12日搭乘軍艦出發，16日登陸後下榻在台北御泊所，為台灣總督府官邸，也就是今日的台北賓館。之後便沿縱貫鐵路往南，一路視察新竹州、台中州、台南州及高雄州。巡察與參觀地點包括台北植物園內的「台灣生產品展覽會」、台灣總督府博物館（今國立臺灣博物館）、各地法院、學校等。

　　皇太子的台灣之旅，少不了大開宴席。這十餘天旅程中的正式晚宴採取西式宴席，獲邀賓客均被要求依照日本內地皇宮禮儀，穿著燕尾服出席。因此在數週之前，受邀官紳們也紛紛訂製新的燕尾服以出席宴會。[2] 自明治維新以來，法國菜宴席在日本上

1　昭和天皇本名裕仁（1901/4/29-1989/1/7），自1926年12月25日至1989年1月7日間為日本天皇，年號昭和。昭和天皇為2019年4月30日退位之日本天皇明仁的父親。

2　〈東宮殿下行啟彙報　御陪食には燕尾服　洋服屋の大喜び〉，《臺灣日日新報》，1923年3月2日，第7版。

層階級大為風行，正式國宴以西式晚宴為主，即使皇太子來到台灣也依然如此。

在此情形下，皇太子這趟台灣之旅中唯一的「台灣料理宴席」，也就格外引人矚目。

4月24日中午，皇太子在行邸的大食堂賜宴「台灣料理」，由高等官員陪同享用，這場台灣料理宴是皇太子此行中唯一主打「地方美食」的正式宴席。一方面讓皇太子換換口味，嚐嚐與日本料理相較之下特別具有「熱帶風情」的當地菜餚，另一方面，也可藉此在宴席中呈獻台灣盛產的特殊食材與物產，如魚翅。

這場台灣料理宴席與其他為皇太子籌備的活動一樣，很早就展開精密而審慎的規劃。早在數月前，總督府就已選定台北著名的料理屋江山樓與東薈芳負責，甚至選派人員遠赴日本進行烹調與試菜。在正式御宴的一週之前，八位廚師必須隔離，齋戒沐浴。他們為這場「台灣料理」御宴端出的菜單如下表所示：[3]

表2.1　日本裕仁太子1923.4.24在台灣享用的「台灣料理」宴席

	菜名	烹調法
上半席	雪白官燕	將南洋產燕窩浸泡熱水，清洗後以冰糖水調製
	金錢火雞	豬肉薄切成兩片，均為一錢銅幣大小，中間夾蔥、荸薺及火雞肉，外部裹以蛋汁及麵包粉後油炸
	水晶鴿蛋	將倒入雞湯調味後之雞肉與香菇鋪底，上置鴿蛋
	紅燒火翅	將本島產「龍文砂魚」背鰭精製而成之魚翅以熱水清洗，三天前先以清水浸泡，油煎後與雞肉、蔥及酒一起烹煮

3 〈御泊所の大食堂にて臺灣料理を召上られ供奉高官全部に御陪食〉，《臺灣日日新報》，1923年4月26日，第7版；〈御宴與臺灣料理，江山樓之光榮〉，《臺灣日日新報》，1923年4月27日，第8版。

上半席	八寶焗蟳	蟹肉與蔥、荸薺、豬肉及麵包粉混合放入蟹殼內部，外部裹上麵粉蛋糊，再裹麵包粉後油炸
	雪白木耳	以中國四川產的木耳為主料，加上美國產的香菇在高湯中烹煮
前、後半席間的鹹點	炸春餅	將雞肉、豬肉、蝦肉等主要材料切碎混合，外裹麵粉皮油炸
下半席	紅燒水魚	先將本島產的鱉油炸後以熱水清洗烹煮，淋紅燒滷汁
	海參竹茹	海參為馬尼拉產，使用前三天以水浸泡，以高湯煮，放進竹茹、菇類調味
	如意鯻魚	本島產之淡水魚去骨，魚肉切成長薄片，包入蛋、火腿及粉絲入鍋蒸
	火腿冬瓜	將冬瓜切成骨牌狀，夾入火腿，放入鍋裡蒸，再放入高湯裡烹煮
	八寶飯	糯米蒸熟，混合蓮子、銀杏、冬瓜、乾柿、花生、砂糖及豬肉七種配料製成
	杏仁茶	將熱水倒入中國甘肅省產古桃果實中，去皮、磨粉，以布過濾，再加入冰糖調製而成

資料來源：〈御泊所の大食堂にて臺灣料理を召上られ供奉高官全部に御陪食〉，《臺灣日日新報》，1923 年 4 月 26 日，第 7 版。

　　這些佳餚囊括了燕窩、鴿蛋、火雞、魚翅、螃蟹、白木耳、鱉、海參等價昂食材，乍看與今日吃喜酒的菜色有些相似。然而，這套宴席並不是任意地將華美佳餚拼湊起來。據「御宴主廚」吳江山日後在《臺灣日日新報》上的說明，這套菜餚其實展演了一套完整的台灣料理宴席，從菜色排列到用餐禮儀都遵循特定的規範。宴席宛如悉心排列的密碼，不僅展現美食，也同時展現用餐者對美食禮儀的知識與鑑賞能力。

　　這套台灣料理宴席分為上半席與下半席，上半席在六道主菜之後，第七道點心炸春餅稱為「即席料理」，標示著上半席的結

束。因此賓客看到點心送上席來，便知整套宴席已進行一半，相當於宴席的中場休息時間。休息時間結束後上第八道菜，代表下半席的開始。

宴席中，對於各道菜餚的安排，廚師會特別注意乾、濕相間，也就是一道無湯汁的菜之後往往會搭配湯羹類，以讓客人口感均衡，不致口乾舌燥。賓客們一路談笑用餐，直到最後的點心八寶飯與杏仁茶被送上來，便知宴席已到最後，最末這道點心也特別稱為「完席料理」，標示著宴席的句點。

皇太子的台灣料理宴席大受好評，據報導，皇太子十分滿意，且對八寶飯特別喜愛，自1923年後，「到台灣吃江山樓的台灣料理」，成為來台日本皇室成員的必要行程。「台灣料理」之於日本皇族，代表的不僅是具有熱帶風情的異國風味，更重要的或許還代表著「殖民地的味道」。

不過，雖這場「台灣料理」宴席辦得成功，「台灣料理」對台灣本地人來說卻相當陌生，對究竟什麼是「台灣料理」也沒有清楚答案。在殖民開始之前，清代及更早的文獻中，都沒有任何一個名詞用以特指「台灣的菜餚」。儘管清代的台灣已有外食，但外食場所多為簡單的攤子、露店，販售者也僅為簡單的麵、飯、點心，並未形成一個特殊的菜餚類型，至於台人在家中的飲食內容，儘管富有人家會聘請專人司廚，負責伙食及宴席，但至少在各種文獻上，對這些菜餚均未有「台灣菜」之類的特定稱呼。[4]換言之，將台灣的菜餚獨立特別稱為一種菜餚類型的「台灣

4 曾品滄，《從田畦到餐桌：清代臺灣漢人的農業生產與食物消費》，（台北：國立臺灣大學歷史所博士論文，2006），頁194-198。

料理」，實是日治時期才有的新創。

「台灣料理」一詞在日治時期第一大報《臺灣日日新報》中
最早見於明治31年（1898）1月18日對台南辦務署新年宴會的報
導。這次宴會的參加者除了辦務署的參事署員外，也有一些民間
仕紳，因為台灣人多之故，宴會準備了台灣料理招待共享。[5]此
外，在同年於嘉義舉辦的官方園遊會中也設置了台灣料理店。[6]由
此可知，「台灣料理」對日人而言，是一種新穎特殊的地方菜
色，在日治之初便已出現在日本官方宴席，對當時殖民者而言，
是一種與日本料理大相逕庭而可嚐鮮的地方風味。

除了日本官方宴席外，日本在台官員舉辦的私人宴會，也偶
爾會以台灣料理為宴席主題，這在日治初期或許因為具新鮮感特
別常見，如1905、1906年的《臺灣慣習記事》中，均有述及「台
灣料理」宴會菜單，其中1906年5月所載的宴客菜單是隨著邀請
函一起寄給受邀日本官員，從菜單可一窺當時的宴席內容：

表2.2 1906年5月所載的宴客菜單

半席	紅燒魚翅、洋豆山雞片、生炒魚片、清湯全鴨、炒白鴿片、生丸蝦捲
即席點心	肖邁（燒賣）、三五湯
全席	紅燒鱉魚、八寶蟳盒、炒八寶菜、清湯香螺、生拉全鴨、杏仁豆腐
雞蛋糕、咖啡、茶，另有四水菓、四甘菓、四花碟、日本酒	

資料來源：〈慣習日記〉，《臺灣慣習記事》6:5（台北：臺灣慣習研究會，
1906），頁81。

---

5 〈臺南辨務署の新年宴會〉，《臺灣日日新報》，1898年1月18日，第3版。

6 〈嘉義通信／園遊會〉，《臺灣日日新報》，1898年5月6日，第5版。

　　此宴席同樣分成上下半，前半席、後半席各六道菜，中間夾著標示前半席結束的即席點心，另有蛋糕、咖啡及日本酒。從菜色來看，仍以海鮮及肉類為主，包含魚翅、燕窩等珍貴食材，且以費工手法製作。隨請帖附上菜單的邀請，標示了受邀賓客的地位，加上宴席上的西式咖啡、日本酒等不同風味的融合，顯示這場宴席在二十世紀初期混雜而新奇的特殊風味。

　　需強調的是，儘管「台灣料理」在日治初期已被用來指稱這些高級菜餚，但與此同時「支那料理」也是常被用來指稱相同菜餚的另一詞彙。事實上，魚翅、燕窩、鱉等佳餚顯然並非台灣所獨有，而是中華菜系共有的高級菜色。[7]換言之，這些「台灣料理」其實是日人在殖民台灣之後，為了與日本料理、西洋料理進行區辨的實際需要，而將台灣本地人所享用的高級菜餚，改以「台灣料理」稱之。但在日治初期，這樣的「命名」尚未確立，因此在明治時期的文字資料中，對「台灣料理」與「支那料理」的區分並不明顯，兩個名詞的使用頗為混雜，同樣的菜餚可以用任一名詞稱之。

　　事實上，無論「台灣料理」或「支那料理」，對日人而言都是陌生名詞。「支那料理」在日本的地位曾經歷不小轉變：自18世紀初日本在長崎開放中國人通商進入日本後，開始有簡單的中式餐食出現，19世紀下半有更多中國人隨著西方人進入日本的橫濱、神戶等通商口岸，也漸有料理屋等餐飲場所供應中式餐點，廚師多來自廣東、福建。1880年代，東京僅有少數幾家中華料理店，屬於昂貴的高檔餐廳，如「偕樂園」提供的大菜有高麗蝦

7　Simoons, Frederick J., *Food in China: A Cultural and Historical Inquiry*（Boca Raton: CRC Press, 1991）, pp. 427-432.

仁、魚翅雜伴、炸鴿子、炒蟹粉等，包含魚翅、海鮮、鴿子等當時的名貴食材。[8]然而，當時歷經明治維新後的日本人多對中國觀感不佳，連帶對中國餐館興趣不大。在19世紀末期，日本人對外來飲食的興趣主要放在西洋料理上，一直要到20世紀初期日俄戰爭後，日人對中國菜方產生興趣。第一次世界大戰後，日本工業化下外食需求成長，中式料理日益擴張且受到歡迎，日本的中華料理屋在1920、1930年代才大量增加。[9]換言之，在19、20世紀之交，支那料理與台灣料理的形象對日人而言均仍在建構當中，並無明顯區分。因為對二者均認識有限，很自然地將在台灣嚐到的魚翅、燕窩、白木耳、鱉等菜餚稱為「台灣料理」。

關於此種情形，艋舺的老牌料理店「平樂遊」可為一例。「平樂遊」是19世紀末期即已開業的著名料理店，在明治34年（1901）的報導被稱為「支那料理」，[10]明治40年（1907）被稱為「臺灣料理の老舖」，[11]但也偶被稱「本島料理」。[12]只不過，在《臺灣日日新報》中，「台灣料理」仍是比「支那料理」更為普遍之用

---

8 平出鏗二郎著，紀田順一郎編，《東京風俗志 中卷》（東京：クレス，2006），頁159。

9 Cwiertka, Katarzyna Joanna, *Modern Japanese Cuisine: Food, Power and National Identity* (London: Reaktion, 2006), pp. 118-125, 139-144. Ishige, Naomichi, "Introduction of Chinese Cuisine to Japan during the Twentieth Century," in *Overseas March: How the Chinese Cuisine Spread?*, ed. David Y.H. Wu (Taipei: Foundation of Chinese Dietary Culture, 2011), pp. 13-26.

10 〈中毒十一人〉，《臺灣日日新報》，1901年4月11日，第5版。

11 〈平樂遊の代替り〉，《臺灣日日新報》，1907年11月10日，第5版。

12 如〈雜報／平樂游（遊）之後起者〉，《漢文臺灣日日新報》，1907年12月8日，第5版。「于輓（晚）近之本島料理屋。固最稱老舖者也。近因店主黃潤堂病死。營業大為頓挫。」不過，「本島料理」一詞出現次數少，並且多在提及台北以外地區的料理時才會用到。

圖2.1　日治初期台北瑞成春酒樓的菜牌（部分）

出處：《臺灣慣習記事》5:5（台北：臺灣慣習研究會，1905），頁436。

詞。追查報章文獻可知，「台灣料理」一詞不僅早於「台菜」出現，也比「支那（中國）料理」、「本島料理」的使用更為頻繁。[13]

　　也正因日本人對台灣／中華料理所知有限，在《臺灣慣習記事》中可以看到特別介紹中華料理的文章。如〈支那料理の名稱及定價〉一文述及：

　　　　中國菜餚比日本菜餚味多而價廉，世上早有定論。尤其日

---

[13] 在《臺灣日日新報》資料庫查詢，「臺灣料理」可查到216筆資料，多於「支那料理」103筆、「本島料理」27筆（2018/5/18查詢）。

本菜餚尚付所謂茶代或纏頭，……因此近來，無論家庭料理
或宴席料理，均逐漸加上中國菜餚味道，增加其需用，道理
就在此。然而中國菜餚之名稱不盡為世人所悉，定價之不明
又常為世人帶來不便。[14]

基於上述原因，該文將台北幾家菜館中的常見菜名及價錢臚
列出，從昂貴的十錦魚羹煱（鍋），已十分罕見的野雞餅、紅燒
蓮子、炒鴨崧，到現仍可嚐到的大五柳駒、[15] 加里魚、栗子雞、杏
仁豆腐等，可看出當時台灣料理屋裡的多元菜餚，與今日台菜館
的菜色也有極大差距。

對在台日人而言，不僅這些「台灣料理」的菜色新奇特殊，
連用餐禮儀都有許多不同，《臺灣慣習記事》中的另一篇文章即
指出台灣料理與日本料理在宴席方式與生食、熟食上的差異：

內地（日本風）不以食為主而以飲為主，不入於談話而以
歌舞終局，台灣反之，不以飲為主而以食為主，不為歌舞吟
唱，而以邊食邊談為興。更由配膳做菜之方式言時，內地風
係一人配一膳，台灣式係數客共食一碗，內地菜肴以生肉供
膳，台灣菜肴絕對不用生，內地人不厭冷肴而食，台灣人賞
味熱食，所有菜肴內地者以其味淡泊者多。台灣菜以其味濃
厚居多。[16]

---

14 〈支那料理の名稱及定價〉，《臺灣慣習記事》5:5（台北：臺灣慣習研究會，
1905），頁63-64。此處中譯引自：臺灣慣習研究會原著，臺灣省文獻委員會
譯編，《臺灣慣習記事》（台中：臺灣省文獻委員會，1990），5:5，頁230。

15 同時期多數菜譜寫為「五柳居」。

16 新樹，〈宴席及料理に關する雜話〉，《臺灣慣習記事》2:10（台北：臺灣慣習

　　從上可知，台灣人與日本人的宴席無論在餐具、食物、氣氛上都有所區別，對於甫到台灣的日本人來說，這是具有異國風情的地方風味，而當日人有愈來愈多機會與台灣仕紳接觸，對台人的宴席方式有所了解實可促進他們與地方仕紳的關係，有助於建立社會網絡及地方統治。

　　日治初期的「台灣料理」，除了出現在官方或私人宴席這類較封閉的場合外，也開始出現在博覽會此種具演示性的公開場合，意味著「台灣料理」作為一種新的飲食類型，也已進入公領域作為展演的項目，為更多人所認識。

　　1877年，日人首次舉辦本國勸業博覽會，博覽會的成功帶來在1881、1890、1895年舉辦的同主題博覽會。[17]到了明治36年（1903）在大阪舉行的第五次本國勸業博覽會，因為是台灣成為日本殖民地後的第一次博覽會，台灣的物產成為博覽會重要主題。在該次博覽會特設的「臺灣館」中，便有了「台灣料理屋」的設置。

　　該年所設置的「臺灣館」，設計為傳統四合院造型，甚至將台灣開台進士鄭用錫（1788-1858）家的涼亭運去，館中展示眾多

　　研究會，1905），頁61-62。此處中譯引自：臺灣慣習研究會原著，臺灣省文獻委員會譯編，《臺灣慣習記事》（台中：臺灣省文獻委員會，1987），2:10，頁176-177。

17 關於日本博覽會的發展，參見：胡家瑜，〈博覽會與台灣原住民──殖民時期的展示政治與「他者」意象〉，《國立臺灣大學考古人類學刊》62（2005），頁3-39、李政亮，〈帝國、殖民與展示：以1903年日本勸業博覽會「學術人類館」事件為例〉，《博物館學季刊》20:2（2006），頁31-46、呂紹理，《展示臺灣：權力、空間與殖民統治的形象表述》（台北：麥田出版，2005），頁76-100。

圖2.2　1903年第五次本國勸業博覽會臺灣料理店的廣告
出處：秋惠文庫提供。

台灣優良物產，包括烏龍茶、鳳梨罐頭、鳳梨布、大甲蓆、大甲帽、淡水絹、藺草等。[18]展場中除了工業、農業產品展示外，最引人注目的就是在展館北側的喫茶店、賣店與台灣料理店了。

　　為了呈現逼真的台灣料理店場景，該博覽會展場中的台灣料理店從室內裝潢到器皿餐具都模仿台灣當時的酒樓，雇用台灣廚師、由台灣女性擔任服務員，以使台灣料理店更接近本地情形。從3月5日開店至6月底，消費民眾將近38,000-39,000人；營業額也達到9,837圓餘，每人平均消費額為25錢左右。此外，喫茶店與賣店的營業額也達到兩萬圓，遠超過總督府預估的五千圓。[19]

18　月出皓編，《臺灣館》（台北：臺灣日日新報社，1903），無頁碼。
19　同上注，頁13-14。

　　這間設置在博覽會中的台灣料理店不僅是展示料理店的場景，也供應貨真價實的菜餚，其菜單如下表所示，其中「特別品」是指需特別提前預約準備的菜色。

表2.3　第五次本國勸業博覽會中「台灣料理店」菜單（1903）[20]

麵類	肉絲白麵、火腿白麵、雞絲白麵、炒蝦白麵
御手輕	紅燒魚、炒魚片、炒塔酒、清湯毛菰、絨菜丸、炒下水、八寶菜、什錦菜、八寶飯、流魚卷、水晶流魚、清湯流魚、清湯刺參、洋毛菰、洋豆仁、燒雞丸、炒春花、蓮子湯、杏仁豆腐、絨刺參、杏仁洛、洋鮑魚
雞及家鴨類[21]	炒雞卷、童子雞、曷利雞、香油雞、生炒雞、旁炒雞、洋蔥雞、栗子雞、炒雞什、金錢雞、干煎雞、白片雞、燒片雞、炒雞搭、毛菰雞、豆仁雞、杏仁雞、鮑魚雞、炒雞丁、加里雞、鴛鴦雞
鰕（蝦）類	炒蝦仁、冬菜蝦、豆仁蝦、炒蝦餅、蝦丸湯、炒蝦虎、曷利蝦、金錢蝦
鳩類	炒鴿蘇、炒鴿片、豆仁鴿、炒白鴿
蟹類	白片蟳、絨蟳羹、桂花蟳、清湯蟳、金錢蟳、煎谷蟳
特別品	
鰭類	雞絨魚翅、三絲魚翅、木筆魚翅、煮蟹魚翅、佛手魚翅、洒魯魚翅、蟳底魚翅、紅燒魚翅、鳳凰魚翅、秀琉魚翅、桂花魚翅、芙蓉魚翅
雞類	龍鳳雞
鳩類	淮山鴿、絨全鴿、神仙鴿、海參鴿
魚類	五柳魚
鱉類	紅燒鱉、清湯鱉、紅炖鱉

資料來源：中華飲食文化基金會圖書館資料庫館藏、秋惠文庫館藏。

20　對照原始菜單可知，月出皓編《臺灣館》（1903）頁14所列菜單僅為節錄。

21　雖此類名為「雞及家鴨類」，但後方菜餚未出現鴨，從同時期食譜推測，其中部分菜餚能夠以鴨製作，可能因日本取得鴨肉不易而未出現。

　　由上表菜單可知，在博覽會中呈現的「台灣料理」以海鮮為主，尤其「魚翅」更是當時台灣的重要特產。在中國南方地區，魚翅長久以來被視為珍貴食材，也是宴席上不可或缺的要角，象徵主人家的誠意與聲望，[22] 而在台灣也是如此。連橫在《臺灣通史》中敘述「饌之珍者為魚翅，為鴿蛋，皆土產也」。

　　然而，與其說這些博覽會中的「台灣料理」呈現了台灣的特殊風味，不如說反映了日人眼中的「台灣料理」宴席，且這樣的宴席僅有上層階級才有機會享用，[23] 並依據日本人的口味喜好而有所修改。

　　基於此次博覽會的成功經驗，之後的數次博覽會也如法炮製設置台灣料理店，並由台灣的著名酒樓負責博覽會中台灣料理的實際烹飪。例如明治36年（1903）大阪博覽會有艋舺富士見樓參與；[24] 大正5年（1916）臺灣勸業共進會中的台灣料理店由大稻埕的東薈芳負責烹調；[25] 另外大正11年（1922）在東京所舉辦的平和紀念博覽會則由平樂遊的老闆選拔優秀廚師，製作料理的材料亦從台灣選送。[26]

　　「台灣料理」從宴席進入博覽會，說明了日本人在1900年代初期，已將台灣料理視為一個特殊的飲食類型，且與「日本料

---

22 Anderson, Eugene N., *The Food of China*（New Haven: Yale University Press, 1988）, p. 142.

23 以海鮮而言，除沿海地區外，居住在其他地區的台灣人要到1960年代左右，日常餐桌才開始較頻繁地出現海鮮類菜餚，參見本書第三章。

24 〈雜報／飛花何之〉，《臺灣日日新報》，1903年8月28日，第3版。

25 〈臺灣料理の味〉，《臺灣日日新報》，1916年4月6日，第5版。

26 〈臺灣館に臺灣料理と芭蕉實〉，《臺灣日日新報》，1922年2月23日，第7版。

理」有明顯區別。但需進一步強調的是，在此被稱為「料理」者，所指的都是在外食場所、宴席、酒樓中的菜餚。意即這些「台灣料理」指的是宴客菜，而非一般人家中日常食用的「家常菜」，主要是供應經濟狀況較佳的日本人、台人仕紳飲宴之用，若指的是一般人家中日常食物，則多稱為「台灣人的食物」而非「台灣料理」。換言之，「台灣料理」一詞的使用，是與外食、宴客同時發展，因此，下一節將從日治時期的外食文化來了解外食場所供應的菜餚，以及「台灣料理」如何被呈現。

第二節　日治時期酒樓中的食色消費

一、料理屋與飲食店

依據官方管理方式的分類，日治初期的主要外食場所可大分為料理屋、飲食店兩種，二者在消費水準與客層上有所不同。

料理屋為提供客室、消費較高，可舉辦宴客酒席之處，並依菜餚種類分為日式、西式，及本地菜色（時稱台灣料理或支那料理）三種。料理屋不僅提供精緻料理，同時有酌婦侍酒，亦可請日本藝妓或台灣藝姐（藝旦）[27]表演，大型聚會席間經常舉辦吟詩唱曲等藝文活動，賓客在其中享用精美酒菜與女性侍者的陪侍、曲藝。料理屋主要供富有人士聚會、消遣娛樂，其消費方式，或是在料理屋中用餐，並召來藝旦陪酒、表演；或是到藝旦住處，再從料理屋叫來酒菜。也有許多人先在料理屋招藝旦侍酒後，再前

---

27 藝姐（藝旦，gē-tuànn）指日治時期在飲宴時表演歌舞或其他才藝的女性，藝妓多指日本女性表演者。

往藝旦間續飲吃宵夜、聽藝旦唱曲吟詩。[28]為吸引顧客，許多中、南部的料理屋還會從台北聘請名妓。[29]相較於料理屋，飲食店是設備簡單、費用較便宜的用餐地點。飲食店通常僅作為三五好友小酌聚會、玩樂的場所，其中也有部分成為色情營業為主的場所。[30]

　　除了料理屋與飲食店外，自日治中期1920年代開始，提供飲料點心的喫茶店及有「女給」陪侍的珈琲館（カフエ―）興起，逐漸成為重要外食場所，其中有女性陪侍的料理屋、飲食店、珈琲館均屬於日治時期的「特種營業」。[31]開業需經警察及衛生單位檢查合格，並申報從業人員名單送交派出所備查，按時接受環境衛生檢查及從業人員健康檢查。當然在這些營業項目外，不少無店面、僅供應簡單麵飯類的小攤販也是許多人的外食處所，但都不屬於以上各項中，其供應的餐食在當時也不被認為是「台灣料理」。由於料理屋及飲食店都納入特種營業管理，從官方統計可進一步看出其數量的變化，如下表所示。

---

28 田中一二著，李朝熙譯，《臺北市史》（台北：臺北市文獻委員會，1998），頁374-379，另許多日人遊記中都會特別記述到料理屋中與藝妓享樂之事，如井出季和太著，《興味の臺灣史話》（台北：林本源中華文化教育基金會，1997），頁177-182。江山樓也曾舉辦藝妓「花選」，見〈江山樓花選開票〉，《臺灣日日新報》，1922年7月14日，第6版。

29 〈臺南花柳界一變〉，《漢文臺灣日日新報》，1906年2月6日，第5版；〈嘉義通信／再新酒館〉，《漢文臺灣日日新報》，1911年1月19日，第3版。

30 日治時期的合法風化區為「遊廓」，飲食屋若從事色情交易在當時亦屬違法，但實際上經常發生。

31 臺灣總督府官房調查課之統計書中，「警察取締ニ屬スル職業及團體」與飲食相關之外食營業單位包括料理屋、飲食店。此外各州廳並訂有「料理屋飲食店營業取締規則」，對從事表演之藝妓、飲食店陪酒之酌婦亦有特定取締規則，參見朱德蘭，〈日治時期臺灣花柳業問題（1895-1945）〉，《國立中央大學人文學報》27（2003年6月），頁118-125。

表2.4　料理屋、飲食店統計表

			台北	新竹	台中	台南	台東	澎湖
明治31年 1898	料理屋		151	--	106	167	20	23
	飲食店		219	--	101	123	10	19
明治38年 1905	料理屋	內地人	51	11	15	49	4	30
		本島人	20	4	13	13	--	3
		外國人	2	1	3	--	--	--
		合計	73	16	31	62	4	33
	飲食店	內地人	60	3	10	27	3	13
		本島人	71	94	21	82	8	5
		外國人	3	--	--	3	--	--
		合計	134	97	31	112	11	18
大正4年 1915	料理屋	內地人	68	16	33	88	4	9
		本島人	37	4	46	40	3	2
		外國人	14	1	5	--	--	--
		合計	119	21	84	128	7	11
	飲食店	內地人	113	6	13	47	4	7
		本島人	170	150	228	108	5	6
		外國人	14	1	3	3	--	--
		合計	297	157	244	158	9	13
大正10年 1921	料理屋	內地人	136	14	43	67	6	--
		本島人	26	28	98	103	1	--
		外國人	9	1	22	1	4	--
		合計	171	43	163	171	11	--
	飲食店	內地人	77	11	32	37	1	--
		本島人	295	247	279	189	9	--
		外國人	17	3	2	7	5	--
		合計	389	261	313	233	15	--

昭和5年 1930	料理屋	內地人	154	18	50	63	8	10
		本島人	28	18	105	112	2	5
		朝鮮人	--	--	--	--	--	--
		外國人	12	--	11	--	--	--
		合計	194	36	166	175	10	15
	飲食店	內地人	115	15	26	33	6	4
		本島人	355	316	320	303	22	14
		外國人	30	5	6	9	7	--
		合計	500	336	352	345	35	18

出處：筆者整理自《臺灣總督府統計書》第2、9、19、25、34回統計書，「警察取締二屬スル職業及團體」部分。

說明：

1. 本表選擇1905、1915、1930年之資料，是為方便與本文所引同年份資料進行比對，1921年則為江山樓開業年。但這些時間點的行政區劃分有所不同：
   *明治31年（1898），台北、台中、台南均為縣，新竹在台北縣轄下，高雄在台南縣轄下，台東、澎湖則為廳。
   *明治38年（1915），台北、新竹、台中、台南均已改為廳，但轄區範圍縮小，大致為今日台北縣市、新竹縣市、台中縣市、台南縣市之範圍。
   *大正4年（1915），台北、新竹、台中、台南雖仍為「廳」，但各廳範圍擴大，包含部分今日的鄰近縣市，因此，表中從明治38年（1905）到大正4年（1915）間料理屋、飲食店數目的增加，有部分原因是來自統計範圍的擴大，未必反映餐飲業的蓬勃。
   *大正10年（1921），台北、新竹、台中、台南已改為州，轄區範圍更大。如台北州尚包括今基隆市、宜蘭縣；新竹州包括今桃園、苗栗；台中州包括今彰化縣、南投縣；台南州包括今雲林縣、嘉義縣市等。
   *昭和5年（1930）各州轄區與大正十年較接近，因此從本表數字可推估，從江山樓開業的大正10年（1921）至昭和5年（1930）年間，外食場所確有增加情形，可佐證當時餐飲業興盛、競爭的觀點。

2. 《臺灣總督府統計書》自第3回統計書（明治32年〔1899〕）始有區分內地人、本島人；自第5回統計書（明治34年〔1901〕）始有區分出「外國人」，根據第6回統計書的說明，表中的「外國人」指清國人，即中國人。

　　由上表統計可知，料理屋主要集中於台北、台南兩地，飲食店則在各主要城市都頗為蓬勃，數目大約是料理屋的兩倍，這樣的差異顯示出宴席活動多集中在都市化程度較高的城市。值得注意的是，由於日本人多集中於台北，因此台北的料理屋幾乎都是由日本人經營，台中、台南的料理屋則多由本島人開設。例如在江山樓開業的大正10年（1921），台北的料理屋171家中，由本島人開設者僅26家，但台中、台南的料理屋中，將近三分之二都是由本島人開設。

　　若細看這些料理屋的營業項目，在1905年之後，至少在台北的大稻埕、艋舺以及台南，都已有專門的「台灣料理」店。但在日本人聚居最多的台北則以日本料理店最多。如1921年有266間料理屋是由日本人經營，其中136家位在台北。例如1928年《全島商工人名錄》在台北的料理屋方面，列出56家日本料理店、10家西洋料理店及32家台灣料理或支那料理店。[32]

　　儘管各城市的發展有些不同，但無論是料理屋或飲食店，由表2.4可知，在明治38年（1905）至昭和5年（1930）間均有顯著成長。1940年時的料理屋家數已是1905年的三倍，顯示消費者大幅增加，意味著民眾經濟狀況的改善以及新興的社會差異化（social differentiation）。[33]在店數增加的情形下，料理屋間也出現競爭。例如在台南，本島料理屋著名者除了醉仙樓、寶美樓雙雄

---

[32] 日治時期的供餐場所在官方管理上區分為有客室、價格較高的「料理屋」，和無客室、價格較低廉的「飲食店」。由於商工名錄中的「飲食店」幾乎都未註明供應的食物形式，故此處的分析僅能包括有客室的「料理屋」。

[33] Warde, Alan & Martens, Lydia, *Eating Out: Social Differentiation, Consumption, and Pleasure*（Cambridge［England］New York: Cambridge University Press, 2000）, pp. 65-68.

並立以及較早的鶯遷閣之外，明治38年（1905）的報導指出，還有酒樓降價到5錢以吸引顧客，反映出料理屋在來往旅人增加、外食市場擴大後的競爭情形。[34]

二、台灣料理、日本料理與西洋料理

料理屋與飲食店的興盛，不僅表現在店數增加與競爭激烈，也反映在餐飲類型的分化上，各種料理屋分別具有不同的特色。

供應台灣料理或中國料理的料理屋大多稱為XX樓，如樂仙樓、醉仙樓、台北樓等，故本書均稱之為酒樓。以1928年《全島商工人名錄》為例，在台北市「台灣料理、支那料理」所列出的料理屋名單如下表：

表2.5　1928年《臺北市商工人名錄》「臺灣料理屋、支那料理屋」

位置	名稱
日新町	蓬萊閣、江山樓
老松町	德勝樓本店
表町	臺北樓
大和町	臺北樓支店
御成町	大正樓、醉福樓
入船町	樂天樓
京町	樂仙樓
榮町	丸金、江山樓支店、金益發、新建發、醉鄉
本町	福隆昌、吳泉發

34 〈臺南之五錢樓〉，《漢文臺灣日日新報》，1905年8月12日，第5版；〈寶美樓之喧嘩〉，《漢文臺灣日日新報》，1906年6月26日，第5版。

太平町	廣香居、宜春樓、粲然樓
新起町	廣聚樓、聚仙樓、新起樓、新起料理店
新富町	三仙樓、金和盛
新榮町	みよや、新醉鄉
築地町	世界樓
末廣町	醉香
千歲町	醉新樓
兒玉町	醉仙樓
永樂町	瑞人意

資料來源：千草默仙，《全島商工人名錄：臺北市商工人名錄》（台北：高砂改進社，1928），頁37-39。

　　由上表可知，除了蓬萊閣、江山樓位於大稻埕的日新町之外，榮町、新起町、太平町都是台灣料理屋的集中地。其中太平町亦位於大稻埕，鄰近日新町，為今日延平北路一至三段一帶，新起町則包括今日漢中街、中華路一帶。而榮町位於日本人聚居的城內，為今日衡陽路、寶慶路一帶，也是日治中期台北最繁華的地帶，該區域還有菊元百貨、台北公會堂（今中山堂）、多家知名菓子店等，都是當時時髦的消費地點。由台灣料理店的地理分布也大致可以窺知當時台灣仕紳主要的活動範圍。

　　大型酒樓經常作為台灣人的宴席場所，並非僅是吃飯聊天的地方，從其設備與活動的考察來看，實具有其他多種娛樂功能。其中，部分料理屋設有理髮部、撞球檯、鴉片椅，客人可以在此理髮、休憩、抽鴉片，也可以在宴席中進行撞球活動。除了娛樂功能之外，日治中期之後，興盛的大型酒樓不但是許多台灣會社、組合、商工會的聚會場所，也是不少政治、社會運動者的據

點。眾多詩社、公會、商號、官商宴席等活動均在大型酒樓的寬敞空間舉行。藉由宴飲、吟詩等社交活動，建立、鞏固彼此的社會網絡。隨著參與民眾層次的增廣，逐漸形成當時重要的公共空間。[35]

作為台人宴席的重要空間，這些台灣料理店供應哪些菜色呢？《臺灣慣習記事》中〈宴席及料理に關する雜話〉、〈宴席及料理に關する雜話（つゞき）〉[36]二文將台灣料理作法分為四種：湯、羹、煎物（炒物），以及油炸物，並依序列出在酒樓常見的台灣料理如表2.6：

表2.6　日治初期酒樓常見台灣料理菜餚

湯類	清湯雞、八寶鴨、冬菜鴨、清湯魚翅、合菰肉丸、清湯鱉、什錦火鍋、加里雞、栗子雞、鮑魚肚、蟳丸
羹	紅燒魚、紅燒鱉、大五柳居、八寶蟳羹、芋羹
煎（炒）	炒水蛙、炒雞蔥、炒魚片
煎（炸）	塔鴨餅、生燒鴨、燒蝦丸、燒雞管[36]

資料來源：新樹，〈宴席及料理に關する雜話〉，《臺灣慣習記事》2:10（台北：臺灣慣習研究會，1902），頁61-68；新樹，〈宴席及料理に關する雜話（つゞき）〉，《臺灣慣習記事》3:1（台北：臺灣慣習研究會，1903），頁69-78。

---

35 關於酒樓成為公眾空間的分析，參見曾品滄，〈從「平樂遊」到「江山樓」：日治中期臺灣酒樓公共空間意涵的轉型（1912-1937）〉，收入林玉茹編，《比較視野下的臺灣商業傳統》（台北：中央研究院臺灣史研究所，2012），頁519-549。

36 新樹，〈宴席及料理に關する雜話〉，《臺灣慣習記事》2:10，頁61-68；新樹，〈宴席及料理に關する雜話（つゞき）〉，《臺灣慣習記事》3:1（台北：臺灣慣習研究會，1903），頁69-78。

37 依文中所述作法，為今日所稱之雞卷（ke-kńg/kue-kńg）。

　　在這四種烹飪方式中，以湯類菜餚最多，許多煎炒類菜餚在煎炒後也會混合成為湯羹，「蒸」的作法則較少見。此種烹飪方式或許與日治初期高級酒樓師傅有不少是福州人，保留了閩菜多湯菜的作法有關。

　　此處值得一提的是福州菜對台灣高級料理的影響，在日治時期酒樓尤其明顯。日治初期許多高級酒樓為了提供精緻佳餚，特地聘請福州師傅來掌炊，如艋舺的平樂遊，股東與廚師均包括福州人；另台南酒樓醉仙樓、寶美樓也都由福州人開設。福州為福建省城，明清以來福州官宦眾多，相應產生許多服務官宦的書吏、廚師、理髮匠、金飾匠、裁縫師等，台灣原隸屬福建省下的一府，菁英階層受省城福州風尚影響，以福州菜為主的閩菜因此成為高級酒樓之主流，這些酒樓更常邀請福州戲班到台灣進行表演。特別是日治初期的酒樓，從菜餚到表演，經常呈現濃郁的福州風格。[38]

　　另外，明治45年（1912）出版，由台灣總督府法院通譯林久三所著作的《臺灣料理之栞》，是目前所知最早關於「台灣料理」的專書，也對當時的「台灣料理」提供了概述性的介紹。[39]《臺灣料理之栞》一書為日文，類似食譜彙編，林久三對日文讀者大力推薦台灣料理，稱讚台灣料理並非刻板印象中那樣油膩，不但美

---

38 曾品滄，〈從花廳到酒樓——清末至日治初期臺灣公共空間的形成與擴展〉，《中國飲食文化》（2011）7:1，頁112-114；曾品滄，〈從「平樂遊」到「江山樓」：日治中期臺灣酒樓公共空間意涵的轉型（1912-1937）〉，頁525-526。

39 林久三為日本人，由於擔任通譯工作，主要著作多為日語、台語間轉換的實用書籍，例如《日臺會話指南》、《臺灣語發音心得》，甚至《臺灣車夫用語》等，但他對料理頗感興趣，為人詼諧，因此有了《臺灣料理之栞》這本介紹日治時期台灣料理的心得之作。

味、衛生，烹調方式也比西洋料理簡單許多，推薦各位主婦能多加採用。

書中將台灣料理的主要烹飪方法分為六種：湯、勾芡、[40]炒、炸、蒸、煮，依序介紹六種烹飪法的代表菜色。其中湯類如清湯魚翅、栗子雞、冬菜鴨、十錦火鍋、加里雞等，亦包括點心類的杏仁豆腐、圓仔湯；勾芡類就相當於「羹」，如大五柳居、紅燒鱉、芋泥羹；炒類如炒雞片、生炒蝦仁、炒豆仁；炸類如：燒雞管（雞卷）、高麗蝦、炸春餅，蒸的例子如雞卵糕、年糕，煮的作法有芥辣雞、白片蟳等。

圖2.3　明治45年（1912）出版的《臺灣料理之栞》封面

出處：中央研究院臺灣史研究所「日治時期臺灣研究古籍資料庫」。

《臺灣料理之栞》的菜色不但與前述《臺灣慣習記事》書中介紹及大阪第五次本國勸業博覽會場內「台灣料理店」的菜單有許多重複、類似處，也與片岡巖在《臺灣風俗誌》[41]中所述重複性頗高，應可確認這些即是日治時期台灣料理屋中的常見菜餚。此外，如紅燒魚、塔魚餅、塔鴨餅、大五柳居等菜餚，都出現在明治40年（1907）《臺灣日日新報》上的「台灣料理」食譜介紹，

40　あんかけ，包括燴與羹湯類的菜餚。

41　片岡巖，〈臺灣人的食物〉，收於片岡巖著，陳金田、馮作民合譯，《臺灣風俗誌》（台中：大立出版社，1981；1921年原刊），頁101-111。

以及昭和9、10年（1934、1935）年間《臺灣日日新報》「好吃臺
灣料理」的小專欄（參見表2.7）。因此可知，這些菜餚應皆為當
時菜館或宴席常見的菜色，也是當時人們所能接觸、認知到的標
準「台灣料理」。

表2.7　《臺灣日日新報》「臺灣料理」食譜

1907年臺灣日日新報專欄 介紹的「臺灣料理」	紅燒魚、塔魚餅、塔鴨餅、八風菜、紅燒牛肉、 櫻桃小雞、涼拌雞
1934-1935年臺灣日日新報 專欄介紹的「臺灣料理」	炒生菜肉、三鮮火鍋、什菜飯、芥辣、吐絲蝦 仁、杏仁豆腐、東坡方肉、炸豆腐皮包肉、古滷 肉、大五柳居、紅燒魚、清湯三絲

資料來源：《臺灣日日新報》，1907年2月3日至20日間於三版連載之「臺灣料
理法」食譜專欄，及1934年6月至1935年4月間在不同版別不定期刊登的「おい
しい臺灣料理」食譜專欄。

　　相對於「台灣料理」一詞於1900年代就已在報章出現，報章
雜誌使用「台菜」或「台灣菜」一詞來指稱本地風味的菜餚，則
要到1950年代才比較普遍。

　　酒樓中的台灣料理固然吸引了不少饕客前往，但除了酒菜之
外，對各酒樓生意影響巨大的尚有另一因素，也是酒樓重要吸引
力的來源，就是各酒樓的陪侍女性：酌婦或藝姐。在目前留存的
宴席照片中，經常可見各桌站立一名年輕女性即為酌婦，賓客在
舉辦宴席時，也可透過「檢番」安排中意的藝旦在席間表演、陪
侍。在《臺灣藝術新報》等期刊上，還可看到這些藝旦如同廣告
般的介紹。

　　相較於台灣酒樓，日本料理屋則有不同的集中區域與消費方
式。日人間的各式聚會活動大多在日本料理屋舉行，同樣以1928

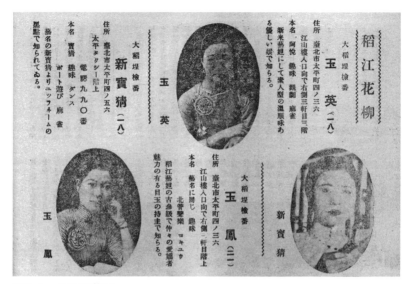

圖2.4　台北的藝旦

出處：〈稻江花柳〉，《臺灣藝術新報》1:1（台北：臺灣藝術新報，1935），頁70。

年《全島商工人名錄》來看，在台北市共列出56家日本料理店，[42]日本料理店名不稱「樓」，而多稱「亭」、「屋」或直接以「魚金」、「丸松」等命名。這些料理屋分布最密集的是在川端町、西門町、新起町三處，各有七家以上，川端町為今日新店溪畔廈門街、同安街一帶，料亭沿溪而立，為當時著名的休憩地點，至今還保存的料亭建築僅有「紀州庵」。

　　不過，在1920年代，最著名的日本料理店不在前述三町，反倒是位於北門町的「梅屋敷」，為一日式旅館兼營餐廳，位置就

42　千草默仙，《全島商工人名錄：臺北市商工人名錄》（台北：高砂改進社，1928），頁34-37。該刊「料理」類中的料理屋均指日本料理屋。

在今日台北車站附近的逸仙公園。[43]這些日本料理屋都由日本人所開設，為在台日人、眷屬聚餐的處所，料理屋中同樣有日本藝妓的表演，讓在台日人藉由飲食寬慰思鄉的情緒。

此外，隨著日本明治維新後對西方文化的崇尚及西洋料理屋的逐漸風行，日治初期也有日人到台灣開設西洋料理屋，供應三明治、咖啡、麵包等簡單的西洋料理及點心。這些西洋料理屋多開設在日本人聚居的城內，但因消費客群有限，其中部分會兼營其他種類的料理，如「臺灣樓」原本是由日本人經營，由大稻埕商人買下，標榜以西洋菜為主，兼營和漢兩種料理。[44] 1930年代之後，新興的珈琲館、洋菜館瓜分了部分酒樓的市場，成為另一重要的娛樂消費場所。珈琲館以西化與現代化的裝潢、氣氛為號召，供應洋酒、咖啡等飲料及簡易的西式餐點，同時有穿著西式圍裙的「女給」陪客人談笑，呈現與傳統酒樓截然不同的消費氛圍。對居住在都市的台灣人或仕紳來說，喫茶店與咖啡館雖不適合舉辦宴席，其較大型酒樓低廉的價格、西化的「現代感」，與西式裝扮的女服務生（女給），也吸引了不少人將之作為娛樂或聚會的場所。[45]

從當時工商名錄中常將料理屋區分為料理（指日本料理）、西洋料理、台灣／支那料理三大類型可知，在1900年代初期，和、洋、漢已經成為料理上的主要分類。這種「和、洋、漢」的

---

43 因孫中山先生1913年曾在此住宿，故於此建立國父史蹟紀念館。

44 〈臺灣樓別開生面〉，《臺灣日日新報》，1926年10月25日，第4版。

45 廖怡錚，《傳統與摩登之間：日治時期臺灣的珈琲店與女給》，（台北：國立政治大學臺灣史研究所碩士論文，2011）、陳玉箴，〈日本化的西洋味：日治時期臺灣的西洋料理及臺人的消費實踐〉，《臺灣史研究》20:1（2013），頁1-46。

分類，與日本明治時期的發展十分接近，如Cwiertka指出，「和食」一詞在日本首次使用，只是為了對應於「洋食」一詞的興起，用以指涉日本的食物，洋食代表的則是強權「他者」的食物。而明治菁英之西式、日式兩種飲食方式的形成，也是「日本—西方—中華」這個三角結構（tripod）的開始，在20世紀中期，這個三角結構成為現代日本飲食形成的最重要基礎架構。[46]而在1920年代，不但這三種料理的區分更為確立，「台灣料理」也已經成為一個顯著的飲食類型。大正11年（1922）的一篇報導將台灣料理與日本料理、西洋料理進行比較，認為日本料理是以眼品嚐，西洋料理以鼻子品嚐，而台灣料理是真正以其滋味，即足以供人品嚐、最為美味的料理，可與美食家最為稱道的中國料理一同傲視世界。[47]

　　台灣料理作為日治時期的宴席菜，在1920年代的「江山樓」達到高峰，並發展出更完整精緻的飲食文化，也與「支那料理」有了較明顯的區隔。以下就從日治時期「台灣料理」餐廳的發展，了解「台灣料理」在當時如何被展演出來且成為上層階級重要社會文化的一部分。

---

46 Cwiertka進一步指出，這個三角結構的意識型態根源可以回溯到Noguchi Hokugen在1880年提出的論點。Noguchi Hokugen在討論世界上不同文化在食物準備上的差別時，重點放在日本、西方、中華三種飲食。參見Katarzyna J. Cwiertka, *Modern Japanese Cuisine: Food, Power and National Identity*, pp. 13-34。

47 〈世界に美味を誇る臺灣の料理〉，《臺灣日日新報》，1922年11月6日，第5版。

第三節　台菜的文化展演：從「支那料理」到 「台灣料理」

在眾多料理屋中，由台灣人開設，被認為最具代表性者為江山樓、蓬萊閣。[48]其中「江山樓」開設較早，日本皇太子來台灣時便是由江山樓的老闆吳江山負責「台灣料理御宴」，吳江山並在《臺灣日日新報》發表一系列專文介紹「台灣料理」，對「台灣料理」的文化展演極具代表性。從江山樓的發展與當時此類高級酒樓文化的繁盛，亦可看出當時仕紳階級的應酬文化、社交活動，以及文人社交圈與政治活動的密切關聯。

一、大型酒樓的興起

日治初期，台北的知名酒樓包括艋舺平樂遊與大稻埕的東薈芳，以及蔣渭水曾為股東，後來買下的「春風得意樓」，均是當時政商名流的聚會場所。如報端所載：「臺北本島人宴會場，在稻則東薈芳，在艋則平樂遊」[49]說明了東薈芳、平樂遊兩餐廳的代表性地位。除此之外，據1912年報載，光是台北，除了「互相對峙」的這兩家之外，其他支那料理屋還有76家。[50]

在這些旗亭酒樓中，均有藝妓陪客飲宴「侑觴」。關於名流

---

48 如昭和10年（1935）始政四十週年紀念台灣博覽會出版的《臺灣の旅》（臺灣旅遊組合聯合會編，《臺灣の旅》〔台北：編者，1935〕，特輯1：始政四十年臺灣記念博覽會）一書，對「台灣料理」料理屋的介紹，只提及台北的江山樓、蓬萊閣。

49 〈楓葉荻花〉，《漢文臺灣日日新報》，1910年9月23日，第5版。

50 〈喰物の臺北（上）〉，《臺灣日日新報》，1912年10月3日，第7版。

商賈在旗亭宴客、聚會的報導甚多，如林本源家在東薈芳為事務員舉辦送別會：「席間賓主各有一番演說。本島藝妓尤極力周旋于其間。夜靜始盡歡而散。」[51] 又如在平樂遊舉行的保正宴會：「在平樂遊樓上盛饌八席。藝妓八美。門豎國旂。昨五日正午酣飲至鍾鳴三下。始各散而歸。」[52] 均記錄了當時上層階級宴飲的情形。

圖2.5　吳江山
出處：《臺灣人士鑑》（日刊一週年版），頁47。

江山樓雖比東薈芳與平樂遊略遲開業，卻成為最大、最豪華，也最具代表性的台灣料理餐廳。

江山樓開設於1921年11月17日，[53] 開設者吳江山原本是東薈芳的老闆，[54] 投入十幾萬圓在大稻埕獨資興建江山樓，吳江山在報端的餐廳開幕廣告上表示，之所以開設江山樓。原因是「內臺人知友間，多慫恿大張旗鼓。而既無一公會堂、俱樂部，且乏一大酒菜館，足與梅屋敷、鐵道旅邸，鼎足相匹敵者」。[55] 吳所提到的

51〈楓葉荻花〉，《漢文臺灣日日新報》，1910年9月23日，第5版。

52〈保正宴會〉，《漢文臺灣日日新報》，1907年9月7日，第5版。

53《臺灣日日新報》1921年11月15日，第6版「江山樓披露式」廣告。

54 東薈芳原本是吳江山與白阿扁共同經營，但二人不和，吳江山之後退出。見〈東薈芳之糾紛〉，《臺灣日日新報》，1913年3月16日，第6版。

55〈江山樓新旗亭 如此江山如此樓 東南盡美不勝收〉，《臺灣日日新報》，1921

梅屋敷、鐵道旅邸，為當時最頂尖的日本料理、西洋料理餐廳，由此也展露出台灣漢人與日本人互別苗頭，不甘落於日本人之後的心情。

為了盛大開幕，在11月17日到19日間，江山樓連開三晚「披露宴」慶祝開幕，邀請日台貴賓蒞臨，20日才正式對外營業。開幕當天，「外有千點彩電……照映附近一帶，正門對面廣場，高築戲臺，聘潮州源正興班，晝夜開演。」五點過後，受邀賓客們到江山樓頂登高望遠，吟詠詩賦，充滿文人風流情調。[56]

除了與洋食、和食競爭之外，江山樓與東薈芳二者彼此競爭也頗為激烈。江山樓開張之後生意始終不錯，江山樓並「分設出張店於市內各要地，著著吸收人氣，擴張料理。」[57]至於東薈芳，受到江山樓影響，生意變差，眾股東因此決定重建新樓。[58]在建新樓之後，東薈芳生意雖確有好轉，但又因為股東間的糾紛難以經營，在大正14年（1925）結束營業。這棟新建的東薈芳酒樓，由屋主黃東茂收回獨自經營，即為後來著名的蓬萊閣。

江山樓共四層樓，可以容納八百多人，還備有理髮、浴身的場所，廳堂中鑲嵌字畫，眾多名流喜愛在這裡集會、吟詩。「登江山樓、吃台灣菜、藝妲陪酒」成為當時有錢人的高級享受。[59]江

年11月8日，第6版。

56 〈江山樓披露會〉，《臺灣日日新報》，1921年11月19日，第5版。

57 江山樓於大正14年（1925）9月在南門外開設可容約百人的分店，見〈江山樓南門外支店〉，《臺灣日日新報》，1925年9月18日，第4版；〈江山樓近況〉，《臺灣日日新報》，1925年12月30日，第4版。

58 〈東薈芳倒閉詳聞〉，《臺灣日日新報》，1925年8月13日，第4版。

59 據吳瀛濤言，江山樓總工程費約當時20餘萬日圓，180坪，一樓為辦公廳、廚房，二、三樓各有7間精緻宴廳，屋上四樓有特別接應室、洋式洗澡房、理髮室、屋頂庭園、大理圓石桌，各樓樓梯裝嵌美術玻璃鏡，宴廳間以木板

圖2.6　《江山樓案內》中的臺灣藝妲介紹
出處：《江山樓案內》頁40、41。

山樓不僅在菜色上珍貴、精緻，內部的裝潢擺設也兼具奢華與文
藝氣息。當時上層菁英的政治活動、商業活動乃至文化活動均是
在這樣的公共場所中進行。舉辦頻繁的活動包括：瀛桃竹三社聯
合吟會、南友會，[60]另外如：中秋觀月會[61]、司令官宴會，而在年
節、會員大會或是特殊喜事時，也多會選擇江山樓舉行宴席。宴
飲之時，吟詠「登江山樓」風流雅興而登於報端的詩作眾多，例
如：

門屏隔開，各間懸掛文人名流筆墨10-20幅，而江山樓最盛時是日本施政四十
週年博覽會時，每日幾乎達到120桌，「台灣料理」聲譽隨之提高。見吳瀛
濤，〈江山樓‧臺灣菜‧藝妲〉，頁88-89。

60　由僑居北部的南部人士所組織，舉辦例會時由會員輪流作東。

61　中秋節時，包括瀛社、基隆、瑞芳、九份人士，都會舉辦地區性的觀月會。

閩風伏雨臘殘天。李趙鈿車異昔年。如此江山樓百尺。一
時珠履客三千。

人來北里笙歌海。酒盡西街玳瑁筵。端合溫柔鄉裏世。此
生原不羨神仙。[62]

此詩不僅記述在江山樓的宴飲享樂之歡，也描繪了賓客雲
集、飲酒笙歌之狀。在江山樓的主要客人中，台灣本地紳商約占
一半，[63]例如在江山樓開幕慶祝的「披露會」上，列席者一概日本
人、台灣人紳商，舉辦開幕慶祝的三天內，每日大約有300位賓
客。[64]辜顯榮、陳天來、日本司令都是江山樓的常客。李春生、辜
顯榮、林熊徵、王慶忠等四人同時獲勳時，連同當時得到博士學
位的杜聰明，也一同在江山樓開宴招待各界名士。而當時江山樓
的總管（支配人）則是提出台灣白話文主張、創辦《南音》雜誌
的文學工作者郭秋生。

二、江山樓的「台灣料理」論述

雖然江山樓日後被視為台灣料理的代表，但江山樓並非自始
就標榜自己所賣的是「台灣料理」。從開幕前江山樓主人在《臺
灣日日新報》上所刊登的「披露會」廣告即可得知，江山樓標示
的是「大稻埕支那料理屋」，而非「台灣料理」。其實，從江山樓
的廣告與菜單都可看出，江山樓所供應的菜餚廣及中國多處，以

---

62 其園，〈登江山樓〉，《臺灣日日新報》，1922年1月11日，第6版。

63 〈江山樓南門外支店〉一文中有「江山樓之顧客，內地人參半」之語。

64 〈江山樓披露會〉，《臺灣日日新報》，1921年11月19日，第5版；〈江山樓二日披露〉，《臺灣日日新報》，1921年11月20日，第6版。

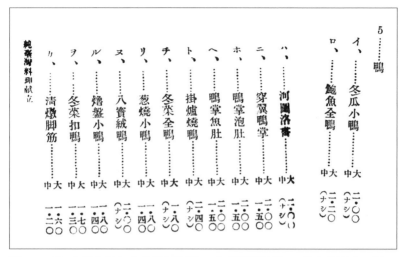

圖2.7 《江山樓案內》中的鴨類料理，有「掛爐燒鴨」、「八寶絨鴨」等
出處：秋惠文庫提供。

菜系分類而言，有許多是源自中國北方、四川或江浙地方的菜色，菜單中甚至包括「掛爐燒鴨」。

　　在披露廣告中，署名的「江山樓主人」說明，由於之前東薈芳旗亭的經營不能讓大家滿意，因此在大江南北各茶寮菜館酒肆考察之後，在江山樓推出更好的服務。「凡需滿漢全席以及少數盤餐均所欣然聽命」。意即，江山樓的菜色其實是「支那料理」，由江山樓經營者至中國大江南北考察後所得，菜餚來自大陸多處，包括西湖佳點等。而與江山樓菜餚相對的則是日本和食與西洋料理，江山樓主人言，希望江山樓「此後誠能與和洋料理界永遠抗衡」。[65]

　　因此，江山樓在開業時的經營定位實是「支那料理屋」而非

---

65 江山樓披露廣告，見《臺灣日日新報》，1921年11月15日，第6版。

圖2.8　江山樓披露廣告

出處：《臺灣日日新報》，1921年11月15日，第6版。

日後標榜的「台灣料理」，然而，從報端文字看來，江山樓在大多時候都被日人視為「台灣料理店」的代表。此種代表性正反映在大正12年（1923）江山樓為皇太子所舉辦的御宴之上。

隨著「台灣料理」代表性的逐漸確立，江山樓的自我定位也逐漸有了改變。在大正12、14年（1923、1925）陸續承辦日本皇室御宴之後，江山樓作為當時「台灣料理屋」的代表性幾乎是不可動搖。自昭和2年（1927）12月10日起，「江山樓主人」更在《臺灣日日新報》上發表了一系列介紹「台灣料理」的文章，為台灣料理的定義與規範留下更清楚的界定與論述。

這23篇在《臺灣日日新報》刊登，以「江山樓主人」署名發

表的文章〈臺灣料理の話〉，重點在介紹台灣料理的特色與著名菜餚。文中首先指出「台灣料理」的特色及台灣料理與支那料理的不同。文中強調：雖然台灣料理剛開始是由中國傳入，但是在當地風俗習慣、氣候、材料影響下，料理中逐漸添加本島特色，已經具有充分而獨特的地位。

「江山樓主人」在文中表示，每個國家或地方會發展出適合發揮其風土特色的飲食，即使是用同一原料，也會因地點的不同而導致料理方法、搭配食材和容器等的差異，因此從人們的餐桌就可直接了解這塊土地的風俗習慣。「以這個意義而言，我們台灣料理也充分地發揮了台灣特色，與中國料理有明顯的差異，也有人將之比喻為『名廚的作法變化就像為政者的施政變化』」。[66] 接著江山樓主人就以此自成體系的宴席文化為核心，說明台灣料理的獨特地位。

根據此系列文章介紹，就宴席的全餐料理而言，台灣料理的全餐料理總菜數為13道，一圓桌圍坐10人。出菜順序大致上為一道湯菜一道乾菜。以第七道料理劃分為上下半席，第七道之前為上半席，之後為下半席，且第七道料理通常為鹹點心，[67] 例如：燒賣、炸春餅、餃類，甚至也有水煮的水餃。最後兩道則是甜湯與糕餅類，表示完成全餐，常見者為杏仁湯、蓮子湯。文中以這套全餐料理為核心概念，將「台灣料理」分成四種：特殊料理、

---

66 江山樓主人述，〈臺灣料理の話（一）〉，《臺灣日日新報》，1927年12月10日，第3版。

67 對此上、下半席之區分，亦參見：片岡巖著，陳金田、馮作民合譯，《臺灣風俗誌》，頁206-207、212；鈴木清一郎著，馮作民譯，《增訂臺灣舊慣習俗信仰》（台北：眾文圖書股份有限公司，1989；1934年原刊），頁213；〈世界に美味を誇る臺灣の料理〉，但此三文均指上下半席間為甜點心，而非鹹點。

一般料理、當季料理與即席料理。[68]

　　所謂的「特殊料理」包括：烤乳豬、燕窩、魚翅、白木耳等使用於半席或全席之正式場合宴席的料理，均為珍貴價昂的食材。以此烹煮的菜餚，包括雪白官燕、紅燒魚翅[69]等。

　　除了上述特殊料理之外，作者將其他菜餚歸於「一般料理」，為普通家庭中較常使用的家禽類、蔬菜、水產等。然而，由此系列文章所舉的菜餚來看，這些「一般料理」顯然仍是上層家庭、餐館才能夠負擔的菜餚，而非「普通家庭」日常所食。作者對「一般料理」的介紹乃以食材分類，依序包括雞、鴨、鳩、蔬菜植物、蝦、蟹、鱉、鰻、鮑、鮮魚、貝柱等。其中光是雞的作法就列出二十餘種，如：八寶、蔥燒、鹽烙、栗子、加里、白炊、鮑魚雞片。此外，還有許多十分費工、食材昂貴的菜餚，包括：掛爐燒鴨、生炒鳩酥、水晶鳩蛋、鴨掌骨髓、紅燒筍尖、紅蟹飯，甚至有的從菜名未必能看出所以然來，如：日月合璧。部分在特殊季節才有的料理，則如水蛙料理、螺料理。

　　至於「即席料理」，是指該全餐到了一半及全部結束前一定會有的甜鹹點心，這些點心具有「宴席到了一半或告終」的象徵性意義。「半席料理」指的是第七道菜，一般為蓮花餃、龍角餃、榭榴餃、燒賣、水餃、炸春餅等。[70]而在宴席到了一半時，不

68 江山樓主人述，〈臺灣料理の話（二）〉，《臺灣日日新報》，1927年12月11日，第3版。

69 文中說明台灣鹿港一帶所產的「龍文砂魚」之魚翅品質最為優良，在市場中難得一見。另外東港、宜蘭一帶也有，日本產者則品質極差。

70 文中說明，這些點心中從蓮花餃到水餃所使用的材料皆相同，只是隨命名而形狀稍有不同。其中唯有水餃乃是放入湯中烹煮，其他皆為沒有湯汁之蒸煮食物，炸春餅是適合冬季食用的油炸料理。見：江山樓主人述，〈臺灣料理の

僅上菜會暫停、上熱水以清洗湯匙，眾賓客也會暫時離席，隨興在別處小憩、喫菸或吸鴉片，有時會有藝妓演奏小曲，短暫休息後才入席進行後半宴。[71]宴席最後的完席料理，則依照季節又有所不同，夏季為杏仁豆腐、馬薯粉糕（荸薺糕），冬季則如蓮子湯。

此外，舉行台灣料理宴席時，餐桌除了主菜之外，會事先配置醬油、醋、辣椒等小碟，另外擺設花四碟、水果四碟、蜜果四碟，有的將小碟排列呈圓形，有的則置於桌之四角。這些小碟亦稱「豎碟」，水果常見者為：香蕉、梨子、甘蔗、龍眼、柑、李子、桃子。擺置水果時會將香蕉、甘蔗等切成適當長度，或桃、李、或剝皮之柑等疊成杉木形。乾果類包括：瓜子、土豆仁、杏仁、橄欖、葡萄乾，另外也有用李子糕、糖漬李仔、明薑、冬瓜楊桃等糖漬者。此外還有鹹豎碟，例如火腿、皮蛋、煙腸（香腸）。豎碟類自未開宴前至終宴皆可食用，尤其瓜子更為常見。[72]

由上可看出，「台灣料理」在餐點內容、供應形式上均有慣例與規範可供遵循，對食物的講究不僅展現在食材的昂貴上，亦表現在宴席的用餐禮儀、慣例。換言之，當時台人上層階級宴飲的頻繁，已經足以支持一套講究、細密的飲食規範。料理在當時的

話（三）〉，《臺灣日日新報》，1927年12月12日，第3版。

71 新樹，〈宴席及料理に關する雜話（つづき）〉，《臺灣慣習記事》3:1，頁69-78；〈世界に美味を誇る臺灣の料理〉，《臺灣日日新報》，1922年11月6日，第5版。

72 對於餐桌配置，不同資料來源的說明在數量和種類上大同小異，例如江山樓主人本文稱「花四碟、水果四碟、蜜果四碟」，〈世界に美味を誇る臺灣の料理〉則是：四碟菓子、水果八碟。花四碟。〈宴席及料理に關する雜話〉則敘述：大碗四個、中碗四個、小碗八個、點心四碟、豎碟八個，豎碟雖以每桌八個為常，但也有兩個共供八個為通例。參考新樹，〈宴席及料理に關する雜話〉，《臺灣慣習記事》2:10，頁61-68。

台灣社會，也已成為社會地位與教養的表徵，對台人菁英來說，具有足夠的飲食知識，對於社會地位具有相當的重要性。如吳江山所言，「是否對特殊料理具有知識，可以直接判斷出一個人的禮儀教養，因此有意了解台灣料理者，必須先了解特殊料理。」[73]

若再由這套江山樓主人對「台灣料理」的說明，回頭觀察1923年江山樓為皇太子所舉辦的御宴，可看出這兩次宴席正符合江山樓主人對台灣料理的說明。

在這兩次宴席的菜單中，第一道菜均採用燕窩，接著大致為一湯菜一乾菜，第七道半席點心為鹹點炸春餅，表示整套宴席已經到了一半，下半席以鱉、海參、魚為主菜，最後再以八寶飯與甘肅產的杏仁茶為甜點，表示完成全餐共13道菜，其中皆使用了魚翅、白木耳等吳江山所謂的「特殊料理」。在料理說明書上，對於材料的產地與作法也有詳細說明，例如，燕窩取自南洋，白木耳來自四川，魚翅、鱉與魚等講求新鮮的海鮮則產自本島。可看出各道菜的材料來源多元，僅強調品質而不限於特定產地。

綜言之，「台灣料理」在當時被呈現的形象，其實是：高級、精緻，有特定用餐規範與禮儀，屬於上層階級的文化，與後來台灣菜常被賦予的「清粥小菜、快炒、夜市小吃」等形象實大相逕庭。在內容上，當時所稱的「台灣料理」其實涵括中國多省著名菜餚，由餐廳主人、廚師採擷其他地方的菜色而納入或予以變化，在食材上也不限於台灣本地所產。

但必須注意的是，這裡的台灣料理，其實僅限於台灣上層階級外食的享用，而非多數庶民的日常飲食。換言之，被擷取作為

---

73 江山樓主人述，〈臺灣料理の話（二）〉，《臺灣日日新報》，1927年12月11日，第3版。

某一文化的代表者，往往僅屬於菁英階層的文化，且以這部分的文化代表全部。但就「文化展演」的意義而言，在「台灣料理」的介紹與呈現上，掌握詮釋權者所選擇的，就是以這些食材珍貴、作法繁複的菜餚來代表。正如江山樓主人自己所強調，並不是所有的台灣料理都如此複雜，只是因為在宴會中的台灣料理「是為了代表本島特殊性而選擇較複雜的菜色」。文中說明，台灣料理中還是有許多是可在日常生活中食用、方便而簡單的料理。至於這些「日常生活的台灣料理」究竟為何，可從報端的小食譜一窺，例如昭和9、10年（1934、1935）間《臺灣日日新報》專欄介紹的「台灣料理」包括：炒生菜肉、三鮮火鍋、什菜飯、紅燒魚、清湯三絲等，作法上較為簡單。除了報端的小食譜，與此同時還有台灣料理的試食會、[74]講習會，[75]甚至有論者倡言，在學校的家事課上不應只教導日本料理，也應同時教導台灣料理的烹調。[76]顯示出上層階級用的「台灣料理」也有逐漸向下普及的發展，只不過仍僅限於中上階級的餐桌。

三、蓬萊閣（1927-1955）的鵲起與影響

在日本統治結束之後，台北市最具代表性的餐廳則是「蓬萊

---

74 〈臺灣料理の試食會〉，《臺灣日日新報》，1922年3月11日，第7版。

75 如1921年在台北高等普通女學校內舉辦為期一週的講習會，邀請台灣料理餐廳「平樂遊」老闆黃茂松上課，材料費2圓。1930年在台北第一高等女學校也有家庭料理講座。見《臺灣日日新報》，1921年8月4日，第6版；1921年8月14日，第7版；1930年3月1日，第6版。

76 盧子安，〈論公學校家事科宜應用臺灣料理〉《臺灣教育會雜誌》149（1914），頁3。

閣」。今日許多「台菜」廚師的師承均可溯自蓬萊閣，也有多家台菜餐廳以「蓬萊」命名，因此蓬萊閣的重要性在於不僅直接影響到今日的台菜發展，也創造出今日對「台菜」的述說者、實踐者，相當程度上影響了今日人們對台菜的認識。

蓬萊閣的誕生與江山樓、東薈芳的競爭有關。東薈芳在江山樓興建之後生意大為失色，因此眾股東請石油巨賈黃東茂興建可以比美的新大樓，再向黃東茂租來經營新的「東薈芳」，雖然一時吸引不少顧客，但因股東糾紛，無法持久，黃東茂後來便將餐廳場地收回，改名為「蓬萊閣」。可以說蓬萊閣的前身便是「東薈芳」的新大樓。[77]

蓬萊閣自昭和2年（1927）農曆正月開業，歷經轉手，[78]昭和11年（1936）由陳水田繼承的蓬萊閣盛大開幕，[79]一直到1955年才結束營業。在昭和5年（1930）出版的《蓬萊閣》菜譜中，多處可見到蓬萊閣在經營上與江山樓的相同處。例如，二者均不自稱「台灣料理店」，而是「支那料理店」，但均被視為「台灣料理」的代表。署名「蓬萊閣主人」者在《蓬萊閣》菜譜序言中，將中華料理區分為四川菜、廣東菜、北京菜、福建菜四種：

---

77 如《臺灣日日新報》所述：「東薈芳倒盤……嗣後一般商界中人，咸謂北地都市，絕不可缺此場所，豫料屋主黃東茂氏，當自出經營。至茲果然。黃氏經將店號，改名曰蓬萊閣決定於舊曆正月開業云。」〈東薈芳之舊屋改號蓬萊閣豫定舊正月開業黃氏自身經營〉，《臺灣日日新報》，1927年1月22日，第4版。

78 根據陳梧頭、林衡道對談，〈五十年前的臺灣風俗（對談）〉，《臺灣風物》17:4（1967年8月），頁3-10，蓬萊閣轉手於大稻埕著名商人陳天來。

79 《臺灣人士鑑》，頁262、266，查自「臺灣人物誌」資料庫；《臺灣日日新報》，1937年7月16日，第8版。

圖2.9　蓬萊閣門口與老闆陳水田
出處：《臺灣日日新報》，1937年7月16日，第8版，〈全島一をほこる！蓬萊閣の臺灣料理　新設のグリル食堂も好評　お客はいつも超滿員〉。

　　中華料理乃中國五千年來之精華、自燧人氏火食而後，屢
經名流推究闡傳，其調味烹法，為現代各國味食界之首
位，……現在不僅受吾臺人士之嗜好，推之內地京濱及阪神
各主要都市，亦禮讚風行已久。……中華料理為各地習慣趣
味氣候風土之異殊，現在竟成同源異流之分，如四川菜廣東
菜北京菜福建菜四種是也。[80]

　　依據蓬萊閣主人的說明，該店一開始的菜色以福建菜為主，
之後店主人親往中華各地遊歷，在上海、杭州、蘇州、天津等地
細加考究，如今在菜譜中加入廣東菜與四川菜，聘請名廚烹調，

---

[80]《蓬萊閣》菜譜於昭和5年（1930）7月發行，前有「蓬萊閣主人」作序，封
　　面為彩色印製。

圖2.10 《蓬萊閣》菜譜封面
出處：黃德興師傅提供。

如廣東菜的廚師就是孫中山的私廚杜子釗。此外雖蓬萊閣也供應北方的京菜，但因為「其偏重麵麥而調味烹法則與川菜暗合」，因此在本書中沒有介紹。這種「遊歷中國各地取精華菜色而集中於店內」的說法，亦與江山樓十分相似。

此外，《蓬萊閣》菜譜對於菜餚分類、宴席樣式，均有十分詳細的區分：將菜餚分成四川、廣東、福建三種料理，在每種菜色上都標示可以做成哪種地方口味。例如醋雞、鹵豆油雞是閩式，鹽水雞子、米粉雞則是川式。不過菜譜也說明，某些菜式可採閩、川、粵三種不同的烹法，但一般點菜時若未註明，都採取閩式烹法，若有特別囑咐，再以川式或粵式手法來烹調。

宴席方面也與江山樓相同，除了單點菜色外還提供全席的宴席料理。其中四川式、廣東式的「蓬萊全席」每桌要價120元。這樣的四川式蓬萊全席內容包括：四生菓、四朝擺、兩甜點、四熟炒、四三併、兩點心、八大菜。福建式全席則包括：四頂菓、四甜點、兩中點、四甜碟、四冷量（葷）、兩甜湯、十大菜。其中置於桌上的小碟共16盤，大菜之外還有相當於半席料理的「中點」，最後也有甜點或甜湯。基本上宴席的結構與前述宴席菜的

規矩十分相似。[81]

　　宴席之外，菜譜主要以食材分類，食材類型除了魚翅、魚唇、燕窩、鴿蛋、白木耳、雞、鴨、海參、水蛙、鱉，亦包括毛菰、松茸、野味等，此外尚有「特選類」。特選類的菜餚菜名典雅，富含意境與趣味，例如：龍虎鬥、八鳥朝鳳凰、當朝一品。另外從萬商雲集、五路財神、風雲際會、大八仙集會等菜名，亦可看出蓬萊閣作為頂級「紅頂商人」們集會飲宴場所的情形。

　　值得注意的是，菜譜內不僅納入一般日常家庭料理中少見的燒烤類菜餚，如掛爐全魚、火腿燒鴿、燒天鵝，也包括台灣早期民間少吃的牛肉（太牢類）。此外有諸多麵食，如廣州窩麵、燴伊府麵、牛肉炒麵、雞絲湯麵等。由此觀之，在1930年代，台灣的飲食景觀就已廣納多種中華料理，且有部分廣東菜、四川菜、京菜、江蘇菜廚師受聘來台。換言之，日治時代結束後，台灣的多元飲食景觀未必能簡略歸因為「外省移民的到來」，儘管數目仍少，但在日治時期就已經有部分中國南北各省的地方菜餚與廚師進入台灣。

　　在消費者方面，蓬萊閣的消費群多為政商要人，許多商業組織、公會都選擇在此設宴、開會。經常在蓬萊閣開會者，如華僑代表會議、茶輸出商公會、各同業公會、信用組合的成立大會等。曾品滄的研究認為，酒樓作為日治中期殖民政府支配下台人重要的公共空間，在新文化運動與多元化公共活動的發展下，酒樓成為市民議事、集會等大眾集會場所的重要功能。[82]而蓬萊閣自

81　如同江山樓、蓬萊閣老闆均坦言到中國各地訪查酒樓食肆，不僅此二餐廳中的菜餚有許多是來自中國各省口味，宴席結構亦很可能是採擷或仿自傳統漢席而非自創。

82　曾品滄，〈從「平樂遊」到「江山樓」：日治中期臺灣酒樓公共空間意涵的轉

1927年開業後，經歷了十數年的興盛，但因為戰亂無法持續。在二次大戰末期，蓬萊閣曾被總督府徵用作為警察機關辦公地點。1945年日本退出台灣後，陳水田及陳天來四子陳清汾收回蓬萊閣，[83]於1945年10月10號重新開幕。[84]之後因為股東之間不和，陳水田於1953年退出，蓬萊閣於1955年6月20日歇業，陳清汾並將房屋租給「美國軍事援華顧問團」作為美軍俱樂部及美軍宿舍。一年後美軍不再續租，1956年8月由外科醫生徐傍興買下開設綜合醫院。[85]

雖然蓬萊閣於1955年歇業，但歇業後舊員工又在延平北路新開一家「蓬萊閣」，繼續吸引原有顧客，只是規模與菜色之精緻與戰前差別已大。此外店內員工還有許多流散到台北市或北投多家餐廳。如新北投的蓬萊閣別館亦是由舊員工開設，其中部分師傅在今日台菜界擁有眾多徒子徒孫，師傅們所師承的手藝與對菜餚的認知，也直接影響了今日「台菜」的發展。

從江山樓到蓬萊閣，一個顯著的現象就是「台灣料理」作為一種飲食類型的成形與確立，儘管日治初期「台灣料理」與「支那料理」經常混雜使用，未有清楚分別，但在經歷日本皇太子的台灣料理御宴、江山樓、蓬萊閣的宴席與相關論述之後，「台灣

型（1912-1937）〉，《比較視野下的臺灣商業傳統》（台北：中央研究院臺灣史研究所，2012），頁519-549。

83 〈蓬萊閣酒樓租予美軍作俱樂部〉，《聯合報》，1955年6月19日，第3版。

84 吳漫沙，〈臺灣光復三十年的回顧〉，《聯合報》，1975年10月25日，第12版。

85 〈蓬萊閣酒樓租予美軍作俱樂部〉，《聯合報》，1955年6月19日，第3版；〈蓬萊閣舊夢難見將改成綜合醫院〉，《聯合報》，1956年8月31日，第3版。

料理」的面貌已逐漸清楚，與「支那料理」的界線也開始被認為有劃分的必要。

在昭和14年（1939）3月與7月兩篇發表於《臺灣日日新報》的隨筆文章中，[86]兩位最著名台灣料理餐廳的老闆不約而同地強調一個主題：「台灣料理與支那料理並不相同，具有自身獨特性格。」例如，江山樓老闆吳溪水[87]在文中強調，支那料理中有北京、四川、廣東、福建四個系統，台灣料理雖然有四系統中的元素，但正如「橘越淮為枳」，經過風土習俗的改變後，台灣料理早已與所謂的支那料理大為不同。

呼應此論述，蓬萊閣老闆陳本田的隨筆也認為：雖然說台灣料理與支那料理相同也不能說是錯，但是他寧可認為台灣料理比支那料理更好。儘管台灣料理與廣東料理十分接近，但比支那料理更精華，也更接近我們的口味。

1939年時二次大戰已經開始，雖然吳溪水與陳本田在相近時間內發表如此接近的論點，很可能是受到戰爭影響，必須與日本敵方陣營的中國有所切割，但由此仍可看出，藉由與支那料理之區辨，「台灣料理」對當時上層階級而言，已成為一有需要被辨識而獨特的文化類型。「台灣料理」也不再僅是日本人眼中「殖民地的食物」，它已經從日本人的「他稱」轉變為若干台灣人的「自稱」。

不過需注意的是，在「台灣料理」轉變為「自稱」的同時，台人所認知的「台灣料理」內涵也開始產生質變，最重要的例子

---

86 吳溪水，〈はがき隨筆臺灣料理〉，《臺灣日日新報》，1939年3月29日，第3版；陳本田，〈はがき隨筆臺灣料理〉，《臺灣日日新報》，1939年7月6日，第6版。

87 吳江山之子，為江山樓繼承者。

圖2.11　日治後期「山水亭」餐廳的內部
出處：鄭嘉南先生提供。

是台灣知識分子王井泉於1939年3月3日開設的「山水亭」。王井
泉熱愛文藝，慷慨贊助多位台灣文藝界人士，也將所開設的「山
水亭」設定為「純台灣菜館」、「提供台灣御料理」，不僅是日治
後期台灣文化人的重要基地，呂赫若、池田敏雄、吳新榮、張文
環、呂泉生等文人都是這裡的常客，山水亭在菜餚的呈現上也與
蓬萊閣等酒樓有所不同，納入更多台灣人的家常口味，如炒米
粉、刈包、雞腳凍，甚至供應清粥以及許多醃漬品等，[88] 可說是有
意識地要使山水亭與其他「供應中國各地佳餚」的大酒樓有所區
隔，店中菜餚與台灣民間日常飲食更為接近（關於台灣人的日常

---

88 曾品滄，〈鄉土食和山水亭：戰爭期間「臺灣料理」的發展（1937-1945）〉，
《中國飲食文化》9:1（2013年4月），頁113-156。

飲食，詳見本書第三章）。從這樣的改變也可看出「台灣料理」的意涵在日治末期已經出現變化，從高階層的宴席料理，逐漸靠向台人日常料理，這與「台灣料理」詮釋權的掌握者從日本人漸過渡到台灣知識分子的手上之變化有關，但因戰爭與戰後政權轉移，日治後期此種將台人日常食物文本化（textualization）的努力，僅停留在王井泉之兄王瑞成等人在《民俗台灣》雜誌中留下的若干篇章，而未能有進一步的發展。

小結：殖民地料理的展演與變形

　　本章中說明了「台灣的特殊風味菜餚」在日治時期成為一獨特類別，且是以日文的「台灣料理」稱之。「台灣料理」一詞的出現早於「台菜」，乃借日文「料理」一詞以指稱日治時期上層階級在酒樓或宴席中所食用、與「日本料理」有明顯差異的地方菜餚。這些菜餚或被稱台灣料理、支那料理、本島料理，所指涉者均是台灣酒樓中費工而價昂的高級菜色，消費者則限於日台官紳等少數上層階級。「台灣料理」概念是在殖民社會背景下產生，由日本人用以稱其殖民地台灣的地方特色菜餚，但實際上是中國各省料理的精華，此階段實為中國菜在台灣第一階段的「在地化」。這樣的料理為日、台上層階級在高級酒樓所享用，因此其主要意涵為「殖民地料理」與「高級料理」。

　　在江山樓、蓬萊閣大盛的時期，確實存在一個精緻、昂貴、講究的「台灣料理文化」。從菜色、禮儀、上菜順序、餐桌擺設等都有一定的規範必須遵循，也吸引了相當多的上層階級前往宴飲，甚至出現彼此競爭的情形，由此也可見到商業活動的活絡。然而，此「台灣料理文化」僅存在於政商名流、都市居民間，多

數百姓難以問津。因此，這樣的「台灣料理」其實只對上層消費者有意義：一方面用以區分台灣料理與和、洋料理，以及「支那料理」，另一方面也彰顯出台灣料理文化本身的獨特性。

此種將殖民地高級菜色精緻化並作為「殖民地菜餚」之代稱，而直接忽視殖民地人們日常飲食的作法，在其他殖民地飲食變化的過程中亦可見到。例如，荷蘭在殖民印尼時發展出 Rijsttafel（rice table）的宴席方式，即是將多種印尼各地的不同風味菜餚以精緻小盤盛裝，殖民時期經常在官方宴席或活動中以此種形式宴客，每次的菜色可多達數十種，以呈現出印尼各地差異甚大的多種飲食。如今在許多荷蘭的印尼餐廳仍供應此種「印尼套餐」，但諷刺的是，印尼本地並無此種宴席方式，而是一種殖民者發展出的形式。

相較於「台灣料理」，「台灣菜」或「台菜」一詞之廣被使用，則是國民政府遷台以後的事。這個名稱上的歧異影響到今日「料理」與「菜」具有不同的社會使用意涵以及階層性：「料理」指涉一種較精緻、「高級」的菜餚，「菜」則多指一般家常菜。在本研究訪談中即有多位資深廚師認為，「料理」的意思是「有經過特別調理的程序」，因此是較具工法的菜餚，同時日本料理也普遍被認為比台灣菜「精緻高級」。下一章的重點將從「料理」轉移到一般家常菜，觀照一般台灣人日常生活中的飲食特色。

第三章

古早台灣味

庶民的餐桌

前言：台菜的文化展演與生活實踐

　　與前一章聚焦「台灣菜的文化再現」不同，本章著墨於民間的飲食生活實踐。然而，本章目標不在窮盡介紹台灣各地居民的食物內容，一方面因為此主題面向太廣，難以在短短一章篇幅中盡述各地差異；另一方面，已有不少學者對台灣島民的飲食變化，包括平埔族、山地原住民、漢人飲食的細節等有所考察、討論，此處不擬重複。在這些文獻的基礎上，本章關注19世紀至二戰後初期庶民日常生活飲食結構的重要特性，這段時間的食生活不僅展現漢人移民因應台灣環境所發展出的生活方式，及日本殖民時期引進的多種新要素，也與當代食生活仍有若干連結，可說構成了今日台灣庶民飲食的原型。此外需說明的是，由於國民政府遷台後大批移民帶來種類繁多的飲食方式，政治與經濟的巨大改變也促使飲食風景有了極大變化，因此戰後食生活的改變將另於下一章陳述。

第一節　台人家常食物

　　對於清代漢人的農業及日常菜餚，曾品滄的研究從地形、氣候等條件，分析自然生態與農家生產方式、飲食方式間的密切關聯。[1]他指出，台灣各地區因雨量、日照及地形不同等因素，可分成旱地、水田、山地三種農業生產體系。中北部平原以水田為主，南部平原以旱地為主，在山坡地區另有茶樹與果樹的栽種，

1　曾品滄，《從田畦到餐桌：清代臺灣漢人的農業生產與食物消費》（台北：國立臺灣大學歷史研究所博士論文，2006）。

屬山地型農業。這三種類型因自然環境的差異，在糧食作物、經濟作物的種植，及家畜或魚類養殖等食物取得方式及經濟活動上都有所不同。這些農業生產體系的差異，促使各地域的人產生特色相異的食物體系。在交通運輸條件與冷藏設備還不發達，因而普遍「靠山吃山、靠海吃海」的年代，台人的家常飲食以自身或鄰近地區所生產者為主，深受住家所處自然環境的影響。以下依主、副食、烹調方法、調味方法、常見菜餚等分述。

一、主食與副食

（一）主食：番薯、稻米與雜糧

　　台灣人的主食以番薯與稻米最重要，但它們在台灣的命運有過不少變化。

　　即使番薯經常被視為台灣人的代表性食物，但它並非台灣的原生作物。番薯原產於美洲，15、16世紀時經由印度、東南亞等地輾轉到達中國，17世紀開始可以在台灣找到番薯的蹤跡。基於容易種植、具飽足感、可曬乾貯存等特性，逐漸成為人們的重要食糧。在漢人大批來台之前，17世紀不少台灣原住民的主食已納入番薯，與傳統的小米、芋頭等均為常見主食，此外在若干原住民生活區域，也有稻米或麥類的種植。荷人來台後，開始實施集約栽培與商業化農業，以多種鼓勵或強制措施促使原住民改種稻米及番薯，原本刀耕火種的遊耕方式也改為定點式耕作，使許多原住民的小米種植減少，狩獵活動及以小米為核心的祭儀也受到衝擊。[2]

2　曾品滄，〈物競與人擇──荷治與明鄭時期臺灣的農業發展與環境改造〉，

　　而對漢人來說，從清末、日治時代甚至到1950年代左右，以番薯為主，混合米及雜糧煮成飯或粥，是多數漢人的主食型態。儘管農家本身種植稻米，但稻米對農家而言也是重要的經濟作物，作為佃農納租及販售以換取其他日常必需品之用。農家為了節省稻米，將生長容易、價格較稻米低廉的番薯當作日常主食十分普遍。如清末吳子光（1819-1883）《臺灣紀事》所言：「余謂糧食中似賤而實貴者莫如地瓜，有紅、黃、白三種，隨種隨穫，遇旱歲不為害，且價廉工省，性甘溫無毒，可作糊塗羹，可作點心小品，臺人終歲賴之。」[3]

　　在番薯收成時，為了延長番薯的食用時間，會將之銼成細長狀曬乾保存，以在日後搭配米飯或單獨食用，節省米穀的消耗量。不僅是鄉村，連都市的上層階級也有一部分混合米與番薯籤作為主食。米飯與番薯的比例經常成為家庭經濟狀況的指標，僅有較富裕的家庭才能經常食用米飯。如1922年臺灣總督府殖產局出版的《臺灣農家食糧消費調查》顯示，僅台北以米為主食的比例較高（25%），其他地區均以米混合番薯為主，台南、高雄州以番薯為主食的比例更超過六成。[4]即使是較富裕的台北艋舺，據池田敏雄的觀察紀錄，在1930、1940年代，上流人家一天也才吃一餐米飯。[5]

　　除了番薯之外，也常見將米飯與南瓜、芋頭、米豆或其他雜糧同煮，在節省稻米的考量下，搭配各農家種植的農作，因此各

　　《國史館學術集刊》14（2007年12月），頁1-37。

3　吳子光，《臺灣紀事》（臺灣文獻叢刊第36種，1959年），頁9。

4　陳炯崧，〈臺灣之甘藷〉，《臺灣銀行季刊》卷3，第3期（1950年9月），頁154-155。

5　池田敏雄，〈臺灣食習資料〉，《民俗臺灣》4:1（1944），頁2-17。

地搭配的雜糧有地區差異。例如，澎湖不產稻米，連番薯籤都常需從台灣或其他地區運來補給，並與高粱同煮作為主食。西南部沿海如台江地區則產大麥，此區居民會把大麥磨粉加上番薯煮粥食用。6

番薯的普及也造成番薯粉在台灣日常食物中的廣泛使用，無論是請客時在菜中加入番薯粉勾芡的「牽羹」（khan-kenn/khan-kinn）作法、蚵仔煎、肉圓、蚵嗲、羹類、粿類等點心的製作，或將各種菜類加入番薯粉漿後煎成餅狀作為點心均十分常見。部分家庭在年節時會以番薯粉加上蝦仁、蚵仔及多種菜料煎成「芡番薯粉」或「兜番薯粉」（又稱兜錢菜）作為年菜，這樣簡單的菜餚卻代表了在物資不豐時一種全家團聚、共享美好滋味的心意。7

除了番薯之外，米飯更是被珍視的主食，對許多長輩來說，必須吃了米飯才代表吃了正餐。須注意的是，作為今日台人主食的稻米也曾出現品種上的重大變化：台人種植的稻米原本以較不具黏性的秈稻（俗稱的在來米）為主，日人來台後引進粳稻並進行雜交育種，開發出適合在台種植的新品種，口感較秈米具有黏性，1926年將之命名為蓬萊米。8

6　陳玉箴、曾品滄，《台江地區文史資源調查及應用規劃研究（四）：台江飲食文化源流成果報告書》（台南：台江國家公園管理處，2015），頁33。

7　相關紀錄可參見：川原瑞源，〈油烹と熬油（下）〉，《民俗臺灣》3:5(1943)，頁38。

8　一般所稱的「蓬萊米」是因應日人口味喜好，由日本農業專家磯永吉、末永仁研發出的稻米品種，在1926年5月5日台北鐵道旅館舉行的日本米穀會第19次大會，由當時總督伊澤多喜男由「蓬萊米、新高米、新臺米」中選擇「蓬萊米」為此米種的名稱。對於台灣稻米的育種改良歷史已有不少著作，參見：謝兆樞、劉建甫，《蓬萊米的故事》（台北：國立臺灣大學磯永吉學會，

　　台人吃米飯，除了單獨煮或與番薯、其他雜糧共同煮成乾飯之外，更多的是糜（粥）類的變化。因為米糧有限、家中食指浩繁，人多時增加水量煮稀飯可節省米糧。但也有家庭會因為勞動的需求，在白天均吃乾飯以保持足夠體力，晚餐則吃稀飯。東方孝義觀察，台灣的粵族客家人經常三餐都吃乾飯，閩族的福建上流家庭喜歡早餐吃稀飯，午、晚餐吃乾飯，但在較貧瘠或較窮困的地區，則因米糧缺乏，只能三餐都吃稀飯，並經常混合番薯。[9]長期在台灣做調查的日本學者國分直一於日治後期在南方澳的田野調查也有同樣觀察，當地漁民因為土地貧瘠無法生產作物，各種食物都需花錢購買，在清苦的生活條件下，三餐都僅能吃稀飯，即使自己是漁民，所吃的魚卻以曬乾的鹹魚為主。相較之下，淡水八里的漁民經濟狀況雖較好些，但仍以稀飯為主食，搭配蘿蔔乾、冬瓜等醬菜食用。[10]由上述資料可見，吃乾飯或稀飯，視各家庭的勞動需求、經濟狀況等而定，無法一概而論。

　　即使同樣是稀飯，台人的日常稀飯也有許多變化，除清粥外，多種蔬菜都可用來煮粥，如米豆、豌豆、皇帝豆、南瓜、絲瓜、芋頭、蘿蔔等，還有現已較少見的如烏甜仔粥、米豆仔花粥、樹豆仔湯等。鹹粥大多是在白天食用，且不會出現在宴席

2017）；蔡承豪，《天工開物：臺灣稻作技術變遷之研究》（台北：國立臺灣師範大學歷史研究所博士論文，2009）；Lu, Shao-li. Savage World, Immortal Island: The Colonial Gaze and Colonial Taste of the Penglai Rice," in Bi-yu Chang & Pei-yin Lin ed., *Positioning Taiwan in a Global Context: Being and Becoming*, London: Routledge. 128-143. 2019.

9　東方孝義，《臺灣習俗》（台北：同人研究會，1942），頁18。

10　國分直一、河井隆敏、潮地悅三郎、大城兵藏、宮城寬盛，〈海邊民俗雜記（一）〉，《民俗臺灣》4:12（1944），頁5；國分直一、吉田忠彥、細川學、潮地悅三郎，〈海邊民俗雜記（二）〉《民俗臺灣》5:1號（1945），頁6-7。

中。[11]在台灣許多地方，因應各地物產特色發展出不同口味的鹹粥，可當正餐或農忙點心。少數甜口味的稀飯加入平日少用的糖，大多僅作為點心或特殊節日食用。如家境尚佳的艋舺少女作家黃鳳姿曾提到一種特殊的「烏九糜」，是用馬薯（荸薺）、冬瓜、紅棗、柿餅、花生、果餅（以水果為原料製作的餅）、龍眼乾、蓮子等甜料加上米共九種材料煮成的甜粥。這是因為台灣人忌諱「九」這個數字，因此在29、39歲該年的正月廿九日會準備烏九糜分送鄰居「過九」，[12]這項習俗今日已少見。

（二）副食：

1. 蔬菜與醃漬食物

在副食方面，搭配主食的配菜，最常見者為農家自己種的蔬菜及醃漬類食品。如《苑裏志》所述：「貧民家皆煮米為粥，惟於任力上工則用飯；肴以青菜、醬品為代而用魚肉者。」[13]其中又以醃漬食品最為重要。

醃漬食品的重要性至少有三：儲存食物、節省開支、節省烹飪時間。在食物資源不足或不穩定，需要「看天吃飯」的年代，將食物曬乾或醃漬保存，是珍惜食物資源以避免斷炊的重要方法。農家往往在自己栽植的番薯、蔬菜盛產時製作醬菜，舉凡芥菜、蘿蔔、冬瓜、越瓜、大頭菜（蕪菁）、筍類、薑、黑豆、黃豆等，均能將之醃漬或曬乾予以保存，如蘿蔔乾（菜脯）、醬瓜、醬筍、豆豉等至今都還是十分常見的醃漬類食品。而在沿海地區，各種

---

11 黃連發，〈農村のお粥〉，《民俗臺灣》4:4(1944)，頁36-38。

12 黃氏鳳姿，〈艋舺の少女〉，《民俗臺灣》2:4(1942)，頁41。

13 蔡振豐，《苑裏志》（臺灣文獻叢刊第48種，1959），頁84。

魚蝦貝類也是醃漬的重要食材，如乾蝦、鹹魚，或將珠螺、蝦、蚵醃漬而成的各種「鮭（kê，亦作膎）醬」等，均十分常見。

「鮭」字為清代文獻所用的字，指一種水產的醃漬物，與「鮭魚」（salmon）無關。「鮭醬」這種以魚、蝦製成的醃漬品在明清時就常見於中國廣東、福建沿海，《澎湖廳志》亦有記載「魚鮭，又有珠螺鮭、麥螺鮭之屬」，[14] 主要製作方式是用大量鹽醃漬各種水產品後封存，發酵後可直接食用，不需烹調。製作原料除了水產品外，台江沿海也有不少人會把大頭菜、蔥等蔬菜類拿來醃漬，不僅作為日常食用，甚至可當作祭品。[15]

圖3.1、3.2　用蛤仔製成的的鮭醬
出處：吳庭宇攝。

---

14 林豪，《澎湖廳志》（臺灣文獻叢刊第164種，1963），頁347。

15 在劉枝萬所記錄的〈臺南縣西港鄉瘟醮祭典〉一文中，各種鮭料乃為慶安宮建醮祭品之一，使用的鮭料包括：丁香鮭、蝦鮭、蚵鮭、麥螺鮭、赤嘴鮭、珠螺鮭、蚶鮭、鎖管鮭、花令鮭、紅蟶鮭、烏蚶鮭、鳳眼鮭等，見：劉枝萬，〈臺南縣西港鄉瘟醮祭典〉，收入劉枝萬著，《臺灣民間信仰論文集》（新北：聯經出版公司，2002），頁285-402。關於「鮭醬」，參見曾品滄、陳玉箴〈台江地域食生活的傳統、變遷及其創新運用〉，《國家公園學報》26:2（2016），頁68-69。

醃漬食品由於能自製、鹹度高，僅需極少用量就能配飯，也不需耗費燃料，是相當經濟的食物。1922年一項官方的「台灣農家食糧調查」中指出一般農家常見的食物，包括番薯、蔬菜、豆類、漬物、鹽魚等，其中番薯、蔬菜、漬物均十分價廉，豬肉、雞肉則屬昂貴，是漬物價格的十數倍，由此也可明顯看出，以漬物作為平日配菜之用，是大幅降低農家日常開銷的重要方法。

表3.1　大正11年（1922）農家食糧調查（節錄）

甘薯	一斤1.5錢	豚肉	一斤40錢
蔬菜	一斤3錢	家禽	一斤50錢
豆類	一斤10錢	生魚介類	一斤20錢
漬物類	一斤3錢	鹽魚類	一斤15錢
豆油類	一斤35錢	味噌	一斤10錢

出處：臺灣總督府殖產局編，《臺灣農家食糧消費調查》（台北：臺灣總督府殖產局農務課，1922），頁13。

除了保存食材、節省開支外，由於醬菜不需烹煮可以直接食用，也相當節省烹飪時間。對於工作忙碌又須張羅大家庭三餐的主婦而言，醬菜是相當省時的重要配菜。

菜餚烹飪時間的長短與烹飪的繁複程度，常與經濟狀況相關。花費較長時間烹飪的菜餚，代表烹飪者享有較充分的時間能夠準備餐食、照顧爐火，象徵著較多的時間與人力資本。相對照下，台灣早期日常菜餚的烹調法，大多採取煮、炒、煎等，都是在短時間內可以完成的菜餚，這除了與烹飪器具、燃料耗費等因素相關外，也與掌廚者擁有的烹飪時間有關。台灣一般農家的掌廚者為女性，不但要準備餐食、栽植蔬菜、餵食家畜，還要照顧人數眾多的幼兒，及處理洗衣等繁雜家務，還經常要參與家中農

事或其他營生工作，在此情形下，醬菜不僅經濟，更大幅節省了烹飪時間。

台灣的醃漬食品種類非常多，主要的植物性醃漬品大致包括如下：

(1) 豆類：豆醬（黃豆）、豆豉（黑豆）、豆腐乳等。

(2) 瓜類：越瓜、胡瓜、冬瓜、西瓜等原料製成的醃漬品，如多種醃瓜、蔭瓜、酸瓜、醬冬瓜、西瓜綿等。

(3) 其他蔬菜：蘿蔔、芥菜、大頭菜、茄子、菜心、筍、高麗菜、樹子、薑、花菜等，皆可曬乾或醃漬，製成種類繁多的醬菜。

圖3.3、3.4　西瓜綿與西瓜綿煮魚湯
出處：吳庭宇攝。

動物性的醃漬品主要是水產類，在靠海地區會把小魚、小蝦、小蟹、螺、蚵、貝類等製成各種鹹魚或「鮭」類。另外以鴨蛋醃製而成的皮蛋、鹹蛋也十分常見。

值得一提的是，在南部盛產水果地區，芒果、鳳梨、青木瓜等水果也經常醃漬製成醬料或直接食用，成為具有地方特色的佳餚，如清代黃叔璥曾提過：「土人用波羅蜜子煨肉，黃梨煮肺，

亦海外奇製。」[16]其中「黃梨煮肺」即醃鳳梨炒豬肺，近年被視為客家代表菜色之一。

無論閩南或客家族群均經常食用醃漬物，一般農家、漁戶在蔬菜或水產盛產時都會製作醃漬食品，儲存起來食用。醃漬物的種類多寡與食用頻繁程度主要並非來自族群差異，而是家庭生業與經濟水準。如同番薯籤一般，家庭收入愈少的家庭，愈常以醃漬品為主要配菜。例如，國分直一在南方澳、淡水八里對漁民的觀察指出，當地漁民以稀飯為主食，搭配蘿蔔乾、醬冬瓜等醬菜食用，魚類以醬油烹調，也經常食用鹽醃的鹹魚。[17]

即使在都市，以醬菜佐餐的情形也很普遍。如1922年出生，居住於大稻埕的陳勤（1922-2017）述及，小時在家早餐吃粥，養父凌晨四點出門上班前就吃早飯，配菜包括：菜脯蛋或鹹蛋、豆腐乳、醬瓜等，除了蛋之外，均屬醃漬品。[18]即使是十分富裕的屏東里港藍家，日治時期已有家族成員擔任總督府評議員，仍自行醃漬鳳梨、醃瓜、漬冬瓜、薑等，這些蔬菜以紹興甕醃漬，家中有三個房間專門放置這些醃漬甕，每年七、八月大雨缺青菜的時候，就以醃漬物下飯。此外，舉凡醬油、鹹鴨蛋、皮蛋等也都自行製作，不會在外購買。[19]幼年居住在台南市區的辛永清（1933-

16 黃叔璥，《臺海使槎錄》（臺灣文獻叢刊第4種，1957），頁60。

17 國分直一、河井隆敏、潮地悅三郎、大城兵藏、宮城寬盛，〈海邊民俗雜記（一）〉，《民俗臺灣》4:12(1944)，頁5；國分直一、吉田忠彥、細川學、潮地悅三郎，〈海邊民俗雜記（二）〉，《民俗臺灣》5:1(1945)，頁6-7。

18 洪陳勤，原名高勤，台北景美人，台北第三高女畢業，日治末期曾任小學教師並常發表文章。1950年受政治案件牽連被捕，繫獄五年餘。參見：曾品滄，〈懷念我的大稻埕生活——洪陳勤女士訪談錄〉，《國史研究通訊》5（2013），頁141。

19 許雪姬訪問、曾金蘭記錄，《藍敏先生訪問紀錄》（台北：中央研究院近代史

2002）也憶及，早上就會有賣醬油蜆、醬菜，或早上現撈清燙貝類的小販推著車子沿街販售，讓都市居民到「醬菜車」購買各種醬菜。辛家廚房邊的長廊也放著大大小小的瓶罐，有醃魚、醃肉、皮蛋、豆醬、豆腐乳等，[20]在沒有冰箱的年代，醃漬是儲存食物的重要方式。

這些醃漬品除了單獨食用外，還經常與小魚、小蝦、田螺、蛤蜊、蛋、肉類一同烹煮。如陳勤寫到母親做的小魚蔭豉，拌湯汁與白米飯同吃，「吃起來如同許久沒吃到的大魚大肉一般可口」，[21]其他配菜尚有海蜇皮（海月）、蜆仔肉等。[22]東方孝義的《臺灣習俗》中也有提到，海蜇皮是台灣人喜歡的副食品。[23]

2. 肉類與水產

至於肉類，儘管農家大多也會飼養雞、鴨、豬等家禽、家畜類，但因日治時期規定殺豬、牛、羊均要課稅，包括自己養的也不例外，[24]因此這些肉類大都屬年節、婚宴等特殊場合才有的食

研究所，1995），頁22-23。

20 辛永清家境富裕，父親辛西淮是台南知名企業家、仕紳，曾任日治時期台灣總督府評議會議員，但醃漬食品在辛家仍具相當重要性，參見辛永清著，劉姿君譯，《府城的美味時光：台南安閑園的飯桌》（新北：聯經出版公司，2012），頁34、101。

21 陳氏堇霞（筆名），〈陰匙〉，《民俗臺灣》4:8（1944），頁16-17。

22「蜆仔肉，是將從海裡撈起的蜆仔，挑取肉用熱水燙過，再挑出來叫賣。賣時小販除了蜆仔肉外，會附一些湯汁，買回後加上薑絲、蔭豉煮一下就很好吃」。參見曾品滄，〈懷念我的大稻埕生活——洪陳勤女士訪談錄〉，《國史研究通訊》5（2013），頁141。

23 東方孝義，《臺灣習俗》（台北：同人研究會，1942），頁23。

24 據台南善化耆老孫江淮（1902-2013）的記憶，在1920年代，殺牛一頭的稅金七圓、豬三圓五角、羊一圓七角，參見：林玉茹、王泰升、曾品滄訪問，吳

物，平日僅較富有的家庭才會以鹹蛋、肉乾、肉脯、燒肉、香腸等動物性蛋白質的食物佐餐。[25]

豬為台人最重要的肉食來源，除了豬肉之外，豬的各部位也都被充分利用，從豬頭皮、豬舌、豬心、豬肝、豬肚（豬胃袋）、豬腰（豬腎）、豬腸、豬尾、肝連肉（豬橫膈膜），甚至小肚（豬膀胱）、豬上顎，均是重要的肉食來源，豬骨則是重要的熬湯材料，豬內臟如豬肚、豬小肚、豬腸等經常搭配四臣（四神）作為補品，豬皮曬乾後油炸的肉皮，常寫作「磅皮」（pōng-phuê/pōng-phê）或「爆皮」等，經常用來做滷白菜等菜餚，因其炸過具有獨特香氣、又能吸附湯汁，可大幅增添蔬菜的風味與油脂香氣。此外豬肉也可製成加工品，1932年調查資料顯示，該年全台屠宰106萬頭豬，主要加工品依數量多寡為肉乾（肉脯）、燻豬肝、肉皮及香腸。[26]香腸以豬腸衣灌入絞肉、酒及多種香料後風乾製成，是沒有冰箱時台灣農村社會將豬肉加工延長保存期限的重要產物，在日治初期已十分普遍。[27]豬肉攤在收攤後也會把剩下的碎肉製成香腸販售。在當代日本的台灣料理店中，就經常以香腸作為台灣料理的特色菜餚。

除了豬肉之外，鴨肉、鴨蛋也頗為常見，鴨肉可與薑一起煮

美慧、吳俊瑩記錄，《代書筆、商人風：百歲人瑞孫江淮先生訪問紀錄》（台北：遠流出版公司，2008），頁28。

25 川原瑞源，〈臺灣の漬物（鹹菹）上〉，《民俗臺灣》3:1(1943)，頁34-37；川原瑞源，〈煮食、炊粿、捕粽、醃豆油〉，《民俗臺灣》2:2(1942)，頁42-46；曹介逸，〈生活習俗變遷談〉，《臺北文物》6:3（1958），頁77-91。

26 不著撰人，〈豚肉加工品に關する調查〉，《臺灣之畜產》（台北：臺灣畜產會，1935），頁20-22。

27 殖產局調查，〈臺灣に於ける豚肉の加工の方法（續）〉，《臺灣農事報》（東京：臺灣農友會，1911年10月），第59號，頁43-50。

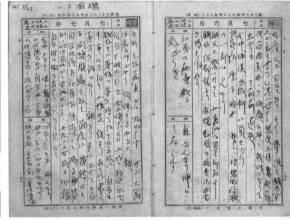

圖3.5　黃旺成先生日記。黃旺成（1888-1979）是新竹文人，他經常在日記中記錄日常飲食，提供難得的日治時期飲食史文獻。

出處：黃旺成著，許雪姬主編，《黃旺成先生日記（一）一九一二年》（台北：中央研究院臺灣史研究所；嘉義：中正大學，2008）。

湯，或煮熟後切片蘸醬油吃。[28]羊肉則較少食用，除了有飼養羊的少數家戶外，大多數台人僅偶爾將之作為補品，如以麻油、生薑、酒炒羊肉來食用。[29]但整體來說，儘管有這些肉食的選擇，一般台灣人吃到的機會並不多，即使是在1911至1918年間擔任公學校教師、有穩定收入的黃旺成，在家庭餐桌上偶爾出現豬肝、豬腸時，也會特別在日記上提及當天嚐到「豐盛的料理」。[30]

---

28 國分直一、黃旭初、張上卿，〈村と歷史と生活（下）——中壢臺地の「湖口」を中心として〉，《民俗臺灣》4:6(1944)，頁37。國分直一觀察中壢客家人的吃法，會在醬油裡加九層塔，以去除鴨肉的腥味。

29 王瑞成，〈冷熱と食補〉，《民俗臺灣》1:5(1941)，頁9。

30 黃旺成著，許雪姬主編，《黃旺成先生日記（一）一九一二年》（台北：中央研究院臺灣史研究所；嘉義：中正大學，2008），頁7。

圖3.6　1946年初高雄漁民以竹筏捕撈烏魚，將採製烏魚子。
出處：中央社（記者陳治煊攝）。

　　需特別注意的是，儘管台灣四面環海，但不代表海鮮是台灣
人日常容易吃到的食物，對沿海地區或養殖戶而言，水產固然容
易自給自足，對不靠海的鄉鎮而言，海鮮其實比肉類更難得吃
到，主要原因除海鮮易腐的特性外，還包括漁業捕撈技術不發
達、冷藏設備不普及的限制。

　　觀諸日治時期的水產狀況，水產業包括漁獲、養殖、製造，
但專營漁業者甚少，從事漁業者多是因為自然環境不適合種稻或
居於沿海地區，須從事漁業謀生或貼補家用，水產養殖多位於台
灣中、南部海岸。根據明治37年（1904）統計，全島專營漁業者
一共800多戶，漁業之外兼農工商者14,600多戶。而且經營漁業
者最多是在澎湖，專、兼漁業者共5,000戶，其次是在屏東、高
雄與基隆。[31]

31〈本島水產一斑（二）〉，《漢文臺灣日日新報》，1906年4月26日，第4版。

　　漁船設備缺乏，捕撈方式原始，使得捕魚成為一項有生命危險又難以獲利的謀生方式。日治初期，漁船以木造或竹筏為主，漁具多為拋繩、張網，難以到外海，捕撈地區因此限於海岸。[32]捕撈工具的不足，也造成本島海產相對有限。根據《臺灣日日新報》記載，中等以上支那料理，用本島製造之海產物者甚稀，海岸漁村製造的都是「生活程度低弱之人用之」，至於高級料理所用海鮮，則多從中國或日本輸入。[33]

　　基於上述情形，從水產進出口統計來看，日治時期台灣的水產品進口量就遠多於出口量。明治40年（1907）統計，本島製造水產僅130,000斤，價格37,000圓。日本輸入者多達6,178,827斤，價格1,254,742圓，外國輸入者也有789,297斤。[34]即使到了大正9年（1920），台灣漁獲狀況已有大幅進步，出口量也增加到256百萬多圓，以鰹節出口最多，但進口金額更大，多達一千多萬圓，以鹹魚、乾魚、干貝為主，進口地主要是函館、神戶，而且進口量每年增加。雖然台灣島內的水產消費增加，但不代表台灣水產業蓬勃，反倒是進口量增加了。[35]換言之，台灣人桌上的海鮮，在日治時期就已是以進口為主。

　　在此漁業條件下，漁獲業在日治初期並不發達，養殖業集中在中、南部海岸，以虱目魚、牡蠣為主，新鮮水產只有沿海地區

32 〈本島水產一斑（四）〉，《漢文臺灣日日新報》，1906年4月29日，第2版；〈本島水產一斑（五）〉，《漢文臺灣日日新報》，1906年5月2日，第4版。

33 據〈本島水產一斑（六）〉，《漢文臺灣日日新報》，1906年5月4日，第3版所載，明治37年（1904）製造額，基隆廳最多，達1,309,600多斤，全島共3,186,138斤。

34 〈實業彙載　本島水產〉，《漢文臺灣日日新報》，1909年4月8日，第3版。

35 〈本島水產貿易〉，《臺灣日日新報》，1921年5月2日，第3版。

圖3.7　鹹魚是冷藏設備未普及時台灣人最容易吃到的水產品
出處：吳庭宇攝。

較容易取得，對一般人來說還是屬於高級料理。日治初期即使在
漁港地基隆，購買鯛及雜魚的也只是各官署留台日人、少數本地
富人，本地人大多僅買廉價而日本人罕買的鮫魚。[36]

　　水產加工品中，最大宗的是鰹節及鹽乾魚，鹹魚是一般人家
中較常見的海產類食品，甚至有的人家將鹹魚吊在桌前，僅「望
梅止渴」地看著鹹魚配飯吃，[37]由此也可看出在物資生活不甚豐情
況下台人的節儉情形。儘管日後隨著捕魚條件的進步，漁獲量大

36 基隆支廳長伊集院兼良報告，見《日據時期臺灣總督府公文類纂（明治二十
　 八年乙種永久第八至十三卷）》（南投：臺灣省文獻委員會，1992），第4輯，
　 頁645。另據頁649所載價格，真鯛最低十三圓，雜魚最低八圓，鮫魚最低五
　 圓，多用以製作「蒲鉾」（魚糕）。
37 曾品滄，〈懷念我的大稻埕生活──洪陳勤女士訪談錄〉，《國史研究通訊》5
　 （2013），頁137-149。

幅增加，到日治中、後期，台灣漁業已有長足進步，但整體而言，因為捕撈、冷藏設備的限制，魚產仍然只有沿海地區容易補得，食用海產的進口量遠大於出口量。而這也使得海鮮的食用具有很強的地域性，居住於沿海者容易在日常吃到蚵、烏魚等新鮮水產，中北部多數人則以魚乾、鹹魚、乾魷魚等為主要水產品來源，新鮮海產多為宴席上的珍品。即使到了1950、1960年代，海產對大多數不住在沿海地帶的人而言仍然是難得吃到的食物。

二、烹調與調味方法

菜餚的特色除了來自食物內容本身之外，調味料的使用以及烹調方式更是構成味覺差異的重要因素，儘管味覺、口感十分隱微難以具體形容，但從烹調方式與調味料的差別，可進一步探究「台灣味」之味覺記憶的構成。

（一）烹調方式

烹調方式受到廚具、燃料與食用油等因素的影響，烹飪器具、食用油等要素的演變也勢必改變餐桌上的菜餚與其味道。在烹飪器具方面，儘管今日人們都十分熟悉瓦斯爐、電鍋等電器設備的使用，然而這些廚具是在1960年代之後才逐漸普遍，在此之前，台灣一般廚房裡的設備仍以須生火的灶與火爐（烘爐）為主，並以木柴、煤炭、木炭、作物秸稈等為燃料，每次烹煮時均需引火點柴再行炊事。曾品滄對清代台灣燃料的研究指出，燃料使用因各家戶從事的生業差異與地理區域而有不同，農業人口以作物秸稈為主要燃料，非農業人口多使用柴薪、木炭。南部因有廣大甘蔗田，燃料仰賴蔗葉、蔗粕，所使用的木炭則以龍眼炭、

九芎炭為主，北部地區則較常使用稻草與相思炭。[38]

即使到了1950年代，灶與火爐仍是重要的烹飪器具，作家林海音在1950年前後的文章就常提到自己生活的景況及燃料的選擇，例如，她寫到自己如何用煤球生火：「每天烏煙瘴氣的燒那煤球爐；先把一團報紙幾根竹篦點燃，投入幾塊相思炭，再把煤球放下去，然後搧呀搧呀搧呀，煮了稀飯煮乾飯、炒菜燉肉、泡茶洗澡，全靠這一爐火。」[39]除了煤球外，林海音還用過酒精、炭丸、熟煤等各種燃料，其中熟煤雖便宜卻很難生火，用遍各種燃料後她認為最好用的就是相思木炭。[40]

烹飪器具對於烹調方式有直接的影響。以灶與烘爐此二烹飪設備而言，在節省燃料的考量下，煮與炒是較常見的烹調方式，尤其為了節省食用油，經常採取單純水煮。例如青菜最常見作法為水煮及油炒，若以水煮，煮熟後會拌鹽、醬油或蒜吃，有豬油時才偶爾加一小匙來拌燙青菜或拌飯食用。

在「炒」法上，常見作法是在鍋中以少許油加入蔥、蒜片「茭芳」（khiàn-phang，即爆香），再加入主材料，並常加入碎肉、魚乾、蝦皮、菇類等一同拌炒以增加香氣與營養，同時民間也認為有消毒、預防疾病的功效。[41]不過，由於食用油與醬油對許多家庭而言均需購買，因此在用量上十分儉省。這樣的烹飪法或

---

38 曾品滄，〈炎起爨下薪──清代臺灣的燃料利用與燃料產業發展〉，《臺灣史研究》15:2（2008年6月），頁37-78。

39 林海音，〈琦君／一生兒愛好是天然〉，收入氏著《剪影話文壇》（台北：純文學出版社，1984），頁50。

40 林海音，〈「回到廚房」〉，《中央日報》1950年1月29日，第7版；林海音，〈相思仔〉，收入氏著，《兩地》（台北：三民書局，2011[1966]），頁177。

41 綜合王瑞成、國分直一、東方孝義之文獻及筆者田野調查中得到的說法。

圖3.8　豬油拌飯配蔭瓜是台灣農村的傳統美食
出處：吳庭宇攝。

許在台灣覺得很普通，是至今一般家庭菜餚常見的烹調方式，但與其他地區相較卻有其特色。以歐洲國家來說，青菜多製作成沙拉或燉煮，在鄰近的日本，「炒青菜」常被台灣料理屋列為招牌菜色之一。從食材、食用油的原料與用量到烹飪器具與烹飪法，這些往往是形塑地方飲食特色與差異的重要因素。

除了煮、炒以外，偶爾也會使用「煎」法與燉、滷，「煎」大多使用在魚的烹飪，燉、滷則在需煮較多量菜餚時會使用。由於油脂不便宜，即使採取「煎」法，烹飪用油仍盡量節省，僅運用有限的食用油以增添食物香氣、補充油脂。同時在節省油脂的考量下，煎魚時經常會煎至半熟時即加入少量水與醬油，再煮至全熟，此種作法稱為「半煎煮」，可說是台灣民間，尤其是西部沿海與澎湖均常見的魚類烹調方式。

整體說來，台人烹飪時的用油量並不多，日常家庭最常見的調理法包括：煮、炒、煎、焜（kûn，放在水裡長時間煮）、煠

（sah，水煮）、燙，其次是煎、炊、烘（hang，即「烤」）、炕（khòng，用慢火煮，亦寫作「焢」）等，大多都是不同形式的水煮法，宴席菜餚的料理法才會採用較多其他烹飪方式。[42]

國分直一記錄了日治後期台北盆地內閩南人農家「灶腳間」的形貌，可一窺當時廚房的型態。該圖顯示，廚房中間占據最大空間的，就是以紅磚或土角砌成的灶，灶上有鐵鍋，灶旁有水槽，但水大多取自井水，烹飪者在灶台上處理食材，另有小型烘爐，牆角有作為燃料的稻草、木柴。牆上掛著菜刀、刀砧、煎匙等烹飪器具，靠牆處有碗櫥、菜櫥，飯桌與長板凳就在旁邊，廚房空間很大，同時也是用餐的地方。[43]

常在日治末期雜誌《民俗臺灣》以本名或「川原瑞源」之名發表台灣食生活相關文章的王瑞成，進一步說明了因應「灶」的特性而發展出的烹飪方式：為了充分利用燃料，會依火力階段來運用不同的烹飪法，第一階段剛生火時，先煮飯或粥；第二階段火力旺盛期，迅速地燙青菜後加點油炒菜；第三階段較弱的火用來蒸煮；餘火可用來加熱剩菜、煮豬飼料等；最後注入水，灶的餘溫會讓水略溫，適合用來洗滌器具。[44]這樣的方式充分運用各種生活資源，也說明了地方的菜餚往往反映了烹飪器具與食用油等物質環境的限制。

相對而言，「炸」的烹飪方式較為少見，只在節慶等特殊場合才會使用。因為油炸食物耗費較多的食用油，王瑞成即指出，從廚房烹飪器具來看，一般家庭的大鍋不易控制火候、不適合油

42　參考：東方孝義，《臺灣習俗》，頁24-27。

43　國分直一，《壼を祀る村：台湾民俗誌》（東京：法政大學出版局，1981），頁102。

44　川原瑞源，〈油烹と熬油（下）〉，《民俗臺灣》3:5(1943)，頁41。

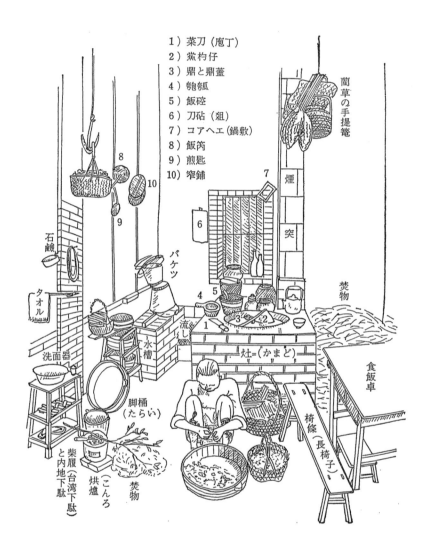

1) 菜刀（庖丁）
2) 黛杓仔
3) 鼎と鼎蓋
4) 匏匏
5) 飯碎
6) 刀砧（俎）
7) コアヘエ（鍋敷）
8) 飯笯
9) 煎匙
10) 窄鋪

圖3.9 日治時期的灶腳間（廚房）與民具

出處：國分直一，《壺を祀る村：台湾民俗誌》（東京：法政大学出版局，1981），頁102。

炸，很少有油炸器具「密勺」（油勺）、「漏勺」等，且從家庭食譜看來也很少油炸菜餚，凡此種種均說明油炸食物在平日之少見。[45] 然而，這不表示台人不喜油炸食物，相反地，在宴席或辦桌時，爆肉、炸丸子等就是十分受歡迎的菜餚，且因其無湯水容易攜帶，常給賓客作為歸途上的糧食。換言之，油炸食物在台灣傳統飲食文化中較不屬家庭日常飲食，反而較接近公眾展演層次的宴席菜，油炸食物的珍稀性使之成為適合作為招待、餽贈的佳餚（cuisine），而非日常食物，也賦予了此類油炸食物較高的社會交換意涵。

油炸食物的珍稀性，與食用油的來源密切相關。台灣人常用的食用油包括植物性的花生油、大豆油、菜籽油、茶油等，由黑、白芝麻製成的麻油與香油則較少使用，多用在特殊菜餚，例如坐月子吃的麻油雞。因為平日肉類難得攝取，動物性的油脂也顯得格外珍貴，尤其是豬油，將豬油炸油後的豬油渣（油粕）可以用來炒青菜、拌飯或直接吃。從食用油與烹調法看來，由於食用油具有相當的經濟價值，且非一般家庭容易自製，使用油量多的油炸類食物也就被賦予較高的經濟價值，甚至可用以進行餽贈等社會交換。

若將上述家常食物的烹調法與《臺灣料理之栞》一書內所載的烹調法相對照，可看出更清楚的差別。《臺灣料理之栞》所介紹的多為酒樓中的菜餚，將酒樓中常見「台灣料理」的主要烹飪方法分為六種：湯、勾芡、炒、炸、蒸、煮，湯類如八寶鴨、麵線湯、清湯鮑魚、清湯參、清湯鱉、蟳丸、肉丸湯等，作法從繁複到簡單均有，也有杏仁湯、蓮子湯等甜湯類；勾芡類的菜餚如

---

45 同上注，頁36。

蟳底魚翅、桔汁蝦、紅燒鱉；炒類如炒肉片、炒肚尖、炒雞蔥；炸類如油酥餃、燒肉炮、燒蝦丸；蒸的例子如鹽包（以豬肉、麵粉為主料製成的肉包）、雞卵糕；煮的作法有芥辣雞、白片蟳等。這六種烹飪法中，較耗費食用油或燃料的「炸」與「蒸」法在一般家庭中不常見，勾芡類也是多出現在宴席菜而非日常菜餚，換言之，從烹飪法也可看出家常菜與宴客菜二者間的區辨性。

（二）調味方式

　　菜餚的味覺構成中，除了前述烹調方式、食用油種類外，所使用的調味料也相當重要。在19至20世紀前半的台灣一般家庭廚房中，調味方式其實甚為簡單。日治時期日本民俗學家梶原通好嘗言：「台灣沒有『調味料』這句話，最多只是『油鹽』而已。」[46]在日常食物方面，除了蔥、蒜等植物類的配料之外，所有菜餚幾乎都僅用鹽來調味，讓配菜能有足夠的鹹味。許多耆老在訪談中均指出，在食物資源不豐裕的年代，進食以維生為目的，配菜的角色是「下飯」，因此一定要夠鹹，至於是否美味及營養健康等則是吃飽以後才有餘力考慮的事。在此情形下，鹽能帶來鹹味、又能將食物保存較長的時間，具有特別的重要性。

　　除了鹽之外，最重要的調味料是醬油（豆油），自清以來台灣的醬油是以黑豆釀製，不少家庭也會自製醬油，日治時期又引進原料為黃豆、小麥的豆麥醬油。以明治37年（1904）的「臺北廳農家食物消費調查」結果來看，上、中、下等農家（依收入多寡區分）的醬油年平均用量分別為：21.1、17.68、15.4斤，換言

---

46 梶原通好著，李文祺譯，《臺灣農民的生活節俗》（台北：臺原出版社，1989；1941原刊），頁105-111。

之，以中等農家為例，一戶農家一年用掉約10.6公斤的醬油。若與同調查中鹽的用量相對照，上、中、下等農家「鹽」的用量分別為16.54、25.66、32.51斤，顯示出經濟狀況愈好的農家，醬油用得較多，而鹽用量較少；經濟狀況差的農家，則以用鹽為主，醬油較少。1922年的調查亦顯示（參照表3.1），醬油一斤35錢，與豬肉一斤40錢相差不遠，屬頗昂貴的調味品，因此食用的頻率與用量仍依照經濟狀況有所區別，對收入較少的家戶來說，添加醬油的目的主要是增加香氣，菜餚的鹹味主要仍來自於鹽。靠海的家庭亦會運用小魚小蝦自製「沫蝦油」，作為醬油的代用品。[47]

以蔬菜的調理來說，水煮後拌鹽便是最常見的吃法，即使是豬肉、雞肉，雖然在酒樓中的各種「手路菜」有十分複雜的調理方式，但家庭中常見的作法僅是水煮或加醬油燉滷。一般只有在宴客的時候，才會使用糖、胡椒、醋等配料，讓菜餚呈現更豐富的味道，生活較豐裕的家庭會使用日本進口的味噌，糖則用在年節糕粿、宴席的甜點、甜湯等。

不過，雖然調味料很有限，一般家庭仍會運用許多醃漬品來變化菜餚的作法，例如豆醬、米醬、麻醬等。其中「豆醬」包括以黃豆或黑豆發酵製成的醬料，依照發酵程度與製法又有不同種類，黑豆製成的豆豉醬可直接當配菜或與豬肉同煮，黃豆製成的豆醬則經常用來與魚類烹調。另有「米醬」是以少量辣椒、紅麴、八角、黑糖互相攪拌碾碎後製成。米醬中有種高級品為「海山醬」，傳自廣東，僅北部的料理店有，南部極少見，台灣也僅

---

[47] 沫蝦油之製成：海蝦十、鹽四的比例日曬一個月，油渣分離後，油加黑糖加熱。見片岡巖，《臺灣人的食物》，頁110。另〈產業界《七》〉，《臺灣慣習記事》4:10（台北：臺灣慣習研究會，1904），頁59也有類似說明。

北部新莊生產，即使在日治後期，都已愈來愈少，如今更為少見，王瑞成比喻，海山醬的複雜味道集合了山珍與海味。其他醬料還包括：「麻醬」是以白胡麻炒熟、碾碎後製成，常用於涼拌食品。另有所謂「蕃薑醬」，「蕃薑」指辣椒，「蕃薑醬」即是以辣椒取出種子後切絲、碾碎製成。[48]不過從各種食譜、民間資料看來，「蕃薑醬」並不常見，很少用在台灣的家常菜餚中。值得一提的是，台菜中有些味道並非使用調味料調製出，而是使用特定的食材熬製出湯頭，特別是台灣盛產的鳳梨，鳳梨皮就經常用來熬湯，與小蝦、扁魚乾、豬骨等均是常見的熬湯材料。

　　在這樣的調味、烹飪方式下，許多家常菜餚調味清淡，因此呈現出食材本身的味道，這也是如今很多人認為台菜比起其他中華菜系更為「清淡」、「強調原味」的原因。此處的「原味」來自調味方式的單純，而這其實與經濟狀況、烹煮時間均有關係。

　　從味覺構成來看，鹽與醬油構成台灣常民菜餚味道的主調，與豆醬、豆豉及多種醃漬品、常用於「爆香」的蔥、蒜，花生油、茶油的香氣等形塑出一般家庭的日常味道。偶爾增加的豬油、醋、糖、麻油、胡椒等，成為特殊菜餚或年節出現的味道，另外經濟較佳家庭使用的味噌，以及日治中期後傳入的味精，則是受日本文化影響而漸傳入一般家庭的重要調味品。

三、1950年代之前台灣家庭的日常菜餚

　　前述主食、副食、烹飪與調味方式的要素構成了台灣家庭的

---

48 川原瑞源，〈臺灣の漬物（鹹菹）上〉，《民俗臺灣》3:1（1943），頁34-37；
　　〈臺灣の漬物（鹹菹）下〉，《民俗臺灣》3:2（1943），頁35-37。

常見菜餚，對多數農業人口而言，均是「靠山吃山、靠海吃海」，以番薯籤、稻米、雜糧為主食，搭配自家種植的蔬菜、各種醃漬物，高度自給自足。一般家裡的日常食物多無特殊菜名，較有變化的如各種鹹糜（鹹稀飯）或鹹飯，同時將多種食材加入，因為烹煮時間短，適合一次煮大量給多人食用，如芋頭糜、高麗菜糜、匏仔糜、米豆糜、豆仔糜、南瓜糜等。加入的食材依地區不同，靠海地區以海產類為主要食材，如虱目魚糜等。也有許多家庭會以新鮮蔬菜煮湯，一方面當湯，一方面當蔬菜，如蘿蔔湯、空心菜湯、竹筍湯、冬瓜湯、大頭菜湯等。

　　舉例而言，台灣食品工業奠基要角、曾任多屆省議員的洪掛（1905-2005）在回憶錄中提到，小時居住在彰化芳苑，母親自製醃瓜、醃蘿蔔、蘿蔔乾、豆豉、醃蚵等，拿兩樣或三樣一起煮，就已經是家裡的好菜，平常吃的蔬菜也都是家中菜園自產。當兄長到近海插蚵捕魚時，會帶媽媽做的「飯包」當午餐，飯包以竹片盒子裝，以番薯籤加一點米飯，用豬油炒過，加上一些蚵、蘿蔔乾炒蛋，由於平日均以番薯籤為主食，這種用豬油、有米還有蛋的炒飯難得吃到，因此年幼的洪掛在兄長出門後便開始期待兄長回家時便當中的剩菜殘渣，這對他而言已是極大的享受。[49]

　　與洪掛相同年代的台南善化人孫江淮（1902-2013）在口述歷史中也提及，一般家庭都是吃番薯籤糜，且都是男人先吃，換女人吃時米粒常已被吃光，只剩下番薯籤，有時還得拌著煮番薯葉的水吃。更有時連菜都沒得配，一般人家會醃番仔豆，先用水煮熟、乾炒後再鹽漬，吃飯時再夾些來配飯，若小孩想多夾些，還

---

49 洪掛口述，黃玉峰整理，《看台灣成長》（台北：允晨文化實業公司，1996），頁65-66。

會被大人瞪。[50]

　　對都市居民來說，雖經濟能力不一定允許到大酒樓用餐，但相對而言仍有較多機會購買店鋪中販售的食物來搭配，也可到較廉價的飲食店購買餐食。例如，新竹文人黃旺成在擔任公學校教師的時候，月薪每月十七圓左右，但從他的日記可以看出，不僅常與同事到酒樓小酌，也經常叫外賣到家裡享用。[51]他在日記中提到的菜色如：冬菜肉、鴨仔湯、鴨仔麵線、頭髓炊粉、雞麵等。

　　至於居住山區或靠海的家庭，日常食物與前述有些不同。山區住民，如許多原住民部落，依賴山中各種動植物為食，如蝸牛、飛鼠、各種山菜、打獵獲得的肉類等。靠海地區則有較多水產、海菜類，例如，西部嘉義、台南沿海居民發展出多種以水產為主的菜餚，如：虱目魚燒醃瓜、魚丸瓜仔湯等。

　　若偶爾有豬肉可食，以狗母鍋（káu-bó-ue/káu-bó-e）滷肉是許多家庭共同的美食，狗母鍋是指一種陶製的陶土鍋，在台灣使用的歷史已久，因為陶土鍋適合長時間熬煮，台人經常以之煮飯或燉滷食物，清末來台考察的日人上野專一就曾記載，台北民家常以土陶鍋炊飯。[52]池田敏雄亦觀察到，「鍋仔飯滷肉」被認為是美食的代表。[53]除了煮飯，將肉切塊後與醬油放入陶土鍋久煮，也

50 林玉茹、王泰升、曾品滄訪問，吳美慧、吳俊瑩記錄，《代書筆、商人風：百歲人瑞孫江淮先生訪問紀錄》，頁17。

51 例如，1913年6月17日，黃旺成與同事張澤共食十五錢的料理，同年10月31日又和張式穀等四位各出十一錢叫菜、麵作為值班前的宵夜。黃旺成著，許雪姬主編，《黃旺成先生日記（二）一九一三年》（台北：中央研究院臺灣史研究所，2008），頁217、380。

52 上野專一，《臺灣視察復命書》（台北：成文出版社，1985），頁42-43。轉引自曾品滄（2006），頁174。

53 池田敏雄，《臺灣の家庭生活》（台北：南天書局，1994），頁25-26。

圖3.10 右側為無柄的狗母鍋
出處：陳玉箴攝。

圖3.11 有柄的狗母鍋
出處：陳玉箴攝。

圖3.12 過去常見烹飪器具「烘爐」，圖中有
大中小三個疊在一起。
出處：陳玉箴攝。

是美味的佳餚。《民俗臺灣》的作者之一黃廷煌同樣提出，一般
台灣家庭最喜歡吃的就是鍋仔飯，用狗母鍋將鴨蛋、豬肉以醬油
久滷，細火慢燉特別有味道，即使上層社會家庭也特別珍重狗母
鍋。[54]

---

[54] 黃廷煌，〈狗母鍋〉，《民俗臺灣》3:10（1943），頁46；池田敏雄，〈臺灣食習
資料〉，《民俗臺灣》4:1（1944），頁2-17。

　　值得注意的是，儘管台灣四面環海，但新鮮魚蝦海產並不如今日所想像的如此盛行。這是因為漁業設備、冷藏冷凍設備與交通建設等尚未發達，在炎熱氣候下，易腐的水產不容易經由長程運輸送到距離沿海較遠之處，因此僅沿海地區或河溪岸邊等地才較容易吃到水產，也因如此，較好的魚類往往不是日常食物，而成為宴席上的珍饈。

　　由於各地區地理環境、生業的差異，此處無法盡述各地詳細家常菜餚，不過，在前述主要飲食要素的基礎上，可歸納出台灣在1950年代之前一般家庭的家常菜餚，大致具有幾項重要特色，這些特色也成為今日一般認知「傳統台菜」的基礎：

1. 在地食材為主

　　為節省費用，大多農家在環境許可的情況下都會自種蔬菜或採集野菜作為日常食物，鄰里間也會交換所收穫的作物或漁獲，避免過於單調的食物。因此在交通與冷凍冷藏設備尚未發達之前，特別是在都會區以外，各地菜餚特色經常能貼切反映在地的物產，也發展出具地方特色的菜餚。只是在近幾十年工業化、都市化、交通發達等外在條件改變下，隨著產業的變化，過去以在地食材為主的區域飲食特徵已大為減弱。

2. 多醃漬食物的衍生菜

　　在醃漬菜的基礎上，除了單獨食用醃漬或曬乾品外，若偶然有某些肉類、蛋、水產，家庭菜餚也經常將基礎的醃漬菜加入其他各種食材而有更多變化，例如：蔭豉蚵、冬菜鴨、菜脯蛋、瓜仔肉等，都可說是這類「醃漬菜＋動物性蛋白質」的組合。日後隨著經濟狀況的逐漸改善，肉、蛋、魚等動物性蛋白質的攝取轉

圖3.13　蔭豉蚵，黑豆豉＋蚵仔，是台灣沿海地區常
見的傳統菜餚。
出處：吳庭宇攝。

為容易，這類菜餚的變化也逐漸增加。若仔細閱讀當代台菜餐廳
的菜單，仍可發現歷史三十年以上的傳統菜色有許多都是屬於這
類醃漬食物的衍生菜。

3. 烹調方式簡單、口味偏鹹

　　由於一般農家的主中饋者為女性，但農家婦女同時要操持許
多農事、家務、家禽家畜照顧等，在人口眾多的情況下，準備大
家庭的飲食並非易事，因此往往得在短時間內製備大量菜餚，如
此也影響了多數菜餚的烹飪方式傾向簡單，以水煮後拌少許油
脂、炒、滷燉最為常見。調味上則以鹹味為主，配菜的功能主要
是為了「配鹹」、「下飯」，就家常食物而言，以達到基本的維生
功能為滿足，「美食」經驗多來自年節或祭祀宴客之時，經濟較
寬裕的人家才有能力在平日即進一步追求美味與喜好的口感。

4. 節慶菜的再利用

農村的日常餐食固然簡單，但也常因應節氣、祭祀、節慶等時機而有加菜的機會。尤其是在節慶之後，如何將各種節慶菜做一番應用，不造成食材的浪費，更是物資不豐時代每個家庭掌杓者的重要任務，也因此，有許多菜會從節慶菜餚再變身成為家常菜。較知名者如「客家小炒」，即是將祭拜後的乾魷魚切絲後與其他食材同炒產生的菜餚。

四、素食文化

在台灣庶民日常飲食中，尚有特殊的素食文化。台灣有不少吃素人口，衍生出許多素食餐廳與素食產業鍊。但在這些素食人口中，雖無精確統計，其中不少是屬於「彈性素食」而非全素食者，如吃早齋、初一、十五吃素或特定期間（如建醮）吃素等，這樣的吃素方式與民間信仰有著密切關聯。

在不少台灣人信奉的道教、佛教中，各自有與素食相關的規範。佛教經典中雖未明確嚴格限制信徒必須吃素，但佛教傳入中國，形成「漢傳佛教」後，逐漸形成吃素的規範，由於台灣目前盛行的佛教，是在二戰結束、國民政府遷台後才大規模發展，以漢傳佛教為主，因此佛教徒講求素食，且以全素為主，特別是尚有「五辛素」，即除了肉食外，也禁食蔥、蒜等五種富含辛香味的蔬菜。[55]

道教派別眾多，除全真派外，其實並無茹素的規範，但因為

---

[55] 「不食五辛」的規範出自《楞嚴經》，但經文並未明言是哪五辛，因此有多種說法，參見陳玉箴，《飲食文化》（台北：華都文化公司，2015），頁40-41。

台灣社會的道教早已融入民間信仰，因此難以僅用道教的規範來理解。例如，在許多神明生日、廟宇建成等重要時機，廟宇多會舉行「建醮」儀式，「醮」字即來自道教，為酬神敬謝之意，其中，部分盛大的建醮活動會要求建醮期間全境齋戒吃素，其實這樣的規範並非宗教明確規定，而是佛教、道教中均有的「不殺生」祈福之宗教內涵。

另外，吃早齋、初一、十五吃素的習俗主要來自清初即已傳入台灣的齋教，又稱「在家佛教」，雖以佛教為中心，但融合儒、道教，也拜媽祖、關公等。教徒不用出家，而是在家吃素，包含吃長齋、吃花齋、吃早齋，或祈願期間吃素等。

第二節　平民的盛宴：節慶食物與辦桌

相對於家常食物，節慶食物是因應特定節日而準備，經常與家人團聚、傳統延續相連結，對一社群的飲食文化而言無疑具有重要意義。

飲食至少具有三種重要價值：維生價值、經濟價值、象徵價值。維生價值指飲食最基本的維生功能；經濟價值為食物或菜餚在市場上販售而具有的金錢價值；象徵價值則指食物作為某種文化、社會，或特定活動、儀式的象徵性意義。在象徵價值上，飲食（包含食物本身與飲食行為）的重要社會功能至少包括：作為社會互動的媒介、凝聚社群的方式、標誌社會群體間的差異，以及作為特定文化意義的載體。藉由共廚、共餐、共同飲食方式的維持，人們展現對共同飲食的認同與喜好，這些情感上的聯繫，更強化了社群的向心力。在這個意義上，飲食正是社會的接著劑，許多食物也在社會實踐的基礎上被貼上特定文化的標

籤。56

　　以節慶食物或「辦桌」來說，相對於平日食物的清儉，節慶或辦桌是台灣人難得吃些好料的時機，不僅準備的菜餚、節慶食品格外豐盛，超越了補充營養的維生性功能，更重要的是在形式面與象徵面上具有重要意涵。例如，日本在爭取「和食」登錄為聯合國教科文組織的非物質文化遺產（intangible cultural heritage）時，以新年食物作為代表，認為新年食物最足以體現「和食」的特色。而對世界許多地區的華人移民來說，儘管農曆春節未必是當地假日，卻常有更濃厚的年味。本節從台人的節慶食物、宴席活動（辦桌）等來檢視家常食物之外的另一飲食文化面向。

一、節慶食物

　　在過去台灣以農業為主的社會中，人們跟著大自然與農作的規律過日子，儘管平日食物有限，每逢年節或重要節慶，卻有多種豐富的節慶食物。

　　台灣最重要的傳統節慶是農曆年，此時一年的農忙暫告休息，更是一家的團聚時分，過年需準備大量糕粿粄類，主要有四類：加糖的甜粿（一般「年糕」指甜味的粿，但部分地區的「年糕」也包含鹹口味，加入花生、豬肉、菜脯或芋頭等不同的食材）、發粿（發糕）、菜頭粿（蘿蔔糕）、包仔粿。包仔粿也稱「菜包」或「菜粿」，但並非現在所認知的麵粉皮裹菜料的菜包，而是以糯米或在來米（秈米）粉製成外皮，裡面包入花生、蘿蔔乾、鹹菜、豆干等，蒸熟後食用，具有「包財」的吉祥寓意。民

---

56 陳玉箴，《飲食文化》（台北：華都文化公司，2015），頁63-65。

圖3.14　台南地區的冬至菜包
出處：吳庭宇攝。

間流傳的俗唱有稱：「甜粿過年，發粿發錢，包仔包金，菜頭粿作點心」，就指出了這四大類年節糕粿。另外部分地區在元宵節與有喜事時還會準備紅龜粿，不僅作為重要的祭祀品，也是年節招待客人的食品或互相贈送的禮品。

食物對於社會關係的建立十分關鍵，食物經常作為彼此餽贈、交換的禮物，禮物餽贈行為能強化彼此的社會連結與社群基礎。因此，藉由觀察各社群食物餽贈的方式與社會規則，能更了解該社群中社會關係的特色。

粿類經常作為台灣人在年節互相贈與的禮物，[57]具有重要社會意義。人類學者牟斯（Marcel Mauss）將人們互相餽贈禮物的行為視為一種交換經濟，互相餽贈看似是自願的，但經常帶有「利己」或「炫耀」的意圖，也可用以界定社會距離，鞏固彼此的社

---

57 川原端源，〈遣ひ物としての粿と粽〉，《民俗臺灣》2:12（1942），頁28-29。

會關係。[58]以食物進行交換行為的意義產製，又因地區或族群等因素而有所不同，如洪淑昭對高雄閩南族群「粿」的研究認為，粿的餽贈還可進一步區分為「予（hōo）人」、「送（sàng）人」、「贶（hīng）人」三種，標示不同的粿品意義與人際關係。例如，由於喪家該年過年時不能炊粿，因此親戚會送（sàng）甜粿做祭祀「送年」用，衍生出的禁忌就是不能隨便送甜粿給人。而「贶」則是「回禮」之意，收到親友贈禮時，要準備相應的糕粿類回贈，且一定要甜口味，如小孩周歲接受賀禮後贈送親友鄰居的紅龜粿，就是一種回禮的表示，若沒有做到，容易被視為禮數不周，違反約定俗成的社會規則。[59]

　　年節食物不僅作為交換之用，更有重要的象徵性意涵，從象徵「年年有餘」的魚類菜餚、象徵長壽的「長年菜」、象徵「發財」的「發粿」等，均具有祝福來年的重要寓意。台灣大多數家庭以芥菜或菠菜來烹煮「長年菜」，若採芥菜，是以大鍋煮過雞鴨豬肉的湯或大骨熬煮芥菜至極軟，使芥菜帶有濃郁的油脂香氣，為過年時才有的佳餚。若採菠菜，則將連根的菠菜清燙後食用，表示有頭有尾。另也有部分地區是用韭菜，如台南善化耆老孫江淮說，他們家是用韭菜與菠菜來當長年菜，韭菜具有長長久久的意義。[60]這些具高度象徵性的意涵通常因此伴隨著若干禁忌，

58　Mauss, Marcel, *The Gift: the Form and Reason for Exchange in Archaic Societies*,
　　（translated by W. D. Halls）（London; New York: Routledge, 1990 [1954]），參見
　　陳玉箴，《飲食文化》，頁75-76。

59　洪淑昭，《傳統節慶米食的象徵：以高雄市閩南族群的「粿」為例》（高雄：
　　國立高雄師範大學臺灣歷史文化及語言研究所碩士論文，2013），頁94-99。

60　參見林玉茹、王泰升、曾品滄訪問，吳美慧、吳俊瑩記錄，《代書筆、商人
　　風：百歲人瑞孫江淮先生訪問紀錄》，頁210。

例如，製作粿時不能說髒話、壞話，小孩子們常被警告，如果吵鬧或說壞話，粿會做得不好或發不起來，由於粿的成敗象徵了來年的運勢，因此家家戶戶均十分謹慎。[61]

除了糕、粿之外，除夕夜的菜餚更是力求豐盛，在各地有相當豐富的變化，例如，家境寬裕的辛永清童年時，約1930年代後期至1940年代，台南家裡的除夕桌上會有烤乳豬、烤雞、炸魚及用料豐富的滷麵。[62]經濟狀況一般的家庭，也會在年節時傾力準備平日所缺的魚、肉類以表豐盛。部分家庭會以上一節提到的「茨番薯粉」或「兜番薯粉」作為除夕圍爐的最後一道菜，象徵家族團圓之意。[63]也有部分家庭在除夕的團圓飯上會準備「魷魚螺肉蒜」這道平日餐桌上少見的湯品，象徵年節的特殊性。

過了除夕夜，大年初一早晨多數台灣家庭都是吃素，王瑞成提到，一般人家還是以醃漬菜類為主，頂多是芹菜、香菇炒麻油、豌豆等就已算豐富，有些富有人家會吃五辛菜，包括蔥、韭、蒜、芹菜、芥菜等。過年期間其他具吉祥意義的菜還有：象徵好彩頭的蘿蔔湯、象徵長相廝守或長壽的春干（烏賊）炒韭菜，另外芹菜象徵勤勉、蔥代表聰明，芋頭代表多子孫或工作順利，均常用來製作喜慶菜餚。[64]另外，過年期間會準備用紅色或金色做成的花插在一碗飯上是為「春飯」，用以供奉神明。

過年至農曆元月十五元宵節告一段落，元宵節的「乞龜」活動也十分重要，在某些地區如澎湖，甚至可說是過年最受重視的活動。

---

61 劉氏淑慎，〈臺南の迎春〉，《民俗臺灣》3:3（1943），頁44。

62 辛永清著，劉姿君譯，《府城的美味時光：台南安閑園的飯桌》，頁45、191。

63 川原瑞源，〈點心と新春の食品〉，《民俗臺灣》2:1（1942），頁45。

64 川原瑞源，〈點心と新春の食品〉，《民俗臺灣》2:1（1942），頁46。

　　除了過年之外，如清明、端午、中秋、冬至等民間重要節慶或節氣時也會準備特殊的食物，以下簡要述之：

　　＊清明：祭祖之日，多以鼠麴草、糯米製成的鼠麴粿祭拜，內包蘿蔔絲，也有用艾草製作。許多家戶常準備潤餅（或稱春捲、春餅、薄餅）共食，以薄餅皮包裹多種菜料成餅捲後食用。關於潤餅的來源有多種說法，或稱源自「春盤」習俗，或稱來自清明需「寒食」不能用火烹煮之習俗。各地潤餅材料與製法亦有地區差異，常見菜料如：豆芽菜、紅蘿蔔、豆干、肉絲、蛋燥、虎苔等，也有包大麵者。台南七股地區則經常先以豆腐乳塗潤餅皮，再包入豆芽菜、蒜、花生糖粉、豆薯、高麗菜、芹菜等。1970年代經濟改善後，也會加入肉、蛋、蝦仁等餡料。[65]

　　＊端午節（五月節）：有吃粽之習俗，可大分為焿粽與鹹粽兩種，鹹粽有多種口味。有些地方也會吃醃桃子、茄子、菜豆，有健康長壽之寓意。[66]然而在部分物資較缺乏的地區，並無吃粽之習俗，而是吃番薯粉製成的粉條湯、西瓜等消暑食品，安平地區則有吃煎鎚的習俗。[67]

　　＊七夕：為七娘媽生，也有稱七巧節。農曆七月七日（七夕）是七娘媽誕辰，七娘媽是兒童的守護神，民間信仰相信七娘媽會保佑16歲以下的孩童，這日會準備雞酒油飯、軟粿（中央有

65 陳玉箴、曾品滄，《台江地區文史資源調查及應用規劃研究（四）：台江飲食文化源流成果報告書》，頁46。

66 吳瀛濤，《臺灣民俗》（台北：臺灣時代書局，1975），頁14記載有俗語稱：「食茄肥到若搖，食豆吃到老老」，意指食茄子可以健康而吃豆子則能長壽。

67 陳玉箴、曾品滄，《台江地區文史資源調查及應用規劃研究（四）：台江飲食文化源流成果報告書》，頁45。

凹洞的湯圓）、麵線祭拜七娘媽或床母，另有一說為軟粿的特殊造型象徵盛裝織女的眼淚。各地區的七夕習俗有些不同，如士林地區會做「七夕粿」（烏草仔粿），用秋天的七種草與米加入黑糖製粿全家食用，象徵「食福氣」。[68]

　　＊中秋：台灣社會過去中秋節有「中秋搏餅」的習俗，清代高拱乾《臺灣府志》記載：「製大麵餅，名為『中秋餅』，以紅硃書一『元』字，用骰子擲四紅以奪之，取『秋闈奪元』之意。一般會將餅依照不同尺寸大小分為：狀元餅、榜眼餅、探花餅、翰林餅、舉人餅、秀才餅等。大家輪流在碗中擲六顆骰子，依點數大小計分。另外，農曆八月十五這天亦為土地公生日，會準備「米粉芋」祭拜祖先與土地公，俗語云：「食米粉芋，有好頭路」，祈求祖先保佑獲得好工作。[69]目前常吃的廣式、蘇式月餅則是要到二次戰後才較為常見。

　　＊冬至：冬至前各家戶會以糯米製作沒有包餡的紅白「冬節圓」及包糖、花生粉的「圓仔母」來祭拜神明、祖先，並將小湯圓貼在灶、門上，或供奉於雞舍、豬舍等處。部分地區家有小孩的也會以糯米團做成不同形狀的「雞母狗仔」，將生粿著色後，製成動物的形狀。除湯圓外，部分地區在冬至會做菜包或菜粿。如《小琉球漫誌》稱「冬至節，家家作米丸及菜包以祀神及祖先」。[70]「菜包」是以糯米製成，裡面包肉，用黃槿葉墊著，上面再點紅。但在台江地域則是吃菜粿，菜粿與菜包相似，不過形式上菜粿為長條型，兩者的餡料大致為高麗菜、芹菜、香菇及肉

68　潘迺禎，〈士林歲時記〉，《民俗臺灣》1:6（1941），頁14。

69　陳玉箴，《飲食文化》，頁131。

70　佚名，《安平縣雜記》（臺灣文獻叢刊第52種，1958），頁7。

等。[71]

　　*尾牙（農曆十二月十六日）：農曆的每月二日、十六日都稱為「牙」，一年的最後一次「牙」即為尾牙，通常是生意人會舉辦宴席宴請員工。亦有吃潤餅的習俗，有一說指尾牙吃的其實是「年餅」，但因發音上的訛誤，「年餅」後來變音為「輪餅」。潤餅的包料經常使用豆芽菜、大蒜、豌豆、高麗菜等，切細絲後再加上豆干、花生、蔥、胡荽、芥子、醬、肉類等即成。[72]

　　雖文獻記載有如上習俗，但田野調查中經常發現，其實各地差異性頗大，也會因為經濟狀況、地方物產等有所調整、變化，節慶食俗未必與文獻或一般熟知的習俗相同。另外也有許多習俗已經消失或簡化，例如，農曆六月初一昔稱「半年節」，祖籍漳州者會以紅麴、米粉製成「半年圓」祭拜、食用，現已甚少有此習俗。而筆者在台南台江地區的調查也發現，早期經濟困頓時，當地居民因無法購買麵粉製作清明的潤餅皮，甚至會用高麗菜葉蒸軟後當作潤餅皮使用。[73]

二、辦桌

　　「辦桌」（pān-toh）一詞為台語發音，逢廟會節慶或喜慶婚喪之時，台人會以辦桌方式籌辦豐盛宴席，此時才有機會大飽口

---

71 陳玉箴、曾品滄，《台江地區文史資源調查及應用規劃研究（四）：台江飲食文化源流成果報告書》，頁46。

72 吳槐，〈新舊年末年始行事考（二）〉，《民俗臺灣》2:2(1942)，頁7。

73 曾品滄、陳玉箴，〈台江地域食生活的傳統、變遷及其創新運用〉，《國家公園學報》26:2(2016.12)，頁70。

福。辦桌所代表的不僅是食物的豐盛美味，其目的除與同鄉人士歡飲暢談、聯絡交誼外，也為了表現自己的慷慨，更有凝聚社群意識，或建立、鞏固社會網絡的重要意義，甚至具有炫耀競賽與展示社會地位、經濟能力的心理。在多數台灣人的生命經驗中，特別是在物資不豐的歲月裡，辦桌的熱鬧與豐盛經常是共同的重要回憶，也因此時至今日，辦桌被視為台灣人飲食文化的重要象徵。

「辦桌」是一種「共餐」結合了「宴席」的社會情境，因此也同時具備二者的重要社會意義。以共餐而言，共餐的社會性，標示了共餐者的類同屬性，不僅創造共餐者的共感經驗，也經常賦予共餐的食物具有「我群」的象徵，共餐因此成為許多社群的重要建立基礎。從家庭、宗族、宗教團體、學校、社區，乃至更大範圍的族群、國家等「想像的共同體」，[74] 共餐可說是彼此共同性（commensality）的重要象徵。[75] 再就宴席而言，宴席是一種有別於平日飲食的特殊狀態，經常在各種節慶、團聚、宗教活動中扮演重要角色，甚至具有儀式性意義。例如，強調共餐傳統的「法國盛餐」（Gastronomic meal of the French）就在2010年被聯合國教科文組織列為「非物質文化遺產」（intangible cultural heritage）的飲食文化項目之一，對法國人來說，在人生重要時刻歡聚共享美食藝術是重要的社會習俗，不僅追求美味，也講究人

74 Anderson, Benedict, *Imagined Communities: Reflections on the Origin and Spread of Nationalism*（London; New York: Verso, 1991）.

75 Tierney, R. K. & Ohnuki-Tierney, E., "Anthropology of food," in J. M. Pilcher（ed.）, *The Oxford Handbook of Food History*（Oxford; New York: Oxford University Press, 2012）.

與自然的平衡。[76]事實上這種「共同的盛宴」傳統原本就不是僅法國獨有，如在太平洋的大溪地，也將節慶的豐盛聚餐視為社會凝聚的重要機制，宴席的豐盛華美與否，也成為彼此競爭聲望的一種形式。[77]

類似地，在台灣，辦桌僅在重要時刻才會舉辦，經過費心地規劃準備，邀請親人好友，享受平日沒有的豐盛菜餚，共度美好的團聚時光。在共餐的基礎上，法國人的美食盛宴與台灣的「辦桌」，都是一種相對於日常飲食來說特別豐盛、花費也較多的宴席，二者均具有如下特色：[78]

1. 特定成員的共聚，包括以血緣、地緣、宗教為核心者。
2. 特殊的消費或用餐空間。
3. 特別大量的飲食。
4. 特殊食物與形式的消費，通常涉及與日常餐食不同的準備工作。

上述特徵讓宴會不同於日常餐食，特別是在社會網絡的建立與維持上，宴會具有特殊的力量。而辦桌之所以在台灣社會中具有普及性與重要性，也源於其在社會與人際網絡維繫上的重要功能。

台灣的辦桌可溯自清代的漢人移民社會，曾品滄指出，辦桌

---

76 聯合國教科文組織網站：http://www.unesco.org/culture/ich/index.php?lg=en&pg=00011&RL=00437
77 童元昭，〈大溪地唐餐／Maa tinito 的在地性〉，《中國飲食文化》8(2)（2012，頁71-102。
78 陳玉箴，《飲食文化》，頁73-74。

是根植自台灣移民社會中社會網絡重構的需求，在婚喪喜慶等人生儀式、家族年節聚會、地方廟宇慶典、共同祭祀神祇誕辰等時機舉行，藉由群體的組織、共烹、共餐與製備「辦桌」衍生的相關活動，人與人有了更緊密的連結，也藉由辦桌活動建立、鞏固、擴大個人或村莊的社會網絡，可將同宗族、同鄉等無形的群體意識「轉化為有形的群體活動」，[79]即使在清中葉社會秩序與本地社群網絡較穩定後，在各地廟宇的慶醮、「吃福」與「吃祖」等宗族性活動中，辦桌活動仍有助於進一步的人群整合與凝聚，也隨著社會變動產生新的社會區辨意義。曾品滄依辦桌的動機與參與開放性，將清代的辦桌分為如下類型：[80]

（一）生命禮儀宴：人生重要事件時的宴席，包括：婚宴、壽宴、滿周歲宴、喪宴、新居落成宴等。

（二）團聚宴：宗族團體、祭祀組織、同業團體、地方自治組織等舉辦的宴席，如：食福、頭牙、尾牙、喝春酒等。

（三）慶醮宴：慶祝神明千秋聖誕或建醮時舉辦，農曆七月的中元普渡亦屬之。

（四）調和宴：有衝突或欲謝罪時的擺宴。

（五）慰勞宴：答謝他人幫忙的回報、酬勞而舉行的宴席。

這五種類型的辦桌各自有不同的型態與社會規範，除調和宴、慰勞宴規模較小，有明確目的性外，其他三種辦桌都有很強

---

79 曾品滄，〈辦桌——清代臺灣的宴會與漢人社會〉，《新史學》21:4（2010），頁42。

80 同上註，頁8-25。

的社會性。其中以生命禮儀宴的儀式性最強，對於菜色等也有較明確嚴謹的規範，如新居落成宴要有雞、祝壽宴會有壽麵、壽桃等。生命禮儀宴與團聚宴的參加成員均以家族、宗族、鄰里為主，有助於鞏固或擴張人際網絡。相較於此二種宴席以熟識者為邀宴對象，屬於「封閉性」的宴席，「慶醮宴」的特色則是「開放性」，為求參加宴席的人氣旺盛，即使不認識的人也歡迎參加以增加熱鬧氣氛，此種方式不僅有助於鞏固原本的人際關係，更能幫助擴大社會網絡、凝聚人氣。

這些宴席形式構成了台灣辦桌的原型，一直到日治時期，辦桌的型態基本上沒有太大變化，整體而言具有如下特色：

1. 尚未專業化下的人際協力

「辦桌」對普通家庭而言絕非常有之事，在次數不多、不具規模經濟的情形下，很難形成專業廚師，因此即使到1940年代，儘管酒樓的確會承辦宴席的業務，如江山樓開業之後也經常到私人府上備辦酒席，但在農村社會，一般民間辦桌都是由主家自己煮，或請地方上擅長煮菜的村民擔任主廚，如台南善化的耆老孫江淮回憶：「除非是請很多客人的大地主才會請人煮」、台北大稻埕人陳勤也說：「通常都是比較大戶人家才會請總鋪來家裡煮，一般都是自己煮」，[81] 其他從桌椅到碗盤，甚至菜料，都需由主人家自己想辦法準備，師傅只負責煮菜，另外裝盤、上菜、後續清潔工作等，則是由主、客共同完成。直到村裡的辦席次數逐

---

81 林玉茹、王泰升、曾品滄訪問，吳美慧、吳俊瑩紀錄，《代書筆、商人風——百歲人瑞孫江淮先生訪問紀錄》，頁150；曾品滄，〈懷念我的大稻埕生活——洪陳勤女士訪談錄〉，頁142。

圖3.15、3.16 辦桌在台灣社會中具普及性與重要性
出處：陳玉箴攝。

漸增加，產生對專業廚師的需求後，才開始在地方上產生一些以辦桌為主業的專業廚師。酒席業的興盛也漸帶動碗盤租賃業的生意，除提供每桌12人份的碗盤與餐具外，還一併提供烘爐、鼎（tiánn，指大鍋）、桌巾等。[82]不過台灣辦桌業最興盛的時期，則仍須待經濟顯著改善後，約1970年前後才開始，至1980年代最盛。[83]

2. 人際網絡總動員

在辦桌尚未專業化的時期，辦桌的各環節並無今日的專業團隊處理，而需要大量人力協助，辦桌也因此成為一場親友鄰居的總動員。從請客數天前，親戚們就要開始協助準備桌椅，搬來八仙桌、長板凳，並進行大掃除、買菜、洗菜、殺豬、殺雞等，左

---

82 吳瀛濤，〈稻江百業雜談〉，《臺北文物》8:1（1959），頁93-97。

83 筆者對辦桌師傅的訪談多指出此點，參見：陳玉箴，〈傳播領域的飲食文化研究：「煮吃師傅」口述史與社會記憶〉，《傳播研究與實踐》7:1（2017.01），頁265-290。如內門的薛清己師傅是在1974年開始辦桌，他強調，1970年代前的辦桌師傅主要工作是指揮及負責重要菜餚的烹煮，其他事務則需要鄰居的大力協助。

鄰右舍支援桌椅碗盤餐具，宴客當天協助裝盤、端菜、收拾，結束後還要幫忙洗碗、清潔，正因如此，親友大多會帶著被鋪來住好幾天一同協助。人際網絡資源成為辦桌能否順利的一大關鍵，若主家家族勢力龐大、在地方有相當聲望或交遊廣闊，辦桌往往至為熱鬧，辦桌的澎湃與否與人氣興旺，充分反映了主家的社會地位與人際網絡。

3. 油脂、肉類偏多的豐盛菜餚

在菜餚方面，與家常菜餚的清儉、少油大不相同，使用較多肉類，在烹飪上也有數道採用「炸」法，整體油脂量偏高，展現出節慶菜餚的「非日常性」，對參加者來說，辦桌時難得的油脂香氣與珍貴的肉類佳餚，補充了平日缺乏的動物性蛋白質與高熱量。一般民眾的辦桌多是12道菜，也有地方採取18道、24道或36道菜，但若菜餚總數達到24或36道菜，通常不是所有賓客從頭吃到尾，而是所有賓客分成二或三輪吃，同樣的菜也會重複出現。如辛永清在回憶錄中形容日治時期佳里地方的辦桌時就提到，「不到中午便開始了，直到接近傍晚仍沒有結束的樣子，12道菜共輪迴數次，一直到晚上十點才結束」，[84]顯示這種因賓客多，而採取將菜色連續上好幾輪的作法。

依照經濟能力，辦桌菜也有不同等級。上層宴席的菜色較講究食材珍貴、排盤裝飾，食材以雞、魚、鴨、鱉、蟹、蝦等；大多數中下階層宴席則以平日少吃的雞鴨魚肉為主，重點在於「肉多、吃飽、份量大」，主要菜色包括：冷盤、扁魚白菜或魚翅羹、五柳枝、甜不辣、酥丸、魷魚、炒羹、鵝肉、爌肉、魚丸，

---

84 辛永清著，劉姿君譯，《府城的美味時光：台南安閑園的飯桌》，頁174、176。

辦桌的最後幾道幾乎都是可以打包回家的料理，讓賓客在回家路上還可以充飢。[85]

至於過去的宴席菜，也因地理區域、經濟水準等而有差異，可由若干文獻與訪談資料中的辦桌菜單得知，例如，陳勤回憶1930年代大稻埕的辦桌菜，有如下菜色：

> ……都煮十二樣，一定有一個豬肚菜頭湯，不然就是鹹菜鴨肉湯，這是湯的部分。其他常見的宴菜有白斬雞、炸肉丸、炸雞捲，或是薑炒鴨肉，也會有煎魚，通常是加臘魚（又作嘉鱲、真鯛、正鯛），也會炒些青菜，中間半席會上個鹹點心，最後完席就是甜湯，芋頭甜湯。

從這些菜色可以看出以肉類為主，包括豬肉、雞肉、鴨肉，也有平日不容易吃到的魚。陳勤的養父為鐵道工廠技工，雖家境尚可，但不算特別富裕。1958年在佳里行醫、家境相對優渥的吳新榮為其子舉辦婚禮時所擬的宴席菜單，則有較多昂貴食材，菜色包括：六色拼盤、蠔底魚翅、冷拌雞蝦、松茸豬肚、福喜全肉、蝦仁干貝、八寶蝦棗、三絲炖魚、南京全鴨、薑絲粉蚵、螺肉鮮筍、當歸粉鳥、一品海參、三色魚圓、雞蛋花糕、杏仁豆腐等共16道菜。[86]除了不少肉類外也有更多的海產類，另據在台南善化擔任代書的孫江淮回憶錄，日治時期台南的辦桌菜尚有紅蟳

---

85 筆者於2007-2008年台菜廚師訪談資料：2007年1月2日於台北、2007年1月3日於台北、2008年4月24日於高雄。

86 吳新榮著，張良澤總編纂，《吳新榮日記全集10》（台南：國立臺灣文學館，2007），頁215。

米糕、咖哩蝦、燒肝、腱仔肉等較精緻費工的菜餚。[87]相較之下，台江地區的辦桌菜在作法上則簡單許多，常見的辦桌菜包括：雜菜湯、五柳居、魷魚螺肉蒜、封肉（大封）、白菜滷、炸芋棗（芋丸）、魚丸湯等傳統菜餚，且「魚丸若擺出來，就是丸（完）了，代表要散席了，沒有像現在有點心」。[88]少數較特別者如雞仔豬肚鱉，是較費工的菜餚，顯示出即使都是在台南地區，辦桌菜仍因為經濟水準與地方特色而有若干不同。

　　整體來說，辦桌菜餚以豬肉為主要食材，包括爌肉、多種內臟，另外白斬雞、煎魚或五柳枝等均為常見宴客菜，較講究的宴席會多些變化，增添通心鰻、豬肝薑、布袋雞、雞卷、紅蟳米糕等。由豐盛菜餚與平日的差異看來，辦桌作為一種展示，所講求的是豐盛、數量多。對辦桌主人而言，重要的是「能讓賓客吃得滿意」，因此儘管平日生活儉省、食物簡單，但在辦桌時均十分注重菜量與排場，辦桌時「客人多」顯示的是主人交遊廣闊、有聲望，讓賓客吃得飽、有吃有拿，則展現出主人的誠意。

　　值得注意的是，即使各地辦桌菜色有所差別，最後的「菜尾」幾乎是所有地區均有的辦桌菜。主家通常會將剩下的菜餚加上蘿蔔等蔬菜，重新加熱為「菜尾」讓客人食用或分送街坊鄰居，以表達對鄰居們前來協助宴會的感謝之意。也因此在筆者訪談中，有不少長輩提出，辦桌時的「菜尾」是心中最符合「台灣味」的菜餚，不僅因為其美味與珍稀性，更是在一場夾雜著喜

---

87 林玉茹、王泰升、曾品滄訪問，吳美慧、吳俊瑩記錄，《代書筆、商人風：百歲人瑞孫江淮先生訪問紀錄》，頁41、151。

88 陳玉箴、曾品滄，《台江地區文史資源調查及應用規劃研究（四）：台江飲食文化源流成果報告書》，頁44。

氣、非日常的團體勞動後，才能特別品嚐到的菜餚，具有嘉年華般的興奮感與共同協力後的參與感，甚至具有社群認同的凝聚效果。

　　此外，在喜慶時除了一般的辦桌外，尚有些特殊的小型辦桌，如新娘結婚前接受姐妹們歡送的所謂「姐妹桌」，今日已較為式微。姐妹桌有十二道菜餚，通常是六葷六素，葷菜如雞、魚、魷魚、肉丸、豬肚等，素菜則是甜豆、芋、紅棗、福圓（龍眼乾）、冬瓜、橘子等，每道菜都有吉祥的寓意，在家長夾給新娘每道菜的時候會說好話表達祝福，習俗上新娘在席間必須哭泣，表示對娘家的不捨，吃完後則需分送「姐妹金」。[89]另外也有些地方沒有吃姊妹桌的習俗，但會在洞房吃儀式性的「酒婚桌」，由好命人夾菜給新郎、新娘吃，也是六葷六素，每道都有吉祥的寓意，常見的菜色則與姊妹桌相近。[90]

三、小結：具公共表演性質的生活實踐

　　台灣的節慶食物與辦桌，顯示出人類社會的飲食文化除了第一章Wilk所提到公共展演（public performance）與生活實踐（lived practice）兩大面向之外，尚有第三個面向：具公共展演性質的生活實踐。節慶食物與辦桌屬於宴席菜，重視排場、豐盛，致力呈現「佳餚」（cuisine），較接近「公共展演」，能夠作為財力或人際網絡的展示。然而，節慶食物與辦桌具有古老的傳統，

89　徐氏青絹，〈食姊妹卓〉，《民俗臺灣》2:3（1942），頁35。

90　鈴木清一郎著，馮作民譯，《增訂臺灣舊慣習俗信仰》（新北：眾文圖書股份有限公司，1989），頁256。

並非僅大都會區居民或生活條件較優渥的家庭或仕紳才會準備或
舉辦，而是一般家庭都甚為重視的活動，甚至在經濟狀況不好的
家庭，即使舉債也會盡己所能，呈現出最澎湃的一面，原因除了
社會約定俗成的規範、崇天敬神外，也欲藉豐富的宴席展現敬
意，希望藉由這些物質金錢的付出，交換心願的達成與運途的順
遂，甚至進一步改善貧窮勞苦的現況。盛宴的重要性，因此可從
人與人的關係、人與天的關係兩面向來理解：

　　1. 人與人的關係：節慶或辦桌盛宴涉及人情關係與社會網絡
的建立，而台灣移民社會中人與人間「關係」的有無、好壞、多
寡，攸關人在現世中的生活安穩，因此辦桌請客，與經常作為禮
物交換的節慶食物，均可用以維繫社會關係、強化社群意識，同
時滿足心理層面的需求及人情義理關係。

　　2. 人與天的關係：此處的「天」指涉神明、祖先、「好兄弟」
及不可見不可知的未來。在農、漁乃至商人等許多生業都需看天
吃飯的年代，人們對不可知的力量格外敬畏，不但投注大量金錢
於廟宇或祭祀活動，每逢節慶祭典亦備辦豐盛菜餚，祈求神明祖
先保佑。在台灣許多廟宇都有專門呈獻給神明的「宴王宴」。以西
港慶安宮為例，「宴王」是為了歡送、答謝王爺所特別舉行的儀
式，因此會準備格外豐盛的饗宴給王爺，亦具有期望王爺賜福的
意味，宴王宴的菜餚均為神明特別設計，採用儒家三獻禮，呈獻
菜餚包括：醃雞、醃鴨、龍蝦、豬腳扣、紅蟳、八寶丸、鮑魚、
鰻、銀耳燉官燕等，多為台灣社會中所認為的高級食材。[91] 此種

---

91 蔡秉書，《神人間的宴王饗宴：以臺南西港刈香為例》，（高雄：國立高雄餐
旅大學臺灣飲食文化產業研究所碩士論文，2013）。

「宴王宴」中的宴席與其他祭祀品相同，均是民間為了建立與神明、天地等不可見者良好關係的方式，並期許一個更好的未來。

從以上兩層面來看，節慶與辦桌盛宴中各種食物菜餚的備辦，雖有部分原因是連結到口腹之慾的滿足，但更大的原因是與精神層面的連結，也就是對未來自身或後代福氣、順遂的祈求，基於此，對於節慶食物的考量，也與日常食物有很大的差別，以Wilk的區分來看，雖屬於生活實踐，卻接近公眾展演，然此「公眾」，除了具體可見的人群之外，更包括了不可見的、人與人及人與天之間的「關係」，對於節慶食物或辦桌宴席的理解，也建立在此基礎上。

第三節　日常點心與街頭小食

「夜市小吃」在今日經常被當作台灣飲食文化的重要代表，特別是庶民飲食的象徵。然而，「夜市」作為一個各色小食的集中地，實是近代台灣逐漸都市化後才有的公共空間。[92]「小吃」一詞更是近幾十年才被使用，在台語或客語中均無「小吃」一詞，

---

92 關於夜市的研究，參見：余舜德，〈對立與妥協：試論夜市與國家的關係〉，《中央研究院民族學研究所集刊》82（1997），頁115-174；余舜德、周耿生，〈臺灣夜市市場系統的發展：以臺北都會區及臺南縣為例〉，《中央研究院民族學研究所資料彙編》18（2004），頁1-42；余舜德，〈政治經濟變遷下的夜市小吃：以臺北盆地的個案為例〉，《中國飲食文化》13:1（2017），頁7-34；Yu, Shuenn-Der, "Hot and Noisy: Taiwan's Night Market Culture," in *The Minor Arts of Daily Life: Popular Culture in Taiwan*, eds. David K. Jordan, Andrew D. Morris, and Marc L. Moskowitz（Honolulu: University of Hawaii Press, 2004）, pp. 129-149.

台語、客語中過去對此類簡單小食的稱呼最接近者均為「點心」
（台語為tiám-sim，客語四縣腔為diam`xim´），賣點心的小攤則為
「點心擔」（台語tiám-sim-tànn、客語diam`xim´diam）。台語中類
似的字尚有「四秀仔」（sì-siù-á），但較接近零嘴、零食，仍有些
許不同。本節討論以台灣人常吃的日常點心為主。

一、點心

「點心」一詞在當代常指餅食類，但在20世紀中期之前，
「點心」多是指三餐之間所吃、非正餐的簡單食物，甜鹹均有。[93]
1942年王瑞成曾對「點心」下註解：是指三餐以外、輕易輕便、
恰到好處，可抓住人心的討喜食物，特色包括：容易消化吸收、
份量未必多但容易飽腹、易攜好貯存、形式優雅美觀、能適當展
現特定的使用目的等。值得注意的是，王瑞成所提及的點心例子
中，除了麵食、春節粿類、端午粽類、饅頭類等外，也納入日本
料理中的壽司、紅豆湯、和菓子，及洋食中的三明治、餅乾
等，[94]顯示這些食物於日治末期至少在文人或都市居民圈中，已有
相當的普及程度。

點心的食用時機與內容依經濟狀況有所不同。都市人或富家
的點心是在接待客人或休閒時享用，種類較多。但以鄉村農家來
說，除了偶爾也會在閒暇時吃些簡單粿類外，大多是在農忙時期
體力耗費巨大時於餐間補充點心，才有體力繼續勞動，含點心在
內，一天經常吃到五餐。這樣的區別與英國「下午茶」有些類

---

93 陳逢源，〈點心と擔仔麵〉，《民俗臺灣》3:8（1943），頁20-22。
94 川原瑞源，〈點心と新春の食品〉，《民俗臺灣》2:1（1942），頁42。

似，英國下午茶有「高茶」（high tea）、「下午茶」（afternoon tea）兩種傳統，兩個名稱來自於使用茶點時桌子的高度，「高茶」是指勞動階級勞動告一段落時的點心，以能吃飽、量較大的鹹點為主，通常在一般餐桌食用，「下午茶」則是貴族階級下午休閒時享用的精緻點心，以甜點為主，通常使用較矮的小茶几，這也是今日一般認知的「英式下午茶」。使用桌子高度與茶點種類的區分，事實上也是社會階級的區分，而在台灣，同樣是點心，也有「補充體力 vs. 休閒品味」的兩種區別。時至今日，補充體力者多被稱為小吃，「點心」的意義則被保留來指涉後者，多指具休閒、娛樂意涵的食物。

過去的農家點心非常簡單，以能吃飽、補充體力為主，多為各種粥飯麵食等富含澱粉者，如飯食、醃菜、番薯粥、米磨成粉後製作的米篩目（米苔目）或粿類。[95] 在外工作的勞動者也經常在外小食攤吃大麵、玉麵（意麵）、冬粉等。相較於稻米是台灣人的主食，小麥製品大多作為點心，或特殊場合食用。

以小麥為原料製作的麵類食品，清末就已在市集可見。曾品滄根據明治二十九年（1896）的調查指出，當時鹿港已有十一家麵店，特別是三山國王廟口的趙貓麵店，每日光顧者多達三百多人。[96] 換言之，儘管小麥並非台灣的主要作物，但「吃麵」也並非二戰結束後才有之事，只是麵食類以作為點心為主。

根據池田敏雄日治後期在台北艋舺所蒐集的資料，當時台灣人家庭中常見的麵食包括：大麵、麵線、麵乾、雞絲麵、薏麵

---

95 王瑞成，〈食是福作是祿〉，《民俗臺灣》1:4（1941），頁28-30；黃氏鳳姿，〈田佃の家〉，《民俗臺灣》3:5（1943），頁42-44。

96 曾品滄，《從田畦到餐桌：清代臺灣漢人的農業生產與食物消費》（台北：國立臺灣大學歷史研究所博士論文，2006），頁176-177。

（意麵）、米粉、冬粉。其中，大麵為台灣常見的黃色麵條，加有少量梘油故呈現淡黃色。東方孝義認為大麵的作法與日本烏龍麵類似，主要差別在大麵加了梘油，[97]另外粗細也有些差異。在1949年大批新移民隨國民政府進入台灣之前，台灣市面上可見的麵條主要即是這種黃色大麵；「麵乾」則是塊狀的大麵；薏麵加有雞蛋，雞蛋的日文為「玉子」，因此有些書籍寫為「玉麵」；雞絲麵已調味過，用熱湯即可沖食。[98]至於刀削麵及烹煮陽春麵的白色麵條，主要是二次戰後才隨著移民進入台灣，也因此後來被稱為「外省麵」。

除此之外，米粉、豆簽、麵線也是台灣常見的點心類食物，但有各自不同的食用時機：米粉與大麵類似，是飲食店的普通料理，也常作為一般家庭的日常點心，常在有客人或大型宴客場合準備，以表示盛意並供應人數較多的食客，整體而言食用的時機較多，常加的菜料包括豬肉、蝦、蔥、筍等。在新竹等米粉產區，米粉的食用頻率更高，如新竹文人黃旺成在日記中就經常提到他以「炊粉」作為宵夜、正餐或是餐間的點心，幾乎每兩三天就會吃一次，可知米粉在1910年代的新竹就已是十分普遍而便宜的日常食物。但若是宴客用的米粉，用料通常會比自家食用豐富許多。大麵的食用時機與米粉類似，屬於家常點心或宴席人多時製備。相較於大麵與米粉，以米豆或豌豆磨粉製成的豆簽較少見，但也可作為日常點心食用。在生病胃口不好，吃不下正餐的時候，如豆簽般的簡單點心偶爾會用來代替正餐。麵線在諸種麵

---

97 東方孝義，《臺灣習俗》，頁28。
98 池田敏雄，《台湾の家庭生活》（台北：東都書籍株式會社台北支店，1944），頁28-29。

食中，是象徵性較高的食物，因其細長不易斷，具有長壽的意涵，經常會在壽宴時準備。另外還有綠豆粉製作的東粉（冬粉），或稱山東粉，幾乎均為中國進口，大多用來搭配菜餚，很少單獨食用。[99]

　　1908年一份日人的調查指出，[100]台人最常食用的「麵類」（以形狀定義，不限定麵粉製作）有五種：米粉、大麵、麵線、冬粉、豆簽，其中以米粉產量最多，高達四百萬斤，產值三十萬圓；其次大麵三百萬斤，產值十五萬圓；麵線是兩百萬斤，產值十四萬圓；豆簽在南部地區較盛行，尤其農民較喜愛，產量八十萬斤，產值六萬多圓。該調查認為，麵線屬於較昂貴的食物，是社會中層階級以上比較會食用，冬粉則較常出現在上流宴席之上，日治末期立石鐵臣的紀錄中提到台北大稻埕永樂市場裡也有販售冬粉。[101]從這項調查可以看出，雖均屬細長條狀食物，但因為製作材料、方式、產地等差異，這些食物在消費上也有不同的社會、階層差異。

　　進一步分析產地，該調查指出，米粉的產地以新竹、台北最多，分別有73、54戶，但產量卻以台北最高，顯示在台北的製作廠商規模較大。大麵的重要產地包括台中、基隆、嘉義、台南等；麵線製作則以彰化廳、斗六廳、鹽水港廳最多。豆簽集中在嘉義至鳳山一帶，從生產到食用都是以南部地區為主；冬粉的製造廠商，全台僅有兩家，均位於台中。

99　參見東方孝義，《臺灣習俗》，頁28-29。

100　染川郁次郎，〈臺灣に於ける麵類に就て〉，《實業之臺灣》8（1910），頁19-20。

101　立石鐵臣，〈台灣民俗圖繪（二）〉，《民俗臺灣》1:2（1941），頁34。

圖3.17　炒大麵與米粉均經常作為宴客或人多時的點心，圖攝於台南七股廟宇活動中的點心擔，供陣頭與工作人員食用。

出處：陳玉箴攝。

　　另一項昭和年間的統計則將麵類分為四大類：餛飩（烏龍）及大麵、素麵及麵線、米粉、豆簽，產量以烏龍加上大麵最多，1935年達到一千四百萬斤，但無法得知大麵個別的產量，產地以台中最多。同一年米粉的產量也突破八百萬斤以上，主要產地在台北與高雄。素麵及麵線約七百多萬斤，新竹與台南最多。豆簽仍是最少，僅八十幾萬斤，主要產地在台南。[102]

　　至於台灣麵攤販售的麵類，主要包括三種：除了前述麵體加蛋製成的意麵外，主要為擔仔麵、摵仔麵（音tshik-á-mī，經常寫為「切仔麵」）。擔仔麵是指挑擔販售的麵食，以台南最為出名，如連雅堂在《雅言》中的如下記載：

102　不著撰人，〈農產加工品生產〉，《臺灣農事報》373（1937），頁116。

> 　　臺南點心之多，屈指難數；市上有所謂「擔麵」者，全臺
> 人士靡之知之。麵與平常同，食時以熱湯芼之，下置鮮蔬，
> 和以肉俎、蝦汁，糝以烏醋、胡椒，熱氣上騰，香聞鼻觀。
> 初更後，始挑擔出賣；宿於街頭，各有定處，呼之不去，恐
> 失信於顧客也。[103]

在日治末期的《民俗臺灣》也記載到，擔仔麵是台南水仙宮前一位稱「芋頭」者所販售的知名點心，通常在晚上七點才開始賣，以台灣素麵或米粉為主要原料，加入豬肉皮、蝦、蒜茸、冬荷菜等為佐料，經特殊調理而成，尤其湯汁味道經過費心調製，具有特殊風味。即使是不喜歡在街頭吃東西的仕紳們，也喜歡在這一攤吃碗擔仔麵。[104]而因為是作為點心食用，麵的份量較少。

　　摵仔麵之名是因為業者熱燙麵條時多用一種長柄竹杓，在熱湯中上下搖晃抖動，台語的「摵」即為描述這種搖顫的動作。麵的主要配料包括：瘦肉、滷肉湯汁、豆芽菜等。據陳勤回憶，大稻埕的麵攤主要是賣摵仔麵跟肉絲麵，摵仔麵一碗三錢的是清湯上面再加豬油渣；若五錢的就會加上兩塊紅燒肉。而麵攤除了麵食外也有雞捲、滷雞腳及豬頭皮等小菜。此外，當時常見的點心還有番薯炸及「蝦炸」，蝦炸是將韭菜加一些雜菜，料切碎後裹麵糊油炸而成。此外有豬血湯及米粉湯，此米粉湯為粗米粉，有些會加大腸頭，艋舺的米粉湯則會與粿仔同煮。[105]

---

103 連橫，《雅言》，（臺灣文獻叢刊第166種，1963），頁85。

104 陳逢源，〈點心と擔仔麵〉，《民俗臺灣》3:8（1943），頁21。

105 曾品滄，〈懷念我的大稻埕生活——洪陳勤女士訪談錄〉，《國史研究通訊》5（2013），頁143。

　　除麵食外，還有一些主要以在來米製成的粿類，可作為閒暇時的簡單點心，例如「煉仔粿」是以粳米漿加煉油後蒸熟，呈現淡黃色，通常冷卻後蘸糖或蜜食用，若在製作時加入鹽，即為「鹹煉仔粿」，少數加入糖為「甜煉仔粿」，也是常見的點心。

　　吃點心的時間除了午間外，夜晚是另一主要時段。從文獻可看出，台灣人很早就有吃宵夜的喜好，池田敏雄在艋舺的觀察提到，許多吸食鴉片的老人家有在半夜十二點吃清粥當作宵夜的習慣，因此主婦或家人常要預先做生火的準備。若家中有客人留宿，通常也會為客人準備宵夜點心，將此視為待客禮數，不過宵夜大多簡單，通常以清粥為主，也有直接跟小販購買大麵回來食用者。[106]

二、街頭小食與夜市的形成

　　除了在家自製的點心之外，都市街頭在清代也有簡易飲食店、攤販提供多種簡單的餐飲點心，如薯粥、麵、飯等，到了日治時期，飲食攤更為興盛。飲食店販售的餐食種類繁多，鹹點方面，如大麵、米粉、冬粉、麵線、豆簽、肉包、肉粽、油粿、米糕等，甜點則如：土豆仁湯、圓仔湯、紅豆仔湯、麵茶、杏仁茶配油條、粉圓、四果湯等。[107]除了因在外工作、長途旅行而無法回家用餐的人會購買之外，都市居民在經濟狀況許可下，也會偶爾到大小酒樓或飲食店購買一些餐食，作為正餐、點心或宵夜。

---

106 池田敏雄，《臺灣の家庭生活》，頁47。

107 曹介逸，〈生活習俗變遷談〉，《臺北文物》6:3（1958），頁77-91；曾品滄，〈懷念我的大稻埕生活──洪陳勤女士訪談錄〉，《國史研究通訊》5（2013），頁143。

如住在台南的辛永清回憶，平常吃的點心除自家製的炒雞翅、水餃外，也有爆米香，及購買用扁擔挑著桶子來賣的豆花、杏仁茶、粉圓淋糖蜜、米漿等，這些點心小販通常是用扁擔串著十來個竹編的小凳子，會在方便做生意的街角放下桶子及小凳子，在幾個定點移動販售。[108] 除了下午有攤販來賣點心甜品外，晚上也有賣肉包、賣水果的攤子，賣水果的是以內有冰塊的玻璃盒裝著綜合水果拼盤、杏仁豆腐等作為甜點。夜深之後小販賣的則是整套下酒菜，如烤雞、滷鯊魚肉、水煮螃蟹、肉丸等。另外，福圓麋、米糕麋、綠豆麋、麵茶、燒肉粽、筒仔米糕都是都市可買到的宵夜。

這些路邊小攤所賣的甜鹹點心即今日所稱的「小吃」。在都市化發展程度更高之後，原本的流動小攤便逐漸聚集在某些人潮較多的熱鬧地點，如市場、廟宇周邊等，黃昏至夜間經營的「夜市」也就逐漸產生，以台北來說，圓環夜市、龍山寺夜市、士林夜市等均是歷史悠久的大型夜市。

士林夜市是現今許多觀光客會前往的夜市，其實士林市場的歷史十分久，可溯自清同治三年（1864），且逐漸發展出肉市（大東、大西街）、瓜／花市（大南街）、柴市（大北街）、菜／魚市（廟前）等不同區塊，在日治時期又重新規劃。據潘迺禎〈士林市場記實〉記述，日治中期的士林市場自清晨四點開始陸續湧入攤商，早上七點開市後便十分熱鬧，除了各種農產品外，也有販售多種點心，如杏仁茶、油車粿（油條）、九重蒸、煠仔粿、粉粿、紅龜仔粿、土豆糖（花生糖）、米篩目（米苔目）等，到十一點後才較為清淡。不過，白天在廣場榕樹下乘涼的人還是很

---

108 辛永清著，劉姿君譯，《府城的美味時光：台南安閑園的飯桌》，頁28-32。

圖3.18　烳仔粿是過去常見的點心，現已少見，烳仔粿加入鹼與米製作，與用樹薯粉、地瓜粉製作的粉粿不同。
出處：陳玉箴攝。

多，有的吃冰、甘蔗、水果、點心，也有販售包仔、麵、炒蝦煮、米粉、粉條、四果湯、綠豆湯、芋圓、石角芋（士林名產）、魚丸、魚翅、煙腸（香腸）等食品。[109] 晚上夜市是另一熱鬧時段，賣排骨湯、扁食（餛飩）等熱食的攤商很多，賣藥藝人也不少，在重要節慶時。市場還會請人做戲，在當地人生活中扮演重要角色。

　　大稻埕永樂市場是日治時期的大市場，有眾多小食攤，一方面因為永樂市場是大稻埕唯一的最大消費市場，此外市場邊的霞海城隍廟是當地信仰中心，因此成為小吃攤集中地。[110] 據立石鐵

109 潘迺禎，〈士林市場について〉，《民俗臺灣》1:6（1941），頁42-43。
110 一剛，〈圓環夜市‧龍山寺夜市〉，《臺北文物》6:4（1958），頁28。

臣紀錄，永樂市場周邊可買到的吃食，有豬腳、鴨肉、冬粉、鰇魚（魷魚）、排骨酥、鹹粥、蚵仔粳、員子湯（圓仔湯）、黑棗湯、白粿湯等，種類眾多。[111] 隨著小食攤逐漸增加，攤商範圍向太平街北門口擴張，圓環也從小型公園發展為大夜市，稱為「台北行商組合圓環夜市場」。直到二戰發生後，圓環夜市改為防空貯水池，夜市部分攤販轉移陣地到日新町江山樓前，但因戰爭之故攤販已大為減少。[112] 直到戰後初期，才又因為攤商的重新聚集而漸漸發展成熱鬧的圓環夜市，1980年代後則因都市中心的轉移逐漸沒落。

　　艋舺方面，小食攤原本集中在新興宮（現西園路貴陽街交叉口），後集中到清水巖祖師廟前，大正12、13年（1923、1924）左右，台北市役所計畫設立龍山公園，增加新建築，小食攤逐漸聚集成為龍山寺夜市。[113] 根據吳逸生〈艋舺零食譜〉記載，小攤零食有四果湯、粉圓湯、粳仔粿、杏仁豆腐、綠豆湯、米篩目、涼粉條、筒仔米糕等，也有愛玉、仙草、冬瓜茶等飲料。另杏仁茶與花生湯則是常見的早點，也有肉圓、鼎邊趖、燒炕薯等。[114]

　　其他各地也因不同的地理、社會條件而發展出多個夜市，可分為固定夜市（每日定點營業）與定期夜市（一週內僅固定某幾天營業）兩大類，特別是南部地區過去常稱夜市為「商展」（siong-tián），就是因為一週僅有幾天開市。歷史較久的夜市通常具備如下形成條件之一：

111 立石鐵臣，〈台灣民俗圖繪（二）〉，《民俗臺灣》1:2(1941)，頁34。

112 吳瀛濤，〈稻江回顧錄〉，《臺北文物》7:3(1958)，頁40-44。

113 一剛，〈圓環夜市‧龍山寺夜市〉，《臺北文物》6:4(1958)，頁28；陳君玉，〈大稻埕的舊市場〉，《臺北文物》7:3(1958)，頁36-39。

114 吳逸生，〈艋舺零食譜〉，《臺灣風物》17:6(1967)，頁33-35。

圖3.19　立石鐵臣所繪的「飯店」，畫出大稻埕永樂市場的飲食店風貌。
出處：立石鐵臣，〈台灣民俗圖繪（二）〉，《民俗臺灣》1:2(1941)，頁34。

　　1. 廟宇周邊：廟宇在台灣民間具有極高的重要性，除了佛教、道教寺廟外，更有眾多地方保護神。廟宇也經常成為地方信仰中心，人潮眾多之處就是設攤的好地方，許多夜市都是建立在廟宇周邊，知名者如基隆奠濟宮周邊的廟口夜市、台北慈祐宮周邊的饒河夜市等，台北萬華夜市最早也是在龍山寺周邊興起。

　　2. 交通匯集處：如車站周邊、交通要道匯聚處，若有合適空間，因人潮的聚集也會發展為市集。如高雄六合夜市，原本稱為「大港浦夜市」，即因過去水路交通發達時此處商業交易人口眾

多，吸引許多攤販而逐漸形成夜市。[115]

3. 政府規劃：最早設立者如台南知名的沙卡里巴，為日治時期該地名稱「盛り場」的日文發音，「盛り場」其實並非特指該處，而是泛指在都市內的人潮匯聚熱鬧之處，通常是有吃有玩的娛樂場所。在1930年代初期該地就被政府規劃為一「夜の盛り場」，將原本的魚塭填平，建造一「夜間熱鬧場」，設置上百個攤位。[116]日後也有不少觀光夜市是由政府規劃地點後，將附近原本的攤商聚集在某處而形成。

4. 產業人口集中區：因特定產業發展而引來人口聚集處，亦吸引攤商形成夜市。例如華西街夜市之形成約在1950年代，與當地「寶斗里」的特種營業有關。另外如高雄楠梓加工出口區，因為作業員人數眾多有消費需求而在周邊形成夜市。

從夜市的販售品項來看，前述夜市中所販售的許多小吃點心在今日仍十分受歡迎，可看出近百年來台灣街頭小食的連續性。其中，四果湯是由開水白糖沖泡，配料有八仙耳、綠豆、薏仁、四谷米、粉條、菜燕等，配料並不限於四種。四果湯實際上是歷史悠久的甜湯，經常在結婚儀式中出現，如1771年左右刊行的《澎湖紀略》描述男女新婚時的景況：「終席成禮而散．壻與新人俱留住母家三日，夫婦同床共寢．夜半，丈母遣人送壻點心或豬腰煮酒、蓮子湯不等，次日早，又送四果湯……」[117]四果湯代表

---

115 詹月雲、黃勝雄，〈觀光夜市發展之課題與對策探討——以高雄六合觀光夜市為例〉，《土地問題研究季刊》1:4(2002)，頁68。

116 〈映畫も公開して人寄せに努む 臺南市で計畫中の夜の盛り場施設〉，《臺灣日日新報》，1931年6月20日，第2版。

117 胡建偉，《澎湖紀略》（台灣文獻叢刊第109種，1961；1771年原刊），頁154。

了甜蜜、好兆頭等寓意。除了熱飲之外，也有夏天品嚐的四果冰，只是如今因創新甜品眾多，四果冰此傳統冰品已較少見，僅能在部分老鋪中品嚐。「粳仔粿」則是加入鹼水、呈現黃色塊狀的點心，為夏天食用，有甜有鹹，今日還可在少數傳統市場中找到。

在甜點與小食方面，常見的點心如甜、鹹雞蛋糕、綠豆糕、芋泥、桂花露、菜燕、麵茶、綠豆湯、花生湯、圓仔湯、地瓜湯等。台灣盛產水果，水果製成的果乾也不少，除了傳統的李仔膏、福圓乾之外，還有葡萄乾，如1914年黃旺成的日記提到他在學校跟同事一起買餅跟葡萄乾來吃。[118]其他零食如小孩愛吃的金柑糖、綠豆糕、下酒的炸蠶豆等等。

三、日式點心

日治時期有許多日人隨著日本殖民政府來台工作、開業，應運而生地也有一些店鋪專門販售日本點心，尤以日人聚居的區域為多，例如台北的「城內」，即台灣總督府（今總統府）、公會堂（今中山堂）周邊，包括今日的衡陽路、博愛路、重慶南路一段，除了有眾多行政機構外，過去也聚集非常多日本菓子店。今日西門町的紅樓附近，日治時期曾是日人的重要娛樂商業中心，有許多日本料理店、菓子店鋪、壽司店等，也有不少小攤販兜售日式點心。雖然這些店鋪主要的消費者是日本人，但經濟能力許可、居住在鄰近地區，或有日本友人的台灣人也會購買這些日式食物。在幾十年共同生活的情況下，不少日本食物也進入台灣人

---

118 黃旺成著，許雪姬主編，《黃旺成先生日記（三）一九一四年》（台北：中央研究院臺灣史研究所；嘉義：中正大學，2008），頁197。

的日常生活當中。

　　在這些飲食店裡可以買到的日本食物，包括壽司、生魚片、烏龍麵、天丼、勝丼、鰻丼等。如陳勤回憶，在西門町西門市場門口的三角窗，有一家專門賣和菓子的日本點心店，她最愛的是一顆兩錢的おもち（麻糬），另外在學校遠足的時候，會喝カルピス（Calpis，可爾必思，乳酸菌飲料），另外也有彈珠汽水。

　　基於此種社會條件，台灣漢人傳統飲食與日本飲食上的混雜並不讓人意外，再以黃旺成為例，因為他在公學校工作，有不少日本同事，一方面必須遵守日人的曆法與節慶，另一方面仍依照漢人傳統節俗生活，因此從他的日記中可以一窺日本與台灣漢人兩種飲食習慣的交錯與融合。例如，逢日本新曆之端午節，會與同事共食柏葉餅（かしわもち），即用柏葉包著的日式豆餡年糕。[119]此外，黃旺成也曾購買仙貝、日本餅、麻糬（モチ）、煎餅等日式點心回家食用，或是用來招待來訪的友人，例如他與同事張澤一同去湯屋洗澡之後買了仙貝；[120]泡太白粉（片栗粉）招待學生與友人[121]等。可看出儘管日式點心在日治初期多是在日人聚居的地區為日人所消費，但其中較簡單、廉價者也漸漸為台灣人所接受，在日常生活中享用。

小結：民間版的「台灣菜」

　　本章回到台灣常民生活脈絡，談清末至1950年代左右多數台

---

119 同上注，《黃旺成先生日記（六）一九一七年》，頁88。
120 同上注，《黃旺成先生日記（二）一九一三年》，頁96。
121 同上注，《黃旺成先生日記（三）一九一四年》，頁142。

灣人的日常食物。主食以番薯、稻米與多種雜糧為主；副食包括大量醃漬、風乾食物與自種的蔬菜；水產部分因為捕撈與冷藏冷凍設備的限制，僅有鹹魚等醃漬品較為普遍，肉類則因價格昂貴且受管制，也屬於節慶類食物。烹調方式以水煮、炒、煎等省油、省時的方式為主，調味品亦少，以鹽搭配少數的醬油，但會運用多種天然食材如鳳梨皮、小蝦、豬骨等來烹調，在經濟受限、珍惜物資的情況下充分運用所有可取得的食材。因為交通設備受限，各地菜餚與飲食方式反映地方的物產特色，也因此與今日相較，有更明顯的區域差異，但一般而言各地均經常運用醃漬品，即使有錢人家也不例外。儘管平日儉省，因為生存格外仰賴社會網絡與神祇庇佑，對辦桌與節慶祭祀品十分重視，除此之外也有多種點心或街頭食物，是平凡日常食物中的重要點綴與樂趣所在。

　　本章關注的家常飲食方式雖在日後歷經重大改變，但其中許多要素仍是今日我們所認知「台灣菜」面貌形塑的重要基礎。只不過，這些飲食經驗既很少在日治時期的「台灣料理」介紹中出現，也很少在二次戰後至1990年代之間的飲食書寫中被述及。主要原因就在於，這些家庭餐桌上的常民食物在日治時期與二次戰後至1990年代，均不被書寫者認為是值得作為飲食文化展演的對象，甚至根本不被書寫者所認識、熟悉。特別是在二次戰後，又有新的飲食要素大舉進入台灣，也重新改變了台灣的飲食版圖，下一章將談戰後移民所帶來的巨大影響。

第四章

移植與混雜
戰後飲食版圖的重劃

前言：國家、移民與食物

　　日治時期台灣的大型酒樓曾是本地知識分子、富紳文人的重要飲宴、聚會地點，不僅可作為大型宴客空間以建立人際網絡，亦是社會群體議事、凝聚的重要場所。然而，無論酒樓或珈琲館，這些日治時期台灣漢人的重要社交與娛樂空間在國民政府來台之後有了巨大改變，新政府的來臨、百萬新移民進入台灣，種種政治與經濟局勢變化使得原有的酒樓文化難以存續，曾風華一時的「台灣料理」也逐漸消失而僅留存在少部分人的記憶中。相對於此，從戰後初期的報紙亦可看出，「台灣菜」一詞逐漸取代了日治時代常用的「台灣料理」，[1]約莫1970年代開始，「台灣菜」或「台菜」一詞已被廣泛用在各種媒體報導、官方介紹中，但所指涉者均非日治時期的宴席菜。一直到1990年代左右，台菜都普遍被認為是「簡單、不精緻、難登大雅之堂」的菜餚。[2]從日治時期的「高級、精緻酒樓菜」到戰後「難登大雅之堂」的粗食小吃，為何「台灣菜」（Taiwanese cuisine）所指涉的內涵會有如此

1　例如：林海音〈捧「台灣菜」〉，《國語日報》，1950年1月14日，第3版；朱子，〈浸酒的花朵〉文中提到：「台灣菜有二種，一種是廣東福建的家鄉風味，似乎嫌粗了點；一種叫做台灣料理的，可又嫌日本化了點。」見《聯合報》，1956年11月19日，第6版。但除此之外以「台菜」稱呼「台灣所產之蔬菜」的用法也同時存在於報刊，如〈台菜長期輸日，雙方接洽中〉，《聯合報》，1964年6月3日，第5版。由這些例子可知，台菜、台灣菜等詞尚無十分一致的用法。

2　參見下列文章中對台菜的介紹：蕭容慧〈要吃好菜，上那兒去？——介紹台北的名館名菜〉，《寶島的中國美食》（台北：光華畫報雜誌社，1985），頁101-130；〈如何開設中餐廳〉，《經濟日報》，1978年12月11日，第11版；〈匯集千饌百饌的台灣料理〉，《美食天下》20（1993），頁22。

大的轉變？是哪些因素所導致？

一地之飲食版圖與飲食方式的改變往往不是單獨發生，而是與政治、社會上的變革有密切關聯。台灣在二次大戰結束後正面臨兩大劇烈改變，一是國家（state），即新的政府與政治體制；二是大批被迫遷徙的政治移民（migration）。亦即1949年國民黨政府在國共內戰中敗退來台所帶來的新政府及超過百萬軍民，[3]即使這群人原本僅預期在台灣做短暫停留，但接著面臨的卻是近四十年的阻隔，成為難以回鄉的移民。

國家與移民兩大因素所帶來的巨大變化導致社會結構的重新組織，也造就台灣飲食版圖的重劃。一方面新的政府帶來新的餐飲業管理方式，另一方面，大批新移民將新的飲食方式、菜餚、口味帶到餐廳、市場與家庭中。在飲食論述、食譜、消費方式等都有很大改變。本章即聚焦在這個飲食版圖重構的過程，釐清「國家」與「移民」二要素如何為台灣的飲食景觀帶來改變，又

3　對於二戰後有多少人口移入台灣難以清楚估算，過去文獻的估計從九十萬至兩百萬不等。高格孚（Stéphane Corcuff）對「外省人」的研究認為，較可信的說法是，依據1956年的估計，該年有一百萬出頭的大陸人在台灣，而從1946到1951年間，台灣的總人口增加了187萬人。參見：Corcuff, Stéphane, *Memories of the Future: National Identity Issues and the Search for a New Taiwan* (Armonk, N.Y.: M.E. Sharpe, 2002), p. 164。依此數字，在1950年代，「外省人」占當時台灣總人口的14%。另外，其他多位學者的研究亦與此十分接近，如：Rudolph, Michael, "The Emergence of the Concept of 'Ethnic Group' in Taiwan and the Role of Taiwan's Austronesians in the Construction of Taiwanese Identity," in *Historiography East and West,* 2(1) (2004): 90；王甫昌，《當代台灣社會的族群想像》（新北：群學出版有限公司，2003），頁75-76。黃宣範的研究則顯示，到了1990年，「外省人」占總人口百分比12.74%，參見：黃宣範，《語言、社會與族群意識：臺灣語言社會學的研究》（台北：文鶴出版有限公司，1993），頁21-26。

如何賦予「台灣菜」新的意義。在討論台灣菜的實際變化前，此處先討論國家與飲食間的關係。

國家與飲食間的關係有許多面向，因此也可從多個不同的觀點討論。在食物的生產與傳布面向，已有許多研究關注「國家」在食物安全、農業政策、食品工業、社會不平等議題上所扮演的角色。[4]在食品消費部分，過去研究顯示，飲食習慣的改變不僅與營養或個人口味相關，也受到國家所制訂的農業、經濟政策影響，國際關係與國家經濟情況確可能改變人們根深柢固的日常飲食消費習慣。[5]

移民，是另一可能在根本上改變飲食景觀的重要因素，對移民或流亡中的人而言，食物不僅標示了與他群的界線，且與認同的創造有關，[6]藉由食物，更可保存甚而重新召喚出對童年與家鄉

4 相關研究如：Murcott, Anne, *The Nation's Diet: The Social Science of Food Choice* (New York: Addison Wesley Longman, 1998); Nestle, Marion, *Food Politics: How the Food Industry Influences Nutrition and Health* (Berkeley: University of California Press, 2002).

5 Beardsworth, Alan & Keil, Teresa, *Sociology on the Menu: An Invitation to the Study of Food and Society* (London; New York: Routledge, 1997); Belasco, Warren James & Scranton, Philip, *Food Nations: Selling Taste in Consumer Societies* (New York: Routledge, 2002); Lien, Marianne E. & Nerlich, Brigitte, *The Politics of Food* (Oxford: Berg, 2004).

6 Ben-Ze'ev, "Efrat, The Politics of Taste and Smell: Palestinian Rites of Return," in M. E. Lien & B. Nerlich (eds.), *The Politics of Food*, pp. 141-160; Cwiertka, Katarzyna Joanna & Walraven, Boudewijn, *Asian Food: The Global and the Local* (Honolulu: University of Hawaii Press, 2001); Kershen, Anne J. (ed.), *Food in the Migrant Experience* (Aldershot; Burlington, VT: Ashgate, 2002); Lupton, Deborah, "Food, Memory and Meaning: The Symbolic and Social Nature of Food Events," in *The Sociological Review*, 42 (1994): 664-685.

的種種回憶。[7]許多文獻已指出，食物對於群體的創造與維持具有
極大重要性。[8]透過保存傳統飲食風俗及參與各種年節的儀式性消
費，移民可以保留他們與原鄉間的連結。因此，研究者多將這種
移民者身處異地仍堅守傳統飲食方式與習慣的行為視為一種對原
鄉認同的展現，特別是當這些移民在新國家中屬於少數，位置也
處於邊緣時，此種情形更加明顯。[9]

　　然而，對台灣這群在戰亂情況下原本只是避戰的「被迫的移

7　Bahloul, Joëlle, *The Architecture of Memory: A Jewish-Muslim Household in Colonial Algeria, 1937-1962* (New York: Cambridge University Press, 1996); Lupton, Deborah, *Food, the Body and the Self* (New York: Sage, 1996); Sutton, David E., *Remembrance of Repasts: An Anthropology of Food and Memory* (Oxford: Berg, 2001).

8　Appadurai, Arjun, "How to Make a National Cuisine: Cookbooks in Contemporary India," in *Comparative Study of Society and History* 30, No. 1 (1988): 3-24; Mintz, Sidney W, "Eating Communities: The Mixed Appeals of Sodality," in T. Döring, M. Heide & S. Mühleisen (eds.), *Eating Culture: The Poetics and Politics of Food* (Heidelberg: Winter, 2003), pp. 19-34; Murcott, Anne, "Food as an Expression of National Identity," in S. Gustavsson & L. Lewin (ed.), *The Future of the Nation State* (New York, London: Routledge, 1996), pp. 49-77; Pilcher, Jeffrey M., *Que Vivan Los Tamales! Food and the Making of Mexican Identity* (Albuquerque: University of New Mexico Press, 1998).

9　Augustin-Jean, Louis, "Food Consumption, Food Perception and the Search for a Macanese Identity," in D. Y. H. Wu & S. C. H. Cheung (eds.), *The Globalization of Chinese Food* (Richmond, Surrey [England]: Curzon, 2002), pp. 113-127; Pang, Ching-lin, "Beyond 'Authenticity': Reinterpreting Chinese Immigrant Food in Belgium," in T. Döring, M. Heide & S. Mühleisen (eds.), *Eating Culture: The Poetics and Politics of Food* (Heidelberg: Winter, 2003); Tate, Shirley, "Talking Identities: Food, Black 'Authenticity' and Hybridity," in T. Döring, M. Heide & S. Mühleisen (eds.), *Eating Culture: The Poetics and Politics of Food* (Heidelberg: Winter, 2003).

民」來說，卻有著不太一樣的故事。儘管如前所述，戰後移民所占的人口比僅14%左右，屬於少數，但一方面這群人並非位居社會邊緣，相反地，戰後台灣政府的統治階層幾乎都是來自這群移民者；另一方面，在飲食上，移民們不僅從家鄉帶來了多元的飲食，藉由其較高的社會階層與權力，也在台灣飲食版圖重劃的過程中發揮極大影響力。台灣的例子與前述飲食文化研究十分不同的是，前述研究多強調飲食方式或特定食物在「標誌」（mark）或「鞏固」（consolidate）社會邊緣族群或移民之身分認同上所具有的重要性，但從台灣戰後飲食版圖重劃的過程中，卻可提出兩個不同的問題：第一，一個處於移徙狀態的少數族群（即台灣過去習稱之「外省人」），其飲食如何在所移居的社會中獲得高級菜餚（haute cuisine）的地位，此過程是否有助於我們進一步探究社會中「菜餚階層」（culinary hierarchy）的建立與變動？第二，在台灣的飲食混雜（culinary hybridization）是以何種方式、何種型態發生？

後殖民學者普拉布（Anjali Prabhu）將「混雜」（hybridity）區分為兩種：一種是指特定歷史中的社會現實，也就是多種文化力量同時存在、互相作用的狀態；另一則是具有政治立場的特定理論概念，[10]本章所談的「混雜」較接近前者，是指在特定歷史時期，數個文化力量的互動與結合，但這些力量的結合並非任意的，因為在這些文化力量間往往具有高低不同的階級差異。後殖民研究中經常以「混雜」來指涉兩個以上相反或不平等之文化力量的關係，依據楊（Robert Young）的定義，混雜是指殖民權威

---

10 Prabhu, Anjali, *Hybridity: Limits, Transformations, Prospects*（Albany: State University of New York Press, 2007）.

論述失去其對意義之單一掌控的狀態，並因而可達到部分的權力平衡。[11]換言之，在混雜的狀態下，殖民者不再握有單一的話語權與定義權。基於階級差異在「混雜」概念中的重要性，本章亦特別著重分析台灣文化混雜中的階級差異。

具體言之，本章聚焦在國家與移民兩大核心概念，檢視巨觀層面的國家作為，以及微觀層面移民們日常生活中的具體實踐，二者都深刻影響了台灣飲食版圖在二次戰後的重劃。在巨觀層面，將檢視政府如何控制食物資源，又如何藉由新的政策進行餐廳管理，這些均影響了外食市場的發展與台灣菜的飲食論述。在微觀層面，則將檢視這群移民們透過哪些方式將他們的飲食文化深植於台灣這塊土地。第一、二節較著重討論「國家」的角色，第三、四節把論述焦點置於「移民」的影響。

第一節　戰後的巨變：經濟困頓與節約運動

日治時代末期，酒樓、珈琲館等宴飲消費空間受戰爭影響已開始出現縮小規模的情形。例如，當日本前線戰事日益吃緊，殖民政府即加強對台灣娛樂業的管制。1943年3月1日，配合日本內地法令的修改，更同步在台實施增收娛樂稅。對藝妓花代的課稅、遊興、飲食費用，以及有女性於客席接待的珈琲店、酒吧等料理店的費用，課稅均增加為消費額的百分之五十至百分之二百不等的驚人稅率，即使是一般餐館、飲食店以及攤販的飲食費

11　Young, Robert, *Colonial Desire: Hybridity in Theory, Culture, and Race*（London; New York: Routledge, 1995）, p. 22。關於「混雜」（hybridity）概念的發展，可參照Young的說明：Young, 1995, pp. 1-29.

用，消費二圓以上也需支付三成以上的飲食稅。另有關清涼飲
料、砂糖、照相、理髮、美容、衣服等都進行全面性的增稅，[12]同
時在消費力因戰事大減的情況下，有不少料理店、飲食店倒閉或
被公家徵用。

飲食業蕭條的情況在戰爭剛結束時似乎出現一絲轉機，1945
年戰爭結束到1946年上半年，許多餐館復業或開業。如從1945
年10月10日即創刊的《民報》廣告觀之，該年10月至12月間開
幕或復業的酒家餐館，就有同樂酒家、水仙酒家、大光明酒家、
珍珍酒館、新中華大酒家、龍華酒菜館、宴賓亭酒家等，這些餐
館的來源與類型，從廣告可歸納出至少三種：

（1）日治時期的珈琲廳：如第一酒館（原第一カフエ―，見
圖4.1）。「龍華酒菜館」亦標榜為「純カフエ式紳士娛樂場」，提
供中華料理、西洋料理、日本料理。[13]幻余一文指日治時珈琲廳的
業者因為不再能沿用日文カフエ―「珈琲廳」的名稱，而開始使
用「酒家」一詞，如「百合」改為「上林花」、「エルテル」珈琲
廳改為「萬里紅」、「大屯」改為「小春園」等。[14]

（2）經營方式承繼自日治時期的大型料理屋，以供應「宴會
場設備」為主。如水仙酒家、同樂酒家等，另日治時期的高級酒

---

12 〈臺灣地方稅規則中改正（號外一）〉《臺灣總督府府報》0271e期，1943年3
　　月1日，頁13、實施情況參見：〈決戰態勢下の增稅　臺灣は內地に順應、斷
　　行增收見込額は六千八百萬圓〉，《臺灣日日新報》，1943年1月19日，第2
　　版；〈增稅三改正法律けふ施行物品、遊興飲食稅法等〉，《臺灣日日新報》，
　　1943年3月1日，第1版；〈注意二圓以上は三割　遊興街に增稅はどう響
　　く〉，《臺灣日日新報》，1943年3月2日，第3版。

13 廣告，《民報》（台北），1945年12月27日，第1版。

14 幻余，〈臺北酒家演變史〉，《臺灣風物》17:3（台北，1967），頁71。「萬里
　　紅」在1964年改名為「黑美人」，至1996年才歇業。

樓蓬萊閣也在1945年底即復業。[15] 1945、1946年報端可見諸多重要會議活動均選在蓬萊閣舉行。日治時曾以出口鳳梨致富的大稻埕富商葉家，改建部分宅邸為「新中華大酒家」，於1945年底開幕，亦為1950年代重要的宴席場所。[16]

（3）從大陸遷移來台開設者。如「大光明酒家」號稱是上海Broadway的姊妹店，由廣告文字「各界候了好久的全省唯一舞廳」可知，事實上是以舞廳作為主要的經營項目。[17]另外如1946年六月一日開幕的「大上海酒家」，在開幕啟事上即註明：「本酒家鑑於本省缺乏外省菜館，爰特招聘名廚籌設本酒家，舉凡蘇滬名點平川筵席皆所擅長」，此為戰後最早的幾家「外省菜館」之一。[18]

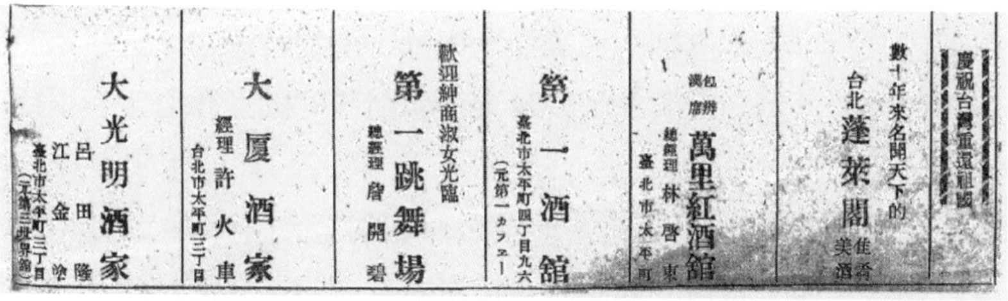

圖4.1　戰後初期《民報》上新開設的酒家廣告
出處：《民報》，1945年10月26日，第2版。

---

15 參見廣告，《民報》，1945年10月14、15日，第2版，另台灣畜產創立總會於1945年十月底就已在蓬萊閣舉辦，見〈台灣畜產創立總會〉，《民報》，1945年10月31日，第1版。

16「新中華」為屋主葉金塗之媳、孫，在戰後為了維持生計而開設，見：謝柏宏，〈古厝疊上現代化大樓，喊價十五億〉，《商業周刊》740期，2002年1月28日，頁106；廣告，《民報》，1945年12月11日，第1版。

17 廣告，《民報》，1945年11月3日，第1版。

18 廣告，《民報》，1946年6月1日，第1版。

　　由這些廣告視之，新設或復業餐館的經營方式與過去酒樓無甚大差異，如從「小春園」在1946年7月的新開幕廣告上可知，該餐館樓高四層，含大眾食堂、茶會宴會、包廂式的家族餐室等，供應「雅菜、和菜、餐菜」，也有滷味、麵飯等。[19]而規模較大者即如同日治時期的高級酒樓，作為政商界人士集會、宴客的處所，宴客者包括台灣本地人士與新至台灣的國民政府官員。1945至1946年間就有不少宴客與商界集會報導，宴客者如民報社長林茂生娶媳的婚宴在新中華大酒家舉行、[20]行政長官公署顧問李擇一也在新中華大酒家宴請台灣慶應會、台北三田會會友。[21]商界集會則如牙醫師公會改組大會在新中華、[22]電影戲劇公會成立大會在蓬萊閣、[23]台北市旅館商業同業公會在松竹酒家召開理監事會等。[24]到1946上半年為止，行政長官公署尚未對餐館業者施以嚴格管理或收稅，大型酒樓的消費逐漸復甦，消費型態也接近日治時期的樣貌。不過，國共內戰轉趨激烈與隨後的國民政府來台很快造成了改變。

　　二次大戰期間，中國各地受戰亂影響經濟困難，二戰結束後，國民黨與共產黨的內戰使得情況雪上加霜，即使台灣在二戰後才剛脫離日本殖民統治，已迅速受到大陸惡劣經濟狀況的影響。台灣人民很快就感受到物價的劇烈變化，陳儀在1945年10月31日發布「台灣省行政長官公署管理糧食臨時辦法」，要求米

---

19 廣告，《民報》，1946年7月27日，第1版。
20 〈本社長林茂生令郎完婚〉，《民報》，1946年7月1日，第2版。
21 〈李擇一氏酬宴窓友〉，《民報》，1946年1月18日，第2版。
22 〈台北市齒科醫師公會改組大會〉，《民報》，1946年4月29日，第2版。
23 〈電影戲劇公會舉行成立大會〉，《民報》，1946年4月29日，第2版。
24 〈旅館業公會理監事會〉，《民報》，1946年6月4日，第2版。

穀生產者及有米穀收租者如同日治時期繳交第一期米穀，並低價收購第二期米穀，同時禁止台灣米穀輸出，以全面掌控台灣的米糧。[25]但在無法穩定糧價的情況下，此種作法造成缺糧的恐慌。1945年10月至12月底三個月間，報載，黑市的米就已從一斤二元四角急漲到八元。[26]

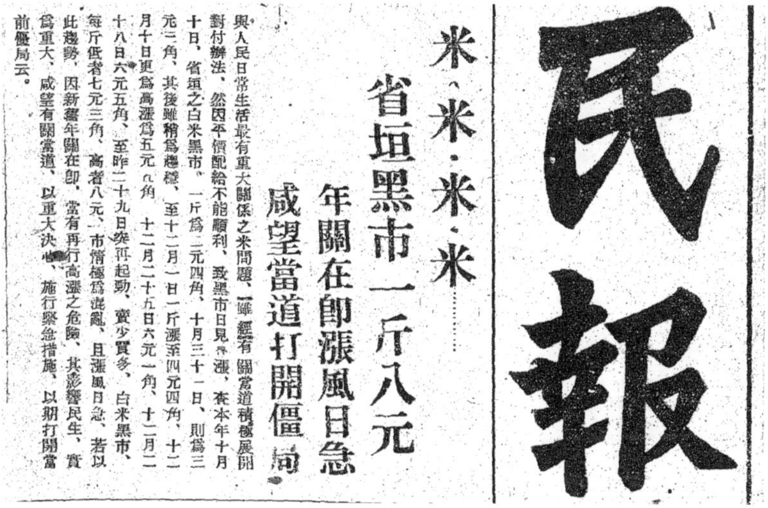
民報

米、米、米、米……

省垣黑市一斤八元

年關在卽漲風日急

咸望當道打開僵局

與人民日常生活最有重大關係之米問題、曾經有關當道積極展開對付辦法、然因平價配給不能順利、致黑市日見高漲、查本年十月十日、省垣之白米黑市、一斤爲二元四角、十月三十一日、則爲三元三角、其後雖稍爲趨穩、至十二月一日一斤漲至四元四角、十二月十日更爲高漲爲五元九角　十二月二十五日六元一角、十二月二十八日六元五角、至昨二十九日又再起勁、賣少買多、白米黑市、每斤低者七元三角、高者八元、市情極爲混亂、且漲風日急、若以此趨勢、因新舊年關在卽、當有再行高漲之危險、其影響民生、實爲重大、咸望有關當道、以重大決心、施行緊急措施、以期打開當前僵局云。

圖4.2　黑市米價剪報

出處：〈米米米米，省垣黑市一斤八元〉，《民報》，1945年12月30日，第1版。

除了糧價飛漲，一般物價也因通貨膨脹而不斷上升。從1945年初至1950年底，台灣的躉售物價指數上升218,455.7倍，平均

25　臺灣銀行經濟研究室編，〈臺灣光復後之經濟法規〉，《臺灣銀行季刊》1(1)（台北，1947），頁363。

26〈米米米米，省垣黑市一斤八元〉，《民報》，1945年12月30日，第1版。

而言，每年物價上漲率是676.1%，呈現嚴重惡性物價膨脹。[27]
1946年1月16日國民黨中執會秘書處抄送的《臺灣現狀報告書》
一文亦指出：「物價政策受通貨政策之刺激，蒸蒸日上，公定米
價已漲七倍，肉價亦漲四十倍以上，其他各種貨價亦普遍飛漲，
此皆貨幣政策失敗之後果。」[28]由此可見1946年時民生物資之窘迫
與一般百姓戰後生活的困難。

在此物資缺乏、國民黨政府又欲急徵資源應付大陸戰事的情
況下，行政長官公署自1946年起，陸續頒布多項節約辦法，將民
生物資集結作為軍備用途。1946年五月，「新生活運動會」頒訂
「推行節約運動實施辦法」作為節約運動的重要綱領。[29]該辦法首
段即說明實施節約運動的背景：

> 查節約運動之推行，本會於戰前，業經積極倡導，旋以抗
> 戰軍興，負擬訂戰時節約辦法，通告全國施行，頗著成效。
> 際此抗戰勝利，建國肇始，百業待興，百事待舉，為國家前
> 途計，吾人自應切實節約，以充實國力。

這段導言接續說明，大陸內地同胞「欲樹皮草根為食」，收
復區內卻「奢侈淫靡」、「財力物力之浪費，尤為痛心」，因而訂
辦法在食衣住行各方面均要求節約。在此指導綱領下，行政長官
公署同時期頒布多項節約辦法。飲食方面，例如同月頒布的〈復

---

27 吳聰敏，〈臺灣戰後的惡性物價膨脹（1945-1950）〉，《國史館學術集刊》10
（台北，2006），頁131。

28 陳興唐主編，《臺灣「二‧二八」事件檔案史料》（上），南京第二歷史檔案
館藏，（台北：人間出版社，1992），頁51。

29 辦法內容詳見《臺灣省政府公報》夏字第41期（1946），頁654-657。

員期間節約筵席消費辦法〉，[30]對宴席菜餚的數量進行規範，規定每席十人以上者，不得超過六菜一湯，十人以下六人以上者，不超過四菜一湯，五人以下者不超過三菜一湯，西餐每客則以一湯兩菜一點心為限。不過此時對於餐館尚無課稅的規定。

　　1947年4月台灣省政府成立並取代行政長官公署，隨即在1947年9月又頒布〈筵席消費節約實施辦法〉，規定「除經濟食堂外不得新設餐館」。[31]所謂「經濟食堂」，是指資本在（舊）台幣150萬元以下、侍應生人數不超過五人，而且不能承辦宴席、不能賣酒、咖啡，不能有樂隊，只能賣客飯。[32]此外，在1946至1948年間頒布的節約相關法令，還有〈臺灣省節約糧食消費辦法〉、[33]〈慶弔節約實施辦法〉、[34]〈臺灣省節約豬肉消費辦法〉、[35]〈新聞紙雜誌及書籍用紙節約辦法〉、[36]〈減少汽車節約汽油辦法〉、[37]〈都市水電節約辦法〉。[38]可見全面性的「節約生活」已是當時政府的重點政策。

---

30 《臺灣省政府公報》夏字第28期（1946），頁442。

31 第7條，同款並規定已停業者不得復業。此法依據「厲行節約消費辦法綱要」訂定。《臺灣省政府公報》秋字第68期（1947），頁1067。

32 「臺灣省各縣市商民開設經濟食堂應行注意事項」，《臺灣省政府公報》冬字第39期（1947），頁580-581；亦參《臺灣省政府公報》春字第63期（1948），頁995，警務處之說明。

33 《臺灣省政府公報》夏字第39期（1946），頁數不明。

34 1947年10月11日頒布，見《臺灣省政府公報》冬字第27期（1947），頁412。

35 1947年9月11日頒布，但於1948年3月17日廢止，見：《臺灣省政府公報》秋字第64期（1947），頁1004、《臺灣省政府公報》春字第64期（1948），頁1004。

36 《臺灣省政府公報》秋字第68期（1947），頁1067。

37 《臺灣省政府公報》冬字第14期（1947），頁210。

38 《臺灣省政府公報》冬字第53期（1947），頁770-771。

　　1948年5月，國民政府公布實施〈動員戡亂時期臨時條款〉，蔣介石在9月15日公布〈勤儉建國運動綱領〉，並據此推行「勤儉建國運動」，訂定〈臺灣省推行勤儉建國運動宣傳辦法〉[39]與〈勤儉建國運動綱要〉，[40]均是鼓勵人民實踐勤勞儉樸的生活，要求減少消費。

　　1949年，政治局勢巨變：4月首都南京失守、5月台灣戒嚴，12月中央政府遷台，1950年3月蔣介石復行視事。在中央政府遷台的情況下，各項戰時節約規範在此期間積極推動。如1950年5月，中國國民黨臺灣省黨部發起「戰時生活運動」，提出「戰時生活公約」。凡此種種，說明了在國民政府於國共內戰陷入危機的情況下，台灣雖是二戰結束，卻在政治制度、法令與經濟上立刻進入另一個「戰時體制」，[41]在此社會脈絡下，餐館消費成為奢侈生活的象徵，亦是節約政策的規範項目。

　　在法令面，戰後對日治時期酒樓業影響最大的規範是1949年10月省政府制訂的「酒樓茶室改設公共食堂公共茶室實施辦法」。[42]此辦法規定酒樓茶室一律改為公共食堂或公共茶室，一直到1962年此項辦法廢止之前，依據法令，酒樓均應以公共食堂的形式營業。

　　不過，無論前述「經濟食堂」或1949年規範的「公共食堂」，

---

39 《臺灣省政府公報》冬字第6期（1948），頁91-92。

40 《臺灣省政府公報》冬字第12期（1948），頁181-184。

41 「戰時生活運動」的宣傳與運動綱要，參見〈打倒奢侈剷除糜爛刻苦勤勞共度難關〉、〈戰時生活運動綱要草案〉《中央日報》（台北），1950年5月6日，第4版；〈臺灣是進入戰時了！〉《中央日報》（台北），1950年5月27日，第2版。

42 頒布令見《臺灣省政府公報》冬字第19期（1949），頁236。實施辦法全文見公報同期，頁226-227。此法依據「厲行節約消費辦法綱要」訂定。

都不是國民政府到台灣以後才有的新發明，早在1930年代，國民黨政府就已在南京推動「酒菜館節約運動」。[43] 更早之前，南京市政府社會局在1931年即已創辦南京市公共食堂，指一種簡便、大眾可共食的用餐場所，社會局說明，其目的是為了「解決平民飲食需要」，食堂供餐以經濟、衛生為原則。[44] 並強調公共食堂的設備簡單清潔，價格低廉，能夠符合一般市民的要求。[45] 與此類似的，還有南京市模範食堂、[46] 民眾食堂[47]、營養食堂[48]等。如「川江民船商工聯合會」「為改善船民生活及便利船民管理」而辦理的「船民公共食堂」，連同宿舍，一併廉價供應船民食宿。[49]

因此，如同國民政府遷台後所實施的節約政策，經濟食堂與公共食堂都可說是國民政府過去在南京市相關政策的持續與延伸。此種「公共食堂」的概念，頗類似社會主義經濟制度下的消費治理方式，強調的是計畫性、透明、每個人的消費均規制化，不講求個人服務、排場、特殊性，只是取得基本的商品與服務，[50] 在此概念下，個人品味或炫富、講排場等都是被摒除在外的。而

---

43 〈首都節約運動會推行酒菜館節約運動〉，《中央日報》（南京），1936年10月9日，第3版。

44 〈社會局籌設公共食堂〉，《中央日報》（南京），1931年12月9日，第8版。

45 〈公共食堂先開辦五所〉，《中央日報》（台北），1940年5月23日，第3版。

46 〈京市模範食堂將設立〉，《中央日報》（南京），1930年5月19日，第7版。

47 〈民眾食堂已有人承辦〉，《中央日報》（南京），1932年1月7日，第8版。

48 〈糧食節約展覽昨圓滿閉幕，觀眾總計近四萬人，準備籌設營養食堂〉，《中央日報》（南京），1942年6月4日，第5版。

49 〈川江民船商工聯會　改善船民生活　將辦船民公共食堂宿舍〉，《重慶時事新報》（重慶），1943年8月26日。

50 Susan E. Reid, "Cold War in the Kitchen: Gender and the De-Stalinization of Consumer Taste in the Soviet Union under Khrushchev," in *Slavic Review*, 61(2) (2002): 211-252.

國民政府在南京等地推動此類食堂，是在戰爭持續、物資缺乏的社會條件下，將之作為一種大量提供廉價伙食的方式，1949年在台灣頒布此辦法，亦是延續均質化、排除特殊性的概念，對民眾日常生活的飲食娛樂消費進行介入管理。在戰時節約的指導綱領下，該辦法主要規範酒樓的餐食與女服務生，即規定各餐館改制為「公共食堂」，應提供「公共、經濟」的餐食，並排除女服務生的陪侍與性服務。

在餐點部分，該辦法規定，「酒樓」改制為「公共食堂」後，公共食堂的設備「應力求簡單、樸素、整齊、清潔」，所備餐食也應注重衛生及營養成分，[51]以供應公共經濟餐為原則，所謂「公共經濟餐」分中式與西式兩種。中式如一菜一湯米飯，或是加里牛肉飯等客飯類，西式包含一菜一湯一茶，對於價格均有上限規定。[52]而除了以個人為單位的公共經濟餐外，尚有「會餐」，為數菜一湯的合菜，亦區分為中、西式兩種。中式會餐依據用餐人數規範菜數與價格，西式會餐則分為三種等級，同樣對價格有上限規定。[53]

由以上規定可看出，公共食堂改制辦法對用餐的菜餚數目、

---

51 〈酒樓茶室改設公共食堂公共茶室實施辦法〉第3條。

52 〈酒樓茶室改設公共食堂公共茶室實施辦法〉第4條。

53 例如二至三人只能點兩菜一湯，不超過十五元；西餐最貴者每客不超過十元，包含二菜一湯一麵包（或飯），一生菓一茶（或咖啡）一冷盤。辦法第14條規定，違反第二次停業一天，並按照營業牌照捐款勞軍從500到2,000元不等。第三次加倍捐款，第四次勒令停業。此外，在1949年12月頒布之「臺灣省各縣市旅館公共食堂茶室服務生管理辦法」中，也對服務生人數、制服樣式、不得陪酒猜拳唱歌等舉止有所規範，參見《臺灣省政府公報》冬字第67期（1949），頁850-851。此辦法在1955年修訂，違反者依照違警罰法處罰，見《臺灣省政府公報》秋字第16期（1955），頁198-199。

價格等有詳細的具體規範，試圖建立消費的理性模式、塑造消費者的需求。此種規範除了是戰時節約政策下的產物外，還有另一目的是可以藉此增加稅收項目。上述「會餐」與「公共經濟餐」的差別，除了餐點上的差異之外，另一大區別即是在稅收上：凡是合菜類的「會餐」，均須增課筵席稅。

「筵席稅」是對在飲食營業場所舉辦宴席者所徵收的消費行為稅，國民政府在南京時期即已有相關規定，而在二次戰後的台灣，則首見於1946年7月19日台灣省行政長官公署制訂的〈台灣省各縣市筵席及娛樂稅徵收規則〉，[54] 規定筵席稅之徵收，「按酒菜飯煙及筵席營業者所售係供飲食消耗之各項物品原價徵收百分之二十」，「一次飲食不滿三十元者免徵」。[55] 簡言之，所謂「筵席」是以消費額多少定義，只要消費滿三十元以上就稱為「筵席」，須多交百分之二十的高額稅款。

對於「筵席稅」的計算方式，之後在1946年12月、1947年3月的相關法令修改中又有所改變，各地計稅方式並不統一。[56] 不過

---

54 此規則依筵席及娛樂稅法第十條訂定，規則全文見：《臺灣省行政長官公署公報》秋（1946），頁306。

55 「臺灣省各縣市筵席及娛樂稅徵收規則」第二條第一款、第三條。

56 1946年十二月五日國民政府修正公布「筵席及娛樂稅法」第三條：凡菜肴每席價格達一定金額者為筵席，征收筵席稅。一、筵席價格在起稅點以上不滿五倍者，不得超過百分之十。二、筵席價格在起稅點五倍以上者，不得超過百分之二十。起稅點由縣市政府按當地物價情形自行擬訂；1946年十二月三十日公布之「臺灣省各縣市筵席及娛樂稅徵收規則」（《臺灣省行政長官公署公報》冬字〔1946〕，頁1227）指出因各地物價不同，刪除上述第三條，改為「前項免稅標準，由各縣市參酌當地物價，擬訂呈請上級主管機關核定之」；1947年三月二十七日台灣省行政長官公署制訂「臺灣省各縣市筵席及娛樂稅征收細則」（《臺灣省行政長官公署公報》夏字〔1947〕，頁165-167）第五條又規定，征收率由縣市政府依以下規定分別擬訂。一、筵席價格在起稅

基本原則就是：只要消費超過一定金額，就要視金額高低徵收百分之八到百分之二十不等的稅款，稅率在各縣市有所不同。由於這項「筵席稅」稅率甚高，對餐館業者實是沉重的負擔，各公共食堂中逃稅者多，稅捐單位甚且須派人到公共食堂坐鎮，監督是否確實徵收。[57]

在上述實施辦法頒布後，無論是本省、外省人開設的酒家、

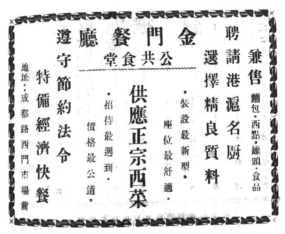

圖4.3　1949年十月新法令實施後，所有餐館招牌均需加上「公共食堂」。
出處：廣告，《警民導報》，1949年12月1日，卷1，第13期，頁2。

點以上不滿五倍者，不得超過百分之十，最低不少於百分之八。二、筵席價格在起稅點五倍以上者，最高不得超過百分之二十，最低不得少於百分之十五。另起稅點暫以台幣一百元為標準，且可視物價波動情形調整。亦參見：1947年五月十三日修正之「臺灣省各縣市筵席及娛樂稅征收細則」及1947年十二月一日國民政府修正公布「筵席及娛樂稅法」。

57 〈查征筵席捐成績甚佳〉，《聯合報》（台北），1955年6月15日，第3版；〈稅捐處派六百人分駐酒家食堂稽征筵席稅〉，《中央日報》（台北），1956年6月12日，第3版。

酒樓、酒館，無論是提供北平烤鴨、專供咖哩雞飯，或供應正宗西菜的餐廳，在招牌上一律都標示為公共食堂，有的會在廣告上標示「遵守政府節約、特備經濟快餐」（圖4.3），強調遵守政府法令，但對照於同一廣告上「聘請港滬名廚，選擇精良質料」之語，二者頗顯矛盾。[58]

1949年10月該辦法頒布後，《警民導報》的一則報導描繪了公共食堂的理想狀況：[59]

> 自九月十日起，新竹街頭已再也聽不到從食堂裡播送出前所熟聞的猜拳聲、叫囂聲、褻蕩的匪笑聲、頹廢的歌唱聲，代替著它的是一塊五色繽紛鮮明奪目的改設公共食堂的廣告牌……往日專供有錢階級者享受的堂皇瑰麗的大酒家，改設公共食堂後，現在連販夫走卒也都做了座上客。

此篇報導者接著引述一個小公務員的說法：

> 本市各酒家餐館自改為公共食堂後，……過去是非到上午十時不開門營業，現在好了，早餐也能找到吃點心的地方了。飯菜價錢減低了，且有一定的價目標示。不論袋裡帶的錢或多或少，都可隨便應付。不致像從前一樣愁著飯錢不夠，或拿不出相當的小費，擔心吃侍應生的白眼了。現在的公共食堂才是大眾需要的真正的平民化食堂呢。

---

58 廣告，《警民導報》（台北，以下均是）1949年12月21日，卷1，第14、15期合刊，頁75。

59 蠹木，〈新竹風〉，《警民導報》，1949年11月11日，卷1，第11期，頁11。

　　《警民導報》為「台灣省警民協會」出版的旬刊，創刊於
1949年8月1日，社址位於省政府警務處，內容包括警政法令、
時事評論、警政人事消息等。雖然刊載在《警民導報》中的上文
具有相當政令宣傳意味，但仍說明了，當時餐廳酒樓的消費須有
相當財力才能負擔，而「公共食堂」政策形式上的目的就是使之
成為「純用餐」且價格較低廉的食堂。

　　然而，儘管新的政府機構透過法令描繪出一平等而廉價的餐
館消費景況，與實際上的消費狀況卻相去甚遠。除了前述筵席稅
根本難以落實徵收之外，實際上公共食堂中的大小宴席仍然不
斷。此宴席市場活絡的背景，為戰後餐館業出現的一群新生產者
與新消費者。

　　新的生產者方面，國民政府來台前後較顯著的轉變，是
1949、1950年前後出現許多大陸來台人士開設的新餐館，供應北
平菜、江浙菜、湖南菜等各省菜餚，且多沿用大陸著名餐廳的名
稱，如狀元樓、老正興等。1946年從北平來台的唐魯孫描述這段
新舊餐館的交接時期：

　　　台灣光復之初，台灣幾乎沒有內地口味的飯館，像蓬萊
　　閣、新中華，小春園、新蓬萊，雖然丹楹碧牖，鋪錦列繡，
　　翠袖殷勤，等於伎樂所萃，儘管水陸雜陳，可是庶饈鹹酸，
　　難致其美。稍後老正興、狀元樓、三合樓、瓊華樓、渝園、
　　銀翼大陸口味的飯館先後陸續在臺北營業，大家才能嚌啜恣
　　饗，嘗到家鄉口味。[60]

60　參見：唐魯孫，〈陋巷出好酒，小館有珍饈〉，《什錦拼盤》（台北：大地出版
　　社，1982），頁136。

　　這段文字說明了，在1946年唐魯孫剛來台時，蓬萊閣、新中華、小春園、新蓬萊等本地大型餐館是主要的社交場所，這些場所的營業形式為有女性陪侍，與日治時期相似，稍晚幾年後，老正興、狀元樓等江浙、四川餐館陸續開設，對唐魯孫這樣的外省來台人士而言顯然更合口味。

　　不過儘管如此，唐魯孫在書中也提及，他認為「有獨特本省味兒」的海鮮，許多是在這些本地酒家中嚐到：

　　來台灣後，碰巧知友金燕如主持台北的小春園，他送過一道敬菜，是大蒜頭煨鮮干貝，此地干貝體積只有東北所吃干貝一半大小，可是色香味都不輸於東北所產，後來雖然在其他飯館吃過各種做法的鮮干貝，可是總覺得小春園所吃敬菜的大蒜煨鮮干貝，才算是酒家極品菜色呢。[61]

另外他也述及「新中華」的炒響螺片：

　　一味炒響螺片，是當年太平町新中華主廚陳阿廉的拿手菜。新中華在全盛時代，逢到星期休假，太平町大菜市從南部運來的響螺，要儘新中華先挑，其勢派跟北平正陽樓到菜市批購大螃蟹一樣，他家挑完才開秤，……所以要吃好響螺必定要到新中華去。[62]

　　這些敘述佐證了公共食堂中較豪華者是戰後初期供應好酒美

61　唐魯孫，《天下味》（台北：皇冠出版社，1977），頁40-41。
62　同上注，頁42。

食的主要處所，商業公會或政府機關樂於在此處舉行會議或宴席。而這些公共食堂所提供的菜餚以本地口味為主，與老正興、悅賓樓等供應的浙江菜、北平菜有所區別。

唐魯孫所代表的正是當時一批新的餐館消費者，1945至1950年間從中國大陸來台的官員及其家眷，逐漸成為當時餐館業的主力消費者。《民報》在1946年下半年的諸多報導對當時貧富差距顯著的狀況提出批評，其中一則報導特別關注消費者的背景：「一位大酒廳的掌櫃統計，百分之七十客人是外省人，百分之十五是本省大財主請外省的老兄哥，另百分之十五是本省富貴弟兄互相的應酬。」[63] 由此視之，在餐館的消費娛樂與一般連米都吃不到的百姓其實無關，與日治時期類似，只有少數有經濟能力者才能負擔酒樓宴席外食，所不同者，此時負擔得起的社會階層已非日人統治階層與日治時的台人仕紳，除了本地財主之外，大陸來台官員成了新的上層階級，也是新的餐館消費者。

上述對酒家消費者的觀察，顯示出戰後台灣上層階級的轉變。在日治時期，日本統治階級藉由與地方台籍菁英有相當程度的交好、互動，便利其在台灣的社會控制與管理，官方與仕紳具有某種結盟與利益交換的關係，「酒樓」正是雙方進行社交活動的重要場所之一。

然而，在殖民時期結束後，此種官方與仕紳結盟的關係發生崩解與重組。隨著日本殖民政府官員、在台日本人的大量撤離，以及大批政府官員從大陸來到台灣，社會上掌握權力、有能力進行社會控制者，已從日治時期的日本統治階級、台人上層仕紳，

---

63 〈酒家醉客多外省人流線型車內司機打瞌睡〉、〈娛樂偏特殊階級要設法慰安大眾才是〉，《民報》，1946年9月30日，第3版。

轉移到大陸來台官員與部分新的台人上層階級。而當上層階級的組成份子有了不同，上層階級的社交方式、社交場所也有了改變。

在1950年代初期，日治時期即有的蓬萊閣，及由大陸來台人士開設的老正興、狀元樓等大型餐館，都是宴席的重要舉辦地點。前者的宴席場合以商業、工業公會活動、記者會、座談會等為主。在蓬萊閣1955年歇業以前，一直是各大商會乃至政府官員喜愛的宴席地點，如省政府宴請美國駐華人員，以及韓國駐華大使都會在此舉行宴席。而在老正興、悅賓樓等新餐廳舉辦的活動主要則包括：政府官員宴席招待、義士義胞宴席、華僑活動、同鄉會等。兩者相較，商會等工商團體較常選擇在本地原有餐廳，政府活動則以在供應浙江菜、北平菜、湖南菜的新餐廳進行為多。不過除這些餐廳外，政府活動更常在圓山大飯店、中國之友俱樂部等更大且與官方有密切關係的宴席場地舉行，這些餐廳因性質特殊，不受「公共食堂」的相關法令規範。

相較於新餐館的開幕，蓬萊閣、新中華等本地口味的餐館雖盛極一時，卻也在1950年代中後期相繼結束營業，蓬萊閣於1955年6月20日歇業，[64]新中華在1959、1960年間停業，[65]報端則在1957年後未再看到於新蓬萊食堂舉行集會活動的報導。即使未知這些餐館結束營業的確切時間，但從這些本地大型餐館的悄悄消

---

64 〈蓬萊閣酒樓租予美軍作俱樂部〉，《聯合報》，1955年6月19日，第3版；〈蓬萊閣舊夢難見將改成綜合醫院〉，《聯合報》，1956年8月31日，第3版。不過之後又有規模較小的同名餐廳繼續營業。

65 謝柏宏，〈古厝疊上現代化大樓，喊價十五億〉，《商業周刊》，第740期（2002），頁106；聯合報最後一篇關於新中華食堂的報導，則是在1959年10月〈台茶輸出業歡宴拉來基〉，《聯合報》，1959年10月16日，第5版。

失，也隱然可看出日治時期風格酒樓的沒落，取而代之的則是戰後興起的其他餐館。外省餐館逐漸成為主要宴客地點，這也顯示了與日治時期截然不同的新政治、商業人際網絡，正隨著上層階級組成份子的不同而形成。

對於戰後台灣菁英流動的研究指出，國民政府遷台對台灣本土菁英造成極大衝擊，但在不同領域的流動狀況有異。在政治菁英層次，吳乃德等人認為1947年二二八事件造成本土議會菁英的斷層，日治時代的傳統菁英撤出，轉由新興地方菁英與國民黨結盟所取代；但在基層村里長階層，則是在1953年以後才逐漸被納編入國民黨的政權體系中，而農會菁英是在1950年代初期歷經農會改組的組織變革之後有了明顯轉變。[66] 若從大型餐館的轉變看來，傳承自日治時期經營方式的本地大型酒樓在戰後雖也曾重振旗鼓，但在1950年代中後期就已逐漸沒落。

新的上層階級不僅成為新的主要餐館消費者，也帶來了新的消費風氣。蔡錦堂對於1949、1950年台灣社會風氣的分析指出，在戰爭緊張的情況下，從大陸來台的人士不僅包括政府軍隊，也有不少是生活較優渥、較有能力來台避難的政商人士，而這些來自大都市的官僚政客、投機商人，便是造成戰時氣氛下奢華享樂的重要因素，特別是上海與香港在戰前即為中國大陸經濟最好，也最講究流行、奢華的地區，不少來自此二地富人帶來的「上海

---

66 吳乃德、陳明通，〈政權轉移和精英流動：臺灣地方政治精英的歷史形成〉，收入賴澤涵主編，《臺灣光復初期歷史》（台北：中央研究院中山人文社會科學研究所，1993），頁303-334；姚人多，〈政權轉移之治理性：戰後國民黨政權對日治時代保甲制度的承襲與轉化〉，《台灣社會學》15（台北，2008），頁47-108；黃仁姿、薛化元，〈戰後臺灣精英的連續與斷裂：以農會精英為例（1945-1953）〉，《臺灣史研究》18:3（台北，2011），頁93-140。

風」、「香港風」對台灣社會風氣有很大影響，用以描述奢侈消費的「海派」一詞，甚至是戰後初期台灣社會的流行語。[67]中央日報當時的報導亦顯示，儘管處於戰時氣氛下，「汽車、酒家與戲院」卻是台北市的三多。[68]

　　換言之，儘管政府一方面藉由各種法規政令鼓吹戰時節約，但另一方面，上公共食堂消費大開宴席的情況卻依舊普遍，在整個1950年代均是如此。例如在1952年《聯合報》的一篇社論中，批評當時普遍的請客風氣過於揮霍，「公共食堂」僅為招牌而離事實甚遠：

> 在一流飯店裡，大設酒宴，珍錯羅列，女侍環繞一席之費，動逾千金，一個起碼的單位更調首長，往往惜別歡迎，公宴兩次。公私機構或一般行號店舖，遇有成立、開幕、週年紀念之類，同樣會大肆舖張，廣宴賓客。甚而例行集會，會後也要在頭等餐廳，大嚼一頓，以飽口福。至於大宗生意的成交，更多半在酒酣耳熱，杯盤狼籍之後。[69]

67　蔡錦堂，〈戰後初期（1949-1950）台灣社會文化變遷——以《中央日報》記事分析為中心〉，《淡江史學》，15（2004），頁253-288。

68　茹茵，〈三多〉，《中央日報》（台北），1950年5月25日，第6版。

69　〈聯合社論：漫談請客〉，《聯合報》，1952年8月9日，第2版；〈聯合社論：由政府強調節約運動說起〉，《聯合報》，1954年9月17日，第2版；何凡，〈玻璃墊上談應酬節約〉，《聯合報》，1954年11月8日，第6版。類似新聞又如：諸觀，〈圓滿散會豈可無酒宜蘭議員一飯千金〉一文指宜蘭稅捐處招待縣議會議員到羅東蓬萊公共食堂消費，花費一千四百餘元，見《聯合報》，1954年10月15日，第5版；〈定名公共食堂常人豈敢問津堂皇富麗美女如雲限定價目形同虛設〉一文指出廣告招牌雖標示「公共食堂」，但實際上名實不符，見《徵信新聞》（台北），1958年10月6日，第3版。

　　這番陳述顯示，當時在高級外食場所用餐的消費者及時機，至少包括機關首長的交接宴、商家店鋪的週年慶，以及商業團體的例行集會等。換言之，「公共食堂」並非公眾有機會登堂入室，而必須有相當資產才得以負擔，儘管名稱為公共食堂，但此類宴席的主要消費者仍為能負擔得起的政商界人士，[70]且不乏地方首長、議員等。[71]直到1960年，此種名不符實的「公共食堂」仍持續，且被多位民意代表提出批評。如1960年省議員陳愷在質詢時提出：[72]

　　「公共食堂」一詞也是政府規定的，聽說過去王處長想得很妙，欲使酒家及食堂公共化，到處隨便可以吃便宜東西，現在情況大不相同。公共食堂若非有一千元以上不能去，酒家酒女概稱為公共食堂，名不符實。……現在警務處是否欲照實情分別修改為一較妥善之名稱。

　　以1960年的薪資與物價水準而言，台北米價每台斤不過二、三元，[73]一般公教人員平均月薪為六百元，[74]台灣每人整年的平均所

70 如在1959年一項查緝行動中，到此類公共食堂消費的則包括稅捐稽徵處職員、大學教授、營造商、神學院職員等，參見：〈各地一片節約聲中仍有迷戀醇酒美人〉，《徵信新聞》，1959年8月15日，第2版；〈酒家座上客〉，《徵信新聞》，1959年8月16日，第2版。

71 如記者報導在台南最大也最昂貴的酒家寶美樓中，「忽見了X首長和＊議席及三位代表諸公……此外只多了外號某夫人和『美嬌娘』的幾位『酒姐』。」參見：〈台南寶美樓風景線〉，《自強晚報》，1955年10月15日，第4版。

72《臺灣省議會公報》，卷3，第8期（1960），頁138。

73〈經濟漫談先安糧價〉，《聯合報》，1960年3月16日，第5版。

74〈論公教待遇調整原則〉，《聯合報》，1960年2月7日，第2版。

得僅為4,434元。[75]由此也可知「公共食堂」一千元的花費實屬相當奢侈。

綜言之，儘管在新的法規制度要求下，無論新舊酒樓、餐館均改名為「公共食堂」，但實際上各類宴席活動仍十分活躍。只不過在戰時生活、反共復國的大旗與節約政策下，宴席消費在形式上變成應受責難的行為。此外，由大陸來台人士開設的新餐館成為新的消費空間，隨著新上層階級的出現，消費者組成也有所不同。

除了宴席之外，消費空間中女性陪侍的慣例在戰後亦有了很大的改變，表現在公共食堂與特種酒家的分治管理上，下節詳述之。

第二節 反共復國思維下的消費管理：酒家與公共食堂

日治時期餐飲消費空間中的重要元素包含美食與美色，料理屋、飲食店及珈琲館中的藝妓、酌婦、女給均在經營上扮演關鍵角色，儘管另有娼妓執業的遊廓，但飲食業與性產業在日治時期實密不可分。而在新政權進入台灣後，自1946年開始廢除女招待、禁娼的政策，也對消費空間內的性別秩序進行重整。在此過程中，政府單位、婦女團體、地方與中央民意代表及業者均扮演重要角色。

---

75 張漢裕，〈臺灣人民生活水準之測量——以農民、非農民間的比較為中心〉，收入張漢裕博士文集編委員會編，《經濟發展與農村經濟：張漢裕博士文集》（台北：張漢裕博士文集出版委員會，1984[1970]），頁204。

　　在台灣，廢娼主張自日治時期即有，日治時期的花柳業從業人員除了在遊廓中執業的娼妓之外，料理屋、飲食店中的藝妓、酌婦，以及珈琲館中的女給均屬其中。由於這類行業中常有許多女性是被賣入從事而非自願，並與台灣的養女習俗有關，在日治時期就已是婦女解放運動、保護養女運動的批判對象，如謝玉葉、王敏川等為當時主要的廢娼論述者。[76]

　　戰後國民黨政權來台後，很快開始禁娼政策的執行。「取締女招待」在1946年即被行政長官公署列為工作重點之一，做出「正俗」的政策宣示。[77]這項政策的背景有數端，一方面，國際聯盟在1920年成立後，即特別關注婦女兒童買賣的問題，1921年制訂「禁止販賣婦女兒童國際公約」，並在國際間形成廢娼的國際壓力，1928年南京國民政府時期，南京市政府也已在南京市積極實施廢娼，主張基於國民黨政綱，追求男女平等與主權發展，須剷除娼妓制度，[78]因此廢娼可說是國民政府思維在台灣的延續。

　　另一方面，此項遷台的禁娼政策，亦與「去日本化」的政策綱領有關。在戰前1944年國府制訂的〈臺灣接管計畫綱要〉中即強調，接管後之文化設施，應「增強民族意識，廓清奴化思想，普及教育機會，提高文化水準」。[79]在此「去日本化」的政策

---

76 參見楊翠，《日據時期臺灣婦女解放運動》（台北：時報文化，1993）；王敏川，〈對於廢娼問題的管見〉，《臺灣民報》，卷3，第3號（1925），引自《王敏川選集》（台北：臺灣史研究會，1987），頁80-85。

77 臺灣省行政長官公署警務處編，《臺灣警務》（台北：臺灣省行政長官公署，1946），頁109。

78 任鼐，〈廢娼問題與首都市政〉，《首都市政周刊》，第28期；《申報》（上海）1928年7月17日。

79 〈臺灣接管計畫綱要──民國34年3月14日侍秦字15493號總裁（卅四）寅元侍代電修正核定〉，收入秦孝儀主編，張瑞成編輯，《光復臺灣之籌劃與受降

綱領下，料理屋、飲食店中的藝妓、酌婦，以及珈琲館中的女給等在日本殖民時期宴席或娛樂場合扮演重要角色的女性，均被國民政府歸為日本殖民統治下必須掃除的「遺毒」，認為「女招待在日本治臺時代，多為變相之賣淫職業，其散布地點均在茶樓、酒館、旅社及公共娛樂場所，陪酒縱歌、行動猥褻放蕩，摧殘女權影響風化治安至鉅且大」，[80]因此需加以禁止。

行政長官公署自1946年中開始執行廢娼政策，1946年6月公布「臺灣省各縣市旅館飲食店侍應生管理辦法」，規定所有女招待自7月1日起均應轉業為侍應生，且侍應生一律穿著白色制服，「絕對不得穿著旗袍，及其他紅綠衣服」，[81]女侍應生招待客人時態度也必須莊重，「不得東召西應，或數人集於一席」。[82]在該辦法正式實施後，便開始有侍應生因為陪酒猜拳「有傷風化」而遭到取締。[83]〈臺灣省各縣市旅館飲食店侍應生管理辦法〉的實施，陸續引發業者及從業人員的抗議，酒家菜館所組成的酒菜館公會認為此規定危及生計，台北、高雄、嘉義等地都有女招待群起陳情，強調此舉將導致她們失業，要求取消命令。[84]

接收》（台北：中國國民黨中央委員會黨史委員會，1990），頁109。

80 臺灣省行政長官公署警務處編，《臺灣警務》（台北：臺灣省行政長官公署，1946），頁109。

81 〈臺灣省各縣市旅館飲食店侍應生管理辦法〉第五條，參見：《臺灣省行政長官公署公報》夏字第46期，頁730。

82 〈臺灣省各縣市旅館飲食店侍應生管理辦法〉第六條。

83 〈陪酒猜拳傷風化高雄女侍應被拘〉，《民報》，1946年7月17日，第2版。

84 〈反對「廢除」女招待包圍婦女會，悲痛為吃飯為生活〉，《民報》，1946年6月22日，第2版；〈高雄反對管制辦法女招待示威遊行〉，《民報》，1946年7月1日，第2版；〈嘉義女招待二百名被迫失業無法謀生〉，《民報》，1946年7月6日，第2版。

　　此「正俗」及取締女招待的政策不僅招致抗議，事實上也難以執行，在此情形下，1948年台北市參議會及部分地方議會即提案設置「特種酒家」作為取代，[85]所謂特種酒家，即除了酒菜之外還提供性服務的營業場所，被議員指為「變相的公娼制度」。[86]1949年底，特種酒家制度幾乎與公共食堂改制辦法同時上路：1949年10月頒布〈酒樓茶室改設公共食堂公共茶室實施辦法〉，規定公共食堂可設女服務生，但應穿著制服，「嚴禁陪酒、唱歌、獻藝、謔笑、及其他藝蕩浪漫之行為」，若違反，女服務生「依照違警罰法或行政執行法從重處罰」，店家也須比照酒吧業，課徵較高的營利事業所得稅。[87]1949年11月，「特種酒家」隨即在台北市試辦半年，由警察局在萬華、江山樓、圓環一帶選擇合適地點，另也有萬華「醉八仙」主動申請設立。[88]除了台北之外，之後也在其他縣市試辦，各地欲經營特種酒家的業者，須先經當地民意機關同意後，再向警局申請成立。北市原本試辦至1950年4月底期滿，但之後並未停辦。[89]此「試辦期」並延伸到1951年，

---

85 《臺灣省參議會第一屆第五次定期大會會議紀錄》，頁144，1948年7月7日劉傳來議員質詢內容；《臺灣省參議會第一屆第十次定期大會會議紀錄》頁140，1950年12月省政府主席吳國楨回覆質詢內容均提及地方議會對特種酒家設立之議。

86 《臺灣省參議會第一屆第九次定期大會會議紀錄》，頁46，1950年6月楊金寶議員質詢內容。

87 1949年頒布的此項辦法第十三條，見《臺灣省政府公報》秋字第77期（1954），頁982。

88 〈特種酒家平民食堂市警局籌備計劃中〉，《中央日報》（台北），1949年9月7日，第5版。

89 支持續辦與停辦二方意見紛呈，婦女會、烹飪公會、市參議會、區公所等都參與討論，此爭議參見〈特種酒家存廢月底座談決定楊金寶主取消郭國基表同意〉，《中央日報》（台北），1950年6月14日，第4版。

直到訂定〈臺灣省各縣市特種酒家管理辦法〉、〈臺灣省各縣市特
種酒家女侍應生管理辦法〉、〈臺灣省各縣市特種酒家女侍應生健
康檢查辦法〉，才正式對特種酒家予以規範。此「特種酒家」也
就相當於公娼業而非飲食業。換言之，儘管在名義上進行廢娼，
但實際上「特種酒家」即是「公娼」的營業處所。

　　特種酒家的設立與「公共食堂」規範呈現對用餐場所與色情
營業場所的切割管理，在法令上形成飲食業與色情業的區分，二
者實為同一政策的一體兩面。公共食堂在法律上是用餐場所，特
種酒家則是色情營業場所，不僅另訂規範，也要課徵更高的稅
額。1950年全台有57家特種酒家、侍應生七百六十多人，[90] 1951
年報端一則來自北市西門市場特種酒家旁居民的讀者投書，描繪
了當時特種酒家的消費情形：

> 　　每逢夜靜更深的時候，門口站著蛇樣的女人，花枝招展、
> 賣弄騷，沒有思想和意志薄弱的青年，以及紳士派的有閒
> 「資」階級者，甚至無知無識的做苦工的人，應有盡有，包
> 羅萬象。……十二點鐘以後，那就不得了。於是，七巧，八
> 仙，一品等猜拳聲，還有那不堪入耳的情調聲妨礙別人睡覺
> 的談笑，淫言四溢。最令人不解是芳鄰的芳鄰，派出所的警
> 伯，從未制止，或勸告過一次。[91]

---

90 《臺灣省參議會第一屆第九次定期大會會議紀錄》，頁46，1950年6月楊金寶
　　議員質詢及警務處之答覆。

91 〈特種酒家女侍午夜擾人清夢讀者張健生致函本欄請警務機構予以制止〉，
　　《聯合報》，1951年11月14日，第7版。

　　由此則投書可看出「特種酒家」的消費者包括了富人與勞工階級，即使特種酒家設立在警察局旁，對於特種酒家的喧譁，警察也未必干涉。在特種酒家盈利可觀的情況下，雖然上述法令規定在試辦期結束後即不准新設特種酒家，但仍然不時有業者提出申請希望能設立新的特種酒家。對此，社會上許多婦女團體，包括各地婦女會及若干女性省議員，屢屢提出反對。1951年底至1952年間，在桃園、苗栗、台南、苗栗、屏東縣議會以及省議會，均紛紛對「特種酒家是否增設」的問題進行多次辯論甚至衝突。如1951年12月台南市議會通過增設特種酒家，女性議員沈蘇諒、何崔淑芬辭職表達抗議，婦女會亦表達不滿。同月份苗栗縣議會亦有設立特種酒家之議，引起多位女議員反對而中止。[92] 而這些抱持反對意見的女性議員，其實也往往身兼婦女會重要幹部，如台南市議員沈蘇諒為台南市婦女會理事長、台灣省婦女會理事，[93] 何崔淑芬亦為婦女會理事。[94]

　　「台灣省婦女會」是在1946年3月28日由謝娥等三十人共同發起，結合各地方婦女會的力量籌組而成，其中許多婦女會的成員亦是日治時期婦女共勵會、協進會等婦女團體成員，在理念上

---

92 相關報導參見：〈南市議會小插曲表決增設特種酒家男議員壓倒女議員兩女議員提出辭職書〉，《聯合報》，1951年12月14日，第2版；〈南市增設特種酒家案婦女界力持反對兩女議員辭意仍未打消婦女會推代表晉省陳情〉，《聯合報》，1951年12月17日，第5版；〈南市增設特種酒家兩女議員請辭議會表現挽留〉，《聯合報》，1951年12月21日，第7版；〈苗栗女議員呼籲支援禁設特種酒家〉，《聯合報》，1951年12月22日，第5版。

93 東南文化出版社編輯委員會編，《南臺灣人物誌》（台中：東南文化出版社，1956），頁20。

94 台灣省政府民政廳編，《台灣省實施地方自治紀要》（台中：台灣省政府民政廳，1951），附錄四，頁63。

也有相當延續。[95]戰爭結束後不久的1946年初，台灣婦女團體即已提出廢娼論述，向行政長官公署建議廢止公娼。[96] 1953年國民黨第七屆二中全會後，「婦工會」成立，屬於國民黨的黨分會之一，在1950年代「反共復國」的政策基調下，「齊家報國」為國民黨在1950年代的婦女政策方針，婦女運動也被納入「文化改造運動」中，而婦工會的任務便是廣泛動員婦女以支援「反共復國」的目標。[97]婦工會與婦女會關係緊密，婦工會在黨國要求下確立政策指令後，交付省婦女會向下動員人力，再透過各鄉鎮村裡的小組執行。[98]在上述方針下，婦工會與婦女會之基本立場即是主張女性應該走入家庭、齊家治國，娼妓的存在則顯然違背女性的基本職責，因此，婦女團體與女議員均多次對特種酒家政策提出質疑與反對。但儘管女議員或婦女團體屢次提出廢娼訴求，仍無法改變特種酒家政策，1950年省政府主席吳國楨在答覆議員對特

---

95 該會任務為「舉辦一切改善婦女生活及其習慣、發展女子教育、女子職業、婦女運動各項調查、婦女運動之宣傳、健全家庭組織及改善、民族母性之健全、保障婦女之人權、婦女救濟、社會公益」等，見〈臺灣省婦女會章程暨職員核示案〉，《臺灣省行政長官公署檔案》，檔案編號019300350023。與日治時期婦女團體成員的重疊，參見：許芳庭，《戰後台灣婦女運動與女性論述之研究（1945~1972）》（台中：東海大學歷史學系碩士論文，1997），頁17-22。

96 如台灣婦女協會高雄本部於1946年1月即已實行公娼廢除救濟運動，見〈脂粉地獄將化天堂婦女協會拯救苦海同胞〉，《民報》，1946年1月30日，第2版。參見：黃于玲，〈女人、國家與性工作：1946年至1960年台灣公娼政策的轉變〉，收入中研院社會所籌備處編，《「女性主義與臺灣社會的關係：社會學的觀點學術研討會」論文集》（台北：中央研究院社會所籌備處，1999），頁2-4。

97 張毓芬，《女人與國家：台灣婦女運動史的再思考》（台北：國立政治大學新聞研究所，1998），頁40。

98 同上注，頁49-50。

種酒家的質疑時即稱，主張特種酒家存在的最大理由是「考慮女侍應生之生活」，以及「私娼增加，反而妨害國民健康」。只不過，此時除了登記核可的「特種酒家」，另外還有非法營業的「地下酒家」多處，[99] 至此，「酒家」已然成為色情營業場所的代名詞，而非單純的酒樓餐館之意。

「特種酒家」自1949年底實施以來爭議不斷，許多民意代表對其成效提出質疑，省政府終在1956年3月廢止「特種酒家」、頒布〈臺灣省管理妓女辦法〉，將所有特種酒家及私娼均改為妓女戶納入管理。

在1956年「特種酒家」廢止之前，事實上公共食堂與特種酒家的區分根本難以落實。一方面「特種酒家」的申請需地方議會通過，取得營業執照不易，另方面有部分業者為了避稅，不願負擔特種酒家較高的稅款，因此許多「公共食堂」中，女侍陪酒賣笑賣身的情況相當普遍。1954年的一則報導指出，「臺北市有兩百家以上的公共食堂，擁有美人陪酒約二十餘家。」[100] 報導中對這些「有女陪侍的公共食堂」通稱「酒家」，其菜價分每席三百、四百、五百元三種，若加上酒和酒女的陪酒費，每席實際將近一千元，最少五百元。該報導推估，生意好的酒家每月營業額可達三十萬元，生意較差者也有十多萬。若論個別女侍應生的收入，以每天陪酒（當番）的次數計算，行情較好者每月七千兩百元，差者每月一千元。由此報導提供的數字來看，這些公共食堂的消費，顯然非一般升斗小民能夠負擔，亦與「節約」相去甚遠。

---

99 相關報導如：林翰禮，〈桃園的地下「桃源」〉，《聯合報》，1954年5月31日，第5版；〈酒家何處有笑指地下層〉，《聯合報》，1954年12月14日，第3版；〈縣長光顧地下酒家適逢警察突擊檢查〉，1956年8月5日，第3版。
100 李一心，〈借問酒家何處是〉，《徵信新聞》，1954年10月22日，第4版。

　　此種現實與規範的差距，亦可從政府對公共食堂的多種規定看出。例如，政府以公共衛生為由，對公共食堂的女服務生進行下體檢查，相當於對公娼的身體檢查。除了身體檢查外，教育部亦曾要求青年學生不得進入設有女服務生的公共食堂，以免損害身心健康，[101]同時也要求公務人員不得進入公共食堂。[102]由這些規定可看出，公共食堂已被標誌為一敗壞社會的處所，在公共食堂工作的女服務生一方面是可憐的，另一方面也是可怕而必須與社會善良大眾隔離的。

　　不過，並非所有「公共食堂」均為色情營業場所。許多食堂提供酒、菜，有女服務生，但無女性侍酒及其他性服務，屬於純粹供應菜餚的一般食堂，一般食堂需負擔的稅賦為有女性陪侍食堂的一半。[103]不過，儘管在稅賦上有區別，此種名稱上的重疊直到1962年頒布〈臺灣省特種營業管理規則〉後才獲得解決。該規則規定，有女侍應生的公共食堂一律改稱「酒家」，沒有女性陪侍的一般公共食堂，則一律改為飲食店，有名無實的「公共食堂」告廢止。到1962年，曾經短暫出現的公共食堂、特種酒家均廢止，「酒家」成為「提供酒菜、陪酒服務」一類場所的正式名稱。

　　綜言之，自1949年開始，新的國家機構藉由新法規對飲食消費空間進行重新劃分，在戰時節約、反共復國的思維下，酒樓、

---

101 〈設有女侍食堂禁止學生進入〉，《聯合報》，1955年12月2日，第3版。

102 《臺灣省政府公報》冬字第36期（1955），頁408。

103 1956年三月十九日通過之〈臺灣省各縣市筵席及娛樂稅征收細則〉第十條第一款規定：「……除設有女性陪侍之公共食堂及酒吧之征收率，不得超過百分之二十，其他不得超過百分之十」。《臺灣省政府公報》夏字第78期（1956），頁964。

酒家被視為奢侈消費，而改制為「公共食堂」，餐館中的女性陪侍亦被禁止，並在地方民意機關的建議下另設相當於公娼業的「特種酒家」。不過，儘管此二者看似區分了飲食業與色情業，但在1950年代，公共食堂與特種酒家二者的實際分野仍相當模糊，公共食堂中的女性陪侍與色情交易十分普遍，要到1962年公共食堂辦法取消之後，飲食業與性產業的分界才逐漸清楚。然則，這並不代表「公共食堂中的情色消失了」，更正確地說，是將原本掛羊頭賣狗肉，假公共食堂之名、行色情服務之實的店家明確稱之為「酒家」，不再以「公共食堂」的曖昧名稱稱之，使其名實相符。

在上述改變過程中，基於戰時的氛圍，公共食堂等消費空間及其中的女性工作者亦被國家機構作為資源徵調的對象，業者的公會組織則與政府單位維持合作又抗衡的微妙關係。業者所組的公會一方面試圖與政府抗衡維護己身利益，另一方面許多公會領袖其實也成為民意代表並參與國家機構的運作。以下從資源徵調與烹飪公會兩點說明：

1. 人力與金錢資源的徵調

對於「有女陪侍的公共食堂」，儘管政府一方面強調此類公共食堂有損身心健康，但另一方面，公共食堂與其中的女服務生又被當作國家動員時的人力、資金來源。其主要動員方式有兩種：身體操練與資金籌措。公共食堂女服務生們除了必須參與婦女救護隊、婦女隊操練之外，同時還要積極地參與勞軍活動與敬軍活動募款。

在身體操練上，例如溪湖鎮警所組成的婦女自衛隊編成三組，第一組即為各公共食堂女服務生，第二組鎮內少女隊，第三

組鎮內有夫之婦，必須進行半個月的操練與講堂訓練。[104] 又如基隆市婦女救護隊，也集結「全市公共食堂、茶室、旅館、影劇業、特種酒家之職業婦女，施以四星期救護術及國父遺教、總裁言行、防奸防諜等訓練」。[105]

勞軍活動方面，在工會與婦女團體的動員下，公共食堂女服務生們須肩負起歌舞勞軍的責任，例如南投組成的歌劇隊「挑選各地公共食堂能歌善舞之侍應生充任，並聘音樂及戲劇教師各一人，負責編排節目，分派角色，及教導演唱等事宜，該隊決定於廿日起，召集各隊在草屯第一公共食堂教習，其節目有歌詠、舞蹈、短劇等」。[106]

透過這些女性提供的無償與非自願服務，女性身體成為國家權力施展的場域。在此，國家權力並非透過隱微曲折的方式影響女性對身體的知覺、意識與身體行為，以將權力「體現」（embodied）於身體之上，而是更直接地將女性身體進行工具性使用。

在國家權力凌駕上位的情形下，「公共食堂」的角色十分混雜，既是商業場所、娛樂場所、社交場所，同時也是國家動員單位。公共食堂一方面依賴消費得起的政府官員、公務員等為其重要客戶，一方面也需配合政府勞軍、募款等活動。而對當時政府來說，亦相當依賴公共食堂提供一批深具宣傳效果、方便徵用的女性進行勞軍，同時可向公共食堂徵收高額稅款。在此意義上，政府與公共食堂間實具有相當的依賴關係。正是基於此種關係，

---

104 〈溪湖鎮警所訓練婦女隊〉，《聯合報》，1951年9月21日，第5版。
105 〈基隆特業女從業員廿六日集訓〉，《聯合報》，1951年9月24日，第7版。
106 〈南投籌備元旦勞軍特組織歌劇隊敬軍運動普遍展開〉，《聯合報》，1951年12月18日，第5版。

**圖4.4　1956年2月12日，在新公園音樂台舉行敬軍花義
賣競賽儀式，有鳳林等19家公共食堂女服務生參加。**

出處：中央社（記者李壽康攝）。

　　儘管公共食堂依法不應提供女性陪侍服務，但政府並未嚴格取
締。在眾多勞軍活動中，「敬軍花」募款便十分明顯地展示國家
權力在女服務生身體的體現，以及公共食堂與政府間的曖昧關
係。

　　此項「敬軍花義賣」活動為1956年由「臺北市烹飪商業同業
公會」於春節期間「響應軍友總社所發動之春節節約勞軍運動」
而舉辦，[107]在十九家公共食堂中舉行二十天，由公共食堂的女服

---

[107]〈農曆元旦起義賣敬軍花軍友社今向海女授花〉，《聯合報》，1956年2月11
　　日，第3版。

務生們向客人兜售「敬軍花」，預計義賣二萬朵，募款二十萬元將作為勞軍之用。成績最好的前三名食堂及三名女服務生，則由軍友總社與國防部頒獎表揚。[108]此項競賽結束之後，成績較好的女服務生及其他新選出的女服務生又被組織成勞軍團到金馬前線勞軍。[109]在此活動熱烈結束後，其他縣市亦相繼舉辦敬軍花活動，如北港、花蓮、台中、雲林、嘉義、宜蘭等，均是由各地軍友社與烹飪公會合作舉行勞軍募款。[110]公共食堂女服務生們在敬軍花相關報導中被描繪為既美麗又愛國的形象。例如當此勞軍團從馬祖回到台北時，試舉一段媒體的描繪如下：

> 她們下了飛機便向歡迎的人擁抱，異口同聲的說：「我們真高興極了，前線將士的熱情和勇敢，使我們忘記了疲勞和休息。」她們一個個都晒成了小黑炭，但是她們個個都精神飽滿，快樂非常，……麒麟的梅蘭說：「俞部長還親自看

---

108 〈殷勤服務為將士酒女義賣敬軍花〉，《聯合報》，1956年2月8日，第3版；〈敬軍花義賣獲良好開端杯底紅粉愛國情股率先自購敬軍花朵〉，《聯合報》，1956年2月9日，第3版；〈敬軍花義賣將延期結束定期舉行晚會駕燕歌舞勞軍花魁將有加冕儀式〉，《聯合報》，1956年2月24日，第3版。

109 〈各界昨集會商端節勞軍北市烹飪公會將赴前線慰勞〉，《聯合報》，1956年5月25日，第1版；〈服務生前線勞軍三百人報名僅選廿五人參加北市分四組慰問傷患〉，《聯合報》，1956年6月10日，第3版；〈敬軍花群勞軍歸來興奮話前方明再赴金門〉，《聯合報》，1956年7月24日，第3版。

110 〈義賣敬軍花北港入高潮〉，《聯合報》，1956年3月13日，第3版；〈花蓮將舉辦敬軍花義賣〉，《聯合報》，1956年5月4日，第5版；〈中雲等各縣選出敬軍花昨日舉行頒獎禮陽明山義賣結束〉，《聯合報》，1956年5月11日，第5版；〈嘉縣敬軍花昨日頒獎全縣個人冠軍蕭鳳仙獲金牌〉，《聯合報》，1956年6月24日，第5版；〈蘭陽酒家女競作敬軍花定期義賣評分等〉，《聯合報》，1956年9月1日，第5版。

我們表演呢！他一直從頭看到尾，鼓掌為我們加油。馬祖指揮官連看了我們四場，好多美國大兵也是站在那兒看到終場。」[111]

這段敘述刻意將公共食堂的女服務生們描繪為具有宛如明星般的風采，與之前「要求學生、公務員不得進入公共食堂」有截然不同的形象。事實上，在日治時期，珈琲館的女給也經常必須配合殖民政府的要求，組成演藝隊慰問皇軍，或協助軍隊募款等，成為政府徵用的資源，[112]政權轉移之後此情形亦無改變，在「戰時」的背景下，消費空間的女性服務人員繼續被賦予為國家提供無償娛樂與服務的責任。

2. 烹飪公會的角色

在「敬軍花」活動及上述轉變過程中，有一值得注意處是「公會」在政府與業界間扮演的吃重角色，烹飪公會一方面向下約束公共食堂的會員與女服務生，一方面向上作為業界與政府談判時的聯合力量，共同向政府爭取權益或改變既有規範，而對政府來說，烹飪公會也是政府要徵用餐飲界資源時下達指令的窗口。

日治時期各式同業公會的活動已相當發達，在1895至1945

---

111 〈敬軍花群勞軍歸來興奮話前方明再赴金門〉，《聯合報》，1956年7月24日，第3版。

112 〈女給の熱誠傷病兵慰問計畫〉，《臺灣日日新報》，1942年8月3日，第4版；〈演藝試演會盛況 女給さん等編成皇軍慰問演藝隊〉，《臺灣日日新報》，1942年10月2日，夕刊第2版；〈甲斐斐斐しく街頭進出 女給さん達獻金募集に起つ〉，《臺灣日日新報》，1943年2月9日，夕刊第2版。

年間，台灣先後成立的商工會至少有200個以上。[113]儘管在1937年之後，因為戰爭之故，商工會成為官方進行經濟統制的工具而重要性大減，不過到了戰後，商工會系統與1946年成立於南京、1951年在台復會的全國商業總會合併並進行改組，今日的全國商業總會也仍是台灣最重要的三大實業團體之一。趙祐志對日治時期以都市、街庄為單位而成立的商工會研究指出，此類商業團體成立的主要功能在於集合眾商之力，藉由舉辦活動或向官方交涉、請願，去除管制，創造利於己之商業經營的環境，不過與官方的交涉成果仍以失敗居多。

除了以都市、街庄為單位而成立的商工會之外，日治時期尚有許多以業種為分類方式成立的同業組合，相當於今日的同業公會。例如帽蓆同業組合、司廚士協會、人力車同業組合等，儘管這些同業組合組成的單位與商工會不同，是由個別行業中的經營者而非同一都市、街庄的經營者組成，但其功能亦是為了凝聚同業並建立彼此的溝通管道，並維護共同利益。

在戰爭結束後，日治時期的同業組合重新改組為以地區為單位的商業同業公會，台中市、台南市、高雄市烹飪公會的設立均在1946年。[114]以飲食業而言，戰後初期分設飲食公會與烹飪公

---

113 趙祐志，《日據時期臺灣商工會的發展（1895-1937）》（新北：稻鄉出版社，1998），頁2。

114 「高雄市烹飪商業同業公會」原名「高雄市酒菜館商業公會」，1948年八月改名為「高雄市烹飪商業同業公會」，見高雄市烹飪商業同業公會網站：http://www.cakc.org.tw/html/front/bin/ptlist.phtml?Category=376539（網址為2018/6/1查詢）；另見台中市烹飪商業同業公會網站：http://www.cooking.org.tw/Aboutus.asp?lv=1&id=3（2018/6/1查詢）；台南市烹飪商業同業公會網站：http://www.tcfiac.com.tw/profile.htm（2008/10/17查詢）。

會，飲食公會的成員以小飲食店及攤販為主，烹飪公會的成員則是公共食堂、特種酒家與酒吧業者，亦即有女服務生服務之商家的業主。

面對新政府及新舊法制交接的階段，商業經營者要面對的不僅是一批新的消費者，更是截然不同的治理者及新法規，同業公會的主要任務即是在變局中凝聚業界力量、維護業者的共同利益。歸納1946至1950年代間烹飪公會的活動，其主要角色為業界與新政府的中介者，配合政府的管理政策，同時維護業界權益，但以成效而言，對政府的抗衡卻往往難以收效。

在政策的執行上，政府對酒家、食堂的要求經常需透過烹飪公會轉達給所有業者，如嘉義縣政府與烹飪公會舉辦座談會，要求節約飲食、推動戰時生活，並與茶室食堂工會相互監督，[115] 此外，烹飪公會亦承辦許多勞軍捐款活動，除上述敬軍花活動乃烹飪公會為繳出「政府募款」而舉辦之外，烹飪公會須響應捐獻專機發動募款，[116] 或在軍人節配合推出八折優待，[117] 以及辦理愛國公債之勸募，[118] 或是在年節時為軍隊捐獻加菜金等。[119] 在戰時體制下，勞軍募款是十分普遍的經常性活動，除了婦女團體經常舉辦之外，娛樂相關業者也經常被要求運用其娛樂資源籌得款項。

除了配合政府政策之外，同業公會亦擁有小部分參與管理的權力，例如台南市欲對特種酒家顧客徵收衛生費時，即由烹飪公

---

115 〈節約飲食筵席限價嘉縣座談決定〉，《聯合報》，1952年12月4日，第4版。

116 〈公共食堂響應獻機〉，《聯合報》，1952年2月26日，第2版。

117 〈北市各業公會籌辦九三廉價敬軍〉，《聯合報》，1955年8月27日，第3版。

118 高雄烹飪公會網頁將辦理愛國公債列為工作成果之一：http://www.cakc.org.tw/html/front/bin/ptlist.phtml?Category=376539（2018/6/1查詢）。

119 〈社團消息〉，《聯合報》，1962年2月2日，第3版。

會擬訂具體徵收辦法。1949年時台北市烹飪公會理事長陳水田即蓬萊閣老闆，則是「酒樓改設公共食堂辦法」的起草委員之一，[120] 他同時也擔任台北商工協會的常務理事。

此外，作為業界與政府間的中介角色，公會成員對政府規範有所不滿時，也經常向公會反映，再由公會向政府提出。例如烹飪公會多次就警察檢查與筵席稅問題與稅捐單位交涉，希望警察減少檢查次數、改變筵席稅每五天就要繳交一次的規定，另外烹飪公會也反對政府機關員工食堂舉辦筵席卻沒有繳稅的情況，要求政府能夠取締。[121] 然而，從烹飪公會每隔一陣子就要提出類似訴求或陳情的情況看來，烹飪公會的陳情不容易獲得接受，政府單位仍位居主導地位。

另一值得注意者是烹飪公會領袖與國家機構的緊密關係。例如，與軍友會合作舉辦「敬軍花」活動的台北烹飪公會理事長吳錫洋，在日治時代是重要的電影人，曾任第一映畫製作所所長、台北永樂座、第一劇場經營者，並拍攝第一部由台灣人製作的有聲片《望春風》，[122] 戰後除擔任烹飪公會理事長外，又當選台北市議員，身兼台北市電影戲劇商業同業公會理事長、台灣省電影戲

---

120 見〈改組後的公共食堂將免收筵捐警處訂定辦法要點〉，《中央日報》，1949年9月13日，第5版。

121 關於烹飪公會陳情的報導，參見：〈特種營業煩擾多南市業者請改善〉，《聯合報》，1952年3月27日，第5版；〈雲縣府設福利餐廳烹飪公會表示反對認為縣府不應搶人民生意〉，《聯合報》，1952年2月24日，第5版；〈各機關福利社包辦筵席不繳捐稅台北烹飪公會請求政府取締〉，《聯合報》，1955年12月18日，第3版；〈不堪常煩擾酒家車馬稀烹飪業要求放寬尺度〉，《聯合報》，1959年9月12日，第2版。

122 台灣新民報社調查部編，《臺灣人士鑑》（台北：臺灣新民報社，1934），頁102。

劇同業商業公會聯合會理事長、台北市商會常務理事等職務。而
接任吳錫洋的蔡朝立則是台北知名酒家萬里紅的老闆，他同時也
擁有其他酒家，日後並擔任台灣省烹飪公會理事長。另高雄市烹
飪公會開創者姚清玉曾當選高雄市參議員。[123] 在1950、1960年代
曾擔任過議員的烹飪公會理事長，還包括高雄市省轄第二、三屆
議員蔡彩宏、第七屆張有卿等。

　　烹飪公會的成員為有女性陪侍的消費空間與特種酒家，公會
理事長與政界的緊密連結，也說明了當時色情行業與國家機構的
合作關係。正如前述敬軍花的例子所示，儘管政府一方面三令五
申貶抑酒家的存在，但另一方面政府官員自身也經常前往消費，
甚至將之列為官員「考察」的行程之一。[124] 不僅如此，更將之視
為國家可動員的資源，甚至可用來吸引觀光客。如成露茜、熊秉
純研究所指，韓戰、越戰將大批美軍帶到亞洲，也導致亞洲地區
色情交易的增加，而台灣政府亦自1950年代韓戰後開始推展觀
光，並以台灣女性的吸引力作為宣傳重點，政府對娼妓與色情交
易的控制，意圖之一便是確保娼妓的健康以免嚇跑觀光客。[125]

　　在1960年代，「酒家」更被列為台灣的重要特色與觀光資
產，1960年，台灣觀光協會以酒家為「本省獨有觀光資源」為

---

123 姚清玉，台中人，東京大成中學畢，參見：林玲玲編，《高雄市選舉史》（高
　　雄：高雄市文獻委員會，1994），頁265。

124 如報導指桃園縣議會組織「經建考察團」至花蓮考察，行程中包含晚間赴南
　　京酒家公宴，記者諷刺該團成員大約僅會記得「每位鶯燕的粉頭笑面」，參
　　見：偉三，〈如稱考察徒有其名醉酒家博覽群花〉，《聯合報》，1956年11月
　　16日，第5版。

125 成露茜、熊秉純，〈婦女、外銷導向成長和國家：臺灣個案〉《臺灣社會研究
　　季刊》14（1993），頁51-56。

由，與旅行社及酒家業者合作，
計畫在國際觀光客行程中安排
「上酒家」的觀光項目，[126]並集資
興建大型酒家表演民族舞蹈、京
戲等。1961年出版的中英對照
《臺灣旅行手冊》中，除了介紹
提供中國料理、西洋料理、日本
料理的餐館之外，也列出八間酒
家，其中六家均位於南京西路、
延平北路一帶。[127]幻余在1967年
介紹台北酒家的一篇文章中亦
稱：台灣的酒家世界聞名，「是
台灣獨創的交際娛樂場所」。[128]如
此，酒家以另一種形式成為國家
觀光資源的一部分。戰後酒家的
發展，印證了女性性工作者作為

圖4.5　《臺灣旅行手冊》封面

一種「色情勞工」，對台灣資本的累積與經濟發展有很重要的貢
獻。[129]政府單位對「酒家」此種性交易營業單位實質上的鼓勵與
宣傳，不但助長了台灣性產業的發展興盛，擴大酒家的市場，也
使「酒家」以一種尋常應酬場所的形象更深植人心。

126〈招徠外國觀光客鼓勵他們上酒家〉，《聯合報》，1960年9月17日，第3版。

127 陳逸人主編，《臺灣旅行手冊》（台北：南華出版社，1961），頁22。

128 幻余，〈臺北酒家演變史〉，《臺灣風物》17:3（1967），頁71。

129 成露茜、熊秉純，〈婦女、外銷導向成長和國家：臺灣個案〉《臺灣社會研究
　　季刊》14（1993），頁39-76。

第三節 移植的中國味：餐廳、市場與眷村飲食

欲討論這群從中國大陸遷徙來台的人作為台灣的新移民如何影響了台灣飲食版圖的重劃，需先了解他們所處的社會位置與當時的社會脈絡。已有許多研究對戰後政治局勢及「外省人」的處境有精闢分析，此處不擬在政治面向贅述，僅要強調的是，在戰後二、三十年間，特別是退出聯合國及與美斷交之前，國民黨政府以中國唯一合法政權自居，中國傳統文化也是國民黨政府強調其法統的重要工具與象徵，從故宮文物、平劇及其他中國傳統藝術的維護保存均是如此。因此，國民黨政府除了強化政治監視與社會控制之外，也致力於將台灣重建為「中華文化」的基地，即是藉由教育與文化將台灣「再中國化」，這點從語言、地理歷史等課程，及自1966年開始的「中華文化復興運動」等均可清楚看出，[130]特別是對照於同時期在中國大陸的「文化大革命」，國民黨政府的目的即在建立台灣作為「中華文化守衛堡壘」的角色，以強化其作為中國唯一合法政權的正統性。

在護衛中國文化的脈絡下，中國飲食文化也是被強調的一環。透過上百萬來自中國大陸各省的廣大移民，中國大陸廣大而多元的飲食地圖在短時間內被移植到小小的台灣，造就台灣飲食版圖的重繪。

在此所謂的「移植」（transplanation），包括了實質面與象徵

---

130 Yip, June Chun, *Envisioning Taiwan: Fiction, Cinema, and the Nation in the Cultural Imaginary* (Durham: Duke University Press, 2004), pp. 57-59; Tozer, Warren, "Taiwan's 'Cultural Renaissance': A Preliminary View," in *The China Quarterly*, 43(1970): 81-99.

面的移植。「實質面」的移植包括餐廳、菜餚在台灣的再生產，人們在台灣就可以嚐到原本分散在中國大陸各省的手藝佳餚，並在實質上具體重新界定了台灣飲食版圖的疆域；「象徵面」的移植則是指食譜與飲食文學的出版，即使沒有嚐到菜餚，藉由出版品的再現，也能讓中國多元的飲食景觀為人所了解，並進一步視之為自身的重要文化。實質面的飲食疆界由烹飪方法、食材、調味料等要素所構成，如刀削麵、花椒、臭豆腐等過去台灣人生活中不曾或很少出現的食物開始廣泛出現在市集與店家中，大大拓展了台灣人吃的版圖，創造出與過去不同的味道與香氣。另一方面，象徵性的界線則是由各種菜系的分類方式、再現與相關敘事所構成。本節將先討論「實質面」的再現，也就是來台移民所開設的餐館、小吃店如何影響了台灣的飲食地景，又如何經由市場、眷村等管道改變台灣飲食的面貌。

一、中國地方菜系餐廳的匯聚

　　大批軍民於1949年前後逐漸遷徙到台灣，1950年代即已有不少新餐館開設，供應中國各省菜餚，如北平菜、江浙菜、湖南菜等，逐漸取代了日治時期的酒樓。

　　戰後初期的餐廳變化，可從兩份餐館名單的比較看出：一是1948年《臺灣省博覽會手冊》中的「臺北市菜館一覽表」（表4.1），從餐廳名稱參照日治時期餐廳資料，可看出多數仍是日治時期即有的酒樓，此外也有老正興、上海飯店、南京餐館等是新開業的外省口味餐廳。

表4.1 1948年10月《臺灣省博覽會手冊》中的「臺北市菜館一覽表」

菜館等級	菜館名稱
特級菜館	凱歌歸、鐵路飯店、新生活賓館、萬里紅、蓬萊閣、上林花、小春園、新中華、中山堂餐廳、國貨公司食堂、長樂酒家、國際大飯店、同樂酒家、姊妹花酒家
甲級菜館	全興食堂、小春園、白牡丹、波麗路、新興、中美居、山水亭、廣香居、第一酒家、天馬茶房、聯生香、真好美、泉成香、月宮、中光、掬水軒、伯龍、三樂、三谷軒、仙樂、山東館、老正興、臺北樓、上海飯店、民生酒館、二鶴、幸福酒家、光餐館、太平洋、小安、光華酒家、龍遊酒家、樂仙、快樂亭、福壽、西門食堂、興樂、祥德、紅玉、白鳥、清遊軒、清月、華北、來來軒、新富興、三民酒家、醉八仙、明星酒館、興安、青春園、南京餐館、蓬萊食堂、夜來香、一德餐館、狀元樓、美都、胡蝶蘭、華南閣、遠東飯店、亞洲酒家、七重天、高亭、可樂娜、迎賓樓
乙級菜館	鴻運樓、永成、群英、臺北園、白梅、新海樓、鎮香居、喜榮餐館、永叶發、德安

出處：不著編人，《臺灣省博覽會手冊》，1948，頁28-30。（收錄於《民間私藏民國時期暨戰後臺灣資料彙編 產業篇》，楊蓮福、陳謙主編，新北：博揚文化，2012）。

　　但若參照第二份名單，即1952年「台北市烹飪商業同業公會」的會員名錄，可發現短短三、四年間，台北市的餐廳已有不小改變，增加許多以中國著名餐館為餐廳名稱或冠上大陸地名的餐廳，包括：全聚德、新亞、四明狀元樓、錦江、老大昌、大上海、復興園、三六九、會賓樓、東來順、小蘇州、鹿鳴春、協記四川味、老順興、無錫五芳濟、燕京、麗都鶴松樓、北平同福居、北平厚德福、新記山西館、協記山東館等等。[131]

　　這些新開的「外省餐廳」，一大特徵是其中許多直接採用原

131 臺北市商會編印，《臺北市公司行號名錄》，1952年出版，頁153-160。

圖4-6　1948年7月中華國貨公司等食堂的廣告

出處：《民聲日報》1948年7月11日第1版。

本在中國大陸即已十分著名的餐館名稱，或是在餐館名稱上標誌地名。如1948年於中正西路開幕的台北「老正興」，用的是在上海知名餐廳名稱，[132]「悅賓樓」原本是在北平的館子，賣的是北平菜、山東菜等北方菜系，這種餐館名稱讓同鄉們一望即知該餐館屬於何種菜系。許多省同鄉會均選擇家鄉菜的館子作為聚會地點，例如，山東同鄉會便經常選擇悅賓樓作為聚會地點，一面品嚐家鄉菜，一面撫今追昔。而這些新餐廳的開設者，有部分原本是富有人家的私廚，雖隨著富有人家到了台灣，但因原本的雇主無力再聘請廚師，原本擔任私廚者就自行開業以謀生計。

　　由於新開的外省餐館口味獨特，不僅吸引其他戰後移民前往回味家鄉味，也吸引了想要嚐鮮的部分台灣消費者，如林獻堂於1948年10月7日曾在台北老正興[133]招待劉啟光，楊基振於1949

132　逯耀東，《肚大能容》（台北：東大圖書公司，2001），頁17。

133　當時台北老正興位於台北市明石町二段五號，為台北市菜館中的甲級菜館。參見：不著編人，《臺灣省博覽會手冊》，頁28。

年間的日記也數次提到在老正興接受請客，顯示1940年代末期這些新開設的外省餐館已逐漸進入台灣仕紳的日常生活中。吳新榮（1907-1967）甚至在日記中提到，1951年12月他與家人在台北五日遊期間，20日晚餐到東門拜訪友人王金長後，一同到鹿鳴谷[134]吃北平菜，他感到「這樣著又好吃又便宜，使在來的台灣菜舖陷於經營難」。[135]

為何如吳新榮所感嘆的，新開設的「外省餐館」會較本地酒樓便宜？這實與消費型態有關，如第二章所述，日治時期台灣的酒樓消費不僅只有酒菜錢，若為宴席，尚包括酌婦、藝妲等女性侍酒的消費，加上戰後對於此類娛樂課以重稅，使得本地酒樓的費用偏高。例如，在日治時期原為珈琲館的「上林花」在戰後成為「上林花大酒家」，但從其1948年廣告辭「川菜臺菜，包君滿意，女侍招待，親切殷勤」[136]看來，仍未脫女性陪侍的消費型態。相較於本地酒樓，戰後初期開設的外省菜館多是設備簡單的餐廳，無須負擔女性侍酒的各種費用，總消費價格未超過徵稅標準，即可免掉高額稅賦。如此，外省菜館的價格較為便宜。[137]

---

134 日記中寫作「鹿鳴谷」，但似應為「鹿鳴春」之誤，「鹿鳴春」為民初瀋陽著名北京菜館，在1952年出版之《台北市公司行號名錄》也有「鹿鳴春」餐館，地址在成都路。

135 吳新榮著，張良澤總編，《吳新榮日記全集9（1948-1953）》（台南：國立臺灣文學館，2008），頁239；吳新榮著，張良澤總編，《吳新榮日記全集10（1955-1961）》（台南：國立臺灣文學館，2008），頁314。吳新榮亦曾去高雄的厚德福參加喜宴。

136 「上林花」位於永樂町二段122號，屬於特級菜館，參見：不著編人，《臺灣省博覽會手冊》，頁28，「臺北市菜館一覽表」。

137 曾品滄，〈戰時生活體制與民眾飲食生活的發展（1947-1960s）〉，《戰後初期的臺灣》（台北：國史館，2015），頁615。

需注意者，即使各省餐廳均匯聚台灣，但從餐廳數目、宴席菜及官方宴席中可約略看出，中國各菜系間仍有階層之分，並非所有菜系均具相同地位與受歡迎程度。

在1950、1960年代，江浙口味餐館，包括上海餐館，在數目及聲望上均屬較高，許多國民黨官方的公私宴席均選在台北的老正興、狀元樓等江浙餐館舉行。特別是戰後初期，政府的中高階官員以戰後來台的新移民為主，這群經濟能力較佳，能負擔餐館消費，又有許多機會舉辦公家宴席的

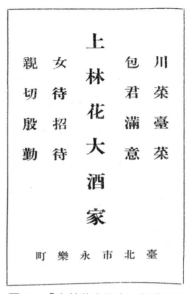

圖4.7 「上林花大酒家」於戰後初期的廣告

出處：不著編人，《臺灣省博覽會手冊》，頁103。

人，正是此時期主要的餐館消費者。也因此，中高階官員的籍貫對於該省餐廳的興盛常有若干影響力。在此情形下，除江浙菜外，也有不少北方菜（北京或山東）餐館。另由於國民政府曾在重慶八年，許多人習慣了香辣下飯的川菜，川味菜館亦頗受歡迎。較特別的是，在二戰末期於上海等地興起的「川揚菜館」亦風行一時，連圓山大飯店也供應川揚菜。

戰後初期，上層階級多在家中聘有私廚，但仍會到酒樓或其他新建餐館消費，如日治時期的知名酒樓蓬萊閣至1955年才結束營業，直至1950年代初期仍屬高級酒樓，吸引不少手頭闊綽者在此舉行餐宴。當時較知名的宴客菜如紅炖魚翅、捆蹄、脆皮雞、

香酥鴨、乾坤套（脆皮腸）、掛爐烤鴨、金錢蝦、孔雀蝦、百鳥朝鳳凰、一品鍋等。這些名菜延續日治時期酒樓大菜的風格，往往作法相當繁複，每道菜都經過多重工序。如百鳥朝鳳凰，需將雞的內臟、骨頭全部取出後，再以炒好的魚翅、肉絲、香菇、筍絲、火腿等一同填入肚內並全雞油炸，再以同樣手法將八隻鴿子去骨、填入餡料油炸，最後將炸好的雞、鴿子一同蒸熟、進而調味、排盤，極為費時費工，自然所費不貲。[138]

不僅烹調手路繁複，菜餚的食材更是講究。如戰後初期在蓬萊閣擔任學徒的黃德興說，當時蓬萊閣烹飪用油以昂貴的豬油為主，且不使用回鍋油，大量使用過的豬油就分給員工帶回家使用。[139]在當時物資較缺乏的年代，從食用油的大量使用可見高級酒樓的成本之高，但也造成客源流失下的經營困難。由於戰後餐館的主要賓客流向外省餐館與新型大飯店，像蓬萊閣這樣的傳統酒樓在1950年代便逐漸沒落。

值得一提的是，除了外省餐館與大飯店，戰後初期的上層階級也經常到私人招待所，享有更隱密的空間與精緻菜餚。如林文月的父親在戰後初期擔任華南銀行總經理一職時，全家聚餐常到位於北投的華南銀行招待所，泡溫泉兼享用台灣菜，招待所的師傅「乞師」原籍上海，是蓬萊閣的資深師傅。[140]林文月在書中述及，當時台大中文系師長多來自中國北方，聚餐時除了去會賓

---

138 黃德興口述、曾品滄訪問，《蓬萊百味臺灣菜：黃德興師傅的料理人生》（台北：玉山社，2019），頁29-30。

139 同上注書，頁24。

140 林文月，《飲膳札記》（台北：洪範書店，1999），頁26；黃德興口述，曾品滄訪問，《蓬萊百味臺灣菜：黃德興師傅的料理人生》（台北：玉山社，2019），頁88。

樓、悅賓樓等北方菜館外，也常去新生南路的招待所享用福州菜，如鑲冬菇即令她難忘。[141]其實除了華南銀行外，中央銀行、台泥或其他大企業幾乎都有招待所，方便官員、企業應酬宴客，招待所不受一般餐飲管理法規限制，也提供外燴服務，是當時許多上層階級官商特別喜愛的用餐場所。

　　戰後新餐館的建立，除了反映新消費者的口味之外，能否找到擅長該菜系的廚師也很重要，許多戰後來台的廚師除了獲聘到新的餐館或自行開店外，也有部分到政府機構的員工餐廳掌勺，之後再自行開業，如台灣知名的湘菜餐館創辦人彭長貴即為一例。

　　彭長貴（1918-2016）生於湖南長沙，少年時即跟隨譚延闓的家廚曹藎臣從學徒做起。譚延闓（1880-1930）是湖南人，1927-1928年間曾短暫擔任國民政府主席，對飲食十分講究，也造就他的家廚有「譚廚」封號，曹藎臣還曾在長沙開設「健樂園」餐廳。彭長貴自少時便曾在衡陽、重慶等多個地方的餐廳工作，1949年到台灣後，他曾在僑委會、中央銀行招待所任職，參與國宴餐食的製備，同時陸續開設玉樓東、天長樓、彭園、華新等數家餐廳，亦經營罐頭食品公司。1973年彭長貴到美國紐約開餐廳Uncle Peng's Hunan Yuan，他創造的菜色影響了許多美國的中餐廳，最著名的例子是「左宗棠雞」，這道菜雖以出身湖南的重要中國朝臣左宗棠為名，卻是彭長貴在台灣創造的菜色，湖南當地其實沒有，美國導演Ian Cheney還以他追尋這道菜的過程為主題，拍了一部紀錄片《尋找左宗棠》（The Search for General Tso），於2014年上映。除了美國之外，彭長貴也曾到湖南長沙開

---

141 林文月，《飲膳札記》（台北：洪範書店，1999），頁34-35、120-121。

餐廳，不過沒多久就結束營業。[142]

　　像彭長貴這樣遷徙到台灣的廚師還有不少，他們大多到台灣各地「外省餐館」工作，也把中國各菜系的手藝帶到台灣。彭長貴的例子不僅顯示了飲食文化從一地流傳到其他區域的過程，更可看出菜餚本身具有高度變異性，「湘菜」的定義從湖南、台灣到美國，不僅作法經歷變化，更因為烹飪者手法、新創與所面對消費者的口味差異而有不同，所謂的「傳統菜餚」或飲食傳統都是動態性的而非一成不變，其變動更經常反映了外在時勢的變化。

二、官方宴席的代表：圓山大飯店

　　除了個人開設的餐廳或小型招待所外，[143] 在1950、1960年代，更正式的宴客地點則以圓山大飯店為代表，經常作為政府宴請外賓或高官宴席的重要地點，一直到1990年代，圓山大飯店都仍具相當的官方色彩。如1994年李安所拍攝的《飲食男女》電影中，由郎雄扮演的主角設定為圓山大飯店名廚，家中有諸多與元首政要的合影，電影中的將軍嫁女宴席也以圓山大飯店為喜宴地點，並出現若干當時政府高官的鏡頭，顯示出圓山大飯店與政界高層獨特的連結。雖然在名義上，圓山大飯店並非隸屬官方單位管轄，但實質上，其建立過程為宋美齡授權的「孔二小姐」孔令

---

142 關於彭長貴與湖南菜在台灣的發展，參見：〈新春食譜 慧心妙手 紙上郇廚譚‧廚‧名‧菜富貴火腿‧湯泡魚生 左宗棠雞‧畏公豆腐〉，《聯合報》，1967年1月14日，第13版；〈彭長貴的故事〉，《經濟日報》，1969年1月15日，第8版。《尋找左宗棠》紀錄片介紹：http://www.thesearchforgeneraltso.com/。

143 當時許多政府機構或民間企業（如銀行）都有自設的招待所。

偉所主導，亦獲得政府百分之百的協
助。

　　圓山大飯店位在劍潭山腰，日治
時期該地原本矗立著台灣最大、位階
也最高的日本神社：台灣神社。台灣
神社是日本政府為紀念在台灣過世的
北白川能久親王（明治天皇之弟）而
在1901年興建，不僅是當時在台日
人的祭祀中心，亦成為重要觀光景
點，許多學校的修學旅行或遊客都會
在台灣神社留影，也因此，日治時期
的圓山一帶有不少餐飲店。如日治初
期著名的西洋料理屋「臺灣樓」就在
圓山公園設有分店，供應輕便洋食、
酒類、茶點等。[144] 日治時期的圓山，
可說是個重要的觀光點。

　　1944年二次大戰期間，一架飛
機撞毀神社引發大火，直至1949
年，在台灣神社原址興建中國式兩層
樓的「台灣大飯店」（1951年完
工），由台灣旅行社經營。國民黨政
府遷台，加上1950年韓戰爆發後，
美國高層官員訪台頻繁，蔣介石看到

圖4.8　臺灣樓廣告

出處：《臺報》，第16號，
1901年7月7日，第8版。

144〈料理屋めぐり：臺灣樓〉，《臺灣商報》，第46號，1900年3月30日，第5
　　版；〈臺灣樓廣告〉，《臺報》，第16號，1901年4月19日，第5版。

圖4-9　1963年4月落成的圓山大飯店麒麟廳
出處：中央社（記者陳永魁攝）。

外國媒體評論中華民國接待外賓的賓館為日人遺留（今陽明山賓
館，為裕仁太子訪台時所建），乃決定興建新的飯店方便招待國
賓。新飯店的興建由蔣夫人宋美齡主導，1952年，先將台灣大飯
店改組，創立圓山大飯店，並成立圓山俱樂部，1953年擴充設
備，分別在1956、1958、1963年建立「金龍廳」、「翠鳳廳」、
「麒麟廳」等三座樓宇，原本在愛河旁的高雄圓山大飯店亦於
1957年落成。[145]現今所看到的澄清湖旁高雄圓山大飯店則是1971
年啟用；最具代表性的十四樓宮殿式台北圓山大飯店其實晚至

---

[145] 汪士淳，〈圓山大飯店的前世今生——臺灣省敦睦聯誼會發起人周宏濤訪談
錄〉，《歷史月刊》179（2002），頁25；陳愷璜編，《圓山故事：圓山大飯店
一甲子風雲》（台北：圓山大飯店，2012），頁23-28。

1973年才正式落成，由建築師楊卓成設計。[146]

　　在宋美齡的主導下，圓山大飯店的建造與修葺過程享有許多特殊待遇，例如，飯店所在的土地由省政府提供，建造資金來自台灣銀行的無息貸款，[147]主要管理者是蔣夫人的親戚孔令偉。[148]從這些一般民營飯店不可能享有的條件看來，圓山飯店本質上就是一個由國民黨政府，特別是由蔣家掌控的官方飯店，可說是威權體制下的特殊產物，才能享有多種優惠條件。此外較特別的是，儘管圓山大飯店由宋美齡主導，1960年後圓山的所有權卻隸屬一非營利組織「財團法人台灣敦睦聯誼會」。敦睦聯誼會建立於1960年，發起人為尹仲容、周宏濤、俞國華、董顯光、黃仁霖等五位政壇人士，第一位董事長為尹仲容。

　　圓山大飯店最主要的任務是接待友邦元首與重要外賓，如伊朗國王巴勒維、美國總統艾森豪、泰國國王蒲美蓬等均是1950、1960年代訪台的重要領袖。而在「代表中華民國」的國際情勢下，圓山大飯店被賦予凸顯「中國性」的重要責任。從建築、裝潢到餐食，都充滿濃濃的中國風，圓山大飯店正可說是當時國民黨政府所強調中華文化的具體表現。

三、小食攤與市場

　　戰後新移民帶來的飲食衝擊除了新餐館的開設外，更普及的

---

146 陳愷璜編，《圓山故事：圓山大飯店一甲子風雲》，頁29。不過，如今的圓山大飯店的屋頂與部分建物是在1995年6月27日大火燒毀後再重建。

147 《監察院公報》，第2605期（2008），頁18-19。

148 汪士淳，〈圓山大飯店的前世今生──臺灣省敦睦聯誼會發起人周宏濤訪談錄〉，《歷史月刊》179（2002），頁26-27。

是各種便宜的小食攤與飲食店。新移民若欲以販售餐飲為業，有資本與能力開餐廳的畢竟為少數，更常見的是各種小攤，販售自製的點心、小菜、餐食。這類外省小吃以台北市最為集中，例如，出身浙江、1948年隨國民黨來台的老報人劉光炎（1904-1983）在〈臺北小吃新巡禮〉一文中介紹當時最受歡迎的台北小吃，該文介紹者以自身偏好的外省小食攤或小型餐館為主，如中國旅行社對面騎樓下的牛肉湯配蒸硬餅、西門町一帶的雅亭、蓉渝等四川館、西門市場的多家沙茶牛肉、三軍球場後面的陝西餐館、東門町騎樓下的擔擔麵、紅燒麵、小蒸籠麵品、徐州老鄉開設的蘇北館、衡陽路底及懷寧街口的蟹粉麵等。[149]從該文可看出各熱鬧地帶的外省小吃在戰後蓬勃發展，慢慢成為台灣飲食地景不可或缺的一部分。特別是在台北，中華商場更是名聞遐邇的外省小吃集中地，在1960、1970年代是許多人美食記憶的重要場景。

中華商場位於台北車站周邊中華路東側，在商場建造前原本僅是由台北警民協會搭蓋的臨時性竹棚，租給部分逃難來台的士兵、百姓設攤，其中部分並無住所，直接就在此樓身居住，因為在車站旁邊人潮多，攤販生意不錯，但隨著攤販的增加，髒亂環境與噪音問題引發許多批評，政府決定在此建造新的現代化商場。中華商場因此在1962年落成，共有八棟建築，以「忠孝仁愛信義和平」命名，為三層樓平頂建築，採住商混合形式，一樓是販賣食物、日用品、禮品的店鋪，二、三樓則為住家，安置原本住在此處的新移民。[150]如2013年離世的知名劇場人李國修（1955-

---

149 朱介凡，《閒話吃的藝術》（台北：華欣文化，1972），頁103-106。

150 潘月康，〈臺北市中華商場全景〉，收於國家文化資料庫：http://newnrch. digital.ntu.edu.tw/nrch/query.php?keyword=0006453173&advanced=（6/27/2018 下載），中央社（1961）。

2013）之父是在中華商場內開鞋鋪的製鞋師傅，李國修也因此在中華商場長大，他的劇場作品中經常出現中華商場的回憶。

改建後的中華商場有1,644間店鋪，被稱為「最大的小商販的商場」，「甚麼東西都有賣」。[151] 中央社的報導也稱：

> 如果你想要全家出門上館子，吃大江南北各省各地的佳餚，最先想到的也多半是中華商場；如果你要結婚了，到中華商場找上海師傅做一套剪裁合身的西裝準沒錯；如果你考上大學，中華商場是你挑選帥氣的大學服、新皮鞋、時髦皮帶等等行頭的好所在。[152]

在1960年代，許多著名小吃攤都是在中華商場發跡、成名，戰後從江蘇遷台、第一位在大學課堂開設飲食史課程的歷史學者逯耀東，曾詳細描繪過可以在中華商場買到的小吃種類：

> 中華商場及其四周出現了各地不同的小吃。北京的冰鎮酸梅湯與窩窩頭，天津的裹子與麻花，四川的紅油抄手與粉蒸小籠，雲南的過橋米線與大薄片，湖南的澆頭米粉與臘肉，陝西的牛肉泡饃與釀皮子，山西的刀削麵與貓耳朵，湖北的麵窩和豆絲，上海粗湯麵和油豆腐細粉，廣東的蠔油撈麵和及第粥，杭州的片兒川，溫州的大餛飩，蘇州的蟹殼黃和生煎饅頭，徐州的符離集與道口燒雞，德州的扒雞，南京的桂

---

151 黃得時，《臺灣遊記》（新北：臺灣商務印書館，1967），頁45。亦可參見：〈再走一趟中華路〉，《中國時報》，1992年10月31日，第27版。

152 鄭懿瀛，〈中華商場的興衰〉，收於國家文化資料庫：http://km.cca.gov.tw/myphoto/h_main.asp?categoryid=79（2009/4/12查詢），中央社（1992）。

花鹽水鴨，還有蓋著「犯共抗俄」印章的山東硬火燒，都相繼出現了。[153]

　　從這些大江南北小吃隨著移民的腳步，匯聚到台灣的同一個市場中，使得中華商場成為一個具體而微的中國味道濃縮版地圖，更促進、加速了飲食口味、作法間的密切交流。儘管中華商場在1992年因為都市更新計畫、鐵路地下化等政策而拆除，但在許多老台北人的心中，中華商場標誌著1960-1980年代繁華台北的形象，也匯聚著許多人對台北的集體記憶。

　　除了中華商場之外，還有部分戰後遷台移民聚居區域的市場，也集中了不少各省美食的販售，例如台北的南門市場、東門市場，雖然都是在日治時期就已興建的市場，但當時主要消費者為日本人，二次戰後日人遷走、新來的官兵進駐，市場附近的主要居民從日本人轉變為外省移民，因此所販售的食材也開始轉變為中國各省吃食或食材。另外嘉義市建國二村旁的「空軍市場」、台中一心市場等，也都與附近眷村居民有著很強的連結。[154]這些市場一方面提供了重要的管道，讓顛簸來台的人們得以藉由家鄉食物一解鄉愁，另一方面，藉由這些散落於不同市鎮的市場，也把各種食物風味帶到不同省籍的台灣家庭裡，例如，在市場裡買個烤麩、湖州粽、山東饅頭、湖南臘肉，嚐嚐新口味的太太們不管是本地人或來自哪個省分，都可以買回家食用，在實質上促成了餐桌上口味的調和與新飲食口味的形成。

---

153 逯耀東，〈台灣飲食文化的社會變遷──蚵仔麵線與臭豆腐〉，《飲食》雜誌（2005）1，頁81。

154 陳溪松主編，《眷戀：空軍眷村》（台北：國防部部長辦公室出版，2007），頁170。

散布各地的小食攤一點一點將中國各省的食元素帶到台灣，宛如換血一般，逐漸改變台灣飲食文化的體質，所顯示出的是一種滲透（penetration）與混雜（hybridization）的過程。不僅是「外省人」會來購買他們熟悉的家鄉小食，隨著經濟水準的逐漸提升，不少台灣人也會購買這些新奇、不貴也頗美味的吃食點心，如此，各路中華美食也逐漸成為台灣飲食景觀中不可或缺的要素。而除了攤商集中的市場或商場之外，各地眷村中的移民更把中國各地飲食帶到許多角落。

四、眷村與「眷村味」

由於眷村在2000年後加速改建，現幾乎均改建完畢，已不易看到完整的眷村，不過在過去數十年間，眷村曾是台灣十分重要而特殊的住居型態與村落景觀。

在1950年前後百萬軍民陸續抵台後，為了安置這些軍民，政府自1949年開始興建眷村，全台一共興建約886個眷村，主要興建單位除了軍方各單位外，婦聯會也興建了176個，另有部分是將日本官方遺留的房舍改建，多作為高階將領住所。整體而言，台北是眷村數最多的城市，[155] 全台空軍眷村共285處，台北最多，有43個，其次是桃園縣、新竹市，各27、26個。海軍眷村集中在基隆、澎湖、左營；聯勤眷村共97個，分布在台北、台中最

---

155 各單位對眷村數目的統計有些微出入但差距不大，此處數據綜合自：郭冠麟，《從竹籬笆到高樓大廈的故事：國軍眷村發展史》（台北：國防部史政編譯室，2005），頁385；楊昇展，《南瀛眷村誌》（台南：台南縣政府，2009），頁40-41。

多。[156]

　　由於是在倉促中興建作為安置軍民之用，除了部分高階官員、將領能擁有較寬敞舒適的宅邸及生活條件之外，多數眷村起初均設備簡單且空間狹窄，許多居民必須在狹小的空間中共同生活，此外也非常依賴政府的照顧，包括醫療、教育、生活津貼，及煤、水、電、食物配給等。某些較大的眷村甚至有村內的幼稚園、診所、市場，[157]形成一個相對之下較為獨立的居住空間，對眷村住民來說，亦是在陌生土地上一個安穩的環境，左鄰右舍均是命運類似的移民者，能夠維持原本的語言與若干生活習慣，以及對家鄉的記憶。值得注意的是，由於不少移居來台軍人在台灣結婚生子，眷村住民經常是「外省軍人、台灣太太」的組合，在眷村中其實不全然是他省文化，也有不少台灣本地的影響。

　　由於這些新移民大多沒有田地可供生產食物，因此十分依賴配給物資，所配給的食材很大程度上影響了眷村人的日常食物。眷村居民可獲得的配給食物，主要為米、麵粉、油、鹽等民生必需品。另外在1950年代外援奶粉期間所提供的免費脫脂奶粉也以眷村為主要發送地點之一。在這樣的環境裡，眷村居民往往運用有限的資源，以自己熟悉的家鄉手法烹調食物，因此在眷村中可以看到各式各樣來自中國各省的菜色，因地制宜地運用台灣能獲取的食材重新呈現。許多針對眷村生活文化的研究都指出，在眷村裡可以看到許多中國各地的小食，呈現與眷村以外其他地方十

156 陳溪松主編，《眷戀：空軍眷村》，頁10；林海清主編，《眷戀：海軍眷村》（台北：國防部部長辦公室，2007）；劉鳳祥主編，《眷戀：聯勤眷村》（台北：國防部史政編譯室，2008），頁10。

157 黃文珊，《高雄左營眷村聚落的發展與變遷》，（高雄：國立高雄師範大學地理研究所，2006）。

分不同的飲食景觀。如高雄左營眷村裡有南京鹹水鴨、四川榨菜、山西刀削麵、山東桂花燒雞等，在海軍的合作社內還有自製的醬油、可樂。[158] 在這樣的環境中，居民們因為生活空間重疊度高，也經常交換彼此的菜色，並在中國農曆新年或其他傳統節慶時分享彼此的節慶食物，對眷村居民來說，藉由此種日常的食物交換，很容易品嚐或學習到中國各省的食物。

　　整體而言，眷村中的飲食可歸納出如下特性：

　　1.口味依眷村住民省籍而異：由於各眷村的主要居民來自不同省籍，如台南志開新村以四川人居多、台北四四南村以山東、河南人為主，[159] 人數較多者的家鄉口味便經常成為該眷村的主要特色。較明顯者如：台中信義新村的居民主要來自貴州，飲食上即有不少貴州口味，如豆豉耙、甜酒豆腐乳、辣椒醬等。嘉義市的建國二村有不少人來自北方省分，「每個家庭都有一片大木板、一支長擀麵棍」，自己製作各種麵食，如麵疙瘩、花捲、烙餅等。[160] 當然，也有不少眷村是南北各省分均有，飲食上更為多元。

　　2.受配給物資影響大：眷村住民並無土地可生產作物，食物仰賴配給，因此，受政府配給物資影響甚大。如在1950年代美援期間，由於接收大量麵粉，所配給的麵粉也成為各家庭的重要食材，即使原本少吃饅頭包子的南方省分人士，為了運用麵粉，也

---

158 同上注，頁157、161-162。

159 陳溪松主編，《眷戀：空軍眷村》，頁193；劉鳳祥主編，《眷戀：聯勤眷村》，頁116。

160 陳溪松主編，《眷戀：空軍眷村》，頁132、172；賴台生，《眷戀老食光：那個你最熟悉的味道就是家》（台中：文化部文化資產局；嘉義市：嘉義市政府文化局，2015），頁10。

需學習饅頭等麵食的製法，水餃、麵食等因此成為許多眷村普遍的食物。

　　3.食物共享與口味交融：由於眷村中各戶居住密度大，同一眷村中的住戶有不少是同一工作單位，故分配居住在同一眷村，彼此關係緊密，基於共同的背景，烹飪與用餐時互相交流的情況十分普遍。如李振華女士在口述歷史中的生動描述：

　　　　大家紛紛將從大陸帶過來的鍋碗瓢盆擺出來，加上公家發的米、鹽、油、菜等日用品，一字排開在屋簷下做飯。遇到有人炒盤辣椒菜時，那股嗆辣味遇熱爆開，整排房屋傳來一陣陣噴嚏聲。[161]

　　在這樣的情境中，眷村媽媽們很容易有機會互相學習彼此的手藝，如同樣是臘肉，浙江金華人除了金華的臘肉也學會廣東臘肉，[162]各種口味在此環境中自然交融。

　　4.販售家鄉食物小店多：由於眷村住民的生活費多是公家薪水，在1950、1960年代，薪水程度僅能餬口，因此有不少家庭會另外尋求副業，除了全台都很盛行的家庭代工外，有不少人會兜售自製的家鄉食物，例如台南精忠二村有許多榮民販售蔥油餅、水煎包、韭菜盒、燒餅、臭豆腐、榨菜、牛肉麵等。[163]又如日治時期原駐防日本海軍航空隊的台南「水交社」在1968年改稱志開新村，旁邊本來有醬油工廠，不少眷村婦女會賣些家鄉小吃，如

---

161 李振華為河北人，所形容者為新竹的空軍第十五村，引自：陳溪松主編，《眷戀：空軍眷村》，頁106。

162 賴台生，《眷戀老食光：那個你最熟悉的味道就是家》，頁19。

163 楊昇展，《南瀛眷村誌》，頁202。

燒餅、油條、豆漿、鍋貼、涼麵、鍋盔（硬饅頭）等。[164]無論是透過小店面，或是以三輪車沿街叫賣，這些各省小吃都逐漸深入台灣人的日常生活中。

　　眷村居民及其飲食將中國多省的菜餚移植到台灣來，並影響了台灣的飲食景觀，其影響方式有兩種，一是在台灣複製、保存了多種中國地方飲食，並藉由彼此在眷村中的分享、學習，達到地方飲食的交換與作法上的融合。居民們可以嚐到其他地方的菜餚，再將之採借、轉化到家中的飯桌上，藉由這種方式，也進一步促進菜餚的混雜（hybridization）。除眷村家庭飲食的交換之外，第二種方式則是將中國多省飲食如種子般散播到其他台灣本地家庭中。由於也有不少眷村住民經營飲食業，消費者不限於眷村居民，如同許多人記憶中的，在街上不時可以看到騎車的小販，以山東口音叫賣自製的大饅頭、花捲，或是販賣窩窩頭、蟹殼黃、臭豆腐等其他多種食物。

　　綜言之，這些從中國來台的廚師藉由將多省飲食移植到台灣，大幅改變了台灣的飲食版圖，顯示一個濃縮的中華美食版圖，這樣的美食版圖可具體而微地在傅培梅的食譜中見到，也就是前述「象徵面」的移植。

第四節　新地圖與新階層：「中國菜」的混雜與在地化

　　1950、1960年代的台灣，在政治上處於戒嚴與思想箝制，文

---

164 陳溪松主編，《眷戀：空軍眷村》，頁192。

化上則強調中國的正統性，國樂、國劇、國語等以北京為典範、正統的文化建制工程積極進行，文藝寫作亦以發揚民族意識、反共抗俄為主要宗旨，故宮國寶、中國宮廷式的圓山大飯店等均被認為是能夠強化國民黨代表「中國」正當性的方式。在此脈絡下，烹飪與飲食作為中國文化與文明十分重要的一部分，也被視為宣揚「中華民國」正統性的重要途徑。而知名的烹飪教育家傅培梅（1931-2004），便是在此種政治局勢下將烹飪教學事業提升到外交的層次，她不僅是著作等身的食譜作家、第一位在電視教授烹飪的主持人，更被國家賦予發揚中華美食文化的重任，有「美食大使」之稱，這是傅培梅與1960、1970年代乃至今日的台灣其他食譜作家截然不同之處。

傅培梅在七十多年的人生中出版了五十餘本食譜、涵蓋四千多道菜餚，她在1969年即已出版中英雙語《培梅食譜》，之後又再版二十餘次。而無論是食譜或電視節目，她的觀眾群都不限於台灣，遠至菲律賓、日本等地的華人社群，創下高收視率，還曾與日本食品業合作。藉由當時的新媒體—電視—及食譜的傳播，無論是本地台灣人或來自不同中國省分的觀眾，均有機會採借其中的菜色於家中餐桌上，更迅速地達成中國多省菜系的傳播、融合與在地化，藉由家庭餐桌上的多元融合，對台灣日常飲食產生深遠影響。綜上，她所具有的重要性至少可從三個面向來談：（一）烹飪教育；（二）「中華美食」的海外宣揚；（三）各省中國菜在台灣的融合與在地化。

除了傅培梅的影響之外，經由小食攤、市場、餐廳的不同管道，戰後二十年間各種中國菜餚已在台灣形塑出新的地圖（culinary map）與新的菜餚階層（culinary hierarchy），即是一移植到台灣的中華菜系，各菜系的地位高低與普及度則各有不同。

這個以中華菜系為主體的菜餚地圖取代了日治中、後期受日本影響所建立的「漢（台）─和─洋」菜餚類型，而在這個以中華菜系為基準的新地圖上，「台灣菜」的新定義也逐漸確立，即是中華菜系中位置邊緣的一支，新的「台菜餐廳」於1970年代陸續出現，然而此時的「台菜餐廳」已與日治時期的「台灣料理酒樓」有截然不同的意義，其差異將在本節末統整說明。本節即從傅培梅的多元角色與在台灣菜餚發展上的重要性開始，並繼之討論1960年代後期至1970年代台菜餐廳的興起。

一、「中國菜」在傅培梅食譜中的再現

傅培梅於1931年出生於中國東北大連的一個富商家庭，父親是山東省福山縣人，在大連開設進口歐美食品的洋行。由於自1905至1945年間大連屬日本殖民地，因此傅培梅自六歲便進入大連的日本幼稚園，接受日本教育。二戰後1947年曾插班北京民大附中唸書，1949年與大嫂搭船到台灣投靠大哥。[165]

傅培梅原本不太會做菜，是在台灣與山東同鄉程紹慶結婚且孩子們均上學後，為了烹調好吃的菜給先生與牌友吃，「在先生面前爭回一口氣」，才開始勤學廚藝。兩年間花費重金聘請餐廳名廚至家中指導，學成後便進一步開班授課。1961年先在台北和平東路自家開設烹飪班，她為烹飪班編製的教材後來在1965年出版為《傅培梅食譜》。1962年10月10日台灣第一家電視台「台灣電視公司」開播，傅培梅在「幸福家庭」節目的烹飪單元擔綱，

---

165 傅培梅，《五味八珍的歲月》（台北：橘子文化公司，2000），頁26-32、47、52-53。

展開39年之久的電視主廚生涯，是台灣目前歷時最久的烹飪節目
主持人。[166] 傅培梅的電視節目不僅在台灣播出，在美國、日本、
菲律賓也可以看到。傅培梅在食譜中稱，她出版中英對照食譜的
目的，是讓所有海外華僑都能「重嚐祖國佳餚」。傅培梅也多次
被政府派到海外僑界示範烹飪或進行烹飪教學，並獲教育部表彰
其影響力。[167]

　　然而，與今日眾多電視烹飪或美食節目主持人不同，傅培梅
的崛起與種種成就有其特殊的時空背景與政治條件，她所扮演的
角色，與其說是著名食譜作者、烹飪家，更適切的說法或許是：
一名中華廚藝的教育者與宣傳者。在傅培梅影響力最大的1960、
1970年代，正是國民黨政府與對岸共產黨政權互爭中國正統地
位，並在國際上積極爭取盟友之時，中國傳統文化對居於台灣的
國民黨政府而言，具有重要的象徵性意義。傅培梅在各國僑界教
授中國各省菜餚，扮演中華烹飪藝術教育者的角色，其重要性正
在彰顯台灣就是中國正統文化之所在，這點在1969年傅培梅最早
出版的《傅培梅食譜》中可明顯看出。[168]

---

166 同上注，頁88-89、94、106-107、125。

167 傅培梅編，《培梅食譜》（台北：中國烹飪補習班，1969），頁2、4。

168 傅培梅的食譜除了早期依據地區來分類介紹外，之後也有不同的分類方式，
　　例如依照食材、針對烹飪目的（如宴客）來設計等，不同的分類與書寫方式
　　也反映了社會對烹飪需求的變遷，值得進一步分析。目前關於傅培梅的研
　　究，可參見：King, Michelle T., "The Julia Child of Chinese Cooking, or the Fu
　　Pei-mei of French Food?: Comparative Contexts of Female Culinary Celebrity," in
　　Gastronomica 18.1（February 2018）: 15-26; King, Michelle T., "A Cookbook in
　　Search of a Country: Fu Pei-mei and the Conundrum of Chinese Culinary
　　Nationalism," in King, Michelle T.（ed.）, *Culinary Nationalism in Asia*
　　（Bloomsbury Academic, 2019）.

圖4-10　1968年11月29日傅培梅在聯勤總司令部舉辦之駐台美軍眷屬烹
飪班中示範炒大蝦

出處：中央社（記者馮國鏘攝）。

　　在《傅培梅食譜》的英文序言中稱，中國烹飪藝術可追溯至
五千年前的伏羲氏，中國的兩大哲學──道家與儒家──都蘊含
了許多烹飪與用餐禮儀。孔老夫子所稱的「食不厭精、膾不厭
細」更是鼓勵著烹飪技藝的精進。相較於英文版序言從古代中國
烹飪傳統來談，中文版序言則強調，國父孫中山在民生主義中提
出「食」為民生四大需要之首，飲食作為民生的基礎，鞏固的基
礎能帶來富強的國家。[169]傅培梅食譜的序言與今日食譜顯然十分
不同，從伏羲、孔夫子到孫中山，藉由眾多中國文化傳統裡的重
要角色，建立了從古代中國到現代的連續性，而這些形象也正是

169　傅培梅編，《培梅食譜》，頁2、5。

傳統中國「文化傳說」（cultural tales）中的重要角色，並由此凸顯中國烹飪藝術的重要性。

在中國文化傳統連續性的基礎上，傅培梅的第一本食譜介紹了100道菜餚，且依照中國地理區域分類。換言之，這本食譜所代表的不是傅培梅個人的創作，而是再現了中國代表性的地方佳餚，她在書中依照如下四大菜系（大致是中國的東、南、西、北部）四個地理區域介紹中國菜[170]：

1. 東部菜：以上海為中心，含江蘇、浙江
2. 南部菜：福建、廣東
3. 西部菜：湖南、四川
4. 北部菜：京菜為主

在介紹各地區菜餚之前，傅培梅均以包含台灣、蒙古等地的中國秋海棠地圖示意，讓人一望即知這些菜餚的源起地，說明正是不同的地理環境、氣候條件，造就了各區域不同特色的菜餚。[171]

儘管食譜的主要功能是作為烹飪的指導，但食譜除了功能性的角色，也往往具有象徵與情感上的重要性，特別是當食譜承載了關於過往的回憶、涉及流離遷徙的族群時，此種在象徵上的重要性特別明顯。傅培梅的食譜即在中國歷史、地理連續性的基礎上，協助維持並強化了在台灣島上對「中國性」（Chinese-ness）的認知，也具體地傳承了中國各地的菜餚。

此種中國烹飪文化的連續性不僅是作者的自我宣稱，在當時

---

170 傅培梅編，《培梅食譜》，頁2、6。
171 傅培梅編，《培梅食譜》，頁6。

圖4.11　《培梅食譜》（1969）中的地圖

的國際局勢下，美國作為台灣最重要的外援，也對此做了象徵性的背書。在傅培梅的中英雙語食譜中，為食譜寫序的作者即是前美國駐華大使馬康衛（1966-1974間派駐台北）的夫人（Dorothy McConaughy）。之所以由美國使節夫人作序，一方面因為馬康衛夫人自己是傅培梅烹飪班的學生，另一方面也說明了這本食譜特殊的政治性。在書的前言中，馬康衛夫人讚譽傅培梅的廚藝如同藝術，並肯定她的食譜必定能「增進中美人民的友誼與雙方的利益」。[172] 該序言點出了，該本食譜不僅是烹調方法的指南，亦被賦

---

172 傅培梅，《五味八珍的歲月》，頁97；傅培梅編，《培梅食譜》，頁1。

予政治上的重要性，也就是當時中華民國與美國間友誼的象徵。

除了食譜之外，傅培梅在電視上的烹飪教學同樣也是先按照中國地區的順序來選擇菜餚，然而，由於許多菜餚的食材無法在台灣取得，加以廚藝傳授的過程原本就是動態的，往往會加入新的創意或在作法上有所改變。傅培梅在節目中或食譜上都經常提到，某道菜的主要食材若不易買到，可用常見的其他材料取代，味道也是不錯的。例如，「松鼠黃魚」這道菜原本是用大黃魚，但黃魚當時尚無法人工養殖，野生黃魚在台灣又非常昂貴，因此傅培梅在節目中稱，雖然江浙館子中是使用黃魚，但觀眾也可改用鯇魚或其他細長型魚類，食譜中則是建議可用草魚，[173] 無論鯇魚或草魚，均是台灣較常見且喜愛的魚類，使觀眾不會因此對烹飪該菜餚卻步，也把這道著名的江浙菜，改造為台式的口味。

因此，在這個將傳統中華名饌「移植」到台灣的過程中，所移植的並非所謂「正統」、「正宗」的菜餚，而是在食材上採借台灣本地食材，或針對台灣本地消費者進行口味上的調整，加上烹調手法上的微調或修改，一個更接近台灣環境與口味的菜餚於焉誕生，儘管菜名聽起來仍是傳統名菜，但內涵已然改變。儘管無法調查究竟有多少家庭的餐桌上曾經出現了傅培梅所傳授的菜餚，她的影響仍不可忽視。藉由食譜與電視，多種中華菜餚進入台灣家庭的餐桌，從餐廳師傅的手藝成為台灣家常版的餐食，促成多種中華菜系在台灣的融合與在地化。

然而，至少在1990年代之前，這些台人家庭飯桌上的家常菜卻不被特別賦予「台灣菜」的名稱，相較於日治時期日本人將殖

---

173 傅培梅時間：https://www.youtube.com/watch?v=KHqjSx2zKHw；傅培梅編，《培梅食譜》，頁64。

民地上的風味餐食稱作「台灣料理」，是為了與「日本料理」有明顯的區辨，此時期人們習以為常的家庭餐食，因為不再具備「殖民地料理」的標籤，沒有區辨的需要，加上各家庭有各自的喜好與餐食差異，故不再有命名以進行區辨的需要。這也說明了，菜餚類型的「命名」，正是一個基於「區辨」的需要而有的行為，當區辨的需要不存在，菜餚的「類型」便不再有意義。在殖民時期結束、大批中國多省軍民來到台灣後，「台灣料理」一詞已失去存在的脈絡，「台灣風味的地方菜餚」之概念，隨著政治情勢的變遷，其意義重新被轉化，被納為中華菜系下的一支。

　　索緒爾（Ferdinand de Saussure）符號學的概念對於理解此種變化有很大幫助，如同他所提出，所有概念需放置在一個相對的架構上才有特定意義。「台灣料理」是一相對於日本料理、西洋料理的概念，而這個料理概念體系則是來自當時統治台灣的日本，但當政治與社會結構改變，「台灣料理」失卻其脈絡，取而代之的，是相對於「中國八大菜系」的「台菜」概念，從台灣料理到台菜，實則顯現的是一意義脈絡的轉變。

　　從另一角度可討論的是「菜餚類型」的概念，每一種類型儘管各自有其特色，但在界定這些類型時，重要的是其邊界（boundary），也就是與其他種菜餚類型的區分。例如，湘菜、川菜、泰國菜均以辣著稱，但三種菜餚的「辣」又有所不同，這些不同不僅構成彼此間的界線，也正凸顯三種菜餚類型的特色所在。因此，如本書首章即敘明，在討論「台灣菜」的意義時，要討論的不僅是「哪些菜餚、烹調方式為台灣菜的特色」，更重要的是這個菜餚類型是在何種社會條件下被界定而出。政治體制與統治者的改變，明顯影響到對台灣地位的認知，也連帶影響台灣地方文化所被認定的所屬體系與文化特徵。

　　由於政治結構的變動，「台灣料理」在戰後不再具有意義而逐漸從台灣外食市場消失，接下來影響「台灣菜」邊界之劃定的，則是市場行為者，也就是餐廳業者，基於商業市場劃分的實際需求，要與其他餐館有所區隔，標榜地方特色的台菜館也就成為市場上新的餐飲類型，與其他江浙菜、北方菜、川、湘、粵菜等餐館有所區別。換言之，「台菜」在戰後隨著多個中華菜系進入台灣與興盛，被納為中華菜系系譜上的一支，本地地方菜改以「台菜」之姿，在1960年代重新站上新的飲食版圖，也有了新的消費群、競爭者、定位與相關論述。

二、1960年代後新興的台菜餐廳

　　台菜作為中華菜系之一支，可從當時的菜餚分類看出。例如，1963年僑委會選拔中菜廚師到日本、哥倫比亞、義大利等國工作，此項選拔以地區菜餚為分類標準，結果共錄取102人，其中錄取最多的是北平菜55人，其次福建菜28人，廣東菜11人，台灣菜跟四川菜都僅有兩人。[174]另外，設於1961年的味全家政補習班也有開設烹飪班，烹飪班分為六科，除了西菜與西點外，中菜包括：北平菜、廣東菜、四川菜、台灣菜。這些分類方式將台灣菜與其他主要中華菜系並列，台菜屬中華菜系之一支，正是在此種分類架構下，相應於北方餐館、廣東餐館、福建餐館等多省餐館，「台菜餐廳」也在1960年代應運而生，且在1970年代更為

---

174 錄取者中96人均到日本，其他則派到如下國家：哥倫比亞一人，羅馬一人，剛果一人，美國三人。〈出國廚師 將測驗技術〉，《聯合報》，1963年3月14日，第2版；〈廚師百零2人 將出國服務〉，《聯合報》，1963年5月12日，第3版。

蓬勃。

在1960、1970年代，標榜「台菜」為主的餐廳，有兩種不同的經營型態：

1. 沿襲日治時期的酒樓文化

部分標榜台菜的餐廳空間大、可舉辦宴席，同時有唱歌、魔術、電子琴等表演節目。[175] 此種餐廳與日治時期的大型酒樓類似，均為能夠宴客兼舉辦娛樂活動的場所，不過娛樂活動從日治時期的藝妲表演、吟詩，轉變為歌舞或雜技演出，部分餐廳的演唱歌曲仍保有台語或日語歌曲演唱的節目。

在菜餚方面，由於此種餐廳多為舉辦宴席或應酬的場所，菜餚較為精緻，如日月明蝦、蛋黃石榴等菜餚，不僅食材較為昂貴，也較注重擺盤的樣式，有的甚至會排成山水畫或動物的圖案。[176] 由於當時許多餐廳的師傅都是來自日治時期的酒樓，日治時期的菜餚也有部分在這些餐廳保存下來，這些菜餚加上台語歌、日語歌等表演節目，呈現出與其他江浙館子、北方館子十分不同的用餐氛圍。

然而，此種型態的台菜餐廳在1980年代之後逐漸消失，消失的可能原因為，此時的台灣正經歷從農業轉變為工商業社會的過程，所得逐漸提升，外食人口增加，消費者需要更快的服務速

---

175 相關報導例如：〈商場百景 委託行清存貨‧標價出售 新聞貴賓餐廳‧供應台菜〉，《經濟日報》，1971年3月9日，第9版；〈雅園餐廳開業 供應正宗台菜〉，《經濟日報》，1972年3月19日，第8版；〈蓬萊閣昨重新開幕 四名日籍歌星登台〉，《經濟日報》，1968年8月23日，第8版。

176 〈正宗台菜 大塊文章 台北錦西街美利林餐廳主廚陳信雄談片〉，《經濟日報》，1969年1月10日，第8版。

度、更多樣化的菜餚，亦促使餐廳必須改變作法，過去費時耗工的酒樓菜色已不再符合商業需求。另外，因為此種菜餚在烹煮與擺盤上均過於費工，在教育制度變遷、有更多教育與工作選擇的情形下，願意學習此類手工菜的學徒也漸少。

2. 清粥小菜

　　第二種型態的台菜餐廳在1960年代誕生，是當代常見「台菜餐廳」的源起。最初提供簡單的家常菜，包括台灣人日常吃的稀飯、簡單配菜，如菜脯蛋、煎魚，但也能提供食材較好的宴客菜如紅燒赤鯮、豬肝等。相對於日治時期的「台灣料理」酒樓大多為仕紳階層才能消費，僅山水亭等少數餐廳會供應台人家常菜餚，此時期的台菜餐廳可說是台灣庶民日常食物大量進入餐廳之始（關於台人日常食物請參見第三章）。值得注意的是，此階段的「台菜」雖以台人日常食物為主，但經過戰後十幾年新移民引入豐富中華菜系的影響，一般台人家中的菜餚或烹飪方式已有變化，也與日治時期的庶民食物有所不同。

　　此種餐館設備簡單，亦無表演，但仍可作為朋友小酌、小型宴客的場所。雖曰是「小型宴客」，但在1960年代，絕大多數台灣家庭均是自行烹煮三餐，除了工作所需的應酬之外，一般人僅有壽宴及婚喪喜慶時機才會外食，[177]因此即使這些餐廳未必有華美的裝潢，「在外請客吃飯」已充分顯示出主人的慎重，也在能力範圍內準備合宜的可口菜餚。而在沒有宴席的時候，這些餐館也可以提供簡單的家常飯菜，即為日後人們所熟悉的「清粥小

---

177 參見：陳玉箴，〈從「家務」到「勞動商品」：臺灣家庭晚餐型態變遷的考察（1980-2013）〉，《台灣學誌》13（2016.4），頁71-103。

菜」餐館。

　　在此類型的台菜餐館中，目前仍營業者以「青葉」年代最久，自1964年營業至今。青葉甫在中山北路六條通開業時即在招牌上標示，其供應的是「台灣料理、清粥小菜」，主要開業者沈雲英女士曾在1970年的訪談中表示，最初是有不少華僑抱怨吃太多全席大菜，想換清淡的口味，她因此決定以稀飯、小菜為主，提供人們在宴客菜之外的另一種選擇。而對於什麼叫「台灣菜」，經常也是參考客人的意見，加入不少新作法。[178] 當時受歡迎的菜色包括醬油煎魚、滷肉、三杯雞、蔭豉蚵等，這些也是同時期餐廳中較受歡迎的台菜。[179] 青葉不僅是餐廳，之後也成立食品公司，著名歌仔戲演員楊麗花便是青葉的股東，經常作為青葉食品廣告的主角。除了華僑外，日本遊客也是此類型台菜餐廳的主要消費者之一，這點延續至今。

　　然而，與刻板印象不同的是，當時供應清粥小菜的，不僅是酒店或「台菜餐廳」而已，在1960年代後期至1970年代，很多餐館不論是供應江浙菜、義大利菜，或其他西餐，都會設置宵夜時段，供應清粥小菜，包括地瓜稀飯、菜脯蛋、蛋黃肉、煎虱目魚等，當時這些家常菜餚、稀飯、各種小菜便是普遍認知的「台菜」。有的餐廳除清粥小菜之外，也會根據餐廳屬性販賣其他餐食，例如，高雄市愛河邊的一家義大利餐廳平時主打紐西蘭牛排、義大利快餐、半雞等，「燭光宵夜」時段則改賣清粥小菜、酸菜肉絲、雞絲、餛飩等麵點，以及八寶飯、奶油雞餃、咖哩牛

---

178 〈青葉，淡淡小菜清清粥　一位女性創業成功的例子〉，《經濟日報》，1970年10月3日，第8版。

179 李信夫口述，陳慧俐整理，〈臺灣菜烹調技術溯源〉，《中國飲食文化基金會會訊》8:4（2002），頁28-33。

肉水餃等。台北的北平厚德福餐廳也在宵夜時段備有清粥小菜及各式原汁涮火鍋。另如賣湘菜的芷園餐廳、有歌星駐唱的珍珠坊餐廳等，都供應宵夜時段的清粥小菜，可見當時宵夜市場之大，餐飲業者無論主業為何，都想分一杯羹。[180]

　　餐飲業的發展與社會變遷有著密不可分的關係，清粥小菜餐館的興起也有其原因。1960年代，「夜總會」在都市裡興起，成為新的商業應酬場所。在夜生活愈益絢麗之際，也有許多酒店供應清粥小菜作為宵夜，同時間還有歌唱表演，有的餐廳在晚餐之後甚至有十二點以後的「宵夜」與凌晨的「小宵夜」時段，可見當時伴隨台灣貿易與經濟成長的，還有通宵達旦的都市夜生活。

　　宵夜與午、晚餐的差別之處不僅在營業時間及菜色，消費者亦有所差異。不同於午、晚餐為一般用餐時段，宵夜時段的消費者為半夜仍在外未歸者，除了在深夜仍須工作者如需輪班的各種工作者、計程車司機、部

圖4-12　1960年代許多餐廳常在宵夜時段供應清粥小菜
出處：《民聲日報》1968年9月29日第4版。

180 〈高雄義大利餐廳 辦各種餐飲優待〉，《經濟日報》，1969年6月20日，第6版；〈商場百景〉，《經濟日報》，1971年11月16日，第11版；〈芷園餐廳 明重新開幕〉，《經濟日報》，1973年7月31日，第6版；〈珍珠坊餐廳開幕〉，《經濟日報》，1973年4月9日，第7版。

分媒體從業人員等外，更多的是在夜總會、舞廳等深夜營業場所工作的男女與應酬的生意人。整體來說，這些宵夜時段的消費者在當時輿論中常被視為社會地位較低的階層。[181]如經濟日報記者宋梅冬在一篇〈如何開設中餐廳〉的分析報導中談到兼營宵夜場的利弊，就認為「宵夜食客良莠不齊，酒後易生事端」，且「宵夜毛利雖然較高，但呆帳比例也很高」。[182]

特別是在1960、1970年代，這些新建的台菜餐廳，多位在中山北路與林森南路一帶，此區域當時亦是許多酒家、舞廳的所在地。宵夜餐廳的興起一方面顯示出工商業活動熱絡下夜生活的熱鬧，也建立了台菜與「宵夜菜」的緊密連結，彷彿「台菜」的內涵僅有清粥小菜式的宵夜菜。此外，由於台菜宵夜的消費者多被認為是社會的較低階層，也連帶促使台菜在中華菜系階層中被置於較低的位置。如前段提到宋梅冬一文指出，浙寧菜與川菜館是最受歡迎的中餐廳，因為這二種菜系「品質新鮮、口味清淡、海鮮多、脂肪少、菜式種類變化多」，且又以浙寧菜氣焰最盛。相較之下，台菜則「均為小盤式，較難登大雅之堂」。1977年開設台菜餐廳的一位老闆就提到，當初開台菜餐廳，有朋友笑他台菜只不過是路邊攤的小菜，還不如去吃浙江菜，讓他心中十分氣憤。[183]

由前述可看出，即使均是中華菜系，其中仍有階層高低的分別，即「菜餚階層」（culinary hierarchy），某些區域的菜餚會被認為具有較高的經濟或文化價值，某些則較低，然此種階層亦會隨社經條件的變動而有所變化。在台灣的中華菜系也有其階層，

---

181 從1970年代的報章雜誌對宵夜餐廳的報導亦符合此印象，如：〈消夜非正餐・吃的人卻不少〉，《聯合報》，1978年4月17日，第9版。

182 〈如何開設中餐廳〉，《經濟日報》，1978年12月11日，第11版。

183 筆者訪談，2006年12月26日於台北。

且各菜系的階層高低仍會隨社會條件而改變。在1960、1970年代
的台灣，中餐廳以江浙菜、廣東菜常被認為居於這菜系階層的頂
端，另外川湘菜與北方菜也頗受歡迎，其他菜系則餐館較少也較
不顯著。

　　綜言之，1960年代的台菜有兩個主要根源。一是延續自日治
時期酒樓的菜餚，多是由原本在酒樓工作的廚師與其學徒們所傳
承，如北投或大稻埕等原本的酒樓集中地，仍有部分餐廳提供此
類菜餚，但隨著新菜系進入、消費者口味改變、技術傳承困難等
因素，戰後二十年間已逐漸凋零。與過去酒樓的消費文化相較，
此類餐廳仍有表演節目，但已從樂器演奏、歌唱、唱戲等表演型
態轉變為納入魔術、歌舞等。第二個台菜的根源，則是從家常餐
桌進入餐廳的「清粥小菜」系列餐館。此類餐廳供應的菜餚多為
家常菜，也有部分是食材較好、可供宴席的菜餚，此類餐廳日後
逐漸壯大為今日台菜餐廳的主要類型之一，但因第一種類型餐廳
的消失，也讓大多數人遺忘了台灣曾有的酒樓宴席菜。

　　上述發展也影響了今日人們對台菜的認知、定位與述說方
式。曾在日治時期酒樓或前述第一類型餐廳工作過的廚師，會強
調台菜也是十分精緻、費工的「手工菜」，衍生出日後「台菜是
酒家菜」這樣的說法。相對於此，另一群從清粥小菜餐廳起家的
師傅，則傾向認為台菜就是宵夜菜、家常菜，由此也可看出，不
同的工作經歷、社會脈絡，讓即使是台菜的圈內人（insider）、生
產者，對於台菜的定義也有不同的見解與認識。而在1980年代
後，隨著第一種類型台菜餐廳的消失，清粥小菜台菜館因為符合
大多數台灣人的生活經驗，逐漸被認為是「台菜」的主流。直到
2000年前後，新的社經條件下又醞釀出多元的新類型台菜館，如
主打地方口味與食材、強調精緻化的台菜，或「復古」台菜等，

當代台菜又已有一番新風景。

三、戰後菜系混融下的新「台菜」

　　許多今日知名的台菜餐廳老店，都是在1960年代末至1970年代開業，強調供應的是「正宗台菜」，但必須注意的是，隨著國民所得提升、廚房設備現代化、交通運輸便利，無論在食材運用、烹調方式上，都逐漸脫離20世紀上半一般農家中以醃漬菜為主、自給自足的飲食方式，何謂「正宗」，隨著物質條件的變化其實已有了很大轉變。舉例而言，廚房設備現代化下，灶早已不再是主要的烹飪工具，取而代之的是瓦斯爐、電鍋，乃至烤箱等各種新興炊煮電器，火候更好控制，食用油價格降低，使用蒸、炸等烹飪法的菜餚也增加。交通運輸及冷藏冷凍等物質環境的進步也讓海鮮更為普及，並非僅有居住在沿海地區的人們才能享用新鮮水產，醃漬水產的重要性因此遞減，國民所得的提升讓消費者能夠購買更多種類的食物、加工品，不再侷限於自給自足。這些改變在戰後二十年中已逐漸形成。

　　不僅如此，所謂「正宗台菜」其實也已多少融入中國多省菜餚的烹飪風格。無論是食材的取代、烹飪與調味方式的改變、新菜色與新食材的加入，烹飪現場的各個階段都有可能產生混融與變化。

　　由於台灣是在1990年代才開始有餐飲學校，在此之前，廚藝傳承乃透過師徒制，廚師養成是在餐廳的廚房中進行。廚師們多是很年輕時因為家計等因素直接到餐廳當學徒，學習烹飪技藝，展開廚師生涯。在工作歷程中廚師們也經常流動，到川菜、江浙菜、北方菜餐廳任職，如此造就了許多廚師能夠兼擅多省菜餚的

烹製手法，尤其對在多種類型餐廳工作過的本地廚師來說，在烹調時很少會拘泥於一定要用某種手法，經常選擇自認合適者，並加入自己的創意與消費者提供的建議，重點在於讓菜餚本身更可口。例如，某開設於1977年的台菜餐廳師傅說，該店菜餚作法在創業初期經常接受消費者的意見而有所修正，如店中知名的紅燒魚作法有過兩次改變，第二次更是在某機緣下，從一位廣東師傅處習得，修改之後極受歡迎，儘管較接近粵菜的作法，卻成為該「台菜餐廳」的名菜。他強調，這種包容性與開放性，正是台菜的特色所在。另一位知名連鎖台菜餐廳的老闆也坦承，雖然號稱台菜，店中的菜餚融入川菜與廣東菜的作法，並強調「所有菜系原本就是互相影響的」。同時，這位老闆也強調，消費者的喜好具有很大影響力，餐廳仍以滿足消費者的口味及需求為重，而非堅持某些特定的作法。[184]

　　與其他中華菜系相較，「不強調正宗與傳統作法」的確是台菜餐廳的一大特色，此特色有其歷史源頭。自日治時期以來，台灣的酒樓就一向是多種中華料理雜然並呈，不僅是江山樓、蓬萊閣等大酒樓同時販售北平菜、閩菜、四川菜、南京小點，其他料理屋也可以同時供應日本料理、台灣料理與簡單的西洋料理，從未見到堅持任何傳統或料理間應壁壘分明的倡論。而在烹飪技藝的傳習過程中，由於台灣在戰後有多種菜系中餐廳同時存在的獨特背景，師傅們有機會接觸到多種菜系的烹飪方式，也習於從不同菜系中採借作法，將之互相融合，因此造就了新的口味，也重塑了川菜、江浙菜、廣東菜等等多種菜系的新面目。[185]

---

184 筆者訪談，2006年12月26日於台北。。

185 筆者訪談，2008年4月24日於高雄。另一位台菜餐廳老闆更表示，由於並無

圖4.13、4.14　高級海鮮是如今台菜餐廳中的招牌菜色

出處：陳玉箴攝。

　　在台菜餐廳逐漸改變的過程中，海鮮菜的增加是一顯著現象。這也與經濟發展有著密切關係。在1970年代至1980年代初期，台灣的經濟發展已有明顯成長，人們的宴席不再是過去僅在人生重大轉變或年節祭祀、大拜拜等場合才舉行，也不僅是商人談生意的應酬需要。當宴席的豐盛與否開始成為主家體面與能力的彰顯，海鮮便漸被凸顯並大量納入宴席菜中，這一方面是餐廳經營者的想法，一方面也是消費者的要求。如台菜餐廳李老闆說，當初他們的餐廳一桌至多三千，但有客人要求做出一桌五千的菜，讓他們大傷腦筋，後來便以海鮮為主要食材。[186] 由此視之，消費者所扮演的角色並非僅是被動地接收餐廳所提供的菜色，經常也會給予意見或要求，促使餐廳為了消費者的喜好而做出相應改變。

　　除了消費者喜好外，科技與設備的發展更是促使海鮮菜增加的重要原因。過去因為冷藏冷凍設備尚不普及，在1970年代，魚

在餐廳擔任學徒的經驗，初開業時最早是從傅培梅食譜學習烹飪。

186 筆者訪談，2006年12月26日於台北。

蝦蟹等海鮮類仍屬偏貴的食材，廣東餐館的海鮮菜餚十分著名，也都價格不菲，在1970、1980年代均是有錢人擺宴的重要場所。而台菜餐館也將海鮮視為重要特色，儘管在科技設備發展之前，海鮮其實不是台灣庶民生活中的常見菜餚，但一方面新鮮海產能夠大幅提高菜色的售價，另一方面隨著冷藏、交通設備的改善，海產食材的取得已經容易許多，也使得台灣鄰近海域豐富的水產成為飲食上的重要特色，並獲得消費者喜愛。如某知名台菜餐廳原本以販賣沙茶牛肉起家，但如今該台菜餐廳供應的菜色中有八成都是海鮮菜，一方面是老闆特意採取的經營策略，以高價海鮮作為餐廳招牌；另一方面也是消費者在經濟改善後對海鮮的喜好培養了這塊市場，即使在經濟不景氣的時候，高價海鮮菜仍十分吸引社會上層或以應酬為主的消費者。

　　不過，儘管戰後出現各菜系相互混融的現象，但台菜餐廳仍保有若干自戰前延續下來的特色，例如：以醃漬食材為主的各類菜餚變化、傳統宴席菜（如滷豬肉、五柳枝）等的保留、眾多以豬各部位為食材的菜餚等。在調味上，許多台菜師傅都強調「原味」是台菜的特色所在，即使從其他菜系擷取不同的作法，此特色依然明顯。一位擅長湖南菜、廣東菜，但因本身是客家人而經營客家餐廳的廚師舉例，台菜的烹飪調味十分依賴蔥薑蒜等新鮮植物，中國許多省分的菜餚則多使用香料如八角、桂皮、丁香、花椒等來調味，這些香料在食物上增添了多層次的風味，相對之下，台菜的烹調則較凸顯食材本身的味道。此外油與辣椒在台菜中用得也較少，與其他中華菜系相比口味因此顯得清淡。[187]

---

187 筆者訪談，2008年4月24日於高雄。

小結：戰後成為中華菜系之邊緣分支的「台菜」

本章說明了：(1)從酒樓到公共食堂與酒家的轉變；(2)中國多省菜餚與餐廳在台灣的興盛；(3)1960至1970年代台菜餐廳的崛起。透過這些過程，一個與日本殖民時期截然不同的飲食版圖在台灣重新誕生。移植與融合，正是此飲食版圖改變過程的主要特色，當新政府、新移民來到台灣，也把一個濃縮的中國飲食地圖移植而來，表現在餐廳的具體面改變，及食譜與文化論述的象徵面改變。

此「移植」在兩個層面上產生影響：第一，江浙菜等菜餚在菜系階層上取得較高的地位，這與社會上層階級的變化有關，新的上層階級作為較有能力消費外食、舉辦應酬宴席，也是餐飲市場主要的消費者，他們與過去十分不同的飲食偏好，特別是對各自家鄉味的喜好，也影響了餐飲市場的發展。江浙餐館或北方餐館成為這群新移民中位居要津者的主要集會所，相對比下，台菜的位置在被納入中華菜系之後，也如同台灣在中華民國地圖上一般僅居邊緣。不僅在具體面的餐館變化有了如此改變，影響更深遠的或許是在象徵面，由於日治時期的知識分子在戰後十年的政治變化中大批消失或噤聲，1950年代之後，握有文化論述權的作家、知識分子多為中國來台的新移民，他們對於台灣酒樓的完全陌生，以及將之視為邊緣、缺乏理解動機的認知態度，至今仍影響台灣當代社會對台灣飲食傳統的認識。而對絕大多數台灣民眾來說，受限於在殖民時期的中下層位置，無從窺知或有能力傳述曾經存在的酒樓歷史或富戶的私房菜，對於台菜的認識也就因此囿於他們有機會接觸到的家常飲食、簡易食堂小攤等面向了。少數酒樓菜的遺緒可在「酒家菜」中找到，但也有了很大改變，隨

酒家的營業型態而變化。國民黨政府以中華民國唯一合法政府自居，也將中國傳統烹飪視為支持此「中國」合法性的重要內容。

第二個影響是，藉由這些被迫遷徙來台的移民多元的中式餐館、小飲食攤、各式點心等都出現在台灣，多省飲食間的融合透過食譜、市場、餐館、家庭廚房這些管道不斷進行，廚師們自身也在不同菜系的餐館中學習不同的技法。然而須強調的是，這樣的改變是雙向的，不僅是台灣本地的菜餚口味受到廣東、四川、湖南、江浙等菜系的影響，這些戰後初期的「外省菜」，也在融合的過程中逐漸「本地化」，而與它們原本口味有所差異，正因如此，當代台灣的川菜、湘菜、浙菜等，均已與今日這些地方的菜餚口味有很大差異。這更加顯示出，飲食如同語言，有生命而隨著環境不斷改變。

再進一步深究此飲食版圖「移植」所影響的兩個層面，第一層面涉及台灣社會中何謂「高級料理」（haute cuisine）與其再現的改變，顯示出「高級料理」意義的改變，與統治階層、「國家」（nationhood）的改變有著密切關聯。國家地位與統治階層透過政策與各種規訓方式影響了餐飲相關的論述與展現。相對於此，第二層面中所談到，多元菜系中的互相採借、滲透與影響，則發生在日常生活中。如同Pilcher對墨西哥菜的研究所指出，透過看似十分尋常的共煮共食及食譜等媒介，卻能夠形塑出一個具全國普遍性的共同飲食方式。[188]

台灣菜的融合也顯示了台灣菜與中國菜這兩個概念關係的轉變。在日本殖民時期，「台灣料理」被界定為與中國料理（支那

---

188 Pilcher, Jeffrey M., *Que Vivan Los Tamales!: Food and the Making of Mexican Identity*.

料理）有所差異，在餐館中所呈現的台灣料理，實際上則是多種中國料理的「精選」。然而，在殖民結束之後，「中國菜」成為具國家意義的「正典」（canon），新的統治階層對本地菜餚並無興趣，「台灣料理」曾有的高級料理形象陡然消失，而被納入「中華菜系」成為其一支，也就是中華民國之下的地區性料理，當過去「台灣料理」對應的概念是「中國料理」、「日本料理」，此時「台灣菜」對應的概念則包括：「北平菜」、「江浙菜」、「四川菜」等等。「台灣菜」從「中國菜」的外部到了「中國菜」的內部。其間差異如下表所示：

表4.2　日治「台灣料理酒樓」與1970年代「台菜餐廳」概念比較

	日治中、後期 「台灣料理」酒樓	1970年代興起的「台菜餐廳」
定義基準	漢（台）—和—洋	中華菜系（八大菜系為主）
與「中國菜」關係	混淆→試圖區分	「中國菜」的一支
菜餚階層	高，宴席菜 登江山樓，吃台灣料理	低，不被視為一完整「菜系」，常被形容為「難登大雅之堂」
代表性菜餚	魚翅、八寶鴨、五柳枝	蔭豉蚵、菜脯蛋、滷肉
與台灣常民關係	低	高

　　綜言之，新政權也帶來新的餐館與新消費者。日治時期富紳巨賈、文人知識分子的網絡在戰後不復存在，即使蓬萊閣之類的大型酒樓於戰後復業，也不再是台灣文人們聚會、議事、休閒的重要公共空間，取而代之的是戰後新政府官員、新興商人以及地方政治勢力的新網絡。從大陸來台或在台新開設的大型江浙菜館、北平菜館等新餐廳，也成為新消費者的聚會場所。

　　從日治時期酒樓到戰後公共食堂或酒家的改變，看似僅是新

的國家機構與上層階級對原有消費場所與相關社會制度的新管理方式，但其中涉入新的國家意識型態與政綱，與婦女團體、商業組織、民意機關等不同社會行動者之間的互動與關係，透露新的權力消長關係，及多種新元素與日治時期舊結構間的磨合。從戰後初期新國家機構消費治理的政策與成效，可看出不同社會部門與行動者在新社會條件下的變動與關係重組。

第五章

族群、階級與飲食「傳統」的創造

前言：當代「台灣菜」內涵的改變

本書探討的是「國族菜」（national cuisine），影響「國族菜」界定的要素除了主政者的改變及與其他國家的關係外，國內政治也有重要影響，特別是當「國族」概念的定義與界定仍在爭議中，甚至國內群眾尚無強大共識時，國內政治的影響就更為明顯。在台灣，自明鄭、清代、日本乃至二次戰後國民政府的政權更迭，台灣作為「國族」的定位在島內面對多種論述的爭辯與歧異，這也導致「台灣菜」的定義格外不易。本章焦點置於當代國內政治對「台灣菜」定義的影響，特別是2000年台灣首次政黨輪替後，「台灣菜」的定位與內涵有了很大改變。

如本書第一章所論述，國族既由政治與文化要素共構而成，政治與文化要素的互動也都對「國族菜」的界定有高度影響，包括國內政治、歷史與文化傳統。本章聚焦在台灣於1990年代至2000年代初期台灣族群政治與政黨輪替對「台灣菜」的影響，包括「原住民菜」、「客家菜」在「台灣菜論述」中扮演的角色，及小吃在國宴菜餚中被賦予的象徵性意義。

檢視台菜食譜的發展，目前以「台菜」、「小吃」為主題的飲食書籍幾乎都是在1990年代下半之後才出版，大多數甚至集中在2000年之後。例如過去已出版大量食譜的知名食譜作者傅培梅、梁瓊白，都分別在1997、1999年才首度出版「台菜食譜」。[1]

無論「台菜」餐廳或「台菜」食譜的出現，都是將某些特定菜餚「命名」為「國家／族群料理」的行為。而餐廳介紹與食

---

1 傅培梅、程安琪，《美味台菜：古早味與現代風》（台北：韜略出版公司，1998）；梁瓊白，《台菜料理》（新北：膳書房文化公司，1999）。

譜、媒體報導中的飲食論述便是支撐此命名過程的顯著力量。這些飲食文本的重要性不僅在於能將烹飪技能與飲食知識文本化（textualization）、知識化（intellectualization）並廣為傳布，食譜作為一種經過選擇的符號呈現，本身也表現出欲傳遞給我群或他者的特定訊息。

在上述食譜中，「台菜」與故鄉、家常、傳統的接合，說明了飲食口味與土地的密切關係。透過食譜此種日常生活文本，「傳統、本土」與原本十分任意、感官、個人主觀的「美味」成為相當自然的連結，也是群體成員的共同資產，換言之，記錄了一種承載共同價值的集體文化（collective culture bearing common values），而這樣的連結同時也透過食譜與相關飲食論述的傳播進行著再生產。梁瓊白自己的說明，可作為這個時期「台灣本土轉向」風潮的註腳：

> 生長在這塊土地將近五十年，不只是生活方式習慣了此間的模式，連口味也或多或少脫胎了祖籍之食而適應了本地口味，但在我二十年的教學生涯中，出版了五十餘本書之後，意識到作品中雖然也曾製作過本地食譜，卻沒有一本專以本省口味為內容的書，因此今年開春第一件作品，我便以台菜為主題，製作了這本完全以本省口味為主的食譜，作為送給這塊土地的獻禮……
>
> 這本書……的順利應是五十年來生於斯長於斯，潛移默化中的認同吧，如今我只是將它更具體的付諸文字與圖片的整理，反而驚覺它的存在是如此根深蒂固，而我卻忽略了它的存在……在完稿的同時，更期許它的內容能成為你我認同這

塊土地的共同默契。[2]

　　在這段引文中，味覺作為一個連結的紐帶，把人與土地透過「種於此、長與此、為在地人所吃」的「本土食材」以充滿感情的方式連結起來。梁瓊白原籍廣西，在眷村長大，但自認口味在五十年間「脫離了祖籍」而轉向本土，並歸因於「生於斯長於斯，潛移默化中的認同」，不僅標誌出口味與認同的相似處在於保持流動性與持續協商，也顯示出不同文化間互相融合轉化的過程。這種「向本土轉」的宣稱儘管是出現在食譜此種商業性文本，但若將之與1990年代初期的台菜論述相對照，仍可辨識出認同界線流動的過程，而其透過傳布可能造成的效果亦是不可忽視的。具體言之，二次戰後至1990年代若論及「台灣美食」，指涉的常是中國各省口味的保存，在2000年之交，則漸返回潛移默化的本地口味。

　　1990年代中期之後，各地農特產漸成為縣市政府乃至鄉鎮推展觀光的主軸；2000年國宴以小吃入菜、國宴下鄉等活動，又帶動一波復古台菜餐廳的興起以及更多對台灣傳統菜餚的重視。[3]與此同時，客家飲食亦逐漸風行且快速擴張，2005年起，客委會在

2　梁瓊白著，施如瑛譯（中英對照），《台菜料理》（新北：膳書房文化公司，1999）。

3　根據觀光局資料，在2000至2005年間，以地方農特產為主題所舉辦的地方節慶至少就包括：柳營牛奶節、新化番薯節、關廟鳳梨竹筍節、玉井芒果節、東山龍眼節、麻豆文旦節、關子嶺椪柑節、官田菱角節、永康菜頭節、新市毛豆節、蓮鄉蓮藕節、新埔柿餅節、東港黑鮪魚觀光季、宜蘭三星蔥蒜、雲林台灣咖啡節、大崗山龍眼蜂蜜文化節、成功啤酒節、山上網室木瓜節、安定蘆筍節、北港麻油節、台北牛肉麵節、台北打牙祭（聯合台北市各大觀光飯店及餐廳推出各式主題美食，例如梅子饗宴、原住民美食及台菜）等。

自1989年以來的「中華美食展」之外獨立舉辦「客家美食嘉年華」；外貿協會也在2006年首度舉行「台灣美食展」。

在前述風潮中，以客家菜、原住民美食為主的族群菜餚與地方農特產，是當前「台菜」定義中不可或缺的要素，[4] 亦是本章的關注重點。特別是在1990年代下半的期刊、食譜等相關論述中都會特別強調。對當代讀者來說這樣的論述似乎十分理所當然，但卻是過去文獻中不會見到的。

在大型展覽或媒體報導中，對客家菜、原住民料理的關注約始自1990年代，1990年起發行的美食期刊《美食天下》雜誌是在1996年以後才有較多對客家菜、原住民菜的報導。例如1996年4月號介紹「客家糍粑」、[5] 7月號介紹「鄒族風味大餐」，[6] 之後在1998年配合飯店活動，接連以原住民、客家飲食作為該月專題進行報導。如6月的主題是「細述原住民飲食之美：擁抱最初的感動」，分九族介紹「原住民的吃」。9月份的「來喫客家菜」專題，則介紹「來自原鄉的客家風味」。此外，1999年3月、5月，陸續有觀光飯店推出「客家美食節」活動。7月份的北埔膨風節，也以「到北埔吃客家菜配膨風茶」吸引許多觀光客。之後又有許多以客家美食為主題的中小型地方節慶。

然而，客家菜此種「族群料理」（ethnic cuisine）是在何種社

4　例如在2006年外貿協會主辦的第一屆「台灣美食展」，特意強調原住民、客家等不同族群的特色，不僅開幕典禮以暢飲原住民小米酒開始，強調「台式風味、在地美食」，上菜秀表演中還包含原住民舞蹈、客家採茶舞蹈、台灣歌謠組曲。

5　翁雲霞，〈客家糍粑好滋味〉，《美食天下》第53期（1996.4），頁98-99。

6　林滿秋，〈探訪山中美味——鄒族風味大餐〉，《美食天下》第56期（1996.7），頁102-105。

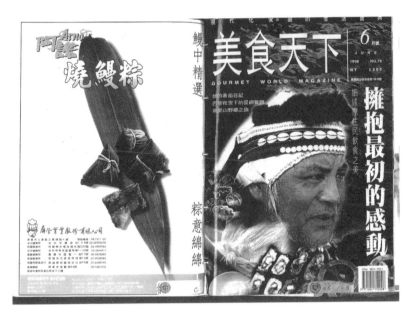

圖5.1　1998年美食雜誌的原住民美食專題

會脈絡下興起？其發展在台灣美食版圖上具有何種重要性？類似地，近十幾年來興起的「原住民風味餐」又是如何產生？客家、原住民原本就是台灣人口的構成份子，原住民各族在17世紀漢人大舉遷徙來台之前，是台灣島的主要住民，「客家」則是遷徙至台漢人中的重要一部分，然而，「客家菜」與「原住民菜」概念的產生，卻是在1980年代後才有較顯著的發展，更要遲至2000年前後，才廣泛被消費者所辨識，換言之，這些「族群」的飲食要素並非理所當然地被標示出，「客家菜」、「原住民菜」的區分、定義乃至進一步發展，與外在社會脈絡的變化，特別是台灣國族論述及族群政治的發展有密切關聯。前幾章藉由對日治時期乃至戰後台灣政權及社會脈絡改變的分析指出，「台灣菜」的概念在殖民時期與威權體制下有截然不同的界定方式，本章則進一步分析，隨著政治民主化的發展、本土化（indigenization）運動的興起，植基於本地的「台灣菜」也開始日漸受到重視，加上文化詮釋權的改變，也被新的定義者賦予新的意涵、形塑為新的文化符碼。在其中，「原住民」與「客家」概念也被動員並扮演重要角色。

　　然而，必須先說明的是，本章所指的「族群菜」乃依台灣的「族群」定義所產生，而在台灣使用的「族群」概念，如王甫昌等學者已析論，閩南人、客家人、「外省人」等其實多數屬於「漢人」，與其將之視為一種人類學上的「族群」區分，不如說是一種因為歷史與社會條件而產生的政治區分，[7]必須從台灣特殊族

7　Rudolph, Michael, "The Emergence of the Concept of 'Ethnic Group' in Taiwan and the Role of Taiwan's Austronesians in the Construction of Taiwanese Identity," in *Historiography East and West,* 2(1)（2004）；王甫昌，《當代台灣社會的族群想像》（新北：群學出版有限公司，2003）。

群政治的角度來理解。第一節即先從 1990 年代的「四大族群」論述開始。

第一節 「四大族群」論述與「客家菜」、「原住民菜」的興起

　　許多政治與社會學者的研究已指出，在台灣政治制度民主化的過程中，「本土化」政策是一重要轉折。隨著 1970 年代黨外運動的成形、文化界「鄉土文學論戰」與一連串街頭抗爭，在 1980 年代後期解除黨禁、報禁、進而解嚴，更進入一個政治轉型及社會運動風起雲湧的時期，農工、客家、原住民、環保運動、教育改革等都在政治鬆綁下積極發聲。當時對於「本土」或「鄉土」，雖存在不同的解讀方式，但重點在於肯定、釋放過去遭到壓抑的普羅大眾文化，逐漸讓這些較為接近大眾生活的文化內容有了呈現的機會。此種「本土意識」到 1990 年代有了更明顯的發展。

　　1990 年代被視為台灣民主發展的重要時期，包括 1990 年野百合學運、1991 年終止動員戡亂時期臨時條款、1993 年政府將母語教育納入中小學正式教學範疇，並開放原本在媒體中的語言限制。1996 年首度總統直接民選，各候選人也以「認同台灣本土」為訴求吸引選民。之後在 1997 年的「認識台灣」教科書爭議、1998 年「新台灣人」論述的提出、1999 年兩國論爭議，乃至 2000 年的總統大選，「愛台灣」在一連串政治動員中成為政治人物的共同口號。此外，社會議題也逐步與社區結合，如美濃的愛鄉反水庫運動即為一例。而在這股高喊本土化的浪潮中，對飲食方面影響最大的是「社區總體營造」政策，不僅將本土化風潮導入觀光，也透過飲食進一步深入人們的生活並延續至今。

　　「社區總體營造」政策在1994年十月由文建會正式提出，這項政策的重心原本是社區自主、保存傳統地方文化，以及「產業文化化，文化產業化」，目的在促進地方經濟繁榮與觀光。但在概念提出之後，著眼於擴大地方利基與吸引觀光客，許多政府機關都相繼推動社區營造政策，如經濟部「商店街開發推動計畫」、「形象商圈區域輔導計畫」，以及農委會「一鄉一特產」等，特別是農委會在地方特產的開發上提供誘因，許多原本自以為毫無特色的鄉鎮都在此概念下挖掘或完全新創出「地方特產」推廣觀光，頗有成效者包括2001年開始的「田媽媽」品牌，[8]以及「台灣伴手禮」系列等。

　　綜言之，在1990年代，除了政治層面外，本土化也開始成為教育、文化發展、語言使用等各方面政治發展的重要原則，可說逐漸「從中國為中心的典範轉向台灣為中心的典範」。[9]在此脈絡下，台灣的主體意識在1990年代得到愈來愈多重視，統獨與「台灣認同」在民主化、本土化的過程中開始成為可討論的議題。[10]

　　在本土化發展的過程中，「四大族群」概念於1980年代末期

8　農委會自2001年開始輔導台灣各地農家婦女成立「田媽媽」品牌，以田園料理及地方特色農產品加工、米麵食餐點為主要商品。

9　Wang, Fu-Chang, "Why Bother About School Textbooks？: An Analysis of the Origin of the Disputes over Renshi Taiwan Textbooks in 1997," John Makeham and A-chin Hsiau（eds.）, *Cultural, Ethnic, and Political Nationalism in Contemporary Taiwan: Bentuhua*（New York: Palgrave Macmillan, 2005）, pp. 58-73.

10　Tien, Hung-mao & Chu, Yun-han, "Building Democracy in Taiwan," in *The China Quarterly*, 148（1996）: 1145-1148; Wachman, Alan, *Taiwan: National Identity and Democratization*（Armonk, N.Y.: M.E. Sharpe, 1994）; Wu, Yu-shan, "Taiwanese Nationalism and Its Implications: Testing the Worst-Case Scenario," in *Asian Survey*, 44（4）（2004）: 614-625.

被提出，成為台灣主體論述的要素。[11] 構成台灣社會的「四大族群」是指閩南人（福佬人）、客家人、外省人、原住民（原住民族）。其中，台灣原住民為南島民族，「外省人」指二次戰後初期來台的大陸移民，閩南人與客家人則主要指17世紀至19世紀間遷徙至台灣的閩粵移民後代，但除了祖籍、血緣等因素外，人們的自我認定對這四大族群的區分也同樣重要。根據客委會於2016年中對台灣民眾所進行的調查，當只能選擇一種族群身分時，受訪者中有69%認定自己是「福佬人」，其次為「客家人」占16.2%，「大陸各省市人」占5.5%，「原住民」占2.7%。與2004年客委會剛成立不久時所進行的調查相比較，2004年認定自己是「福佬人」、「客家人」的比例分別是73.3%、13.4%（含台灣客家人12.6%與大陸客家人0.8%），「大陸各省市人」占8%，「原住民」占1.9%，可看出12年來「福佬人」、「大陸各省市人」比例均下降，族群認同為客家人與原住民者則上升。[12]

「族群」（ethnic group）原本是人類學中的特有名詞，但在「四大族群」論述中，由此四大族群的定義方式看來，閩南人、客家人均屬漢人，「外省人」（大陸各省市人）包含來自多個省分的人士，在祖籍、血緣、語言上都無一致性，僅是一種人群分類

---

11 關於此論述的提出時間，Rudolph（2004）認為是在1989年，張茂桂（1997）則認為是在1991年，參見：Rudolph, Michael, "The Emergence of the Concept of 'Ethnic Group' in Taiwan and the Role of Taiwan's Austronesians in the Construction of Taiwanese Identity," in *Historiography East and West,* 2(1) (2004): 98；張茂桂，〈臺灣的政治轉型與政治的「族群化」過程〉，收入施正鋒主編，《族群政治與政策》（台北：前衛出版社，1997），頁60-63，亦參見王甫昌，《當代台灣社會的族群想像》，頁3。

12 「105年度全國客家人口暨語言調查研究報告」https://www.hakka.gov.tw/Content/Content?NodeID=626&PageID=37585，頁6（2018/4/23查詢）。

的方式，與人類學意義上的「族群」並不相符。社會學者王甫昌認為，此分類方式來自在不同歷史時期所產生的三個對立分類：漢／原、（漢族內的）外省／本省、（本省內的）閩／客，他因此提出，「四大族群」其實是一種分類的意識型態。也有學者認為，「四大族群」的分類方式是由閩南人政治人物所創造出，用以取代「台灣與中國大陸」的二分法，目的則是要獲取閩南人以外族群的政治支持。[13]

隨著台灣社會人群的變化，包括「外省人」第一代的凋零、東南亞族裔的加入，及不同「族群」年輕世代在教育與社會共同經驗的基礎上逐漸趨同等，「四大族群」分類在今日台灣已不完全適用，不過在1990年代及2000年代初期的台灣，的確曾發揮相當大的影響力，在此脈絡下，代表民進黨參選的陳水扁獲得2000年總統勝選，更使台灣本土意識在政治、文化場域有顯著發展。在「四大族群」論述的背景下，原住民委員會、客家委員會分別於1996、2001年成立，在原委會、客委會的各項活動中，具「族群特色」的食物或菜餚，經常扮演重要角色，這些特定「族群菜」的興起，也應從族群運動的脈絡來理解。

一、原住民菜：自然無邪的神話

台灣原住民在漢人來台後居住範圍日益受限，清代與日治時期被稱為「番」，在二次戰後的中華民國憲法中則被稱為「山地

---

13 Rudolph, Michael, "The Emergence of the Concept of 'Ethnic Group' in Taiwan and the Role of Taiwan's Austronesians in the Construction of Taiwanese Identity," in *Historiography East and West,* 2(1)(2004).

同胞」，直到1980年代末期，仍經常被以台語稱「番仔」，存在較負面的刻板印象，依據內政部資料，至2020年1月的統計，原住民總人口571,816人，占台灣總人口約2.4%。[14]

原住民運動的興起可溯自1980年代的兩次「還我土地運動」，1992年原民運動提出憲法的「原住民族條款」，主張正名、自治、保障土地權、設立專責機構等要求，主要希望能夠將法案中的「山胞」等詞修改為「原住民」、將被迫使用的漢名改回原本的原住民名字，及振興原住民語等。原住民運動在1990年代「四大族群」論述中取得相當的成功，此論述將「原住民」置於與其他「族群」較為平等的位置，並在民主化浪潮中獲得社會主流意見的支持，之後在1994年8月1日憲法增修條文將「山胞」修正為「原住民」，1996年12月成立「行政院原住民委員會」，專責統籌規劃原住民事務。

由於「四大族群」論述的目的是要標舉台灣的主體性，強調台灣已經是一個不同於中國的政治實體，因此屬於南島語系的台灣原住民在「四大族群」這個台灣主體性的論述中扮演關鍵角色，原住民的存在，說明了台灣人與台灣文化在血緣與文化層次上具有獨特性。[15]在血緣上，南島語族與太平洋島嶼住民的血緣有緊密關聯；在文化上，也與漢族為主的中華文化截然不同，這些論述都削弱了戰後國民黨政府所灌輸中國正統論述的正當性，許多台灣民族主義者強調，原住民的存在就證明了台灣有獨特的文化與歷史源頭，中華文化僅是其中一部分而非全部。換言之，儘管原住民的人口比例雖僅約2%，卻是台灣國族論述中的關鍵。

---

14 統計資料從內政部人口資料庫下載（2020/3/6查詢）。

15 同注12。

　　然而諷刺的是，儘管在1990年代之後，「四大族群」論述及許多對「台灣文化」的宣稱都認為「原住民」扮演核心角色，但原住民的處境及相關政策卻仍是處於邊緣位置，極少以原住民文化保存、傳承作為考量重點，此種「關鍵但邊緣」的位置在關於「台灣菜」的論述中亦是如此。

　　例如，雖在1990年代後期，以台菜為主的食譜、論述等逐漸興盛，飲食文化教科書或台菜食譜序言對「台灣飲食」的定義中，也大抵都以「四大族群」的架構來申論，說明台灣飲食文化包括原住民菜、客家菜、他省移民帶來的飲食文化及閩南移民飲食等，肯認原住民飲食是台灣飲食文化中的關鍵要素。然而在後續的食譜內容或台灣飲食文化的具體介紹中，卻幾乎不會再提到任何原住民菜餚或飲食要素，而回歸漢人傳統飲食的介紹。這固然是基於台灣原住民飲食與漢人飲食要素的差異性及漢人為多數的事實，但作者在書中有志一同地先在「台灣菜」的定義中納入「原住民飲食」，卻也顯露了原住民在「台灣文化」的界定中，有著不可遺漏的關鍵性，彷彿若漏提了原住民，對「台灣飲食」的界定便缺乏了正當性，而這在1990年代之前的飲食論述中卻是無須考慮的。此種飲食論述上的變化，說明了台灣主體性論述在2000年前後已開始成為一種具規範力的意識型態，即使在飲食文化與食譜書寫中都產生影響力。

　　原住民飲食的文本化，主要是在1995年台灣原住民文教基金會與1996年「原住民委員會」成立之後展開。台灣原住民文教基金會自1998年起，先後出版了《阿美族野菜食譜》（1998）、《排灣族原鄉食譜》（2000）、《泰雅賽德克族原鄉食譜》（2001）。原住民委員會也在2000年出版《台灣原住民傳統食譜》、《台灣原住民創意食譜》兩本食譜，為官方出版的第一套原住民食譜。無

獨有偶，同樣在1998年，首次有美食雜誌針對「原住民飲食文化」做大篇幅報導，即1998年《美食天下》的原住民料理專題。在陳水扁2000年當選總統後「國宴下鄉」政策脈絡下（見本章第二節），原住民委員會、屏東縣政府也委託屏東科技大學於2004年出版了《原住民國宴食譜》。在2006年原住民委員會成立十週年時，又象徵性地出版了《原住民風味餐創意美食》食譜。

與此同時，由官方舉辦的飲食文化保存活動也陸續展開，如原委會於2001年底主辦了一場原住民廚藝競技，並將優勝作品集結出版為《台灣原住民廚藝競技紀錄集》；同時高雄餐旅學院通識中心也開設原住民餐旅文化學程，連阿里山國家風景區管理處也在2004年辦理「阿里山鄒族餐旅人才培訓」，邀請美食作家、學校餐飲科主任、飯店主廚等來教授民宿、餐廳業者宴席菜、創意菜、山野菜的作法等。換言之，在政府相關單位成立後，因為有較充裕經費的挹注，才開始運用這些資源對原住民飲食文化投以關注。

從食譜、雜誌報導到學程與人才培訓，特別是在1998年後，短短幾年間有相當密集的原住民飲食相關文本與活動出現並非巧合，而是前述族群政治氛圍，加上官方資源投入下所產生的成果。例如，《美食天下》在原住民料理專題的序言中，提出對原住民文化流失的憂心：

> 台灣……因為歷史的糾葛繁衍，何其有幸地擁有來自四面八方的各地族群，在重重的民族融合後，創造出屬於台灣自有的生命體，然而，這其中卻鮮少包含原住民的色彩，除了因為他們在經歷一次次民族融合與沖刷後，成為島上的少數民族外，長久的政治政策也是使他們習慣沉默的原因之

一。……如今我們卻無法清楚描繪屬於他們的臉譜，這除了說明文化侵略的可怕外，更讓人對原住民的未來感到憂心。16

　　此段序言清楚提出了「族群」是理解台灣原住民飲食文化的前提框架，原住民的重要性即在於作為台灣生命共同體中的重要一支。這樣的族群論述即使在美食雜誌中，都作為論述的主軸。在此序言之後，該期《美食天下》即大篇幅報導原住民各族的飲食特色，先從總論式介紹文章〈禮讚原始、平凡的美感：從原住民的吃談起〉開始，接續報導泰雅、賽夏、布農、鄒、魯凱、排灣、卑南、阿美、雅美等當時官方認定的原住民九族飲食，並特別介紹原住民的飲酒文化、「山地美食DIY」與原住民餐廳、民宿。

　　美食雜誌的報導一方面反映了社會轉換視角，重新以正面態度看待原本就存在於台灣的原住民文化；另一方面，雜誌從飲食文化到餐廳民宿的報導企劃，也顯現出「觀光」在台灣「族群飲食」上的重要性。與之後客家菜的發展類似，在族群論述的框架下，「推展觀光」實是促成原住民飲食文化「文本化」的重要驅力，這點在其他原住民食譜中也可清楚看出。

　　如在原住民委員會所出版《台灣原住民傳統食譜》、《台灣原住民創意食譜》的序言中，原委會主委尤哈尼·伊斯卡卡夫特就明白表示：美食是「推展觀光產業之利器」，期待將原住民飲食文化與地方特色結合，加入現代技藝，以創造商機，該書的出版，因此有明確的目的，是希望增加原住民的收益。17類似地，同

16　張若蘭，〈站在原住民的高崗上〉，《美食天下》79（1998.6），無頁碼。

17　李怡君、趙憶蒙編輯，《台灣原住民傳統食譜》（台北：行政院原住民族委員

一年（2000）由台灣原住民文教基金會出版的《排灣族原鄉食譜》，基金會董事長蔡中涵也在序言提到：[18]

> 自實施週休二日以來，國內旅遊風氣盛行，大量觀光人潮湧進原住民部落，愈來愈多的部落開始嘗試以不同的面貌，展現地方與民族文化特質來創造經濟發展空間。由於生態與文化的結合，原住民自然健康的飲食，是原住民觀光產業與部落經濟發展的重要方向。

在觀光與經濟發展的驅力下，為了凸顯原住民菜的文化特殊性，「原始、自然、健康」在原住民飲食文本（食譜、媒體報導等）中每每被標舉為原住民飲食文化的特色。在介紹具體的菜餚之前，各食譜常強調原住民在山林間擁有單純的生活與對自然的熱情。《台灣原住民傳統食譜》中介紹，原住民居住環境接近自然、對食物的處理方式講究原味，非常符合當今重視健康自然的潮流，該書所舉出的代表性菜色包括竹筒飯、香蕉糕、炸飛鼠、石板烤肉等。從介紹的菜名來看，儘管其中有部分是以原住民語言的稱法來指稱該菜餚，如「朗應」、「包厚窩撈」等，但也使用了布農粿、布農年糕、山地粿、小米珍珠丸子等漢人飲食文化中的概念來命名，反映出漢人仍為本書預想的主要讀者，故藉由這些稱法來讓讀者較容易理解菜餚的型態。

會，2000）。

18 吳阿美，《排灣族原鄉食譜》（台北：台灣原住民基金會，2000），頁2。

表5.1　《台灣原住民傳統食譜》中所介紹的「原住民菜餚」

族名	菜餚
布農族	布農粿、布農年糕、小米飯、玉米飯、原住民豆湯、烤藤心、山產排骨湯、烤苦花魚、煮山芋、地瓜、南瓜
卑南族	竹筒飯、以那靛—山地粿、藤心湯、九層野鼠、九層蝸牛煲
阿美族	阿里鳳鳳、炸山酥、黃金厥菜、牧草心炒肉絲、月桃筍炒雞胸肉
泰雅族	朗應、厄努布、思模、落喬桂竹筍、涼拌韭菜木瓜絲、涼湯、包厚窩撈、喜努湯、石板烤（豬）肉、石板烤（醃豬）肉、醃魚
排灣族	小米粥、小米丸、小米奇那富、芋頭奇那富、南瓜奇那富、涼拌蕨菜、金伯樂、芋頭粉腸、烤肉、初露克
雅美族	地瓜糊、涼拌山蘇、蒸芋葉、燒烤燻肉、芋泥加蟹肉、清蒸海蟹、燒烤魚乾、燒烤花跳、蒸魚乾
鄒　族	竹筒飯、南瓜飯、香蕉糕、樹豆湯、花生竹筍、山花椒醃雞、竹筒魚
魯凱族	阿吧伊名產（小米製）、奇那步（芋頭粉製）、蕨菜（野菜）涼拌、魯凱族招牌菜、樹豆香芋排骨湯、步霧魯（芋頭粉製）、小米鹹湯圓、小米珍珠丸子、小米鹹八寶飯、烤山豬肉
賽夏族	蒜味沙欏、燴昭和、河苔豆腐湯、野花拼盤、野蔬雙拼、樹薯排骨湯、木瓜拌山豬肉、賽夏醃肉、麻九燉雞、刺蔥香蛋

資料來源：李怡君、趙憶蒙編輯，《台灣原住民傳統食譜》（台北：行政院原住民族委員會，2000）。

　　類似地，《原住民國宴食譜》的序言中提到「台灣原住民孕育著一股與海洋、山川融合的生命，它代表著聖潔、樸實與純真」；[19] 2001年由觀光局花東縱谷國家風景區管理處所出版的《花東縱谷原住民美食專輯》也將原住民菜的特徵描述為「回到自然」且「對環境友善」。[20]該書提到，原住民獲取食物的方法包括

19 鍾辰英等執行編輯，《原住民國宴食譜》（屏東：屏東縣政府，2004），頁Ⅰ。
20 花東縱谷國家風景區管理處所，《花東縱谷原住民美食專輯》（花蓮：花東縱谷國家風景區管理處所，2001），頁55。

圖5.2 《花東縱谷原住民美食專輯》封面

耕種、打獵、釣魚、採集，[21] 然而現實生活中，此種採食方式早已難維持原住民的日常飲食。依照原住民委員會於2017年所進行的「臺灣原住民族經濟狀況調查」，在約22萬6千多戶的原住民家庭中，居住於「山地鄉」的有52,798戶（23%左右）。但原住民為了食物在山區打獵則經常被認為觸犯「野生動物保育法」、「槍砲彈藥管制條例」等，不時有原住民因為狩獵而被逮捕，引發諸多爭議，顯示山羌、山豬等原住民過去狩獵的動物並無法作為原住民的主要食物。此外，儘管居住於山區的原住民仍會以蝸牛、飛鼠等野生動物為食，但大多數人的食物卻與一般台灣漢人一樣是在市場購買。從原住民族家庭消費支出來看，在食品及非酒精飲料的支出是占家庭消費支出比例最高的項目，占25.7%，其次是住宅服務、水電瓦斯燃料等占13.44%。[22] 如今恐怕僅有野菜可以較便利在鄰近地區取得。換言之，當代原住民真實的飲食經驗與前述食譜中的描述早已大

---

21 同上注，頁6。

22 原住民族委員會，《106年臺灣原住民族經濟狀況調查》（台北：原住民族委員會，2018），頁VIII、XI。該調查每四年進行一次，筆者寫作時能取得的最新資料是於2017年調查的結果。https://www.apc.gov.tw/portal/docDetail.html?CID=C5FBC20BD6C8A9B0&DID=2D9680BFECBE80B62DD2D2C369C62389（2019/8/30查詢）。

不相同。

　　對於原住民菜的描述除了對「自然」的謳歌外，原住民食譜的另一特性是把族群飲食特性直接連結到原住民的「族群性」（ethnicity），多數對原民菜特徵的詮釋如自然、山林、原始等，都強烈連結到原住民熱情、樂天、友善等性格面的特性，這些特性不僅見於食譜，在台灣原住民公園等的介紹文字中，也有相當類似的說法。如謝世忠的研究指出，在原住民相關展覽中，原住民經常被呈現為：一群住在遙遠山區的快樂原始人，住在用茅草或石塊搭建的屋舍內，打獵或捕魚為生，年輕女孩對遊客十分殷勤，年長女性均有刺青，每天都在跳舞與喝酒。[23] 然而，這些介紹

圖5.3　「原住民風味餐」的呈現
出處：陳玉箴攝。

---

23 Hsieh, Shih-chung, "Representing Aborigines: Modelling Taiwan's 'Mountain Culture'," in Kosaku Yoshino（ed.）, *Consuming Ethnicity and Nationalism: Asian Experiences*（Richmond, Surrey: Curzon; Honolulu: University of Hawaii Press, 1999）, p.104.

文字顯然是脫離現實的，無論是展示或食譜，對原住民文化的介紹極為簡化，遑論對各不同族或部落的差異多所著墨，更完全沒有提到當代原住民的現實生活情況，可以說這些對原住民生活方式的描述與族群特性，僅是一種將原住民過於浪漫化、脫離真實的想像。

此種對原住民菜描述的兩大特性：充滿族群刻板印象、刻意強調菜餚與族群性的連結，用意在強化族群的差異與特性，以使族群的界線更為清楚，而這兩大特性在客家菜近二十年的發展中，其實也有十分類似的表現。

二、客家菜的興起：傳統與階級的爭辯

在客家族群論述中，一般認為客家人的祖先來自中國中原地區，因為戰亂等因素，經過七次大遷徙後輾轉抵達東南沿海的廣東、江西省、台灣及東南亞國家。[24]一開始因其外來身分，地方住民將這群人稱為「客家」，然而隨著時間流逝，這個詞逐漸從他稱轉換為自稱。[25]如今除了中國東南省分外，台灣與東南亞也都有客家社群，但發展出的客家文化實有不小差異。[26]

---

24 Constable, Nicole, *Guest People: Hakka Identity in China and Abroad* (Seattle: University of Washington Press, 1996), p. 3; Wang, Li-jung, "Diaspora, Identity and Cultural Citizenship: The Hakkas in 'Multicultural Taiwan'," in *Ethnic and Racial Studies*, 30(5) (2007): 876.

25 Leong, Sow-theng, *Migration and Ethnicity in Chinese History: Hakkas, Pengmins, and Thei Neighbors*, ed., Tim Wright (Stanford, CA: Stanford University Press, 1997)；羅香林，《客家史料匯篇》(香港：中國學社，1965)。

26 關於台灣客家與東南亞客家的比較，由於非本書考察重點故此處不詳論。

在台灣，客家人約構成人口的13-16%之間，然而1990年代初期的研究顯示，客家人的族群意識當時不高，如羅肇錦稱客家人為「看不見的族群」引起不少共鳴與感嘆，[27]由於客家人在外表上與其他漢人無異，居住地區也常與其他族群混同，加上許多客家人受外在條件限制很少在公眾場所說客語，因此在1980年代的客家運動之前，客家族群的面貌其實頗為模糊。

在1970年代後期以來的政治自由化及1980年代一連串社會運動的催化下，延續前述1984年展開的原住民運動，客家運動也在1987年展開，包括1987年10月25日創刊《客家風雲》雜誌，1988年成立「客家權益促進會」並在同年底舉行「還我母語運動」等，訴求開放客語電視節目、建立多元語言政策等。在與設立「原住民委員會」類似的社會脈絡下，「行政院客家委員會」在2001年6月14日正式開始運作，[28]陳水扁總統上任後提出的「挑戰二〇〇八國家發展重點計畫」（2002-2007）中也將「新客家運動」列為其中主要政策。

從「看不見的族群」到客委會的建制，「客家」的族群界線在公共論述中愈加清楚，「客家菜」也在客家形象的塑造中扮演日益重要的角色。客委會成立之後，將客家菜認定為客家「淺層、深層的文化代表，與生活習慣相連結」，[29]並且在多種活動中積極推動「客家美食」，不僅將之視為客家文化的要素之一，同

27　羅肇錦，〈看不見的族群——只能做隱忍維生的弱勢人民嗎？〉，收入台灣客家公共事務會主編，《台灣客家人新論》（台北：臺原出版社，1993），頁31-36、徐正光，《徘徊於族群和現實之間：客家社會與文化》（台北：正中書局，1991），頁4。

28　2012年一月一日起改制為「客家委員會」。

29　筆者訪談客委會官員，2006年11月17日於台北。

時也是吸引大眾注意力的有效方法。

　　例如，客委會在「新客家運動」政策下，2003年首度辦理「客家美食人才培訓計畫」，並出版《客家飲食文化輯》（2003），2004年又出版《客家飲食文化輯錄》，均著重客家人的歷史與文化，介紹其飲食文化的形成。書中邀請多位學者撰寫關於客家移民的歷史、客家菜的特徵、客家菜與客家族群性的關聯等，接著再介紹餐廳與代表性的客家菜餚。2005年起獨立舉辦「客家美食嘉年華」、出版《2005客家美食嘉年華輯錄》。此外，客委會也補助地方政府（如苗栗縣）舉辦「客家餐廳認證」、輔導地方客家餐廳、舉辦客家菜美食大賽等多種活動。與此同時，民間自行出版的客家菜食譜更是蓬勃興盛。較早的客家菜食譜或飲食文本，如1996年出版《客家菜》、《客家私房菜》，1996年4月《美食天下》雜誌介紹「客家糍粑」以及飯店推出的客家美食、1998年同一雜誌介紹完前述的原住民飲食專題後，也接著製作「來喫客家

圖5.4　2006年客家美食嘉年華
出處：陳玉箴攝。

菜」專題，介紹「來自原鄉的客家風味」。接著1999年《客家風味美食》、《家庭客家菜套餐》等五本食譜出版，1999年三月、五月，陸續有觀光飯店推出「客家美食節」活動。七月份的北埔膨風節，也以「到北埔吃客家菜配膨風茶」吸引許多觀光客。之後又有許多以客家美食為主題的中小型地方節慶。2006至2017年間出版的客家菜食譜也有將近二十本。

透過客委會、客家食譜及相關活動中對客家菜的介紹，2000年代上半已產生一套具共通性的「客家菜論述」，是由客家歷史、族群特色與特定菜餚三大要素構成，這套論述的重點大致是：

客家人多住在山地，田畝少，糧食不足，養成刻苦耐勞的精神，飲食偏重實際，以吃飽為原則，因此客家菜山產多、海鮮少，特色在鹹、香、肥，不僅下飯易飽，不易腐壞，也可以補充粗重工作流汗後所需之鹽分，同時因為糧食缺乏，多食用曬乾、醃臘、醬類等加工製品，處處反映了客家族群勤奮堅苦，刻苦耐勞的生活哲學。

這套「客家菜論述」經常強調客家菜的主要特色如下，且都將之與客家人的「族群性」密切連結：

1. **鹹、香、肥：** 在客家論述中，由於客家人無論在中國東南沿海省分或台灣都是較晚到的住民，難以居住在富饒平原，而是依山而居，需在艱困環境中求生，因此客家人需依賴鹹而肥的食物，如此可以刺激食慾、補充勞動工作所流失的熱量。此外因為客家人十分勤儉，會使用大量的鹽、油來烹飪食物，讓菜餚能保存較長的時間。[30]

---

30 例如：楊昭景主編，《客家飲食文化輯》（台北：行政院客家委員會，

2. **乾燥或醃漬食品多**：由於客家人經常遷徙、生活艱困，因此十分愛惜物資，經常將各種食物醃漬保存留待日後食用，此外，由於山區不易取得新鮮食物，日常物資缺乏下也需仰賴醃漬食物才足以供應日常食物所需。[31]

3. **不精緻但實用、美味**：在食譜或展覽中對客家菜的介紹經常提到，客家人不重視食物的外表與裝飾而是內涵與品質，因此客家菜量多、實在，美味但不追求外在，反映客家人重實際的個性。[32]

　　結合以上三個特點的這套客家飲食論述強調「傳統」與「刻苦耐勞」，將飲食與族群精神連結，凸顯族群的特色與價值。在多數談論客家飲食的文獻中，處處可見這套論述的強化與重複，強調客家人平日儉樸、但熱情好客且十分團結的族群特性，並將特定食材、烹飪方式與客家人重要的族群特徵相聯繫。例如：「桔醬」象徵客家人善用自然資源；「粄仔」代表客家人勤奮艱苦、刻苦耐勞；「醃漬菜」表示充分運用食材絕不浪費等等。

　　然而，這樣的界定本身有其不符合現實之處，如第三章所述，在獲取肉類不易的年代，一般百姓其實僅有拜拜或年節時才較有機會吃到肥肉，愈艱困的環境反而愈不易吃到肉。此外，食

2003），頁18；田其虎主編，《客家飲食文化輯錄》（台北：行政院客家委員會，2004），頁13；行政院客家委員會，《2005客家美食嘉年華輯錄》（台北：行政院客家委員會，2006），頁10。

31 楊昭景主編，《客家飲食文化輯》，頁19-20、35-36；田其虎主編，《客家飲食文化輯錄》，頁29-31；行政院客家委員會，《2005客家美食嘉年華輯錄》，頁10。

32 楊昭景主編，《客家飲食文化輯》，頁55。

用油也並非隨手可取之物，一般人家多是十分儉省地使用，因此使用油量大的「炸」烹飪法也僅在辦桌時較常用到。換言之，「鹹香肥」飲食特性與「生活環境艱困」二者的連結在邏輯上其實十分勉強。

即使如此，透過食譜、多種客家美食活動的強力宣傳，這套「客家菜論述」在2000年代初期仍構成了「客家菜」的理想型（ideal type），也同時強化了客家人遷徙、刻苦、勤儉、硬頸的族群形象，此種形象與客委會同時期進行的「（客家人）對客家人特質的看法」調查相符，該調查顯示，客家民眾認為客家人的主要特質是：節儉（33.2％）、吃苦耐勞（30.0%）、團結（12.5%），可說這套客家菜的論述也相當符合客家人的自我認同，因此容易得到接受。[33]

此外，為了賦予「客家菜」更清楚的定義，客委會還邀集學者專家會商討論「客家菜」的定義，將「客家菜」明確界定為：台灣客家人日常食用之菜餚、台灣各地區之客家名菜或以客家常用食材烹煮之菜餚。客委會並具體列出28種客家常用食材如蘿蔔乾、豆豉、豆皮、豬血、金桔醬、醬冬瓜等，只要採用客家作法或客家菜的元素就可認定為客家菜。[34]依循此定義，客委會進一步將「四炆四炒」界定為「客家菜」的代表，包括：酸菜炆豬肚、炆爌肉、排骨炆菜頭、肥湯炆筍乾、客家小炒、豬腸炒薑絲、鴨血炒韭菜、豬肺黃梨炒木耳。

將「客家菜」的界線藉由如此清楚的定義清楚劃出，可說是

---

33 楊文山研究主持，李小玲、陳琪瑋研究，《93年全國客家人口基礎資料調查研究》（台北：行政院客家委員會，2004），頁4-29、4-30。https://www.hakka.gov.tw/Content/Content?NodeID=626&PageID=37585（2018/4/27查詢）。

34 行政院客家委員會，《2005客家美食嘉年華輯錄》，頁8-9。

圖5.5 「客家菜」具有鮮明意象，且與族群性緊密連結。
出處：陳玉箴攝於美濃。

明確地將之文本化、知識化的努力，同時在文本化的過程中，賦予特定的菜餚、食材與「刻苦耐勞」等族群性緊密連結的意涵。這樣的例子不僅發生在台灣客家，其實也可以在其他文化中看到，例如日本將米視之為民族的重要象徵，或是墨西哥以玉米抗拒殖民者的小麥。[35]可進一步探究的是，此種食物與族群性或德行（virtue）的連結如何獲得群體認可，對於族群中的個體具有何種重要性？

　　然而尷尬的是，當界定客家菜的行動者一方面將客家菜的特性「鹹香肥」與「艱困、刻苦」等族群生活條件或性格建立了連結，另一方面卻同時面臨著結構的轉變：社會條件、物質環境的

---

35 Ohnuki-Tierney, Emiko, *Rice as Self: Japanese Identities Through Time*（N.J.: Princeton University Press, 1993）; Pilcher, Jeffrey M., *Que Vivan Los Tamales! Food and the Making of Mexican Identity*（Albuquerque: University of New Mexico Press, 1998）.

圖5.6　苗栗縣政府與客委會都積極推動客家美食標章，圖為2003年頒發予認證餐廳的標章。

出處：陳玉箴攝於苗栗。

變化、健康意識的興起等因素，均讓「鹹香肥」的高油脂食物與醃漬食品難再被視為美食的標準，也讓客家菜的市場價值面臨挑戰。例如，苗栗縣政府自2003年開辦客家餐廳認證，由廚師、餐飲專家等評選出符合道地客家菜的餐廳，但自2007年開始，苗栗縣政府另外辦了「健康客家菜」的評選，改以營養、衛生、創新等為評選標準，鼓勵餐廳使用較少的油、鹽但又能保持客家風味。

　　這兩個標準顯示出，當客委會在界定客家菜時，面臨傳統與現代價值間的兩難。若強調傳統菜餚之「鹹香肥」及與客家性格間的連結，雖然賦予了「客家菜」鮮明的特性與族群面貌，但也可能產生兩個問題：第一，當現代消費者愈來愈重視菜餚的健康價值時，可能面對流失客群的挑戰；第二，堅持傳統的油、鹹口味，彷彿仍停留在物資條件不豐的過去，持續強化客家人與低社

經地位的連結。

在此兩難的情形下，為了提升客家菜的市場價值與形象，客委會在2006年前後也嘗試調整策略，例如，曾將客家菜的特色改稱為「酸、甘、香」，取代「鹹、香、肥」，[36]並嘗試將客家菜「精緻化」，納入「高級料理」之林。2008年之後，客委會在客家菜推廣的政策上均是以精緻化與創新為主軸，欲「提升客家飲食文化精緻度及餐飲品味，進而帶動客家美食新風潮，更期許客家料理能邁入國際市場」。[37]

何謂「精緻化」？客委會在2005年舉辦「客家美食嘉年華」的目的時即指出：

> 客家菜仍多被認知為地方性菜餚，且尚未於五星級飯店推出。因此，行政院客家委員會今年特別舉辦「客家美食嘉年華」活動，除希望讓大眾了解客家飲食背後深厚的文化內涵，保存客家傳統食材及料理精髓外，更希望客家料理能夠透過創新改良，提昇其精緻度，與現代飲食接軌，進而帶動客家美食新風潮以及相關美食休閒產業的發展。[38]

由上看來，精緻化的重要指標與具體目的便是進入五星級餐廳、與現代飲食接軌，以及新的美食休閒產業。在這樣的目標下，因此會出現西式擺盤的客家菜、客家菜搭配義大利酒、重視

---

36 行政院客家委員會，《2005客家美食嘉年華輯錄》，頁8。

37 客委會網站：http://web3.hakka.gov.tw/ct.asp?xItem=83031&ctNode=1700&mp=1699&ps=（2017/11/10查詢）。

38 客委會網站：http://www.hakka.gov.tw/ct.asp?xItem=143&CtNode=220&mp=219&ps=（2006/3/5查詢）。

「養生」的客家菜等。客委會提出「酸、甘、香」的新符碼取代「鹹、香、肥」，試圖透過朗朗上口的形容詞以及廚師的創新實做，扭轉客家菜的形象，以便「與現代飲食接軌」。並且，美食在官方規劃中不只屬於傳統文化，更重要的是產業利基，換言之，產業利潤在強化族群意識與力量上提供重要的驅力：

> 產業帶起來以後才能夠活絡地方，帶起客家人的自信心，窮是不會有自信心的，……美食就是產業的一部分。
>
> 希望到客家庄一定要買具有客家特色的產品，產品是雅緻高級的，而且一定要去客家餐廳吃美食、喝咖啡，希望感覺到的客家特色是精緻優雅的，它不見得會貴，但充分代表客家文化的精神。[39]

在連結族群意象與「精緻、優雅、高級」的前提下，客委會所指導的活動會聘請五星級大飯店廚師、美食家來授課，教導地方餐廳的老闆、主廚，引進西式或其他菜系的烹飪手法，減低油膩感，將原有食材與西式配料結合，以及採用更小盤、更美觀的擺盤方式。當「精緻優雅」進入族群料理的討論，所涉及的便不僅是美味與否，而更是一種審美判斷力的展現，以及與審美能力連結的社會網絡、經濟能力、文化資本。

換言之，族群的審美能力、品味，必須在文化產業的成功上才能獲得確證，文化產業作為一種文化機構（cultural apparatuses），與國家機構一樣，都是一種建立共同意識的方式。在客家菜的例子裡，地方餐廳如果要加入客委會舉辦的展覽、推廣活動，也常

---

39 筆者訪談客委會官員，2006年11月17日於台北。

圖5.7　客家美食追求精緻化的表現
出處：2006客家美食展，陳玉箴攝。

得先接受客委會的宣導體系或輔導課程，文化機構與國家機構的層疊共構，正是族群飲食發展中的主要角色。而其目的不僅是經濟利益，還有族群的「自信」，一種族群能力的社會展現，這也意味著「文化」其實被視為族群擺脫弱勢地位的重要方式。因此飲食文化作為產業的一環，可以有效地連結族群意識，建立族群文化傳統的價值，以及從之而來的族群自信與對族群的認同。其中的代表性族群料理或「傳統」食物可以是舊的，卻也可以是新的，[40]這也說明了飲食界線的高度流動性或軟性（soft boundary），

---

40 如台灣的「客家擂茶」，實際上是源於戰後移居到台灣的廣東陸豐客家人，且原本是鹹口味，但在一鄉鎮一特產的政策下，1990年代後期才在新竹北埔發展出甜口味的擂茶，之後逐漸被形塑為「客家擂茶」，但二次戰前台灣的客家人並無此種食物，亦為一種「新創食物傳統」的例子。參見：黃智絹，《遠渡重洋的美食：台灣客家擂茶的流變》（桃園：中央大學客家社會文化研究所碩

無論新舊，在傳統的包裝之下，透過產業化的行銷手法與媒體宣傳，都可以成為一種被普遍認可的流行文化。

　　無論在客家菜、原住民菜或是「台菜餐廳」，傳統菜與現代菜的爭議不僅是口味與健康觀的差異，隱藏於後的還有族群政治與社會階級議題。前已述及，隨著民主化與本土化的強化，原住民與客家運動於1980年代興起，傳統的族群飲食也在此風潮中被形塑為族群性的象徵符碼。無論原住民菜或客家菜論述都強調菜餚與族群性的連結，如原住民飲食的原始、自然連接原住民的樂天、質樸；客家菜的鹹香肥連結客家人的刻苦、硬頸等。然而，族群運動的重要目的之一，其實是提升原住民與客家族群的社會地位，若持續強調菜餚的「傳統性」，彷彿會將各族群限制在過去較下層的位置中。

　　特別是以菜餚來說，當現代化的西式擺盤、創新菜與健康養生概念逐漸成為市場主流，也是高檔飯店餐館呈現菜餚的方式，更可提升菜餚的經濟價值，究竟要固守傳統菜餚以展現其族群性，或是迎向現代化的創新菜以象徵族群社會地位的提升，開始成為原民菜與客家菜推廣者面臨的兩難。而從原民菜與客家菜後來的實際發展看來，多選擇保留部分傳統要素、但整體轉向為更符合現代消費者的喜好與價值觀。

　　以客家菜的近年發展來看，藉由認證、創新菜式、向西方飲食借鏡、參加國際廚藝競賽以走進高端餐飲圈，仍是推廣客家菜文化的主軸，如客委會在2010年設計「客家美食 HAKKA FOOD」

士論文，2011）；顏學誠，〈「客家擂茶」：傳統的創新或是創新的傳統？〉，收錄於《第九屆中華飲食文化學術研討會論文集》（台北：中華飲食文化基金會，2006），頁157-167。

圖5.8　客委會「客家美食 HAKKA FOOD」品牌標章
出處：http://cloud.hakka.gov.tw/Details?p=77002

作為客家餐廳與美食的品牌標章，「希冀透過品牌行銷策略，提升客家美食形象，推廣客家美食文化。」[41]為落實此標章，客委會持續舉辦「客家特色餐廳認證輔導暨人才培訓計畫」，以建立客家品牌為目的，選送廚師至法國藍帶國際廚藝學院巴黎校區進行培訓，在歐洲舉辦「台灣客家美食饗宴」活動。2015年9月，民間亦成立「台灣客家美食交流協會」，積極參與各項廚藝競賽、美食展等活動。此外，客委會在2017年辦理「客家廚師海外參賽培訓班」，獎助客家廚師海外參賽，並有選手獲「香港國際美食大獎」及「泰國極限廚師挑戰賽」獎牌等，而所謂的客家廚師，則是能以客家食材、佐醬料或烹煮方式製作餐食料理者。[42]從政策面來看，對客家菜的認定也早已不再拘泥於鹹香肥的「傳統」菜

---

41 客委會網站說明：「客家美食　HAKKA FOOD」為客家委員會依法註冊之商標，以客家擂茶動態意象，傳達客家待客的好奇心，作為選擇優質客家餐飲及美食之識別，以形塑客家餐飲新印象。見網址：http://cloud.hakka.gov.tw/Details?p=77002（2018/4/29查詢）。

42 參見客委會2017年「客家廚師海外參賽培訓班」簡章 https://www.hakka.gov.tw/Content/Content?NodeID=34&PageID=38322（2018/4/29查詢）。

式，而以國際餐飲市場主流價值為考量，客家特色則保留在所謂的「客家食材、佐醬料、烹飪方式」中，推廣目的仍是希望帶動美食觀光的人潮、獲取經濟效益。

在民族主義的論述中，傳統是一「民族」構成的重要文化面向，但從客家菜、原民菜的例子中可以看出，當「傳統」面對現代價值轉變的挑戰，就是「傳統」轉變的契機。在追求族群地位提升的過程中，「高社會階層」與「精緻」、「現代化」等價值連結，在此目標下，族群菜餚也追求創新包裝為現代化的精緻佳餚，象徵傳統價值的客家「鹹香肥」或原住民「生醃肉」等因此不會被重視現代與流行價值的餐飲業作為主要的族群菜餚象徵。這個例子也顯示出，儘管「傳統」在國族文化的打造上十分重要，但仍有其限度，特別是當「傳統」與「現代」價值有所扞格，而「現代化」又能創造較多經濟利益、有助於提高族群的社會階層時，便會有所改變。

第二節　國宴中的族群象徵

一、國宴的變化

所謂「國宴」並非指所有總統參與或主辦的宴會，依照總統府的定義，「國宴」是指國家元首款待來訪友邦元首的正式宴會，通常是隆重的晚宴，有嚴謹的儀節、精緻菜餚與樂團現場演奏。[43]在2000年陳水扁當選總統之前，國宴與社會大眾關聯度低，國宴舉行的地點限於總統府內、台北賓館與圓山大飯店，參加者

---

43 總統府網站：http://www.president.gov.tw/Page/113（2018/03/20查詢）。

成員除了友邦訪問團外，以外交使節、政府首長為主，雖然報紙
對於國宴內容也會有若干相關報導，但篇幅少，也不常為一般人
討論、關心。

國宴作為國家招待他國元首的正式場合，無論服裝、音樂、
菜餚，都可作為重要的符碼而被賦予特殊意涵，如日本在明治維
新全盤西化之後，國宴服裝為燕尾服等正式的西式服裝，刻意與
居家穿著的日本服裝有別，即是將西方事物作為進步與文明象徵
的表現。在台灣，儘管當代的國宴服裝無論男女均以西式為主，
但在蔣介石擔任中華民國總統期間（1950-1975），參加國宴的男
性政府官員也常穿著中國傳統長袍馬褂赴會，會場裝飾著中國古
董、字畫，所安排的樂團演奏絲竹「國樂」。[44]在國宴菜單的印製
上，有時會使用小篆，從各個環節彰顯出中國特色，以彰顯國民
黨政權所欲代表的中國正統政權。

國宴菜餚也經常是重要的文化符碼，在蔣介石擔任總統期
間，國宴分為中式、西式兩種，以中式宴席而言，以川揚菜為
主，菜色如：黃燜嫩雞、東坡肉，第一道菜幾乎都是「梅花拼
盤」，也就是排成梅花形狀的冷盤，以象徵中華民國的「國花」
梅花；之後常見的菜色包括：湯、一道鹹點（如咖哩餃或牛肉
包）、魚翅、肉類、蔬菜，麵或飯類的主食，最後以一道中式點
心作結，常見的點心為北京或江浙甜點，如核桃酪、八寶飯、紅
棗糕、棗泥鍋餅等。

---

44 〈國宴菜單 共有十色 中廣國樂團 演奏古典樂〉，《聯合報》，1959年3月11
日，第1版；〈總統伉儷昨設國宴 款待越南元首 指出中越理想目標一致 讚
阮文紹英勇奮鬥成就〉，《聯合報》，1969年6月1日，第1版。

圖5.9　1961年5月22日蔣介石總統國宴款待秘魯總統浦樂多，蔣介石穿著長袍馬褂，蔣夫人穿旗袍。

出處：中央社（記者陳永魁攝）。

圖5.10　1963年6月5日晚間國宴宴請泰國國王蒲美蓬，由中廣國樂團演奏。

出處：中央社（記者陳永魁攝）。

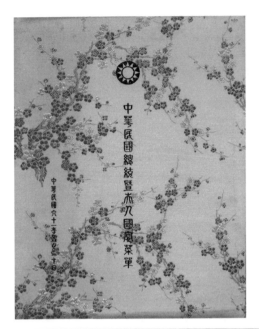

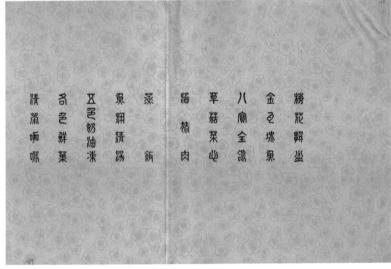

圖5.11 1972年總統就職國宴菜單採用篆體

出處：國史館藏（數位典藏號：006-010701-00002-010）。

表5.2　蔣介石擔任總統期間的國宴菜色舉隅

日期	地點	主菜	主賓
1958/5/15	總統府	西瓜波蘿冷盅、牛肉茶、蝦仁凍、麵包粉炸雞（附炸蕃薯絲、蘆筍、鹹刀豆三味）、沙拉、冰淇淋、咖啡	伊朗國王巴勒維
1959/3/10	總統府	十鮮菓波蘿杯、法國洋蔥湯、路易式明蝦、燴乳油雞盅、炒鮮麻姑、金色粟米青豆、蘆荀青生菜番茄沙拉、法國沙司、鮮乳桃子蛋糕、紅茶咖啡	約旦國王胡笙
1960/1/15	總統府	香菇西瓜球杯、雞茸蘑菇濃湯、冷餡明蝦蕃茄洋蔥白酒燜雞、什錦蔬菜色拉（蕃薯泥、蘆筍尖、金粟米、黃蘿蔔、鮮青豆）、奶油栗子拔絲水果、咖啡或紅茶	越南總統吳廷琰
1960/5/2	總統府大禮堂	水果甜瓜盅、法式奶油洋蔥濃湯、冷凍龍蝦、腓力牛排、鮮蘑姑沙司、糖汁紅蘿蔔、青椒栗米、烙蕃薯、青生菜蘆筍沙拉、乳酪寶塔冰淇淋、紅茶咖啡	菲律賓總統賈西亞
1960/6/18	總統府	台灣水果籃、清燉牛肉湯、烤龍蝦、燒雞火腿、蘆筍尖、生菜配珍珠米、檸檬冰淇淋、咖啡或茶	美國總統艾森豪
1961/5/22	總統府	法國菜點十道：香醇西瓜球、雞茸濃湯、冷凍龍蝦、燒火雞、紅色橘醬、奶油黃瓜配金色粟米、糖油甜蕃薯、蕃茄生菜沙拉、火焰冰淇淋、紅茶或咖啡	秘魯總統浦樂多
1963/6/5	總統府	中餐西吃梅花拚盤、通天排翅、生炒鴿鬆和蜜汁火腿、脆皮肥雞和奶油草菇菜、火腿蛋炒飯、燕窩鴿蛋清湯、雪銀甜羹和甜點三色、水果、清茶、紅茶、咖啡等酒為台灣產紹興酒和法國香檳	泰國國王蒲美蓬暨王后詩麗吉
1966/2/15	總統府大禮堂	梅花拼盤、三絲鮑魚湯與咖哩雞餃、白汁魚翅、炒鹿脯拼炸肫、香酥雞腿與冬菇菜心、火腿蛋炒飯、核桃酪、豆沙鍋餅、百果酥餅及棗泥拉糕、新鮮水果、咖啡、紅茶或清茶酒為台灣產的紹興酒及法國香檳	大韓民國大統領朴正熙

1967/8/5	陽明山中山樓	梅花拼盤、三絲清湯與咖哩餃子、白汁雞絲、生炒鴿鬆、酥炸鴿蛋與鐵排嫩雞、奶油菜心、火腿蛋炒飯、水晶桃凍、紅棗百合、新鮮水果（芒果、西瓜、桃、葡萄、鳳梨）清茶、咖啡、紹興酒、法國香檳	馬拉威共和國總統班達
1969/5/31	陽明山中山樓	梅花拼盤、竹笙清湯、咖哩餃子、原盅排翅、叉燒火腿、黃燜嫩雞、花菇菜心、揚州炒飯、棗泥鍋餅、八寶甜飯、杏仁茶、各色鮮菓、清茶咖啡	越南總統阮文紹
1969/10/23	陽明山中山樓	梅花拼盤、竹笙清湯、牛肉包子、原盅排翅、脆皮嫩雞、荷葉花捲、雞油菜心、揚州炒飯、八寶酥餅、桂花銀耳、各式鮮果、清茶咖啡（因宗教因素，狄奧里夫婦訪華期間之飲食，包括國宴在內，均為清真菜）	尼日總統狄奧里
1970/10/8	陽明山中山樓	梅花拼盤、雞茸粟米羹、三絲春捲、荷葉花捲、原盅排翅、芥蘭葉龍蝦、香酥鳳球、冬菇菜心、伊府炒麵、八寶甜飯、水晶包子、杏仁香茶、各色鮮果、清茶咖啡	中非共和國總統卜卡薩
1971/5/17	陽明山中山樓	梅花拼盤、雞茸粟米羹、牛肉包子、雞絲春捲、原盅排翅、生炒鴿鬆、乾烤蝦丸、蠔油三菇、伊府炒麵、花色細點、杏仁甜茶、各色鮮果、清茶咖啡（宗教因素，不用豬肉、不飲酒）	沙烏地阿拉伯國王費瑟
1972/5/20	陽明山中山樓	梅花拼盤、金瓦塊魚、八寶全鴿、草菇菜心、醬豬肉、蒸飯、魚翅清湯、五色奶油凍、各色鮮菓、清茶咖啡	中華民國第五任總統蔣中正就職宴請外賓

資料來源：筆者整理自國史館檔案、多家媒體報導、部分國宴菜單資料。另1971年4月15日在陽明山中山樓宴請剛果總統莫布杜之國宴，因無法查詢到國宴菜單資料，此處未列出。

圖5.12　2000年總統就職國宴的扇子，該次國宴首次納入碗粿等小食。
出處：陳玉箴攝（林芳玫教授提供）。

　　國宴形式隨著總統的變換逐漸產生改變。1980、1990年代，
國宴菜餚仍常使用燕窩、鮑魚、乳鴿等當時認為的高級食材，菜
餚類型也大同小異，但在2000年政黨輪替、陳水扁當選總統後，
國宴更被視為一重要的文化符號空間，國宴從食材、菜餚的選擇
到菜單設計等，都有了很大改變，且被賦予新的政治意涵。

　　以陳水扁在2000年5月20日的就職國宴來說，菜餚上有兩個
顯著改變：一是以台南小吃入菜；二是以「族群融合」作為菜餚
的象徵。由於新總統出身台南，國宴選擇了虱目魚丸湯與碗粿兩
道知名的台南小吃作為國宴佳餚，並號稱這是首次在國宴中呈現
地方小吃。當時的媒體報導對於此舉普遍給予高評價，認為庶民

喜愛的小吃終於開始獲得國宴青睞，也大舉「提升了小吃的地位」。[45]

除了藉由地方小吃強調地方性（locality）外，「族群融合」的意象則呈現在由芋頭、番薯製成的甜點，由於芋頭在1980、1990年代台灣政治論爭的過程中，常被視為四大族群中外省人的象徵，番薯則是本省人的象徵，用芋頭、番薯共同製成點心作為二者和諧相處的寓意，如此亦將二者的隱喻意涵轉化為具體可食的食物，並賦予國宴新的角色，作為民眾情感的表現。

國宴的轉變不僅是藉由菜餚彰顯的「地方性」與族群融合，還有許多細節均刻意呈現與國民黨政府時期的國宴有所不同，以凸顯新政府為本土政權、有別於之前國民黨政府的政治意涵。例如，在菜單設計上，2000年的總統就職國宴「四季宴」菜單設計為一本39頁的小書，包括英文與中文版本，不僅詳細介紹國宴使用的食材、虱目魚丸湯與碗粿的歷史，也介紹國宴中採用的花卉、酒等，強調這些都是台灣本地的優良農產品，甚至在菜單中也介紹了五位負責這場國宴的主廚。

從這些設計看來，國宴被2000年的新政府賦予了高度象徵性，可說是一場高度的符號動員。接著，當陳水扁贏得了因319槍擊事件而較具爭議性的2004年總統大選，該年的總統就職國宴中，兩大重要訴求包括：全部採用台灣本土化食材以及「族群相容性」，幾乎每道菜色的設計與命名都被賦予「本土化」與「族群融合」的意涵，如下表格所示：

---

45 例如：〈風潮之一小吃出頭天 國宴鄭重端上本土化、平民化〉，《聯合報》，2000年5月15日，第38版；〈碗粿 代表國家的鄉土美味〉，《民生報》，2000年5月18日，第38版。

表5.3　2004年總統就職國宴菜單

菜餚名稱	主要食材	象徵意義
南北一家親	宜蘭鴨賞、高雄烏魚子、東港櫻花蝦、台南燻茶鵝	族群融合、和諧一家親
祥龍躍四海	清蒸台灣東部海域新鮮龍蝦	舉國歡騰、飛揚四海
揚眉皆如意	台灣本土羊排搭配新鮮蘆筍、乳酪焗番茄、南投梅子醬	揚眉吐氣、事事如意
豐收年有餘	澎湖海域新鮮海鱺魚，搭配菠菜醬汁	民生富足、年年有餘
全民慶團圓	由台南虱目魚丸、花枝丸、蔬菜製成的湯品	圓圓滿滿、四海同心
原鄉情意重	客家粽	萬眾一心、國家興隆
故鄉甜滋味	大甲芋頭酥、原住民小米麻糬、杏仁露搭配油條	故鄉人團圓、甜蜜在心頭
寶島四季鮮	關廟鳳梨、林邊蓮霧、屏東青香瓜、台東西瓜	國泰民安、社會安泰

資料來源：〈五二○大典國宴菜色出爐　台灣本土食材為主〉，《中央社》，2004年5月13日。

　　表5.3中，各菜餚的象徵意義來自官方的說明，其中，客家米食、原住民小米麻糬及被認為是外省人的代表食物「油條」等要素被挑選為「族群融合」的象徵。[46]菜餚名稱的「一家親」、「萬眾一心」等字眼，說明了這場國宴的形象訴求對象，一方面是向與會外國嘉賓宣示台灣政治社會局勢的安穩；另一方面更是藉由媒體對國宴的種種報導，向國內進行信心喊話。

　　若比較2000與2004年兩次國宴的主題，因應國內政治與社

---

46 事實上，如本書第三章所述，油條在日治時期的台灣其實已頗為普遍，常與杏仁茶一同食用，由此例即可看出，因為過去對台灣飲食文化欠缺文本化與知識化，導致對台灣飲食歷史缺乏足夠了解。

會氛圍差異而有所不同，2000年的政黨輪替讓戰後遷台的國民黨
政府首次失去在台灣的最高領導地位，國宴的呈現除了強調本土
意識外，亦以「外省人／本省人」的和諧為國宴的隱喻；但在
2004年，社會衝突結構已非「外省／本省」這樣的二元對立，而
涉及更多的族群議題，四大族群的和諧因此成為國宴象徵性呈現
上的重點，這表現在國宴菜餚的食材選用與菜餚命名，都刻意彰
顯特定族群的特色。

在國宴宴席上，由四大族群與地方共構出「台灣」的意象，
每道菜都被賦予高度政治意涵，這些意涵來自台灣社會的特定
「族群現象」，並奠基於過去所建立之地名與特定食材的連結。地
方與特產的連結並非特殊現象，但在國家、族群的意義網絡中，
這樣的連結卻可產生新的意義。此種對於地方性（locality）的強
調，不僅對本土化（indigenization）的宣稱而言至為關鍵，也與
國內政治及地方業者的商業利益密切相關，這從2000年之後的
「國宴下鄉」政策可以更清楚看出。

二、「國宴下鄉」政策

在國民黨政府執政期間，國宴舉辦的地點不出總統府、中山
樓、圓山大飯店及台北賓館等特定地點，但自2001年開始，陳水
扁政府的「國宴下鄉」政策，刻意將招待外賓的國宴移師到各縣
市輪流舉行，2001至2004年間，在十個縣市舉辦過國宴，這些強
調「地方性」的國宴均以地方特產食材作為國宴菜餚的特色，此
外，族群融合也仍是這些國宴呈現時的重點。「國宴下鄉」政策
一方面為地方食材、特產帶來更多的曝光，另一方面卻也使國宴
從一種外交、政治活動，轉變為一場涉及商業利益與地方人士的

較勁。對各縣市的大型飯店、餐館來說，能否參與主辦國宴，攸
關到聲譽與未來的生意。據報載，嘉義縣一間主辦國宴的餐廳，
營收增加了二至三成，許多參與過國宴備餐的餐館也都以「國
宴」作為自家菜餚、點心的招牌，如國宴點心、國宴酒、國宴菜
單、國宴主廚、國宴餐廳等名稱，幾年間大為風行。[47]

表5.4　2001-2004年間在台北市以外縣市舉辦的國宴 [48]

日期	地點	國宴主要外賓	國宴中的地方特產
2001/3/16	高雄，漢來飯店	布吉納法索總統龔保雷伉儷（Blaise Compaore, President of Burkina Faso）	美濃粄條、烏魚子
2001/3/25	宜蘭，運動公園體育館	多明尼加共和國總統梅西亞（Mejía Domínguez, President of the Dominican Republic）	鴨賞、膽肝、宜蘭三寶（糕渣、糟餅、肉捲）、芋泥
2001/7/2	台中，晶華酒店	塞內加爾共和國總統瓦德伉儷（Abdoulaye Wade, President of the Republic of Senegal）	客家碗粿、芋泥、杏仁豆腐
2001/7/16	新竹，國賓飯店	尼加拉瓜共和國總統阿雷曼（H. E. Dr. Arnoldo Aleman Lacayo, President of the Republic of Nicaragua）	客家三寶（放山雞、金錢蝦餅、醃腸）配桔醬、貢丸、豆醬、客家粄粽
2002/3/13	嘉義，衣蝶嘉園酒樓	查德共和國總統德比（Idriss Déby Itno, President of the Republic of Chad）	火雞肉飯、方塊酥、高山烏龍茶

47 〈國宴下鄉 吃出政治味 不僅舉辦餐廳打響知名度 執政黨邀宴對象也均為地
　方意見領袖 引發聯想〉，《聯合報》，2002年8月22日，第20版。
48 「國宴下鄉」政策主要是在陳水扁第一次總統任期的四年（2000-2004）中執
　行，從2001到2004年間，台灣主要縣市除了外島澎湖外，均舉辦過至少一次
　國宴。在陳水扁的第二次總統任期（2005-2008），國宴主要在少數縣市中舉
　行，包括台北、台南與高雄。

2002/4/6	台南，大億麗緻酒店	瓜地馬拉共和國總統波狄優（Lic. Alfonso Portillo Cabrera, President of the Republic of Guatemala）	擔仔麵、米糕、蓮藕餅、蓮花茶
2002/5/21	桃園，尊爵大飯店	尼加拉瓜共和國總統博拉紐（Enrique Bolanos Geyer, President of the Republic of Nicaragua）	大溪豆干、客家石斑
2002/7/17	彰化，鹿港鎮立德文教休閒會館	海地共和國總統亞里斯第德伉儷（Jean-Bertrand Aristide, President of the Republic of Haiti）	苔條花生、芳苑醉鵝、扁食、蚵嗲、炒米粉、鹹酸甜
2002/8/20	雲林，劍湖山渡假飯店	巴拉圭共和國總統岡薩雷斯伉儷（Luis Ángel González Macchi, President of the Republic of Paraguay）	竹筒飯、芋籤粿
2002/10/7	高雄，國立高雄餐旅學院	哥斯大黎加共和國總統白契科伉儷（Abel Pacheco de la Espriella, President of the Republic of Costa Rica）	多種在地海鮮、樹子、鳳梨豆醬
2002/10/21	南投，台灣省政資料館宴會廳（中興新村）	宏都拉斯共和國總統馬杜洛伉儷（Ricardo Maduro, President of the Republic of Honduras）	使用茭白筍、鱒魚、羊排、山藥、米粉、百香果、竹筍、紫蘇梅等地方農產品、竹筒飯、烏梅汁、愛蘭酒、埔里礦泉水、烏龍茶
2003/8/23	花蓮，遠來大飯店	薩爾瓦多佛洛瑞斯總統伉儷（Francisco Guillermo Flores Perez, President of the Republic of El Salvador）	山蘇、曼波魚、龍蝦、土雞、金針等地方農產品、舞鶴茶、竹筒飯等
2003/8/24	台北縣，新縣政大樓禮堂	瓜地馬拉總統波狄優（Alfonso Antonio Portillos Cabrera, President of the Republic of Guatemala）	金山鹽水鴨、觀音綠竹筍、石門肉粽、文山包種茶、金山紅心甘薯
2003/10/8	基隆，長榮桂冠酒店	甘比亞共和國總統賈梅（Yahya A.J.J. Jammeh, President of the Republic of Gambia）	鼎邊趖、天婦羅、涼筍、石花凍

2003/10/11	苗栗,西湖渡假村	馬拉威共和國總統莫魯士优儸（Dr. Bakili Muluzi, President of the Republic of Malawi）	仙草、土雞、山藥等地方食材、客家米食、東方美人茶
2004/1/7	屏東,瑪家鄉原住民文化園區	聖多美普林西比民主共和國總統梅尼士（Fradique de Menezes, President of the Democratic Republic of Sao Tome and Principe）	黑珍珠蓮霧配烏魚子、恆春洋蔥圓、萬巒豬腳、淮山粄條卷、檳榔心、櫻哥魚、小青龍辣椒、雨來菇、綠豆蒜
2004/2/12	新竹,萊馥健康休閒渡假村	吉里巴斯共和國總統湯安諾优儸（Anote Tong, President of the Republic of Kiribati）	炒米粉、柿餅、仙草燉烏雞、野薑花粽、粄條
2004/5/23	台南,大億麗緻酒店	巴拉圭共和國杜華德總統优儸（Nicanor Duarte Frutos, President of the Republic of Paraguay）	浮水虱目魚羹、擔仔麵、米糕、豆花
2004/12/16	台東,娜路彎會館	馬紹爾群島共和國總統諾特优儸（H.E. Dr. Kessai Note, President of the Republic of the Marshall Islands）	釋迦、旗魚、檳榔心、山豬肉、阿拜竹筒飯、金針花、初鹿鮮乳、池上月光米等地方農產

資料來源：筆者整理自總統府網站與多家媒體對國宴的報導。

　　在陳水扁任職總統期間出刊的「阿扁電子報」上對於「國宴下鄉」政策有所解釋，自認他上任後國宴的最大改變是到台灣各地「辦桌做國宴」，讓外賓有機會實地感受台灣的風土人情、品嚐地方美食，此外，藉此機會，台灣的地方人士也能與友邦訪賓互動，因此國宴也可說是「吃飯搏感情」。[49] 其實國宴無論在籌備方式、菜色等各方面均與傳統「辦桌」有很大不同，不過如同第

---

[49] 自2001.10.18至2008.5.15間，總統府於每週四定期出版電子報。參見：〈國宴 扁下鄉辦桌搏感情 海地總統到鹿港吃得津津有味 扁電子報強調各地辦桌樂〉，《聯合晚報》，2002年7月18日，第4版。

三章所述及，因為辦桌是多數台灣人的共同記憶，承載了許多人的情感，也有凝聚主家人際網絡或地方網絡的意義，因此在政黨輪替之後，「辦桌」的概念便經常被各級政府使用來作為重要宴席的象徵，陳水扁任期內也有數次國宴特意選擇體育館等露天場所舉行，刻意製造「辦桌」的氛圍，與2000年之前國宴均僅在中山樓等特定用餐場所舉辦、僅有政府要員參加的情形十分不同。

此外，在「國宴下鄉」政策下，能否出席參加也成為另一個競爭場域。在地方舉辦的國宴，參加者包括地方民意代表、大學校長、地方政治領袖、地方重要企業家等，有機會參加的人大大增加，對地方人士而言，是否受邀甚至成為部分地方民意代表或企業人士的爭執點。對於此種廣邀民間人士參加國宴的作法，得到的評價褒貶不一，支持者認為，廣邀地方人士參與的確讓地方有難得的機會接觸政府要員與外賓，而不僅是中央官員的特權；批評者則認為，此種作法彷彿是縣市政府圖利特定人士、形同選舉綁樁，國宴成為涉入商業利益與政治交換的場域。

然而，儘管有如上爭議，仍不可忽視「國宴下鄉」政策的確對消費者與市場面產生頗大影響，「國宴」對一般民眾而言，不再是遙不可及、高不可攀，而是可能近在街坊的事。對地方餐廳、食品業者而言，「國宴」也成為促進地方觀光的宣傳良機，凡是舉辦過國宴的餐廳，不僅業績均上升，且都重新包裝為「國宴餐廳」，打出「國宴餐」、「國宴點心」、「國宴酒」等新產品，吸引民眾前去嚐嚐過去罕有機會吃到的「國宴菜」。不僅誕生了許多知名的「國宴主廚」，相當程度提升了廚師的地位，地方農產品也有更多曝光機會，強化社會大眾對地方特產食材的關注。

在此過程中，不僅是餐飲業被動員，地方文化資源亦經常被運用來強化政黨輪替後不斷被強調的「地方意識」。透過地方食

圖5.13　基於「國宴下鄉」政策，2001年3月25日陳水扁總統在宜蘭設國宴款待多明尼加總統梅西亞。

出處：中央社（記者蘇聖斌攝）。

圖5.14　2002年7月在彰化舉行國宴，菜色融入彰化小吃特色。

出處：中央社。

物的生產與觀光業的發展，人與土地的連結的確獲得強化，而人
與土地的連結，以及人對土地的歸屬感，正是「國族」
（nationhood）的要素之一。在「國宴下鄉」的過程中，此種連結
也就有機會得到強化。「地方性」與「族群融合」概念從政治性
的工具轉變為可以吃到的現實，地方國宴一方面作為一種由上而
下的政治性宣示；另一方面，地方行動者也有機會透過生產或消
費這些地方性產品而參與其中。

三、「台灣小吃」的形塑與「台灣菜」意涵的發展

　　前述的國宴變化與「國宴下鄉」政策不僅與族群菜餚的發展
同步，將客家菜、原住民菜帶到了更顯著的舞台上，同時受到更
多矚目的，還有所謂的「台灣小吃」。

　　第三章已述及，「小吃」一詞是在二次戰後才在台灣被較廣
泛地使用，並漸被用以指過去被稱為「點心」的多種街頭小食，
而「小吃」被形塑為台灣飲食文化的代表則是更晚近的發展。從
大眾媒體對「小吃」的報導頻率來看，對「小吃」的報導是在
1990年代才出現快速成長，[50] 2000至2002年為高峰，之後略微下
跌，與上文台菜食譜的發展一致。

　　在書籍方面，回顧1990年之前關於小吃的介紹性書籍與食

---

50 以「台灣小吃」為關鍵字搜尋聯合新聞網資料庫（聯合報／經濟日報／民生
　報／聯合晚報Upaper）為例，1987年以前每年不超過3則報導，1991年增加
　到34則，之後增加較明顯的年份包括：1993年61則、1998年103則、2000年
　135則、2001年179則、2002年174則，2003年降到139則。新聞則數在此僅
　作為小吃相關新聞顯著程度的參考數據，未對內容進行深入分析（2018/8/4
　查詢）。

譜，1974年嚴兆良的《中國點心小吃譜》仍是以中國飲食文化為思考架構。1986年行政院文化建設委員會出版、童世璋撰寫的《小吃的藝術與文化》，雖是第一本官方出版的小吃書籍，仍是以中國各地小吃為主述，僅有部分篇幅介紹「台灣區小吃」。該書從「中華飲食文化」談起，除了介紹中國各地小吃特色外，目的在研究小吃的傳統和藝術、採「文藝筆調」的散文，並「引證中國小吃的傳承在台灣……希望將來反攻大陸帶回去」。[51]

　　真正以台灣小吃為主題的第一本書，是1981年施再滿出版的《台灣小吃》，施再滿是旅遊記者，該書是將作者陸續發表在《野外》雜誌、《戶外生活》雜誌上的文章集結出版，分為小吃與特產兩部分，小吃部分依照縣市介紹，特產則僅介紹三種：北斗肉圓、草湖芋仔冰及澎湖四寶。與童世璋《小吃的藝術與文化》不同，施再滿《台灣小吃》一書並無文化論述的企圖，而是旅遊導覽式的介紹性文章，目的是作為在台灣各地旅遊觀光時的飲食指南。在此書之後，市面上的此類書籍都是以旅遊、消費導向為主，如《民生報》記者楊權寶等人撰寫的《小吃傳奇》（1988）、記者李鳴盛《台灣鄉土小吃》（1988）、戶外生活出版社的《台灣名食小吃全集》（1989）等，均以介紹台灣各地知名小吃為主，目的在提供國民旅遊時的飲食選擇參考。

　　此類書籍的興起，與社會條件的改變有密切關係，從民間消費支出來看，日常娛樂文化支出占總支出的比例，從1976年的8.77%，到1989年已成長至15.38%，[52]在滿足基本的生存需求之

---

51 童世璋，《小吃的藝術與文化》（台北：行政院文建會，1986），頁294。

52 行政院主計處編，《中華民國統計年鑑》（台北：行政院主計處，1989），頁18。網址：http://stat.ncl.edu.tw/hypage.cgi?HYPAGE=search/jnameBrowse.hpg&brow=t&jid=97258686&jn=%E4%B8%AD%E8%8F%AF%E6%B0%91%E5%9C

後，多數台灣人開始有餘裕從事休閒娛樂活動，1978年重新發行的《民生報》在1980年代就扮演了消費指南的重要角色，也顯示台灣轉向消費社會的過程，[53] 小吃相關書籍的出現，與國人日益增加的短程旅遊、享用休閒食物之現象亦有密切相關。

到了1990年代，台灣小吃書籍更是明顯增加，除了旅遊導覽書籍，也開始出現食譜。旅遊導覽書籍大多由記者撰寫、出版，包括一系列《中部小吃之旅》、1996年《桃竹苗小吃之旅》、《雲嘉南小吃之旅》、《高屏澎小吃之旅》、《北部花東小吃之旅》，更細部的分區介紹各縣市小吃；1995年由民生報出版的《府城小吃》是第一本專門介紹台南小吃的書籍。

食譜方面，如1993年李梅仙《台灣小吃》、1994年漢光出版的《宵夜小吃》，1995年鄭衍基《台灣地方小吃》、1996年連愛卿《台灣地方小吃》、《台灣美味小吃》等，1997年以後，小吃相關書籍的出版量每年達到十幾本，不僅多家民間出版社紛紛出版台灣小吃的介紹書籍與食譜，連官方的出版品也有，在1997年出版《東來順 南北和：宋省長獨鍾的台灣小吃》一書，是台灣省政府新聞處在1998年凍省前出版；同時僑委會也出版「台灣鄉土小吃」錄影帶。國立傳統藝術中心籌備處在1998年規劃出版一系列《傳統藝術叢書》，系列一的八本，主題除了：台灣歌、歌仔調、平劇、竹編工藝、皮影戲、民俗彩繪、南管戲等，也包括時任彰師大國文系教授林明德所主撰的《台灣民俗小吃》，標示了

%8B%E7%B5%B1%E8%A8%88%E5%B9%B4%E9%91%91&vol=78090000_%E4%B8%AD%E8%8F%AF%E6%B0%91%E5%9C%8B77%E5%B9%B4%2878%2e+9%29。（2018/6/27查詢）。

53 黃順星，〈文化消費指南：1980年代的《民生報》〉，《中華傳播學刊》31(2017)，頁117-155。

「台灣小吃」開始廣受重視，甚至被視為「藝文資源」之一。

　　依據林明德的定義，小吃是相對於盛宴佳餚而言，指市井村野飲食味道，具有鄉土野趣與獨特味道，可說是民間文化的結晶，且具有民俗內涵。林明德並強調，小吃過去如同俗之於雅，不過「長久以來，小吃的文化累積與吃道探索，不僅締造了精緻品質，也獲得雅俗共賞的境界」。[54]這番說明嘗試將「小吃」在飲食位階上有所提升，但也可看出，在飲食上，仍存在著「雅與俗」、「精緻與鄉野」兩種相對面，在戰後至1990年代之前，台灣的本地食物無論是宴席菜、辦桌菜或日常小食，均被認為屬於「不登大雅之堂」的鄉野食物，但在1990年代之後，台灣消費社會成形、休閒活動增加，1998年開始實施公家機關與學校「隔週休二日」，對於刺激國民旅遊有頗大助益，在國內觀光業的發展下，藉由國民旅遊的興盛，台灣各地食物較為多數消費者所熟悉，各地均有的日常小吃也被標舉出來作為台灣飲食文化的代表。在多種小吃相關出版品與觀光餐飲業者的宣傳下，台灣小吃的形象逐漸開始深入人心，更成為政府推廣觀光時的重心。

　　綜言之，「台灣小吃」在1990年代後蓬勃發展，乃至2000年被置於國宴之上，有兩個重要的源頭：一是鄉土意識的成長，二是消費社會的成熟。

　　以鄉土意識成長而言，2000年後以小吃為主題的食譜更加快速地出版，[55]並且在序言中幾乎有志一同地強調「在地化認同」。例如：「不同的料理，因在地化的認同，而有了融合。」[56]也就是

---

54 林明德，《台灣民俗小吃》（台北：漢光文化，1998），頁36-37。

55 依據2018年初在國家圖書館的搜尋，1999年後至今出版的小吃主題書籍至少有17本，1999年前僅有5本。

56 李昂〈失傳與再現〉，收於陳麗華，《台灣辦桌食譜》（台北：玉山社，

將小吃定位為鄉土美食，而在政策與社會意識均轉向重視「本土文化」的社會條件下，政府亦將地方小吃視為地方文化資源，如文建會將飲食文化納入「藝文資源調查」，進行系統性田野調查；[57]彰化縣（2002）、桃園縣（2003）、台中市（2006）的飲食文化調查均是在相同的基礎上進行，這些鄉鎮飲食文化專書從歷史沿革、人文環境進入飲食文化的介紹，內容包括大量各縣市小吃店鋪的訪問介紹，以及地方耆老、辦桌師傅對過去飲食文化的回憶，可說是將小吃知識化的努力。透過上述界定方式，小吃的地方性與歷史性被彰顯出來，透過將小吃文本化、知識化，小吃被論述為一種具有本真性（authenticity）的俗民文化（folk culture），不再是1990年中葉以前媒體報導中普遍呈現的「難登大雅之堂」。

除了鄉土意識成長之外，消費社會的成熟、外食率提高、觀光旅遊業興盛等因素也帶動了台灣小吃成為許多人的外食選擇。另一重要因素是網路發達、在網路平台上分享美食或進行美食評比在2000年前後已逐漸普遍，飲食文學也在1999年後成為新興的重要文類，凡此種種均共同造就「台灣美食」的顯著性。

然而，儘管此種作法的確將「台灣小吃」提高到相當顯著的位置，卻也產生另一反效果，即是當所有關注與資源均放在地方小吃，戰後以來已被長期忽視的「台灣菜」，仍未獲得足夠的了解，使得台灣菜的意義有被窄化的危險。儘管在地方舉辦的國宴菜色中，的確經由主廚開發，出現過部分較特殊的本土菜色，但

2006），頁6。

57 文建會依據「八十九年度加強地方文化藝術發展計畫」，提供經費鼓勵地方文化局針對地方產業文化進行調查，飲食文化亦為其中一個項目。調查項目包含八大類：畜肉、禽肉、海鮮、米麵、素食、糕餅、飲料、醬料。

在難以回答「何謂台灣菜」的情形下，大多是採取「本土食材」作為台灣飲食文化的代表，此作法在2008年以後的國宴也大致如此。

值得注意的是，約在2005年後，「台灣味」的相關書寫、文學作品與論述的確有相當蓬勃的發展，諸多作者從各自不同的生命經驗、工作歷程、區域關懷等視角，對台灣菜、台灣味，乃至個別地區的獨特飲食，提出不同論述與定義，主題例如：古早辦桌菜、鄉土菜、早年富裕人家獨門菜、傳統小吃尋根、野菜、酒家菜、地方食材探索等，都使得「台灣菜」的定義更為多元，均是擺脫台灣菜意涵被窄化的重要努力。

小結：本土化路線孕生的「台灣小吃」

本章所討論的現象為2000年前後原住民菜、客家菜的興起與國宴的轉變，二者均顯示出，這些以族群或國家作為文化符碼的特定菜餚，均有政治面與經濟面的考量，也涉及成員的文化認同。

在政治面，雖然客家菜與原住民菜原本就存在於台灣人的日常生活中，但卻是在1980年代台灣社會展開本土化運動的社會脈絡下，四大族群論述強化了族群意識，讓原住民、客家兩個「族群」的重要性獲得肯認，也進一步將「族群美食」形塑為重要的文化標籤。在經濟面，食物不僅具有維生功能，本身具有的交換價值、經濟價值亦使「客家餐館」、「原住民餐館」成為一種特定類型的風味餐廳及外食多元選擇中的一種。因此對消費者而言，到客家餐館或原住民餐館消費可能僅是一種口味上的變換與選擇。然而，在客家菜、原住民菜興起的過程中，文化認同仍是一

個無法忽視的要素，對於有族群意識的生產者而言，族群菜餚之受到重視，仍是族群文化被認識與更獲尊重的一種表徵，藉由菜餚與族群性的連結，也對自身族群的處境與過去被壓抑的歷史有所認識，從中產生族群的凝聚感。

從族群料理的形塑過程來看，「族群菜」（ethnic cuisine）的形成反映了人們對國家、民族、族群的認知，以及對人群分類方式的改變，同時涉及外部「他者」的快速變化。在國家／族群的形成過程中，較具媒體近用權者往往容易被挑選成為族群食物的代表，食譜也大多呈現族群「正面」的刻板印象。從客家菜、原住民料理的發展，以及閩南菜論述的缺乏可以看出，一套「族群料理論述」的產生，不是來自這種料理的特殊性，也不是取決於族群人數的多寡，而與認同類似，都是由想要區分人我、強化自身優勢的需求所驅動。

與「族群菜」類似的，國宴將台灣庶民食物置入國家元首招待外賓的宴席中，其產生的衝突感，來自於打破了如Wilk所言之「生活實踐」與「公共展演」的界線，將日常、居家、勞工的食物重新置於非日常、展示、菁英的情境中。此種界線的打破主要來自於政治面的原因，新政權的定義者欲展現其文化上的詮釋權，以有別於舊政權，但此界線的打破亦產生了經濟面的吸引力與效果，同時召喚了廣大庶民的文化認同。

此處的「文化認同」，不僅是文化上的，同時也包括社會階級的意涵。將一般民眾負擔得起的餐食，重置於政商高層的外交餐盤中，因此激生的情感，不僅是對於地方、家鄉的依附，同時亦是對經濟區劃下中產階級或勞工階級的依附。

也正是在政治、經濟與文化認同等因素的交織下，「台灣小吃」自1990年代後期開始得到愈多關注，2000年之後漸成台灣飲

食文化的代表性符碼。當代「台灣小吃」的飲食論述，可說是在2000年前後在政府推廣、文化與民俗學者調查、商業媒體與美食作家等協作下，逐漸有了較清楚的輪廓。在這套美食論述中，「小吃」這種容易接觸、取得的庶民食物，被置於「台灣美食」的核心，這並非偶然，而是因為這套飲食論述建立時的社會脈絡，是「台灣」與「平民化」二者的意涵已經透過政治論述被構連（articulate）在一起，當人們提及本土、台灣，立刻就會浮現出草根、平民甚至過去窮苦大眾的形象。強調台灣庶民小吃，可以與過去「中國文化在台灣」所強調精緻、貴族的那一面呈現出刻意的反差。在此脈絡下，台灣過去其實也存在的「高級料理」（high culture/haute cuisine）較被忽略，也就是中上階層家中或酒樓宴席場合出現的菜餚因為較少人知道、缺乏文字紀錄，或不被認為具有代表性，而消失在飲食論述中。誠然，無論中國傳統飲食文化或台灣在地飲食文化，都同時存在小眾／精緻、大眾／平民的兩面向，但往往因為詮釋者的刻意選擇，而凸顯其中一部分，並進一步透過政治論述與日常實踐影響人們對文化特性的認知，且這些認知透過「對立」的比較會更加明顯，銘印效果也愈顯著。

在台灣的例子中，從國宴與客家菜、族群菜等「族群料理」的形構過程可看出，族群政治扮演了重要的角色，地方美食逐漸被形塑為台灣飲食文化的代表，藉由在國宴中彰顯地方美食，人與地間的連結更被強化，「吃在地」也構成了至今台灣飲食論述的基調，此基調也與同時期漸興的環保意識結合，並在稍後爆發的食安問題後獲得強化。

本章嘗試凸顯「國內政治」在國族或族群飲食塑造中所扮演的重要角色，但國內政治不僅是政治面的考量，也涉及經濟與社

會階層議題，「提升族群的經濟實力與社會地位」，被視為提高族群重要性的方法。其結果，族群菜餚不僅是文化象徵，也成為商品，是政治與商業競爭的場域。「地方美食」、「族群菜」都是餐飲市場上一種帶著文化標籤的商品，而政府就是參與市場此過程中重要的行動者（market agent）。

第六章

台灣菜與「家鄉味」

家與文化記憶的變遷

前言：飲食書寫中的個體記憶與集體記憶

　　前幾章從巨觀層次爬梳了「台灣菜」概念百年來的歷史變遷，自日治時期作為菁英料理、殖民地料理的「台灣料理」，到戰後中華菜系之一支的「台菜」，再到2000年政黨輪替之後的台灣文化象徵，「台灣菜」的意涵歷經數次改變，且與台灣的政治地位有緊密連結。本章則希望從微觀層次進一步探究：「台灣菜」對個體的意義在政治變遷的過程中產生何種變化？個體對「台灣菜」的感知與對食物的記憶，又如何回過頭來影響群體的認知？換言之，個體的認知、記憶與群體的「文化記憶」是一雙向影響的過程，本章以此為焦點，探析個體記憶與集體記憶如何連結。

　　具體而言，本章的分析對象是以「家鄉味」與飲食追憶書寫（food memoirs）為主題的台灣飲食書寫，探究文本中所描繪的「家鄉味」是什麼？經過哪些轉變？「台灣菜」是在何時、如何開始被書寫為「家鄉味」？藉由前述問題，本章將進一步分析（1）如何重新理解「家」的意涵？（2）個體（書寫者）對食物的記憶，與「台灣菜」相關的文化記憶間有何關聯？（3）從事飲食書寫的文化行動者在飲食文化的形塑上扮演何種角色？

　　以「家鄉味」與飲食追憶為主題的台灣飲食書寫，內容往往涵蓋菜餚、味道、烹飪方式、飲食情境與社會脈絡，以及與這些食物有關的個人生命經歷。此種文類大多以散文呈現，但也有不少雜文、短文，不僅提供作者所處時代與社會中的飲食相關細節，也充分顯示了作者在情感面的投入。文學作品是一種經由妥善文本化並在社會中廣泛傳布的文本，雖為個人主觀想法的抒發與陳述，但仍有其社會效果。換言之，文學作品不僅是個人的，也是社會的，具有相當的集體性，甚至可能成為特定群體對於文

化、傳統的知識來源，這點在飲食文學上尤其顯著。

第一節　從「家鄉味」的溝通記憶到文化記憶

一、什麼是「家鄉味」？

要將「家鄉味」概念化（conceptualization）的第一步，需先釐清什麼是「家」。「家」是一個具體又抽象的概念，同時具有物質上與符號上的意義。在物質上，可以指有形體的房子、城鎮、都市；在符號上，則隱含著庇護、血緣，及心理上安全感、歸屬感的「家庭」概念，例如「回家的感覺」常被用以指稱一種熟悉、溫馨、具歸屬感的情感聯繫。而這些符號上的重要意義，則來自每個人日常生活中的反覆實踐及從實踐中得到的感知與情感交換。[1]例如，從每日共居、共餐等活動與生活經驗中建立起連帶感；與家人、鄰里、友人的互動情形與情感聯繫則決定了人們對「家庭」的認知。換言之，透過日常相處等行動上的具體實踐，在日積月累下不僅構成對過往的回憶，也同時形塑了人們對「家」的具體認知，賦予「家」特殊的意涵，此過程可說是種「家」的體現（embodiment）。

「體現」被哲學家梅洛龐帝（Maurice Merleau-Ponty）與人類學家牟斯（Marcel Mauss）等人賦予了更深的理論意涵，將關注重心移至人的身體，認為身體不僅是意識的載具、銘刻了文化與

1　Kenyon, Liz, "A Home from Home: Students' Transnational Experience of Home," in T. Chapman & J. L. Hockey（eds.）, *Ideal Homes? Social Change and Domestic Life*（London, New York: Routledge, 1999）, p. 89.

社會差異，同時也是人們與社會溝通的工具。因此身體所涉及的坐姿、說話方式、用餐型態等均顯示出個體所接受的文化源頭，在食衣住行中，透過身體的反覆操演，即日常生活各種行動實踐，形塑、強化了個人的慣習（habitus）與認知，同時也反映了不同文化、社會的差異。[2]如同歐尼爾（John O'Neill）所論述的，社會行為能夠滲透到身體裡面，身體因此是個人與社會間的重要繫帶。[3]

「體現」概念有助於我們更理解「家」的物質意義與符號意義間的關係：物質層面上的居住、行動、家庭成員間的具體互動，塑造並決定了「家」的象徵意義，因此，來自關係冰冷家庭與融洽熱絡家庭中的成員，很可能對「家」有不同的情感與詮釋。「家」的意義究竟為何，取決於與該空間相關的具體行動實踐及經驗累積。

在前述的「日常生活行動實踐」中，與食物相關的活動扮演了重要角色，以「家」而言，在家庭、家鄉兩個層面上有不同的表現。以「家庭」來說，所涉及的飲食活動包括：日常家庭烹飪、家人共餐、特殊儀式餐點，或特別情境下（如生病、遠行等）家人所準備的餐食等。由於食物原本就是日常生活的重要元素，與食物相關的活動也構成家庭記憶中十分重要的一環。除了家庭層面外，以「家鄉」來說，與食物相關的活動除了家人依舊

---

2 Merleau-Ponty, Maurice, *Phenomenology of Perception* (London; New York: Routledge, 1962); Mauss, Marcel, "Techniques of the Body," in M. Mauss & N. Schlanger (eds.), *Techniques, Technology, and Civilisation* (New York: Durkheim Press/Berghahn Books, 2006 [1935]), pp. 78-80.

3 O'Neill, John *Five Bodies: The Human Shape of Modern Society* (Ithaca: Cornell University Press, 1985), pp. 22-23.

是常出現的重要主題，也常與鄰里共餐、家鄉的特殊點心或菜餚、節慶食物，乃至家鄉的農產或水產、農漁生產活動與自然景觀等相連結，童年、回憶與懷舊經常是家鄉食物書寫的主題。

再從家庭食物與家鄉食物兩面向析之，又各有不同的實踐方式與社會意義。以家庭共餐（family meal）來說，如同社會學者查理（Nickie Charles）與克爾（Marion Kerr）所指出，共餐並非僅是單純的眾人一同填飽肚子，而是一次家人相聚的事件（event），同時也是一種家庭儀式。[4]狄佛特（Margaret DeVault）進一步認為，「家庭」是透過每日共餐及其他共同活動所建構出的真實，共餐因此是一個家庭的重要維繫方式。[5]換言之，藉由共餐此家庭儀式，家人齊聚一堂，在共食與對話中實踐彼此的關係，是「家庭」此概念的體現。

將家庭共餐視為一種儀式，由於烹飪工作多是由女性擔任，女性乃扮演儀式執行者的關鍵角色，為了讓儀式順利進行，必須考量到家人的餐食喜好、規劃餐點並進行烹飪，以煮出讓大家滿意、符合社會期待的「良餐」（proper meal）。「良餐」的概念在人類學家道格拉斯（Mary Douglas）的定義中，需是依循一套社群認可的既定規則所製備出的餐食，這套規則因時、因地而異，且通常是隱藏而非明述的規範，並藉由持續、共同的社會實踐予以落實及再生產。[6]如在1980年代的英國，一頓「良餐」的要素包

4　Charles, Nickie and Marion Kerr, *Women, Food, and Families*（Manchester: Manchester, 1988）.

5　DeVault, Margaret L., *Feeding the Family: The Social Organization of Caring as Gendered Work*（Chicago: University of Chicago Press, 1991）.

6　Douglas, Mary, "Deciphering a Meal," in Clifford Geertz（ed.）, *Myth, Symbol and Culture*（New York: Norton, 1971）, pp. 61-82.

括：新鮮材料、熱食、家中用餐、女性為家庭準備等，一頓餐食
需具備這些要件才會被認為是好好吃了一餐。而要獲得這樣的一
餐，則需一個完善的家庭才能達成，因此這樣的「良餐」其實也
具有「美滿家庭」的象徵。[7]

再從家鄉食物的面向析之，家鄉是一個從個人家庭延伸的概
念，亦符合提里（Christopher Tilley）所界定的「地方」（place），
意即一個創造人類經驗的情境，由活動、記憶、交會與連結所構
成。[8]由這項對「地方」的定義來看，「家鄉」作為一個「地方」，
涉及了家鄉鄰里的活動與回憶，諸如與鄰居共同烹飪、交換菜
餚、互相贈送自製的食物，以及在巷口或社區的小食攤、點心
店，乃至偶然遇見的小販、與童年玩伴共同偷吃的回憶等都包括
在內。這些與飲食相關的經驗構成了地方的共同回憶，特別是食
物的食用與記憶過程往往涉及多種視、嗅、味覺甚至市聲叫賣的
聽覺，以及與該食物相關的人事物。也因此，日後若重新見到家
鄉食物，儘管只是單一或不完整的一小部分，也往往能由此引發
一連串對家鄉的感官經驗回憶。[9]

蘇頓（David E. Sutton）在希臘小島 Kalymnos 對食物與記憶
研究即認為，食物是一種記憶的實踐（memory practices），並經
常創造力量強大的回憶。而食物之所以有這樣大的力量，主要是

7　Debevec, Liza and Blanka Tivada, "Making Connections through Foodways: Contemporary Issues in Anthropological and Sociological Studies of Food," in *Anthropological Notebooks*, 12（1）（2006）: 5-16.

8　Tilley, Christopher, *A Phenomenology of landscape: Places, Paths and Monuments*（Oxford: Berg, 1994）, p. 15.

9　Petridou, Elia, "The Taste of Home," in Daniel Miller（ed.）, *Home Possessions: Material Culture behind Closed Doors*（Oxford; New York: Berg, 2002）, pp. 88-89.

基於不同感官主體（sensory registers）的共同經驗，Sutton以「共感」（synaesthesia）來稱呼此在感官經驗上產生共同性的過程。[10]此「共感」的過程在移民身上尤其顯著，特別是對離家的移民來說，食物在認同維繫上具有很大的重要性。由於味覺、嗅覺這些身體知覺基於不同文化下的反覆操演，往往具有文化的特性，例如，某些離家甚久的人聞到家鄉食物的特殊氣味會產生激動的情感及對該食物的渴望，但此特殊氣味對其他地區移民而言卻可能是難以忍受的臭味。此種特定地區居民對食物的共同情感與經驗，即是「共感」的源頭，藉由對食物的共感，有助於我們將移民在遷徙過程中所接觸的家鄉食物視為其「文化位址」（cultural site）來理解，也就是一個銘刻了特定文化的物事或場所。具體的例子，如家鄉節慶食物或同鄉所開設的餐館，這些食物或餐館不僅是可吃的食物或所置身的物理空間，對移民來說，更是一個重要的文化物事與場所，在此足以喚起、重溫個人的家鄉情感並取得與其他移民的聯繫。此外，儘管家鄉食物的餐食仍有許多變化，但在餐食結構上也往往有基本的相似性，如特定的齋日、祭祀品、節日等，正因為家鄉食物具有前述顯著性，在飲食書寫作品中，懷舊、懷鄉及童年回憶等都是常見的重要主題。

　　飲食書寫中對「家鄉味」的描繪多是對過往記憶的書寫，而從德國歷史學者阿斯曼（Jan Assmann）的觀點來看，這些個人對食物的記憶，屬於「溝通記憶」的一部分，為進一步分析這類家鄉食物的回憶書寫對於社會群體的集體記憶乃至文化傳統會產生何種形塑作用，接下來將從Assmann的理論進一步思考，飲食書

---

10 Sutton, David E. *Remembrance of Repasts: An Anthropology of Food and Memory* （Oxford: Berg, 2001）.

寫中的「溝通記憶」，在何種過程中轉化為「文化記憶」。

二、從溝通記憶到文化記憶

　　Jan Assmann為德國埃及學、考古學者，也在1998年得過德國歷史學者獎，他開展出「記憶史」的研究取徑，探究重點在於「過去如何被回憶」。[11]他的重要論點之一，便是論述個人記憶（individual memory）如何成為集體記憶（collective memory），再轉變為互相分享的「溝通記憶」（communicative memory），乃至流傳久遠的「文化記憶」（cultural memory）。他的記憶史研究對象包含帶領以色列人出埃及的摩西、猶太人屠殺的歷史記憶等，「溝通記憶」與「文化記憶」是他記憶史研究的核心概念。[12]

　　「溝通記憶」是指「個人記憶的社會面」。[13]具體言之，人們每天進行各種溝通、對話，在這些溝通的基礎上，產生了一群人的集體記憶，例如，對於某次選舉、某些社會事件、某個場所或社會議題的共同記憶，儘管每個人記憶這些事件的方式及所記得的部分經常有所出入，但這些藉由各種媒介分享、討論、理解而導致的記憶，也就是這群人如何述說這件事，便是Assmann指稱

---

11 湯志傑，〈追尋記憶的痕跡——二階觀察的解謎活動：簡介Jan Assmann, Moses the Egyptian: The Memory of Egypt in Western Monotheism〉，《新史學》14:3（2003年9月），頁173-182。

12 對於此二概念，Assmann夫婦在下文中有詳細討論：Assmann, Aleida, Jan Assmann& Christof Hardmeier（eds.）, *Schrift und Gedächtnis. Beiträgezur Archäologie der literarischenKommunikation*（München: Wilhelm Fink, 1983），但本文對這兩個概念的討論，則以Assmann文章的英譯本為主。

13 Assmann, Jan, *Religion and Cultural Memory: Ten Studies*（R. Livingstone, Trans.）（Stanford, Calif.: Stanford University Press, 2006）, p. 3.

的「溝通記憶」。在溝通記憶中，情感（emotion）扮演關鍵角色，無論是痛苦、快樂、震撼、氣憤與眷戀，透過種種情感的作用，讓人對某件事有著深刻難以抹滅的印象，涉入情感愈多的事件，往往烙印在心上的時間愈久，深度也愈強烈。

然而，不管溝通記憶涉入的情感有多濃烈，Assmann認為溝通記憶的存在時間有其限度，即使經由口述向下一代傳承，溝通記憶仍僅能存在約八十至一百年，除非經由該群體儀式性或有組織地持續傳播，溝通記憶才會轉化為「文化記憶」並流傳更長的時間。[14]對群體而言，因為享有共同的文化記憶，會產生對彼此的認同感及相互的歸屬感，文化記憶的形塑與維持，因此可以作為一群人認同的文化基礎，亦是集體認同再生產的重要工具，[15] Assmann將這種群體與認同的連結稱之為「認同的固結」（concretion of identity）。文化記憶作為群體認同的基礎，不僅被視為一種知識，同時具有規範性的力量。依循這樣的定義，Assmann將「傳統」（tradition）概念化（conceptualize）為文化記憶的一種，「傳統」作為一種「文化記憶」，會導引甚或規範群體的行為，特別是對於群體的互動方式，成為一種約定俗成的架構[16]。「依循傳統、維護傳統」彷彿是社群成員應盡的責任，倘若違反，則可能遭受群體同儕在社交上的鄙視或懲處。

相較於溝通記憶，文化記憶的特色不只是能夠延續較長的時

---

14 Assmann, Jan, "Collective Memory and Cultural Identity," (John Czaplicka, Trans.), in *New German Critique,* 65(1995): 127-128.

15 Assmann, Jan, "Collective Memory and Cultural Identity," (John Czaplicka, Trans.), in *New German Critique,* 65(1995): 128-131.

16 Assmann, Jan, "Collective Memory and Cultural Identity," (John Czaplicka, Trans.), in *New German Critique,* 65(1995): 126.

間，也在於其對群體中每一個體的規範力。無論是神話、約定俗成的慣習、相關的禁忌、祖先的傳說、民間故事等，即使是故事，往往也寓含著某些具強制性的要求，要求群體的成員共同遵守。而正因為這樣的規範力，文化記憶才能超越時間的限制代代相傳。

進一步言，此二種記憶並不是先有溝通記憶再有文化記憶的單向關係，溝通記憶其實建立在文化記憶的基礎之上。當人們談論過去發生的歷史事件與社會情況，是一種溝通記憶的創造與交流，但這樣的溝通記憶卻是在既有文化記憶的框架內進行，例如，人們經常從「祖先從何處來」這樣的文化記憶框架中理解自身的來源與文化，而這些既有的文化記憶，則可能是已經傳承了數百、數千年的故事。

「溝通記憶vs.文化記憶」這組概念的重要性，在於可用以重新檢視「記憶」的形成、流動、向下傳遞，及在長時間中對一社群的影響。對每一社群來說，都有一些共同的文化記憶，關於族群的起源、國家的形成、共同文化的底蘊、社群的特殊性等，這些文化記憶之所以能長久地存在，甚至流傳數代，其起源往往也是來自溝通記憶，值得進一步深究的就是，在哪些社會條件、歷史情境中，特定的溝通記憶會轉化為文化記憶，不因時間的流逝而消失、淡化。

記憶不僅是人與歷史的連結，也是懷鄉文學書寫的主題。藉由描繪過去時空的情景與往事，作者們呈現出個人的生命經驗，但作者的生命經驗往往也是社會互動的一環，對棲居於同一歷史情境的人而言，對過去記憶的書寫便可能成了召喚過去經驗與情感的文本，若以Assmann的話稱之，這些特定的記憶書寫可以作為一種「記憶點」（memory sites），所謂的「記憶點」，是指特定

的物品或儀式，例如雕像、儀式、慶祝性的宴席、風俗習慣等，這些記憶點彷彿一個虛擬的空間，在這些記憶點中，特定的文化規範得以維持，也能藉此將文化記憶保存下來。[17]

懷舊或懷鄉的文字既是書寫過去的記憶，懷舊書寫至少在兩層面的意義上可以作為一種「記憶點」：第一，懷舊書寫不僅是文字書寫，同時也描摹、營造出一個懷想過去的空間，經由對食物、情景、事件的細膩、寫真式描寫，能夠讓人沉浸其中，宛如回到過去的時空。第二，懷舊書寫提供了一個互動與溝通的空間，此空間不僅展示作者個人的追憶，同時也是與相同時代背景與社會條件的其他社群成員間互動、對話的空間，這些成員包括所有的讀者，以及用其他形式參與對話的人們。藉由在此空間的對話，產生了成員間的「溝通記憶」，並且相互唱和、共鳴，同時也彼此影響、修改，達到記憶的更正與擴充。

除了以「溝通記憶vs.文化記憶」作為分析工具之外，在飲食文學懷舊書寫的分析上，需進一步補充的是「身體記憶」（bodily memory）的觀點。由於飲食文學不僅書寫食物本身，往往也同時涉入了品嚐、嗅聞、烹飪等與食物相關的身體操作，因此與其他懷鄉書寫不同之處，在於有更豐富的身體經驗。身體，如另一位記憶研究的重要學者康納頓（Paul Connerton）所論述，是社會記憶的一種重要方式，[18]因此對身體記憶的描繪，促使飲食中的懷鄉書寫有了更多的向度。對於飲食懷鄉書寫的共鳴，也往往來自彼此間共同的身體經驗：都嚐過類似的食物、聽過相同的

---

17 Assmann, Jan, *Religion and Cultural Memory: Ten Studies*（R. Livingstone, Trans.）（Stanford, Calif.: Stanford University Press, 2006）, pp. 8-9.

18 Connerton, Paul, *How Societies Remember*（Cambridge ［England］; New York: Cambridge University Press, 1989）.

叫賣市聲、都曾感受這些食物帶來的身心愉悅。這些彼此共享或至少是相似的身體經驗，賦予懷舊書寫更強的維繫力量，能夠凝聚社群成員的共同意識與情感。

此種烙印在身體上的「身體記憶」具有三種特性：一、身體記憶是個人的且因個體感受的差異而格外具有獨特性，但卻也是個人用以與他人互動的基礎，因此亦具有社會性；二、有強烈的情感聯繫，當充滿或喜或驚的情感時，身體容易記得，此種記憶的線索不是靠文字或影像，而是觸動身體的某種感受，由身而心地喚起過往回憶；三、身體記憶往往是在不知不覺中烙印在身體上，形成一種身體的習慣，人們並非時刻意識到此種習慣的存在，卻經常在遇到違反此種習慣的時刻，感受到身體的不安與不舒適。[19]

基於上述三種特點，身體記憶有別於對文字、符號、影像的認知與記憶，經常是無聲息、不刻意地，或因為長久的累積與濃厚情感；或因為當下的強烈感官刺激而形成的身體習慣，包括坐姿、飲食喜好等，並基於這樣的身體記憶進行社會互動。在檢視飲食文學中的懷鄉之作時，也應多著墨作者們所共享的身體經驗，以及身體記憶的變動與傳承。

不僅如此，身體記憶的另一特殊性在於，相較於懷舊書寫是以一個已然逝去的過往時空為書寫主題，在身體記憶中，有部分飲食經驗卻是可以複製、再現的。即使過去的時空不可能重返，食物本身卻有再現的可能。相同的食材與菜餚、相似的味道，這

---

19 關於「身體記憶」概念的發展與闡釋，請參見：Chen, Yu-jen, Bodily Memory and Sensibility: Culinary Preferences and National Consciousness in the Case of "Taiwanese Cuisine"，《臺灣人類學刊》8:3（2010年12月），頁163-196。

些可觸可食的飲食物，使得「記憶」變得更為具體，也讓今日再現之飲食與「記憶中的飲食」有了更多的對話與相互比較的機會。

　　綜言之，個人記憶需經由分享、溝通，成為集體的共同記憶，飲食內容以及與飲食相關的儀式、活動，更是構成人們生活經驗的重要內容，人們不僅在日常家庭、朋友聚餐、宴客活動、著名的餐館或食攤中分享生活，也喜愛分享彼此的飲食經驗，以及一同採集食物、烹調的經驗。同時，在共餐、宴席、烹煮的同時，人們其實也被要求遵循特殊的傳統，即Assmann所言的「文化記憶」。例如，過年「炊粿」時的禁忌如：小孩不能在旁亂講話、經期女性不能看等，喜慶宴客時也有多種出菜的規矩，乃至各種傳統菜餚「如何煮才道地」、如何才是「依循古法」等等，凡此種種都屬於飲食上的「文化記憶」。飲食文學中的懷舊書寫不僅以過去的飲食作為彼此溝通的場域，在這些由文字書寫構築出的場域中，也加入了傳統的規範以及個人經驗的轉化。下文就藉由前述理論進行分析，一方面探究飲食文學的社會性與其社會影響，另一方面從台灣的飲食懷舊書寫，分析溝通記憶與文化記憶二者的關聯，並嘗試對此概念有進一步的補充與詮釋。

三、台灣近代飲食文學中的「家鄉味」

　　追溯飲食書寫在戰後台灣的發展，1950年代的報刊雜誌上已有不少單篇文章，如〈漫談吃飯〉、〈家鄉菜〉、〈豆腐的滋味〉等，[20] 較有系統的專欄與專書則出現在1960年代。如劉枋（1919-

---

20 含英，〈漫談「吃飯」〉，《中央日報》，1949年6月23日，第6版；林海音，〈家鄉菜〉，《中央日報》，1950年2月12日，第7版；容若，〈豆腐的滋味〉，

2007）1961年在《中華婦女》月刊撰寫「灶前閒話」專欄十篇，以食材、烹調為主題，寫出〈燒雞之戀〉、〈鴨的悲劇〉、〈桃花流水對蝦肥〉等小品。因為專欄頗受歡迎，1966年劉枋續在《台灣新生報》家庭生活版寫「談吃」專欄，1968年將「談吃」專欄集結成冊出版《烹調漫談》，[21] 這也可說是台灣最早的飲食文學專書。與此同時，1960年代的《中央日報》副刊，開始有「家鄉味」專欄，讓讀者投稿介紹自己家鄉的獨特菜餚，這個專欄延伸至1970年代，1982年集結出版為《家鄉味》[22] 上、下兩冊，分別介紹南方菜、北方菜，並分為菜餚、飯點、零食三類，各類型中再依省分區分。在收錄南方菜的上冊共217篇文章中，僅有10篇為台灣菜餚的介紹，其他兩百餘篇加上整本下冊，則涵蓋包括安徽、江西、上海、福建、湖北、海南，甚至黑龍江、甘肅、察哈爾等地的「家鄉菜」。

　　《家鄉味》一書中的文章大多簡短，每篇介紹一道家鄉的美食，主要篇幅多在介紹材料、具體烹調程序與風味，儘管述及菜餚緣起、背景及社會特殊性的文字並不多，但字裡行間仍經常顯露「月是故鄉圓」的懷鄉情感。即使是二次戰後才從福建來台的住民，在面對台灣也有的福建小食煙腸、五香捲（雞捲）時，還是忍不住抱怨：「論色香味，本省的粉腸與雞捲，實在不能望其項背，整整三十年未曾再嘗過，偶而思及，莫不饞涎欲滴。」[23]

　　此外，1970年代的飲食文學作品，還有朱介凡（1912-2011）

　　《中央日報》，1952年2月18日，第6版。

21　劉枋，《烹調漫談》（台北：立志出版社，1968）。

22　蔡文怡編，《家鄉味》（上）、（下）（台北：中央日報出版社，1982）。

23　該文指台灣的粉腸、雞捲即為福建的胭腸、五香捲。蔡文怡編，《家鄉味（上）》（台北：中央日報出版社，1982），頁42。

17

大塊文章

攝俠碧

春天來了，李白春夜宴桃李園序裡有「況陽春召我以煙景，大塊假我以文章」兩句，現在正是他所說的季節，因之我想起了「大塊文章」。

我們中國的文字，真是十分奇怪，一個字眼見，可以有若干適用方法，大塊文章這四個字，明明是說大地錦繡，大塊就是「地」，但，雖投影人，便會把它和「紅燒蹄膀」想到一處，所以，吃酒席的時候，當最後吃到「紅燒蹄膀」或「蹄膀扣肉」等肥厚的時候，便會說：「大塊文章來了」。

所以，我也借「大塊文章」四個字，來作我對豬肉的封號。

因為母親是信佛的，「耕牛不可食，羊肉太溫」，我家平素，只有豬肉。

「冰糖肘子」是父親最愛的一味菜，但因為費時，只有別人家的「紅燒蹄膀」可能偶一吃，何況老人家喜歡它上老光眼睛，自然吃力，在家裡別人家的「紅燒蹄膀」，一斤二斤多重的一個，到另一種，則一切簡單，把肘子入熱油中烟過，使皮上起皺，再加冰糖，（大約是一斤肉冰糖一兩）待皮酥爛而後，再加清水約二小時，待皮酥爛而後，顏色便好看，色極鮮豔。

母親之後，把我入熱油中煎過，使皮上起皺，再加冰糖，它的特點在於肉極爛，汁極少，色極濃。

不過，苦每談吃之，雖肥不膩，味極濃，讓肥肥大菜，到也另外一味小菜，色極鮮豔，然後味極濃，讓它另外一種小布袋裝的花椒，八角，桂皮等香料一碗半水，所以吃它「蹄子肉」。半肥瘦豬肉連皮切方塊，先入滾水內爆一分鐘，撈出，把那起肉皮梁之不用，這樣肉既淨，又不會有腥味見。

再加醬油、料酒、大薑塊，還三棵的比例大約是每二斤肉一飯碗醬油，一個半鐵頭以肉為湯濃，因為我們不是「南邊人」，平素烹炒，從不用糖，也許這是我家的「蹄子肉」異於別人的「味」極濃，雖肥不膩，極可口。

紅燒肉的地方。

「腐乳扣肉」是我們過年的必備之菜，取其「福祿」之音。作法是先把大中把皮煎起皺後，切成大片，排列碗內，（又名醬豆腐）速醬和勻，加滿來泡肉的醬油，傾入碗內，上面排上炸好的山藥塊，上蒸透，最後扣入精美的醬油，入鍋中以大火不喜腐乳的人，離家之後，自己從未再嘗，因為蒸一碗，宴香時則偶然蒸一碗白糖加醬油，也要以炒布包好，隱藏起中一同蒸，到上桌時變飯碗了，以之分切厚片，色白如玉，極好看，隱藏起四川朋...

就是把山藥塊換成芋艿片，取黃芽白蒸，再加豆粉，（現在大白菜），小塊，上桌時前乘之。

「獅子頭」原是揚州名菜，幾經吃遍，除了「敷」「敖」，也沒什麼特別，據說是在「切工」及「火候」。我不知道地揚州作法為何，只從母親那裡學斬，新好後加別的季零少許，一同和勻，加醬蓋碗及色淡的醬油，再加別用功，使皮爛，白菜大葉，去其筋皮，只留一葉一側放入大田，入鍋蒸之，澤淡漢，入口酥膩，不下揚州名廚製品。

除了上述之貴是「大塊」的「純豬肉」，不過是冷盤中佳味，不宜大菜，脊肉），也較之於「排肉切塊」的主要作法記憶，上其詳細作法，還祖上不把它列席，友家中的若干道葷的，洗膩換碗，坤揃吃甜品之時，忽見大盤端出運那次是在若干道葷的，洗膩換碗，坤揃吃甜品之時，忽見大盤端出運皮削下，上桌白糖，我使這土包子，竟是新聞。

每隔再中分近皮的那面不切斷，夾上炒好的豆沙，排列碗內，上面再加糯米飯蒸到極深，肉鬆脂出，肉鬆如酥，扣出上桌。見別的人一口一片，挑了點中間的豆沙，呆然香甜，下面糯米飯及「習慣」不願嘗改。但自己始終未去火了一樣把糯米包蝦米火腿，一樣北梆蝦，這和元宵包肉，（四喜湯糰）異樣且不說它了。

此外，余肉片，會肉絲，燒肉丁，炒肉末，還有肉脯、肉鬆、肉燥等豬肉製品可說多到不勝述，但因不為「大塊」，這裡且不說它了。

圖6.1　劉枋以趙俠碧為筆名在《中華婦女》撰寫「灶前閒話」專欄

出處：《中華婦女》月刊卷11，第7期，1961年3月，頁17。

所編的《閒話吃的藝術》及《閒話吃的藝術續編》（1978
[1972]），24亦為報刊文章的彙編。朱介凡自陳，該書的出版緣
起，起自與陳紹馨、楊雲萍、林衡道、陳奇祿等台灣多位社會
學、人類學者聚會時，論及飲食之道是很好的研究題材，但當時
尚無人從事相關研究，因此，欲鼓勵開展研究的第一步，就是把
一般食譜以外，與民俗、風土、歷史、地理相關的敘述書寫彙編
成書，日後再做探討。25該書便是此種構想下的成品，並非出於文
學創作的目的，而是飲食現象資料的採集與彙編。由於文章來源
取自報章副刊，作者群中有作家、記者，也有不少是知名人士，
如在報上寫食譜專欄的周靜好、當時的河北省立委吳延環、曾任
中央日報副刊主編的孫如陵等。其中，較早的《閒話吃的藝術》
一書共收錄兩百餘篇文章，依主題分為十二卷，包括：總論、一
般飲食、家常菜、小吃、鄉土味、異味、美食、點心、果品、
茶、酒、藥用食品。儘管這些標題與當代飲食書寫的主題也十分
接近，但事實上其中甚少談到台灣的飲食，多為懷念家鄉菜餚之
作，如〈吃在南京〉、〈湖南麥醬〉、〈四川榨菜〉、〈即墨豆腐、
龍口粉絲〉等，與台灣飲食相關者僅有數篇，且寫作者也未必是

---

24 朱介凡為湖北人，曾任戰地記者、中央陸軍官校主秘等，1948年底來台，
1965年從《新生報》退休。朱介凡為知名的諺學家，到台灣後也持續採集台
灣諺語，著有《中國歌謠論》、《中國兒歌》、《臺灣採諺》十四冊等諺學論著
近二十種，見朱介凡，《中國諺語論》（台北：新興書局，1965）。《閒話吃的
藝術》及《閒話吃的藝術續編》二書在1962年即已初編成書，但至1972年方
出版，書中文章所記述則為1950年代的報刊文章，大多刊於台灣報紙，少數
為香港報刊文章。參見：朱介凡編，《閒話吃的藝術》（台北：華欣文化，1978
[1972]）；朱介凡編，《閒話吃的藝術續編》（台北：華欣文化，1978[1972]），
頁294、300-302。
25 同上註，頁9-14。

本地人，如〈臺北小吃新巡禮〉一文是由籍貫浙江的報人劉光炎所寫。

　　再稍晚些，唐魯孫（1908-1985）、梁實秋（1903-1987）、小民（1929-2007）、逯耀東（1932-2006）都在1980年代出版飲食散文、小品或雜文，至此，台灣文壇已累積近二十本飲食書寫作品，飲食文學在此時儘管尚未形成一個顯著的文類，但也已培養了不少讀者，細察更可發現，這些作品具有若干相似性，並共同反映出當時台灣的特殊社會背景。

　　觀諸1960至1980年代的飲食文學作品，撰寫目的其實未必都出於懷鄉，例如，劉枋的寫作題材包括烹調方式、特殊食材，以及較特別的宴席、餐飲形式介紹，並有不少篇幅在比較中國各省的吃食，及對食材的不同處理手法。不過，由於這些文章仍以「介紹家鄉吃食」為共同主題，而當此「家鄉」對作者來說已是難以再得的過去式，大多數文章便都披上了懷鄉的紗罩，無論是介紹家鄉請客的佳餚、母親的拿手菜、兒時的零食或街坊的小攤，每個主題最終的呈現，都成為對往事的追憶與「斯人已逝」的感嘆。

　　進一步檢視這些飲食文學作品的作者，可看出幾乎清一色為二次戰後從中國大陸來台的人士，從劉枋、朱介凡，到1970年代引起更多迴響的唐魯孫，乃至1980年代的小民、梁實秋、逯耀東，都沒有例外。即使是1982年由中央日報副刊文章集結出版的《家鄉味》，四百多篇短文中也僅有十篇講述台灣的菜餚，其他作者均來自中國各省，可以看出這些「外省人」的多元歧異。但不管來自何處，他們的共同經驗就是：因戰事而忽然離開家鄉數十載且難以返回，這種經驗促使他們不約而同以「對家鄉食物的懷念」作為書寫主題，抒發思鄉的情緒。

　　此時期飲食書寫的共同特色便是很少述及台灣本地菜餚，即使述及，也以批評為主，這些評論當然是相當主觀且與自身的離鄉情緒結合。水是故鄉甜，相對地，在被迫移居無法返鄉的處境下，「異鄉」的事物總提醒了心裡的缺憾，思鄉情緒更增強了食物的美味。

　　如劉光炎所撰的〈臺北小吃新巡禮〉，也與今日讀者所熟悉的「台北小吃」有很大差異。該文先以三行文字簡介圓環小吃，如肉羹魚翅、炸麥花雀、煨青盤、燉當歸鴨，並稱「圓環的小吃，大半淡而帶甜，為本地味，為外江佬不甚相投」，接著就開始逐一介紹他省口味的餐館，如中山北路上的廣東小吃店、車站前的羊雜湯、多家四川館子、雲南小吃、蘇北館、北平味等，另也有些未述明地方口味的牛肉湯、蛤蚧小吃。[26]這些描述佐證了台北確為各省餐館集中之地，今日讀之，也可看出台北飲食版圖變遷之大。

　　在這些作者中，自1978年起出版十二本飲食文集的唐魯孫常被視為台灣飲食文學的奠基者之一，身為滿清皇室後裔的他，在書寫中對「故都北平」有十分廣泛而細膩的呈現，出版後在台灣文壇引起很大迴響，至今仍有影響力。他在書寫中所呈現的「北平認識／印象／知識」，不僅是他個人的回憶，也成為很多人想了解清代北平之繁華與飲食文化的資料來源。

　　除了唐魯孫之外，學者逯耀東是另一位在當代常被引用的飲食作家。逯耀東實為研究魏晉南北朝的歷史學家，但除了學術著

---

26 劉光炎，〈臺北小吃新巡禮〉，收於朱介凡編，《閒話吃的藝術》（台北：華欣文化，1978[1972]），頁103-106。

作之外，也寫散文、小說，基於對飲食的興趣，他是台灣第一位在大學課堂上開設「中國飲食史」課程的學者。2005年台北首次舉辦「牛肉麵節」時，以逯耀東對台灣牛肉麵的源流為重要宣傳，使得逯耀東的飲食書寫大為知名。逯耀東對牛肉麵源起的說法，也從他個人經驗的推測，成為後來許多飲食書寫深信不疑的「標準答案」，是一「個體記憶轉變為社會記憶」的例子。

　　逯耀東與唐魯孫均是在1940年代後期到台灣的新移民，他的書寫作品雖也有不少是與唐魯孫類似的懷鄉主題，但相較於唐魯孫在赴台後未曾返回北平家鄉，逯耀東則在1980年代開放後隨即返鄉多次，對於「家鄉味」有了十分不同的見解，他的飲食書寫大多也都是寫在他的返鄉經驗之後，加上他往返於台灣、香港、中國間的飲食經驗，對於何謂「家鄉味」，可以提供更具層次的分析。故本章即先以唐魯孫、逯耀東為焦點，深究二人飲食論述「由個體記憶轉變為社會記憶」的過程，檢視飲食文學中的懷鄉書寫如何從個人情感的表現轉變為集體記憶的載體，不僅呈現個人生活中所經驗、感受、認知的故鄉飲食，更將之轉化為一種社會記憶。

第二節　唐魯孫與逯耀東：對家鄉味的追尋

一、在台灣懷想北平故園的唐魯孫

（一）筆下作為文化記憶的中國飲食傳統

　　唐魯孫本名葆森，字魯孫，滿清鑲紅旗人，加上姑祖母入宮為妃，唐魯孫曾入宮並受封，屬宮廷貴族後裔。他二十餘歲即任

職於財稅機構，遊歷中國多處，在1946年隨國民政府來台，曾任
公賣局菸廠廠長，1973年退休後開始寫作，並在《中國時報·人
間副刊》撰寫專欄，一共出版十二本書，是台灣早期著作最多的
飲食文學作家。

表6.1　唐魯孫作品年表

出版年	書名	出版社
1976	中國吃	景象出版社
1976	南北看	景象出版社
1977	天下味	皇冠雜誌社
1978	故園情	時報文化公司
1980	老古董	大地出版社
1980	酸甜苦辣鹹	大地出版社
1981	大雜燴	大地出版社
1982	什錦拼盤	大地出版社
1983	說東道西	大地出版社
1983	中國吃的故事	漢光文化公司
1988	唐魯孫談吃	大地出版社
1988	老鄉親	大地出版社

資料來源：作者整理。

在唐魯孫的12本著作中，書寫主題可大分為清代宮廷生活、
北平飲食文化、中國各地飲食文化比較等，偶爾也寫外國飲食或
飲食以外的題材。他的特殊家世與閱歷提供了豐富的飲食寫作素
材。特別是宮廷貴族的背景使他幼年時有機會一窺宮廷生活，從
宮中御膳、宮女、宴席等均寫入文中，鉅細靡遺而生動的描述讓
讀者宛如親眼所見，在1970、1980年代的台灣引起不少讀者對中

‍‍‌‍‌‍‍‌

國宮廷與故都北平的興趣。

唐魯孫為何以食物為書寫主題？他自陳，除了本身是個饞人之外，還有一重要原因：

> 我喜歡寫吃另外一個道理，是朋儕小聚，談來談去就談到吃上來了，……由鄉味醇醇引發了念我故鄉的情懷，總歸一句，是大家異口同聲什麼時候能打回大陸再嘗嘗家鄉味就心滿意足啦。假如說果然因談吃而能心懷故土引起鄉思，進而激發重光國土雄心壯志，那麼這幾年來我的格子就算沒白爬啦。[27]

換言之，唐魯孫寫吃吃喝喝除了寄託個人對故鄉的情思之外，還有「召喚集體情感」並進一步引發集體行動的動機。唐魯孫也提過，他在寫作時的原則，是「既不平章國事，更不月旦時賢」，[28]因為「如果臧否時事人物惹些不必要的嚕囌，豈不自找麻煩」。[29]這樣的說明也反映了1970年代的社會情境，儘管國民政府遷台已逾二十年，政治仍處於戒嚴時期，1971年中華民國退出聯合國，國民黨政府的國際地位面臨危機，在此社會情形下，為文者莫不謹慎，寫吃吃喝喝之事，並在其中吐露對祖國的懷念，是在當時社會氛圍下飲食書寫中常見的安全作法。

唐魯孫的飲食書寫有兩個重要特徵：第一，作為清代宮廷成員之一，宮廷生活經驗與相關知識不僅讓他有豐富的書寫題材，

27 唐魯孫，《故園情》（台北：時報文化公司，1979[1978]），頁2。

28 同上注，頁1。

29 逯耀東，〈饞人說饞〉，《肚大能容：中國飲食文化散記》（台北：東大圖書公司，2001），頁148。

也促使他對清帝國有一種強烈的光榮感。他筆下再現的中國，是一個富強而具有高度文明的文化大國，藉由精細食物與獨特飲食之道的描繪，中國的首都北平既富庶又充滿活力，可說是中國飲食文化極致表現的所在。例如，他反駁慈禧太后晚年晚餐多達128碗菜的豪奢傳言，也不認同日本的電視台為拍攝一部中國烹飪影片，竟在香港的酒樓花費美金兩萬元製備「滿漢全席」，共四宴、七十道名菜，使用許多珍奇食材。唐魯孫批評，清代滿漢全席國宴其實甚少舉辦，多在屬國進貢來朝時舉行，「旨在揚威懷遠，讓他們看看巍巍上國，物阜民豐，無美不備」，即使他從未親見滿漢全席，但他強調這全席國宴的精神在於文明而非食材的豪奢：「若是祇知窮奢極慾，在飲饌上下功夫，豈不有失泱泱大國的風範了嗎？」[30]

在他筆下，中國作為一個文明大國，中國飲食是高度藝術的表現，他說：「中國人不但味覺高，而且也是一個能吃、愛吃又會吃的民族」，[31]其中，作為中國清代首都的北平更是精華中的精華，唐魯孫書中對北平美食藝術的讚揚俯拾即是。例如，他初試啼聲且一鳴驚人的文章就是〈吃在北平〉。[32]該文首先提到「北平自從元朝建都，一直到民國，差不多有六百多年歷史，人文薈萃，在飲食服御方面，自然是精益求精，甚且踵事增華，到了近

---

30 唐魯孫，〈滿漢全席〉，《什錦拼盤》（台北：大地出版社，1982），頁202；〈從香港滿漢全席談到清宮膳食〉，《故園情》（台北：時報文化公司，1979 [1978]），頁120-126。

31 唐魯孫，〈飄在餐桌上的花香〉，《酸甜苦辣鹹》（台北：大地出版社，1988 [1980]），頁197。

32 唐魯孫，〈吃在北平〉，原載於《聯合報‧副刊》，1974年11月23-25日，第12版。

乎奢侈的地步」，在民國初年，北平的飯館就有將近一千家。接
著，唐魯孫便將北平的飯館分為三大類，如數家珍般地一一介
紹，詳細說明其中許多店家的特色珍饈。例如，什剎海會賢堂的
拿手好菜「什錦冰碗」，需採用多種極鮮嫩的材料：「冰碗裏除了
鮮蓮、鮮藕、鮮菱角、鮮雞頭米之外，還得配上鮮核桃仁、鮮杏
仁、鮮榛子，最後配上幾粒蜜餞溫卜。底下用嫩荷葉一托，紅是
紅，白是白，綠是綠。」另一道慶和堂的「桂花皮炸」，作法更是
費工：

> 他們所用的豬肉皮都是精選豬脊背上三寸寬的一條。首先
> 毛要拔得乾乾淨淨，然後用花生油炸到起泡，撈出瀝乾，晒
> 透，放在磁罈裡密封；下襯石灰防潮吸溼，等到第二年就可
> 以用了，做菜時，先把皮炸用溫水洗淨，再用高湯或雞湯泡
> 軟，切細絲下鍋，加作料武火一炒，雞蛋打碎往上一澆，洒
> 上火腿末一摟起鍋，就是桂花皮炸了。鬆軟肉頭，香不膩
> 口，沒吃過的人，真猜不出是什麼東西炒的。

藉由如此詳述菜餚的作法與各餐館的特色，唐魯孫在文中大量書
寫對故鄉北平的懷念，及對北平各種吃食進行精細的「厚描」
（thick description），舉凡北平的甜食、北平的獨特食品、故都的早
點、故都的奶品小吃、北平上飯館的訣竅等，都一一精細描繪。
如他鍾愛的北平奶酪，就在多處費了不少篇幅描寫。奶酪是滿洲
人的日常甜食，滿洲人常吃乳製品，其他類似者還有奶捲、奶餑
餑、奶烏他等，宮廷裡甚至有專門的廚房來處理奶品點心。[33]唐魯

---

[33] 據唐魯孫介紹，「奶烏他」是滿洲最上品的甜食，「奶烏他每塊有象棋子一樣

孫文中提到，北洋政府時期，駐北平的西班牙公使葛得利夫人，最欣賞北平豐盛公的酪乾，「她說吃麵包配酪乾，比荷蘭任何高貴的忌司都夠味」，即使這位公使卸任回到西班牙，公使夫人仍每年向豐盛公訂幾斤酪乾寄到西班牙過聖誕節。[34]

　　唐魯孫飲食書寫的第二個特徵，是對菜餚傳統與「本真性、正統性」（authenticity）的重視。這點從他對北平人對食物的堅持也可看出，他十分強調烹飪必須依照傳統的作法，否則就亂了套：

> 雖然說餃子餡是包羅萬有，可是北平人講究凡事有格、有譜，不能隨便亂來的，譬如說吃牛肉餡一定要配大蔥，羊肉餡喜歡配冬瓜葫蘆，蝦仁配韭菜，如果亂了套，不但失了格，而且準定不好吃。[35]

在許多文化中，與飲食相關的禮法均是重要的文化符碼，具有規範性的力量。無論是品嚐特定食物的季節、場合、方法，與烹飪

大小，分乳黃、水紅、淺碧三色，用小銀叉叉起來往嘴裡一送，上膛跟舌頭一擠，就化成一股濃馥乳香的漿液了。」參見：唐魯孫，〈故都的奶品小吃〉，《中國吃》（台北：景象出版社，1977[1976]），頁65-68；亦參見：〈續「酪」〉，《天下味》（台北：大地出版社，1985[1977]），頁133-137；〈紫禁城的小掌故拾零〉，《故園情》（台北：時報文化公司，1979[1978]），頁19-21部分提及「奶子房」。

34 唐魯孫，〈故都的奶品小吃〉，《中國吃》（台北：景象出版社，1977[1976]），頁66。

35 唐魯孫，〈北平人三大主食〉，《故園情》（台北：時報文化公司，1979[1978]），頁213。

或飲食相關的規矩被賦予了特殊性，懂得這套規矩的人便標誌了自身的秀異性（distinction），而與其他人有所區別。對唐魯孫來說，作為一個「真正的北平人」有需遵守的文化範式，此文化範式是在中國漫長的歷史中形成，並得到社會菁英的認可，因此，是否能了解並遵從這套文化範式，成為區辨自身文化屬性與地位的重要方式。這種「文化範式」，與Assmann所界定的「文化記憶」相同，均是群體成員所認同並向下傳承的重要價值，對唐魯孫來說，這些與中國飲食或北平飲食相關的文化記憶，就應該向下傳承，對這些範式的忽視或刻意違反，則是難以容忍的。

文化記憶的規範性力量在唐魯孫的作品中十分顯著，且可從雙向來理解。當他在文中生動詳細地介紹北平食物的種種飲食慣例、儀式、風俗，一方面，這是唐魯孫有意識地選擇了他認為北平飲食文化中值得述說的重要部分；但從另一個角度來說，是北平飲食文化在唐魯孫身上的具體展現，換言之，是這套經長時間累積而被認可的「北平飲食文化」引導著唐魯孫遵從種種相關的飲食文化範式。如Assmann所論述的，群體構成的社會鑲嵌在人們的文化記憶中，所展現出的就是群體所服膺的規範、價值，這些構成了一種權威性，並加諸於個體上，換句話說，這些文化範式的重要功能，是將特定的文化價值、規範，體現於個體，鼓勵人們記得這些價值同時向外、向下傳布，以形塑群體的文化記憶。

從這個觀點來理解，唐魯孫從自身的經驗與記憶中取材，將北平的飲食文化視為一種「好」的飲食標準，並以此評價其他各地的飲食文化，包括台灣飲食。如此，他在台灣所接觸的飲食自然是不合乎其標準。儘管唐魯孫在書中也有相當多篇幅介紹北平以外地區的飲食方式，且同意不同地區會有自身的風味，但他在

書中對於「台灣沒有道地北平食物」的抱怨屢見不鮮。例如，唐
魯孫在他第一篇見報的作品〈吃在北平〉中，追憶、讚賞完北平
的「雞絲拉皮」後嘆道：「大陸各省的吃食，台灣現在大概都會
做齊了，可是直到如今，還沒吃過一份像樣的拉皮。」又稱「台
灣各大縣市都有餡餅粥，可是跟北平的餡餅粥完全兩碼事」。在
他介紹中國北方特產的菇蕈類「口蘑」後，唐魯孫惋惜地說：
「現在在台灣真正口蘑，甭說吃，恐怕什麼樣還有人沒見過
呢。」[36]又如「祇要吃過北平薩其馬的，再吃台灣出品，沒有不搖
頭的」、「臺北的真北平、南北合都會做，但是吃到嘴裡就覺得不
太對勁兒了」[37]。換言之，儘管在台灣可找到類似的食物菜餚，但
在唐魯孫嘗起來，與故鄉的風味差異甚大。對於在台灣找不到道
地中國食物的類似批評，在唐魯孫書中可說十分普遍。

　　唐魯孫對台灣飲食的不滿，主要原因之一是台灣餐館中「不
純正」的烹飪方式以及「混省菜」的現象。他認為一餐館應專精
於某菜系，山東館子就該賣山東菜，江浙館子就該賣江浙菜，[38]而
非同時將多省菜餚混雜著供應，在他眼中，台灣餐館中常見的多
省菜餚混雜供應，與在他看來不夠「道地」的烹飪方式，都是對
飲食文化傳統與規範的重大傷害，換言之，違反了他對中國飲食
所保有的文化記憶，也因此妨害了中國文化的保存與傳承。例
如，他批評台灣的「大魯麵」是對中國北方「打滷麵」的誤植。
「打滷」是一種麵食烹飪方式的專有稱呼，分「清滷」、「混滷」，
配料多做工複雜，唐魯孫在回憶過往北平吃打滷麵的種種回憶

---

36 唐魯孫，〈北平的獨特食品〉，《中國吃》（台北：景象出版社，1977[1976]），
　　頁50-51。

37 同上注，頁41、53。

38 同上注，頁80。

後，文末感嘆：

> 來到台灣幾十年，合格夠味的滷固然沒有喝過，似乎打滷
> 麵已經變成大魯麵連名兒都改啦，（十之八九是受了魯肉飯
> 的影響。）前幾天在高雄一家平津飯館吃飯，跑堂的小伙
> 子，說的一口純正國語，問他打滷麵怎麼改成大魯麵了，他
> 說近幾年上的飯座臺省同胞居多，叫大魯麵聽了順耳，這叫
> 入境隨俗，您想各省口味的飯館，都入境隨俗南北合了，菜
> 還能好得了嗎？[39]

正如同「中華文化復興運動」被賦予的「將正統中華文化在台灣
保存」之政治使命，唐魯孫對中華飲食文化正統性的堅持也是同
樣的思維方式，他在多處提到，希望正統的中國烹飪方式與菜餚
能夠妥善地保存下來傳承後世，如他所說：「有些北平生的娃
娃，生下來就來台灣，腦子裡就知道北平早點祇有燒餅油條豆腐
漿，所以寫點出來讓小朋友們知道知道。其實北平的早點，種類
還多著呢。」[40]對他來說，將他記憶中的美味記錄、傳承，是一種
保存飲食文化的重要方式，特別是飲食文化在中國文化中常被視
為極重要的一部分。飲食文化所包含的烹飪方式、食材、吃法與
呈現方式等，也都是飲食文化中的關鍵。當唐魯孫抱怨菜餚的味
道改變、感嘆連「打滷麵」的名字都被改為「大魯麵」，所透露
出的實是他對中國傳統飲食文化佚失的擔憂。

　　唐魯孫之所以有如此的擔憂，不僅是因為他所經歷各種菜

---

39 唐魯孫，《酸甜苦辣鹹》（台北：大地出版社，1988[1980]），頁21。
40 唐魯孫，《中國吃》，頁63。

餡、烹調上的改變，更來自於他對故土的情感牽繫，北平所代表的中國對他來說，無論政治或文化上都是真正的家國，他對各種菜餡「道地性」的堅持，正展現出他的文化認同。當他嘆息在台灣找不到作法正宗的某些菜餡，或對中國菜餡知識的缺乏，實際上憂心的是正統中國文化在真正的家鄉北平已無法妥善地保存。畢竟在兩岸隔絕數十年的情況下，即使在1970年代對岸的北平仍是個難以復返的家鄉。人在異鄉的唐魯孫僅能在台灣尋找記憶中的味道，卻又遍尋不得，這正是他失落感的最大源頭。

然而，他對台灣飲食的批評與不滿，也顯示出對台灣文化的缺乏了解，特別是對台灣大酒樓中常見的「混省菜」現象。從本書第二章對日治時期台灣酒樓的探究已知，在大酒樓中供應閩、粵、川，甚至部分浙、蘇與北方的「支那料理」，是日治時期台灣江山樓、蓬萊閣等的普遍現象，甚至引以為豪。即使到了戰後，台灣人所開設的餐館也經常加入多種不同中國地方菜餡，這可說是基於台灣特殊歷史而有的特色，但在唐魯孫等戰後移民的眼中，卻變成不專業甚至荒謬的展現。飲食文化在不同地方的相異發展與風格，也可由此看出。然而由於戰後的文化詮釋權及強勢語言是由戰後新移民所掌握，類似的批評與對台灣食物的貶抑也就成為當時的主流，甚至流傳至今。

在戰後飲食書寫中，唐魯孫的此種批評並非特例，許多戰後移民作家都採取「褒揚家鄉食物同時貶低台灣食物」的書寫方式，只是各家貶低的輕重有所不同。如劉枋在1960年初的「灶前閒話」專欄中評論台灣市場的蝦子：

> 台灣雖為島國，但可口的魚蝦著實不多，尤其是『蝦』，明蝦貴的出奇……普通的蝦，均為海產，在市場裡看見那腥

氣撲鼻，顏色變紅，鎮在冰塊中的東西，不吃已倒足胃口。[41]

　　這樣的描述或許一方面反映了當時台灣海產品質的實況，因為在1960年代交通運輸與冷藏技術尚不發達的情形下，在都市裡原本就難以購買到品質良好的海產，但另一方面，這樣毫不掩飾的貶抑寫法，也反映出台灣的飲食與作者所認定的「美食」確有很大差異。類似的評論與對「打回大陸」的寄語，在當時的飲食書寫中隨處可見，這固然是受到當時台灣政治環境的影響，卻也相當程度地反映了這些移居台灣人士的真實心境。

（二）離散：家、國與文化記憶的失落

　　唐魯孫作品的重要性不僅在於豐富細膩的飲食書寫，亦在於對後續寫作者的影響力，他詳盡生動描繪「故都北平」的各種吃食，影響同時代多位作者也開始以家鄉飲食作為書寫題材。如逯耀東所述，該文「不僅引起老北京的蒓鱸之思，海內外一時傳誦」。[42] 在眾多迴響中，梁實秋為其中最知名者。梁實秋著有《雅舍小品》，為知名翻譯家與散文作家。他在〈讀《中國吃》〉一文自承，是唐魯孫的作品勾起了他從事飲食寫作的欲望：

　　　中國人的饞，也許北平人比較起來最饞。……讀了唐魯孫先生的《中國吃》，一似過屠門而大嚼，使得饞人垂涎欲滴。唐先生不但知道的東西多，而且用地道的北平話來寫，

---

41 劉枋，《烹調漫談》（台北：立志出版社，1968），頁225。

42 逯耀東，〈饞人說饞〉，《肚大能容：中國飲食文化散記》（台北：東大圖書公司，2001），頁143。

使北平人覺得亦發親切有味，忍不住，我也來饒舌。[43]

梁實秋留美，譯有莎士比亞全集，原本不以飲食為寫作主題，但讀了之後憶起許多與飲食相關的美好經驗，忍不住動筆為文再結集出版《雅舍談吃》一書。他說，寫吃，實是為了懷鄉：「偶因懷鄉，談美味以寄興；聊為快意，過屠門而大嚼。」[44]

受唐魯孫影響的還有小民女士，小民本名劉長民，她為專職作家兼家庭主婦，曾在台南、嘉義等地居住，著有散文集《媽媽鐘》等二十餘本書。她在1980年代寫的懷鄉三書，包括《故都鄉情》（1983）、《春天的胡同》（1985）、《故園夢》（1988），均是以作者童年回憶中的故鄉北平為主要的書寫內容。如：綠釉罐裝的蜜餞、搖元宵、糖葫蘆的故事、盒子菜與大八件、小棗兒粽子等。由於這些回憶許多是透過作者兒時或少年的眼光來看，因此充滿了純真的童趣，以及對無憂兒時的懷念。

例如，她回憶到最難忘小時在中國北方特有的「匟」上吃飯，「也許當時年紀小，特別歡喜匟上矮小的餐桌，及全家人團團圍在匟上吃飯時快樂知足的氣氛。」[45]不僅如此，「人對小時候喜歡吃的東西，記憶力特別強。」[46]因此，舉凡北平的糖葫蘆、月餅、各種酥糖、點心、麵食，都被她寫入書中。與同時代、同樣從中國大陸遷台的作家類似，因為家鄉之不可得，更使回憶中的食物分外美味。例如說到蜜餞，小民嘆道：

---

43 梁實秋，《雅舍談吃》（台北：九歌出版社，2009[1985]），頁182。
44 同上註，頁14。
45 小民，《故都鄉情》（台北：大地出版社，1983），頁109。
46 同上註，頁125。

　　蜜餞中國各省都有，台灣宜蘭、花蓮、及臺南市的蜜餞也頂出名的。只是回憶中的故鄉，連水也是甜的，綠釉罐裡玫瑰紅蜜汁的蜜餞，能不教遊子懷念嗎？[47]

由此觀之，食物的美味來自鄉愁的調味，寫到北平的胡同小吃「炸三角兒」，她也忍不住嘆道：「寫到這兒，更懷念早年自由世界的故鄉，祥和溫馨的生活，及賣炸三角兒老鄉親和善的笑容。只能在夢中再見了！」[48]同時，由這些對童年與家鄉食物的思念可以看出，「故鄉」所代表的，不盡然指涉一地理空間，而更意味著童年無憂玩樂的心境、家庭團圓的歡愉，以及安定無戰禍的生活。

　　儘管唐魯孫並非第一個在報端寫北平飲食的作家，[49]但確乎引起最大的迴響。且他不僅以懷鄉之思寫北平，更是以充滿孺慕的眼光下筆，描寫北平時每每充滿國族榮光的情感。儘管以唐魯孫的年齡視之，在他出生的清光緒34年（1908），清廷早是強弩之末，面臨西方勢力與日本的多次進逼，不僅已割讓台澎十餘年，八國聯軍更曾攻入北京，但在唐魯孫的寫作中，完全沒有北平的負面描述，相反地，他在文中所呈現的，是一個富庶強大的中國首都北平，不僅繁華，同時有文明、有文化，而這些都表現在對飲食的講究上。

　　例如，唐魯孫強調北平人吃東西講究符合季節，「不時不食」：

---

47 同上注，頁11。

48 小民，《故園夢》（台北：九歌出版社，1988），頁146。

49 較唐魯孫早者，如：王浦，〈閒話北平〉，《聯合報》，1954年7月27日，第6版。其中一半篇幅均在描寫北平的吃食。

> 北平人因為優閒慣了，什麼吃食都講究應時當令，不時不
> 食，這倒合了孔夫子的古訓了。像元宵、粽子、月餅、花
> 糕，不到季節是不會拿出來應市的；炰烤涮的烤肉，不交立
> 秋，……就連一般牛羊肉館，以及推車子下街的，也沒有一
> 個敢搶先。……北平人這種特性，是別省人沒有法子了解
> 的。[50]

對於此點，小民也在文中有所呼應：「北平人過日子向來一板一
眼的，吃東西更講究應時當令。每年時序進入四月，各類冷食紛
紛上市，粽子在北平也是冷食之一。」[51]然而，同樣是形容「不時
不食」，小民將之形容為「一板一眼」，唐魯孫則說是北平人「優
閒慣了」，似乎是從上層階級的眼光來歸因，且與清末北平難以
連結。

換言之，唐魯孫所呈現其實是一個宛如加上柔焦、玫瑰色的
北平，現實因素被摒棄在書寫之外，充分運用了「美化」與「隱
匿」的雙重書寫策略。然而，在當時的政治氛圍中，描寫一個平
靜美好、已是歷史陳跡、宛如難以再回的伊甸園般的故都北平，
毋寧是正確而安全的。

另一方面，書寫美好的過往，對於唐魯孫等流離在外者而
言，確實具有特殊重要性，因為這些美好的過往，包括對文明、
傳統的懷念，代表獨特的文化記憶，對流離者而言，當熟悉的美
好事物遠離，便唯有在自身所具有之文化記憶基礎上才能肯認自
我的價值、確認自身的認同。一旦文化記憶遭到破壞，自身與文

---

50 唐魯孫，《唐魯孫談吃》（台北：大地出版社，1994[1988]），頁2-3。

51 小民，《故都鄉情》（台北：大地出版社，1983），頁40。

化根柢的連結便遭弱化，自我價值降低，這對尤其重視文化傳統的流離者來說，是甚難接受的。因此，以Assmann的話來說，在唐魯孫等戰後移民者眼中，供應家鄉味的餐廳，不僅是保存文化傳統規範的「文化位址」（cultural sites），同時也是一個文化記憶所棲的、有形具體的「記憶點」（memory sites）。Assmann認為，記憶點使特定社群的成員能夠學習、記憶自身的傳統，這些記憶點可以是山岳、盛宴，或無形的儀式、風俗習慣，[52]餐廳提供的菜餚、味道、同鄉聚會的話語、談論時的思路與感情，對流離者而言更是一個重要的記憶點，正因如此，如唐魯孫等人對於餐廳中不如想像的展現（混雜、味道不純正等），會格外覺得難受。面對此情境，他們的記憶被擾亂，無法發揮「記憶點」的功能，從這個角度而言，他們所要求的「餐廳的純正性」毋寧更是一種「記憶的純正性」。

　　除了唐魯孫外，逯耀東是另一具代表性的例子，然而，相較於唐魯孫到台灣後，沒有再返回北平，逯耀東則在1987年解嚴後回到朝思暮想的故鄉，卻也經歷了從期盼到失望的心靈轉折，加上他長時間居住於香港的生活經驗，對中、港、台三地食物都有豐富的經驗，顯現出對「家鄉味」與文化記憶更複雜而多元的思索。

---

52 Assmann, Jan, *Religion and Cultural Memory: Ten Studies*（R. Livingstone, Trans.）（Stanford, Calif.: Stanford University Press., 2006），pp. 8-9.

二、逯耀東：中、港、台間家鄉味的逝去與重建

（一）流徙中失落的「家鄉味」

　　逯耀東為江蘇豐縣人，生於1932年7月29日，少年時歷經抗戰、內亂，與家人到處遷徙，1949年五月遷至台灣嘉義以逃離戰禍，儘管到台灣時只是個少年，但他1949年九月進入員林中學後，曾因〈致前方將士書〉一文嚐到牢獄之災，繫獄三月餘，出獄後轉入嘉義中學。以一位中學生之作文而遭文字獄，可見當時社會之言論管束與風聲鶴唳。[53]

　　逯耀東少年之前的生活在中國各地流離，他的求學與工作則往返於台灣與香港兩地：1957年臺灣大學歷史系畢業後先在台灣工作一段時間，1961年考入錢穆創辦的香港新亞研究所唸碩士，畢業後留任助理研究員，1968年又回到台灣，成為第一屆臺灣大學歷史系博士班學生，並同時擔任新亞研究所副研究員，畢業後在臺灣大學與輔仁大學歷史系教書。1977年赴香港新亞書院任教，一待14年，至1991年再重返臺灣大學，直到1998年退休，[54]2006年病逝台北。在1980年代兩岸開放交通後，逯耀東在香港之便，多次返鄉並前往中國各地，他在中港台三地間的往復移動，促使他對三地的飲食風景有不同觀照，他對三地飲食的輾轉思索，也構成了他飲食書寫的重要主題。

　　作為一位歷史研究者，逯耀東的著作大多是歷史論著，特別是魏晉南北朝史學，但在1990年前後也開始書寫飲食相關的短篇

---

53 逯耀東，《那年初一》（台北：東大圖書公司，2000），頁9；逯耀東教授治喪委員會編，《逯耀東教授追思集》（台北：三民書局，2006）。

54 同上註，頁5-7。

論文，另除了歷史著作外，有散文15本，其中與飲食最為相關的，包括：《祇剩下蛋炒飯》（1987）、《已非舊時味》（1992）、《出門訪古早》（1998）、《肚大能容：中國飲食文化散記》（2001），另外應北京三聯書局之邀，於2005年在北京出版《寒夜客來：中國飲食文化散記之二》。

　　基於台北與香港長時間的生活經驗，兩地的食物與餐廳是逯耀東飲食散文的一大主題，他的第一本書《祇剩下蛋炒飯》許多內容都談到兩地飲食方式的比較。1987年解嚴後逯耀東回到蘇州，「頭三四年間，去了三十幾趟」，他稱自己並非在兩岸開放交通之初就立即前往，而主張等「小吃成市」後才去，返回中國後果然「閒步市井，四下覓食」，[55] 他從小吃出發的各種觀察構成了第二本書《已非舊時味》的主體，接著出版的《出門訪古早》、《肚大能容：中國飲食文化散記》則是報紙文章與部分早期著作的重新出版。

　　逯耀東與唐魯孫在飲食書寫上有幾點相似處：第一，在逯耀東返回故鄉之前，他對故鄉懷抱的情感與唐魯孫類似，均以懷舊的思鄉情緒為主。儘管二人寫作時均已在台灣住了20年以上，對18歲來台的逯耀東而言甚至已超過在大陸的時間，但只要念及家鄉，所指的仍是兒時故鄉。雖然逯耀東並非蘇州人，但因幼時經常遷徙，在蘇州的日子較為安穩，讓他憶念極深，成為筆下經常思念的地方，如同唐魯孫筆下的北平。雖然逯耀東住在蘇州的時間不長，但在記憶裡這個曾經帶給他安適與歸屬感的小鎮就是家。對唐魯孫與逯耀東來說，他們在中國的家是自己的起源之

---

55 逯耀東，《寒夜客來：中國飲食文化散記之二》（北京：生活・讀書・新知三聯書店，2005），頁1-6。

地，就像樹的根，連結了他們與其他許許多多個家族成員、鄰人友伴，以及難忘的兒時記憶。在此脈絡下，儘管他們實際上已經離鄉多年，「家鄉味」可作為一種特別的路徑，能夠引導著他們與家人、鄰居重新聯繫起來。

　　逯耀東與唐魯孫的第二個相似處，是「家鄉味」與國家的明確連結，他們均將家鄉味作為自身與國家、同胞間的連結紐帶。例如，當逯耀東寫到台北已成為許多中國各省地方小吃的匯聚之地時，他立刻憶起身陷大陸的同胞，並感嘆這些小吃在大陸已不易找到了，「因為在那個藍螞蟻的社會，誰還會有錢有閒去吃？誰又有自由去吃呢？」[56] 在這樣的書寫中，逯耀東所指涉的「家」從個人的庇護所，進一步擴大到國家民族乃至與歷史事件連結。

　　逯耀東與唐魯孫的第三個共同點，是他們都反對台灣餐廳中「菜系混雜」的現象。前已述及，許多戰後來台的飲食書寫作家都認為，一個菜館中同時供應多種菜系是一種對傳統的妨害，逯耀東在1980年代後期的文章也對此提出強烈批評，認為如湖南餐廳賣廣東菜、麥當勞速食的美國食物輕易「入侵」台灣等現象，都讓中國傳統飲食文化在台灣逐漸遭到摧毀：「一飯一菜都自有其淵源，如果壞其流、破其體，就不堪問了。目前臺北號稱中國菜匯萃之地，地無東西南北都集於斯，但卻犯了上述大忌。」[57]

　　然而有趣也與唐魯孫不同的是，儘管對台灣的餐館有如此強烈批評，在逯耀東居住香港超過20年後，卻日益將台灣街頭的口味視為他的「家鄉味」。例如，當他寫到自己要離開台北到香港工作時，他的朋友——賣炒肝的沙老闆——提了一大盒親手烙

---

56 逯耀東，《祇剩下蛋炒飯》（台北：圓神出版社，1987），頁164-165。

57 同上注，頁5。

製、剛出爐的醬肉燒餅到機場給他，說「這燒餅留著您上路吃」，「上路」二字讓逯耀東「心頭一熱」，明明台港距離並不遠，卻讓他「有了離情別緒」。[58]「離情別緒」意味著抽身及與熟悉事物的告別，從心理距離較近的「這裡」到另一較疏離的「那裡」。儘管他在香港的時間也相當長，但離開台北返回香港卻是帶給他離家的感覺，從這些用字的細微處，可看出他把台灣視為「家」的情感。居住甚久的香港不被他視為安身之所，相對地，台灣似乎對他而言更像是個安身立命的地方，逯耀東曾自述：

> 親不親，故園情，臺北不是我的故鄉又是我的故鄉。在一個地方住久了，不是故鄉也變成了故鄉，對那裡一草一木都非常熟稔。尤其一旦離開，不論暫時或者長久，都會有一種說不出的依戀和懷念。[59]

在逯耀東的自我省思中，他對家的體認很大程度來自於在台灣的吃食經驗。他曾說到，香港雖然是以美食著稱的地方，來到這「吃在廣州」的香港。的確，這裡什麼都有，就是不對胃口。[60]他十分生動地描述在香港時對台北食物的渴望與思念：

> ……尤其午覺醒來，眼翻看天花板，所想的就是臺北的吃，款款樣樣，走馬燈似的轉來轉去，於是揭被奮然而起，然後卻廢然坐在床沿，因為自己想吃的竟都不在身邊。[61]

---

58 同上注，頁169-170。
59 同上注，頁151。
60 同上注，頁151-152。
61 同上注，頁168。

香港食物對逯耀東而言既不是熟悉的家鄉味，只好在香港尋找台北的味道。他比較香港與台灣的食物，認為香港的廣東人非常自豪於自身的吃且非常堅持，傾向於把其他菜系都做成近似廣東菜的味道，因此有接近叉燒的北京醬牛肉，與粵式四川擔擔麵，甚至把外地菜統稱「京菜」。結果，他在文中抱怨，無法在香港找到好吃的燒餅油條作為早餐，也沒有美味的各式滷菜，所以他的妻子還曾經從台北運來一整行李箱的食物，包括乾火燒40個、湖南臘肉3斤、蜜汁火腿及燒雞等等。[62] 同時，他也在香港到處尋找台北的味道，十分想念他在台北光顧的小食攤，如〈那家福建菜館〉一文寫道，當他終於在香港北角找到唯一的福建菜館，點了肉粽、五香肉捲、米粉炒、魚丸湯等，感到無比的熟悉與親切，「坐在這裡，就像坐在台灣中南部小市鎮一個露店，切一盆豬頭皮、一盆生腸，手握一杯陳年紅露那麼親切。」[63]

　　然而，儘管逯耀東居住日久後，愈來愈把台北食物當成他的「家鄉味」，而台北彷彿逐漸成為新的故鄉，不能輕易驟論或理所當然地以「日久他鄉成故鄉」來解釋此種心緒的轉變，他同樣居住長達20年以上的香港正好成為一個很好反例，說明了「居住時間長」並不必然將所居之地轉化為心理上認同的「家」，尚有其他的因素讓台北不同於香港，被賦予「家」的意義，下文將申論，這個家認同的關鍵，是「文化記憶」的植根，只有在文化記憶植根的所在，才會被認為是安身立命的「家」。這個因素在逯耀東重返兒時家鄉後，更清楚地被凸顯出來。

---

62 同上注，頁145、151-154、168。

63 同上注，頁34-46。

（二）在台北重新定錨（re-staged）的「家鄉味」

逯耀東將台灣視為「家」的過程，始於1980年代末逯耀東回到他心裡原本認定之故鄉「蘇州」後的心理轉換。數十年的隔離與返鄉讓他對「家鄉」有了不同的經驗與理解。正如同他的書名《已非舊時味》，該書中許多文章展現出逯耀東對家鄉飲食變貌之大的感嘆，特別是當他回到文中多次提及、最熟悉也最牽腸掛肚的居住地蘇州，感慨尤深。

他說：「過去常有人問起，如果回去，最想去那裡，我說的就是這座城」，可見蘇州城在他心中份量之重，不過，當他真的回到城裡，卻覺得自己是個陌生人：「如今，真的來了，走在這城裡的長街上，發現這座城似乎變了模樣。」尤其走在他每天上學放學必經、走過千百遍的長街，卻發現一切都已不同：讓他朝思暮想的朱鴻興燜肉麵不僅歇業，連店面都拆了；他自己位於倉米巷的舊居，過去年幼時與兩位幼弟伏在母親膝旁看連環圖的印象依舊鮮明，家園卻已殘缺，院子成了醫院，他嘆道：「兩行熱淚在我太陽眼鏡背後流了下來。我讀過也講過太多歷史的悲愴，現在卻真的體會到了。」[64]

不僅舊居改變，蘇州城內的吃食也已大不相同，逯耀東四處尋訪過去熟悉的味道，卻一再失望。例如，當年逯耀東曾與家人在「石家飯店」吃美味的太湖白蝦，終於回到蘇州後他在兩週內吃了13次炒蝦仁，但「卻吃不到我記憶中那種鮮美的味道」。[65]誠然，他的發現毫不令人訝異，畢竟經過四十年的劇烈動盪後，中

---

64 逯耀東，《已非舊時味》（台北：圓神出版社，1992），頁120-125。

65 同上註，頁100。

國的景況早已大不相同，不僅是他的家鄉改變了，其他城市與食物也都不同了。逯耀東到處嘗試過去享有盛名的餐館，但大多數都讓人失望。如在杭州，知名點心店「知味觀」的「貓耳朵」「湯很清，但味平平」，「真是枉我幾次奔波了」；吃了數次醬爆春筍，「從天香樓吃到個體戶開的小館，都令人失望」，因此回到香港後，乾脆自己烹製醬爆春筍與東坡肉，[66] 在南京夫子廟老店「六鳳居」，嚐了名食鹽水鴨卻覺得「不如台北李嘉興的。蝦仁當然不要提了，清蒸甲魚上來，下箸一嚐，甲魚竟是醃過的」，說明了材料不新鮮又無冰櫃。[67]

　　除了食物本身之外，逯耀東也對在餐廳裡的服務、其他顧客的用餐禮節、舉止等感到失望，例如，當他在上海拜訪知名餐廳「老正興」，讓他食不知味的不僅是服務的漫不經心與味道的不適口，更是周遭食客的吃相，儘管有的手上戴了三只金戒指，點的菜也不便宜，個個抽著洋菸，卻有的蹲在凳子上或往地上吐骨頭；在蘇州，他以為「過去蘇州人以秀氣著稱的，人長得秀氣，說話吳儂軟語，吃東西小碟細碗」，但盛菜的盤子都變成大盤，看在逯耀東眼中，都覺得與過去記憶截然不同。[68]

　　被凡此種種的景象衝擊，逯耀東將這些改變詮釋為中國社會產生巨變後導致的文化斷裂：

　　　　我這幾年在裡面尋找舊時的飲食，但吃來吃去總不是那種味道……也許和他們一開始就決絕地斬斷傳統有關。他們對

---

66 同上注，頁21-22。

67 同上注，頁105-106。

68 同上注，頁92。

> 所謂的新社會和舊社會，像切豆腐似的一刀分開。但吃和其
> 他文化一樣，也必須有傳統繼承。經過這個轉折，生活在新
> 社會的人民，真的已不識舊時路了。[69]

他強調，吃是文化的重要環節，且是長久生活習慣日積月累而來，因此，小吃不僅反映這個社會的生活面貌，也可由此探索社會變遷的歷程。在他到處尋找傳統吃食的過程中，他認為如今雖然有得吃了，但卻沒有過去的味道，更沒有以往的雅致和情趣了，他以「文化的斷層」來詮釋，說明傳統與現代間的斷裂，[70]而這也顯示了，他記憶中美好的「家鄉」形象已在這些真實接觸中逐漸淡去。如同他在蘇州感覺自己成了陌生人。「成為陌生人」意味著過去的家鄉已成為想像中的圖像而非現實，對離家的離散主體（diasporic subjects）而言，此經驗又強化了離散感。

　　誠然，逯耀東的感覺在戰後返鄉的人士中並不特殊，經過四十多年，「家已不再是家」是許多人共同的經歷與感嘆。而當逯耀東在蘇州與其他中國城市無法找到他熟悉的家鄉時，過去曾嚴厲批評的台北，反而成為他尋找記憶中「中國傳統飲食」的地點。

　　不過需特別注意的是，儘管逯耀東在香港工作期間，多次表達對於「台北食物」的思念與依戀，他所尋找的，主要仍是來自中國各省的小吃佳餚，包括北京烤鴨、山西麵食，[71]他經常探索戰後從中國遷至台灣重新開業的餐廳，從典籍中追溯其源流與歷史。換言之，儘管逯耀東逐漸開始將台灣視為他的家，但他在其

69　同上注，頁3。

70　同上注，頁2-3、116-117。

71　逯耀東，《出門訪古早》（台北：東大圖書公司，1998），頁107、112、145-148。

中尋覓，也最讓他喜愛的，仍是在台灣重新奠基的中國各省風味。因此，他把台北的中華商場視為中華美食薈萃之地，相對於他返回中國後吃到的菜餚，他認為中華商場的各種小吃更為「道地」，且符合他記憶中的味道。

綜言之，逯耀東滿懷熱忱地尋找他記憶中的神州美味，將這些在台灣吃到的各省小吃視為代表中國飲食文化悠久傳統的道地美食，他特別看重「小吃」，將之視為文化傳統展現之處，並且反映了社會的改變。不過在尋找的過程中，儘管他也承認，各地菜餚已與台灣本土風味融合，逐漸形成新口味，但仍期待並找尋「道地」的傳統味道。[72] 而無論是香港「廣東化」後的各省菜餚，或在中國大陸因為多年社會動盪失去原本風貌的小吃，都讓他益發覺得台北是將傳統中華菜餚保存得更好之地，反而更接近他所保有的文化記憶。

從逯耀東的例子，可以看出「家」的另一個意涵：是文化記憶被保存之處。正如Assmann所論述的，文化記憶構成了群體認同建立的基礎，中華美食的文化記憶，亦是中華認同（Chinese identity）重要的一部分，認同（identification）作為連結個體與群體間的重要紐帶，對逯耀東而言，中華美食是連結了他與民族的繫帶，亦是國族認同的重要一部分。因此，儘管他原本與唐魯孫類似，認為台灣的種種飲食樣貌擾亂了他所保有對「中國飲食文化」的記憶，但在多年後返鄉的比較後，卻重新將自身的文化記憶定錨（re-stage）在台灣，特別是台北，因為這裡反而保留了最多他所熟悉的味道，也是最接近他所認定「中國飲食文化傳統」之處。

---

72 同上注，頁105-111。

　　然而有趣的是，儘管逯耀東堅持飲食傳統不能中斷，且嚴厲批判不同地區食物的混融，但他自身也參與了一個新傳統的創造，即是將「牛肉麵」定義為台灣的「新傳統食物」，且是在台灣融合不同地區的要素後誕生。

　　牛肉麵是在1950、1960年代開始在台灣成為受歡迎的食物並且日漸普及，[73] 尤其是台北的桃源街，由於聚集了十幾家牛肉麵店，曾有牛肉麵街的稱號，「桃源街牛肉麵」甚至開始成為一個專有名詞。台灣常見的牛肉麵口味包括「川味牛肉麵」與「清真牛肉麵」，又以前者的店家較多，過去多認為牛肉麵是由戰後移民所帶來，屬於「外省食物」，但自2005年台北牛肉麵節首次舉辦之後，牛肉麵進一步被大幅報導、論述為「台灣人的新創」而非「外省食物」，在多種美食展演的場合，「台灣牛肉麵」常被視為台灣代表性的美食，影響所及，也有部分日本的台灣料理店開始販售「台灣牛肉麵」。而此「牛肉麵為台灣之發明」的說法，即是來自逯耀東。

　　逯耀東對於「混融」菜式從1980年代的拒斥到2000年前後的重新演繹，有其社會脈絡。儘管他對各省菜餚在台灣的混雜不以為然，但隨著時間過去、從大陸遷徙來台的老廚師凋零，即使少數維持「正宗」各省口味的餐廳也難以承續。由於逐漸融入本地食材、講究新意、為台灣消費者進行的口味調整等原因，各中華菜系的菜餚均產生改變。在此變化下，逯耀東也以中國南宋渡江後，原本的北方汴京吃食不得不隨著過江產生變化，來比喻台

73 參見：孫寅瑞，《牛肉成為臺灣漢人副食品的歷史觀察》，（桃園：國立中央大學歷史研究所碩士論文，2001），頁153-156；童世璋，《小吃的藝術與文化》（台北：行政院文化建設委員會，1986），頁106-107。

圖6.2　紅燒牛肉麵
出處：陳玉箴攝。

灣的景況，認為中華商場所販售的如同「汴京舊味」，所勉力保
持的地方風味，實隱含載不動的鄉愁，但經過這次百味雜陳後，
便「互相吸收與模仿，然後更進一步與本土風味匯合，逐漸形成
新的口味」，如牛肉麵即為一例，他稱台灣的紅燒牛肉麵多冠以
「川味」，但成都並無紅燒牛肉麵，因此紅燒牛肉麵是在台灣興起
的新口味。[74]

　　逯耀東論述台灣牛肉麵緣由的文章，最早是1999年他在讀了
焦桐發表的〈論牛肉麵〉一文後，接著寫了〈也論牛肉麵〉、〈再
論牛肉麵〉、〈還論牛肉麵〉三篇發表於報端，這三篇文章後來集
結於2001年出版的《肚大能容》一書中，成為2005年台北牛肉
麵節的主要論述。逯耀東在文中說，他在四川成都找不到川味牛
肉麵，因此認為川味小吃中沒有紅燒牛肉麵，但有「小碗紅湯牛

肉」，製法是將大塊牛肉煮熟後撈起改刀，然後將調製川味必備的郫縣豆瓣醬製成紅油，以清溪花椒與八角等捆成香料包，與蔥薑入牛肉湯鍋中微火慢熬而成，「台灣的川味牛肉麵或緣此而來，和紅湯牛肉與麵而成，即為川味牛肉麵。祇是台灣的川味牛肉麵內加番茄，當年大同川菜的牛尾湯，紅豔誘人，即如此作法。」他並進一步推測，台灣的川味牛肉麵「最初可能出自岡山的空軍眷區」，由於岡山空軍眷屬多來自成都，因此岡山辣豆瓣醬在此出產，「岡山既有豆瓣醬，且多四川同鄉聚集，就地取材，製成紅湯牛肉加麵的川味牛肉麵，也是很可能的。」[75]

　　由上敘述可知，逯耀東對「川味牛肉麵創自台灣」的推論，主要根據個人經驗而非基於任何具體文獻或證據，由於他走訪四川成都發現，當地沒有牛肉麵但有「小碗紅湯牛肉」，加上「岡山有豆瓣醬且多四川同鄉」，因此推測川味牛肉麵由此而來。其實逯耀東自己對這樣的說法也僅用「或」、「可能」等字，表示並無法確證為定論，但之後在牛肉麵節的強力促銷宣傳下，卻成為了「官方說法」而不斷被複製，進而成為新的「美食知識」。[76] 1990年代之前被習稱的「川味牛肉麵」，也搖身一變成了「台灣牛肉麵」。

　　逯耀東的說法之所以廣被接受，除了牛肉麵節宣傳、媒體推波助瀾，及一般消費者在「歷史學家」背書下易於接受其說法等

---

75 逯耀東，《肚大能容：中國飲食文化散記》（台北：東大圖書公司，2001），頁195-196。參見：〈再論牛肉麵〉，《中國時報》，1999年2月15日，第29版；〈還論牛肉麵〉，《中國時報》，1999年2月22日，第37版。二文收於：逯耀東，《肚大能容：中國飲食文化散記》，頁194-201。

76 台北牛肉麵節2005年官網：http://www.tbnf.com.tw/en/m_know.htm（2009/8/2查詢）。

原因外，更重要的原因是，台灣飲食文化在過去缺乏充分研究，對過去的理解不足而導致。無論唐魯孫、逯耀東或同期其他遷台的作家，對於台灣本地的傳統飲食並不了解，文中也很少論及。例如，逯耀東在〈再論牛肉麵〉一文中也提出，新竹的貢丸是牛肉丸傳到台灣後改以豬肉製作才有，[77]此說法就不正確，顯示出對台灣二次戰前歷史知識的匱乏，由此視之，逯耀東對「牛肉麵」在台灣歷史的見解，也僅能作為參考，而非定論。

例如，出生軍校的湖北人童世璋在《小吃的藝術與文化》一書中也有提到，抗戰期間他尚未來台時，隨著行軍曾吃過數種牛肉麵，包括上海的咖哩牛肉麵、湖南寶慶的辣牛肉麵、四川成都的素椒牛肉麵，素椒牛肉麵屬於涼麵，但也有加入豆瓣醬、花椒粉等，並曾在四川瀘州見到專賣牛肉的館子，清燉牛肉湯十分出名。到台灣後，1952年台北市寶慶路邊出現一家推車的牛肉麵攤，每碗新台幣四元，麵道地、湯味濃，後來搬到桃源街，是桃源街牛肉麵之始。[78]以上童世璋的說法，就與逯耀東不盡相同。牛肉麵在台灣真正的發展源起為何，尚缺乏足夠可信的論證。

綜言之，牛肉麵目前被認為是台灣的代表麵食，但其來源其實無法完全確定，亦非此處討論重點。這裡欲以牛肉麵的例子來說明「飲食傳統」創造的動態過程，紅燒牛肉麵被逯耀東論述為「台灣新創」，從「川味牛肉麵」成為「台灣牛肉麵」，並進一步被反覆引用、演繹、展演、消費的過程，正可作為一個新的食物傳統被形塑之佳例。從「台灣牛肉麵」的論述可看出，文人或美

---

77 逯耀東，《肚大能容：中國飲食文化散記》，頁194。

78 童世璋，《小吃的藝術與文化》（台北：行政院文化建設委員會，1986），頁106-111。

食家的文化論述、商業與媒體宣傳，在此過程中扮演了重要角色，透過牛肉麵節，逯耀東對牛肉麵緣起的推測，被正當化、知識化。

不過，除了商業與媒體宣傳外，廣大消費者的個人經驗也有其重要性，如美食作家葉怡蘭稱，每個台灣人都有自己的牛肉麵故事，[79]正因許多台灣人都有自己關於牛肉麵的經驗與記憶，數十年下來，牛肉麵的確成為不少台灣人的「家鄉味」，關於牛肉麵的知識也就較容易地被接受，而成為新的食物傳統、新的「文化記憶」。

第三節　家的身體實踐：林海音飲食書寫中的烹與食

一、林海音的飲食書寫

論及飲食文學在台灣的發展，1990年代之後，飲食文學的出版量成長迅速，如何寄澎指出：「九〇年代以降，台灣散文品類繁富，體貌迭更，不唯『飲食散文』一名終告確定而為世人所習稱，其亦成為散文園囿中方興未艾、甚為重要之一支脈。」[80]在學術研究方面，當前的台灣飲食文學研究也多關注1990年代之後的作品，至於1990年代之前的作品通常簡單帶過，除了唐魯孫之外，極少得到關注。

---

79 葉怡蘭，2006，〈我們的，台灣牛肉麵〉，Yilan'美食生活玩家網站：http://www.yilan.com.tw/html/modules/cjaycontent/index.php?id=599（2009/8/2查詢）。

80 何寄澎，〈試論林文月、蔡珠兒的「飲食散文」──兼述臺灣當代散文體式與格調的轉變〉，《台灣文學研究集刊》1（2006.2），頁192。

　　然而，1950年代即已十分重要的作家林海音其實也有不少飲食書寫作品，多為發表於報刊的生活雜文，未被收錄出版，這些書寫或因被她眾多出色的小說與散文所掩蓋而較少得到關注，[81] 但從今日觀之，這些作品不僅是台灣戰後最早的飲食書寫之一，亦與林海音對家庭、婚姻、婦女的關注相契合，無論是從飲食文學研究或林海音研究角度視之，均有重要價值。

　　林海音的飲食書寫內容包括家鄉飲食、居家生活、廚務資訊、烹飪描繪等，面向廣泛，但均圍繞著「家」的主題。而「家」又包括了家庭（family）與家鄉（hometown）兩個不同的概念：家庭是人出生以後所處的第一個環境，通常也與個體的成長與意識形塑密切相關；家鄉則是家庭的擴大與地理的固著，涉及童年回憶、特定地理區域的風土，及成長過程的眾多身體經驗。相對照下，前述唐魯孫、逯耀東等男性作家所論的「家」多是指「家鄉」，且常與「國家」連結，林海音的書寫則同時包括了家庭與家鄉兩個面向：一方面，林海音以自身家庭為例進行豐富的生

---

81 近年來關於林海音作品的研究甚多，研究主題聚焦於以下幾項：（1）婚姻與家庭，並特別關注處於傳統與現代間的女性角色；（2）北京生活懷舊與懷鄉；（3）台灣鄉土題材的發揮與台灣生活面貌描繪；（4）編輯人與出版人的多重角色。以林海音為主題的重要研究，如梅家玲分析林海音的北京書寫、王鈺婷析論林海音以台灣為書寫主題的民俗作品、汪淑珍觀照林海音在編輯、出版上的重要影響等，參見：梅家玲，〈女性小說中的都市想像與文化記憶——林海音與凌叔華的北京故事〉，收入氏著，《性別，還是家國？：五〇與八、九〇年代臺灣小說論》（台北：麥田出版，2004），頁127-155；王鈺婷，〈想像臺灣的方法：林海音主編《國語日報・周末周刊》時期之民俗書寫及其現象研究（1949~1954）〉，《成大中文學報》35（2011.12），頁155-182；王鈺婷，〈報導者的「中介」位置——談五〇年代林海音書寫台灣之發言策略〉，《台灣文學學報》17（2010.12），頁133-158；汪淑珍，《文學引渡者：林海音及其出版事業》（台北：秀威資訊科技公司，2008）。

活書寫，包括從生火煮飯到家人共餐諸種情狀的敘事與抒懷；另一方面是政治動盪下林海音一家從北京遷徙到台灣這個「故鄉」後，藉由飲食對地理與心靈上的「家鄉」進行重新定位。這些以食物與烹飪為主題的飲食書寫，與她特別關注的女性婚姻、懷鄉書寫都有密切關聯，可說是她以「女性與家庭」為核心書寫對象的一部分。本節以林海音的飲食書寫為核心，分析其中所反映出的「家」的雙重面向：一是在台灣新環境的家庭日常飲食中安身立命的具體實踐；另一則是介於北京與台灣二家鄉間雙元纏繞的「家鄉味」。

　　無論家庭食物或家鄉食物，在林海音的作品中均有豐富書寫，主要原因便是她極特殊的「二次離鄉」歷程及生活經驗。林海音的父母分別來自台灣的苗栗客家與板橋福佬家庭，因父親工作變化之故，她自己在日本出生，卻自小在北京長大、工作、成家，度過人生年輕時期的25載歲月，並與夏承楹結褵，嫁到傳統中國書香大家庭。1948年底與家人回到「故鄉」台灣，此時的她已扮演妻子與母親的角色，一方面理家育兒，另一方面為了家庭生計與興趣積極寫作。來台後開始在《新生報》、《中華日報》、《中央日報》副刊與「婦女與家庭」版投稿，也為電台撰寫「主婦的話」播音稿，產量眾多，1949年中又開始在《國語日報》擔任編輯，自此開展在台灣的寫作與編輯生涯。但在忙碌寫作的同時，仍需善盡主婦角色，她在北京、台灣的生活經驗與長期積累出的文化感知，以及在台灣日常生活中操持廚務的具體實踐，不僅提供多元的飲食寫作素材，亦可由此一窺：「家」是如何在這些行為實踐中被充分體現。

　　除了林海音獨特的生活經驗外，她熱情好客又對吃抱持高度興趣的性格也表露在文章中，並使她的飲食書寫更富豐富情感。

這樣的觀念深植於童年時期從飲食與家人圍坐共食經驗所帶來的溫暖，早年在父親過世之後，她就經常在下班路上買些糖炒栗子、坑棗等零食回家，一家人晚上圍坐火爐邊，「在微弱的燈光下吃著，一點也沒有孤兒寡母的悲慽。」[82] 簡單的栗子等小食扮演了「療癒食物」（comfort food）的角色，是心靈得到溫暖舒適的重要來源，食物所能帶來的溫暖安慰尤讓她印象深刻。為人母後，她為家人烹飪，「吃」更不是單純味蕾的享受，而是溫暖家庭的縮影，換言之，在林海音的生活實踐上，烹飪、食物，都與「家庭」的意象有著緊密聯繫。

除了家庭之外，共餐也是溫暖友誼的重要表徵。為人稱道的「林海音家裡就是半個台灣文壇」，源自於她常廣邀文友到家中聚餐，不分省籍都有機會受邀。而這些讓人難忘的聚餐，其實正建立在林海音精心備餐的基礎上，與今日大多在餐廳聚餐外食截然不同。夏祖麗形容母親：「一向喜歡吃，也喜歡做，更愛做給別人吃。誰都喜歡到她家作客，也喜歡回請她，因為她能評賞出各家菜的優點，能體會主人在廚房的辛苦。」她說過一句豪語：「我不在吃上委屈自己！」又說：「吃東西平易近人的人，交朋友也一樣。」[83] 從這些敘述均可看出林海音對飲食的重視，並把飲食視為人情溫暖的象徵，能給人們帶來感情上的支持與慰藉，這些想法也都展現在她的飲食書寫中。

林海音作品中與飲食、烹飪相關者大多屬於雜文，散見於《中央日報》、《國語日報》、《大華日報》等多種報刊上。下文從

---

82 夏祖麗，〈楔子：追尋母親的足跡〉，收入氏著《從城南走來：林海音傳》（台北：天下文化公司，2000），頁6。

83 同上注，頁1。

前述兩大主軸對林海音的飲食書寫進行分析：一是環繞著自家廚房與餐桌的「家庭飲食」；另一是「家鄉飲食」，包括台灣、北京兩家鄉的飲食記述與回憶。

二、「良餐」的生產者：家庭烹飪

家庭生活是包括林海音在內 1950 年代女作家的重要書寫主題，[84] 在林海音的飲食書寫中，家庭生活中的飲食描繪不僅占了不少比例，其中更包含許多林海音對女性角色的思考。她在菜場、廚房中的觀察有不少成為小說素材，她對女性角色的思考也反映在婚戀小說的情節設定，彼此互相呼應，映現了不少台灣當時的真實生活情狀。

林海音的飲食寫作題材，有很大部分源於她來台初期所扮演的最重要角色：妻子與母親，尤其與每日三餐緊密攸關的飲食事務均是她的重要書寫題材。儘管她與丈夫夏承楹同是寫作者、編輯人，但家中的三餐張羅可說全由林海音包辦，特別是在 1950 年代，外食並不發達，三餐都需在家解決，烹飪也就成為各家戶日常生活重要工作，對林海音來說，養育年幼孩子、餵飽家人亦是工作首務，廚務及家人共餐也成為她的寫作素材。

---

84 如彭小妍指出林海音對婚姻、家庭的寫作，開創了重要的文學新局，司徒衛、蘇偉貞等人也均曾指出林海音開創出「家的文學」。參見：彭小妍，〈巧婦童心──承先啟後的林海音〉，收入楊澤主編，《從四○年代到九○年代：兩岸三邊華文小說研討會論文集》（台北市：時報文化公司，1994），頁 19-25、司徒衛，〈林海音的冬青樹〉，收入氏著《五十年代文學評論》（台北：成文出版社，1979），頁 185-189；蘇偉貞，〈書寫生活的原型林海音的「家的文學」光譜〉，《聯合報》，2001 年 12 月 10 日，第 29 版。

　　廚務始於買菜，女兒夏祖麗說她每天都上菜場且喜歡買菜，[85] 林海音亦稱，「買菜是我每天運用智慧最多的一課」，[86] 又說「不要笑我寫作的圈子窄，很多靈感是來自菜場的」。[87] 例如，她觀察到在路上賣自種菜的小販們，每每看到他們躲避警察的狼狽樣就深感於心不忍，畢竟這樣賣菜也是為了生活的必需，她還透露，這些對於菜販的感慨已寫在小說中，她雖未明言是哪部小說，但從情節判斷，即是〈要喝冰水嗎？〉文中那位不識字菜販的遭遇：「只要有人喊一聲：『警察來了！』他們這群在路邊擔挑賣菜的，便得趕快扔下主顧，挑起擔子就跑，因為他們犯了妨礙交通罪。」這些菜販只要稍不慎，就可能被警察逮著：「他正三斤五斤秤得好順手，不防警察過來了，別人早已挑著擔子逃進小巷，只有他被警察抓住了那根秤。他十分卑賤的苦苦央求著。」[88] 如許俊雅所評述，這篇小說「描寫中俱見作者那真摯的關懷與同情」，並反映了新舊台幣轉折時期的經濟動盪。[89] 而這些同情與細微觀察，即是在林海音的日常菜場觀察中逐漸累積、醞釀出。此外，她也在市場裡知曉了一對賣花的小姊弟、一位靠針線活養全家及病夫的小婦人，讓她又為這樣辛苦的女性生發憐憫。對她而言，菜市場是個觀察人生百態的絕佳場所，在菜場裡看見的社會

85　夏祖麗，《從城南走來：林海音傳》，頁374。

86　林海音，〈今天是星期天〉，收入氏著《冬青樹》（台北，純文學出版社，1980），頁31。

87　菱子（林海音），〈菜場巡禮〉，《婦友雜誌》39（1957），頁7。

88　林海音，〈要喝冰水嗎？〉，收入氏著《燭芯》（台北：愛眉文藝出版社，1971），頁125。

89　許俊雅，〈論林海音在《文學雜誌》上的創作〉，李瑞騰主編，《霜後的燦爛：林海音及其同輩女作家學術研討會論文集》（台南：國立文化資產保存研究中心籌備處，2003），頁55-80。

現實與小老百姓，能夠激發寫作靈感，進而構成小說人物的原型。

　　除了買菜之外，林海音也常將烹飪寫入文中。由於當時一般家庭並無瓦斯爐，是以灶與小烘爐進行日常烹飪，因此林海音對烹飪的寫作也從「生火」開始。她曾在多篇文章提到生火的景況，並比較煤球、酒精、炭丸、熟煤等1950年代的主要燃料之優缺點。[90]而當時廚房必備的生火技巧顯然是當時家中其他人所缺乏的，例如，在〈今天是星期天〉一文中，她提到原本丈夫體貼地要扛起烹飪大責，讓她在週日多休息一下，但一開始生火就遇到阻礙，還得由她這位被煤煙嗆醒的主婦解決：[91]

　　　　他一回頭看見了我，「咦，怎麼不睡啦？去睡你的，這兒有我！」……他又接下了：「要不然，你先來給生上這爐火再說，大概爐子有毛病，不然不會生不著的。」我的孩子們用一種「嘆觀止矣」的神情，看我把一小團十六開報紙和數根竹皮把那爐火生著了……

在沒有瓦斯爐的年代，一桌好菜起於生火，而林海音家中僅有她會此重大技能，更說明了主婦是「家庭共餐」之具體實踐的要角。除了煤球之外，在戰後初期因為燃料缺乏，政府鼓勵使用較便宜的熟煤，熟煤要生火卻十分不易，林海音寫到自己為了省錢，購買熟煤，「為了搞這筐便宜煤，兩條胳膊又酸又痛」，[92]直

90　參見本書第三章。
91　林海音，〈今天是星期天〉，收入氏著《冬青樹》，頁29。
92　林海音，〈「回到廚房」〉，《中央日報》，1950年1月29日，第7版。

到她發現「但今天，相思樹卻成了主婦的良伴」，她自述用遍各種燃料，「包括有生命危險的酒精、令人昏迷的炭丸、灰塵四起的熟煤」，之後才感覺到：「用遍台灣煤，首推相思炭！」[93]

　　如林海音這般將廚房中柴米油鹽之事為文於報刊，在1950年代實不常見，具有相當的特殊性，一方面因為男性作家少參與廚務或少寫廚房題材，另方面，儘管此時期女性作家為數不少，卻極少將廚務作為寫作題材，少數例外如劉枋，不過她也是在1961年後才開始在報端寫飲食專欄。

　　林海音經常烹飪，手藝自是不差，在女兒夏祖麗的記憶中，最讓她懷念的是「小炒」，「在台北還沒流行小炒之前，母親做的小炒就已很有名」，[94]素炒青菜、豆芽、榨菜肉絲、豆干里脊或醋溜魚片，都是簡單卻讓女兒懷念不已的桌上佳餚。除了小炒外，北方麵食更是林海音的強項，餃子、牛肉餡餅配綠豆稀飯都很快被一掃而空。[95]這樣的美味與歡樂氣氛，構成了「良餐」的溫暖回憶而讓家人懷念不已。林海音自陳，她的小炒是一般的家常菜，很多還是延續自她在北京的經驗：春天的時候，炒韭黃、菠菜、豆芽菜、雞蛋木樨肉，夏天來個肉絲炒鹹菜配稀飯，冬天則來盤肉絲炒菜。[96]看似簡單，卻是讓人百般回味的家庭良餐。

　　林海音不僅寫烹飪相關的雜文，1954年她開始擔任聯合報副刊主編之後，更開闢「家常話」專欄，刊登了部分與烹飪或飲食

---

93 林海音，〈相思仔〉，收入氏著，《兩地》（台北：三民書局，2011[1966]），頁177。

94 夏祖麗，《從城南走來：林海音傳》，頁429。

95 同上註，頁428-429。

96 〈圓桌會議實錄〉，收入中國飲食文化基金會編，《第三屆中國飲食文化學術研討會論文集》（台北：中國飲食文化基金會，1995），頁499-501。

相關的文章。[97] 1956年九月，林海音在聯合報副刊發表「家事閒談」系列文章四篇，談家務處理、烹飪鍋具處理等技巧，不僅顯示對家務工作的熟稔，亦為主婦們抱不平，指出婦女們廚務的繁重。她引日本調查數據指出，日本主婦每天燒飯時間將近三小時，但「我國的主婦……燒飯的時間會更長，因為我們的老爺們更講究吃些呀！」這樣的感嘆應是來自她的親身經驗，她並進一步認為政府也應如同日本一般，進行主婦工作時間的調查，並想法減輕主婦的勞累。[98] 只不過，她對於減輕主婦勞累的建議，並非要求男人來幫忙，而是多採用家電用品與罐頭。[99]

在這些廚務與烹飪的書寫中，隱約顯露的書寫對象主體並非「人」，而是一頓「良餐」（proper meal），藉由上菜場、對火候的掌握與有效率烹飪，呈現出讓家人滿意的一餐。「良餐」在不同國家或文化下的定義有所差異，但均背負著社會共同的要求與期待，且同時隱喻著「有賢妻良母之美滿家庭」的意涵。日常美好的一餐往往依賴賢妻良母來完成，當林海音述說著每日的烹飪實踐，其實也正是一種賢妻良母的社會實踐。然而，林海音固然盡忠職守地投入家中的烹飪職務，心中卻也不無掙扎，這樣的心境反映在她其他的飲食書寫上。

林海音身為職業婦女，又是妻子與母親，她對此二角色間轉換的心情，在1950年決定辭去底薪220元的《國語日報》編輯職

---

97 「家常話」專欄的作者多為筆名，且多僅出現一兩次，難以確知作者的真實身分。

98 菱子（林海音），〈賦閒的主婦？〉，《聯合報》，1956年9月1日，第6版。

99 菱子（林海音），〈如何從煩重的家事中解救出來〉，《聯合報》，1956年9月2日，第6版。

務時所寫的〈「回到廚房」〉[100]一文中有清楚的自述。該文述及自己並非喜愛家務之人，但當年在北京時，有了兩個孩子，又很快懷了老三，為了孩子們，決定犧牲最喜愛的圖書館工作，「回到家庭來」，這是她第一次的「回到廚房」。到了台灣之後，家中原本有請下女「阿嫁」協助家務，但一方面擔心孩子，另一方面三餐仍得自己操持，連中午都得飛奔回家煮中飯去，因為「我不明白為什麼女人們都要把丈夫慣得非太太燒菜不吃的壞習氣，連我自己算上」，因此她趁著下女嫁人的機會，再度決定「死心塌地做起主婦來」，每一道菜親自烹調，文末她嘆道：「為你們，孩子啊，我寧願回到廚房。」換言之，回到廚房既是為了滿足「非太太燒菜不吃」的丈夫，亦是為了孩子們，這也讓她陷入每日開灶三回的煮飯生活。

由於1950年代女性作家多會聘雇婦女協助家務，林海音帶三個孩子又自己燒菜之舉，看在文友眼中十分辛苦，例如，〈平凡之家〉一文中，她提及朋友們經常關懷她「真難為你拖兒帶女的」、「不用人還拖著三個孩子」：[101]

> ……大概我在不曾見面，或者久不見面的朋友想像裡，該是一個一天到晚愁眉苦臉，加上一肚子牢騷的女人，拖著三隻醜小鴨，站在灶邊，一頓又一頓，做著燒飯的奴隸，豈不是一個「準平凡」的女人嗎？

由這段描述可以想見，不請女傭、僅憑一己之力帶三幼子兼煮

---

100 林海音，〈「回到廚房」〉，夏祖麗，《從城南走來：林海音傳》，頁132。
101 林海音，〈平凡之家〉，《中央日報》，1951年3月22日，第5版。

飯，此種處境在她的許多作家朋友眼中確是困難的，但她強調自己樂於平凡，喜愛享受兒女繞膝的福分。她多次在文中提到自己當主婦、帶孩子的樂趣，強調從為家人烹調中得到很多滿足。如她提到，讓全家同感快樂的就是口腹之樂：「當我端上一盤熱騰騰、香噴噴的蝦仁燴豆腐時，八隻眼睛瞪圓了，然後他精神抖擻地，搓搓手，拿起筷子——孩子們跟著，真心誠意地享受這一餐豐美的午餐。」[102]「共餐」場景的描繪在她筆下是一場歡樂的儀式，家人睜大的眼睛、快樂張嘴吃飯的模樣，就是對林海音這位「共餐」家庭儀式執行者最佳的回饋：證明這是一頓家人喜愛的「良餐」，也標誌著對賢妻良母身分的肯定與自我認同，並強化了「家」的具體存在。

　　然而，儘管林海音宣示了「回到廚房」的決心，卻也在同時期多篇文章中對男性不下廚的情形以幽默口吻進行嘲諷，隱含內心的些許無奈，例如，她在1949年的〈漫談「吃飯」〉開頭便道：

　　　　吃飯原是對胃腸的一種獻媚，可是在文明社會裡，它就變得複雜起來，幾千年前我們的孔老夫子就立下規矩說：「食不厭精，膾不厭細」，同時肉如果「不得其醬」，「割不正」，「色惡」，「味惡」他都不吃。有一天孔老太太差他的兒子到市上去買些酒和熟肉來，誰知老夫子把臉兒一繃說：「沽酒，市脯，不食。」從此奠立下一種規矩，主婦在任何情形下總是離不開「燒菜」的，他的腦子每天至少要打三回滾：「吃什麼呀」！

在此篇文末，她消遣中國史上知名的美食家，如李笠翁（李漁）、袁子才（袁枚）等人：「實際他們從未走進過他們的廚房，卻擅於在飯廳裡挑眼兒，或者在書房裡寫下流芳百世的吃的享受生活。」其中被稱為「蟹仙」的李笠翁最愛吃螃蟹，卻無須自己下廚，林海音評道：「除了李太太下廚房之外，還有一個丫頭專門伺候他吃螃蟹，李笠翁不過是『飯來張口』的男人而已。」[103]

以如此直白的口吻消遣古人，一方面或因是她內心的真言，另一方面也可能因為此是刊登中央日報婦女版的文章，以婦女為主要讀者，帶點幽默地嘲諷男性，恰符合版性需求。許多研究指出，丈夫的飲食喜好往往主宰家中餐食的內容，[104]林海音也數次在文中提到烹飪時需滿足男主人的口味，如女兒夏祖麗回憶：

> 父親從小生活在優渥的環境中，有些東西是忌嘴不吃的；母親則是胃口好的很，什麼都吃，但她對父親的挑食非常「尊重」。家裡吃韭菜餡兒餃子時，她一定包一些白菜的給父親，而且先下鍋煮了給他吃；吃涮羊肉時，她一定先為父親涮些豬肉片、白菜、粉絲，給他弄好一大碗，然後鬆口氣說：「好了，你爸那碗弄好了，咱們下羊肉吃吧！」[105]

---

103 含英，〈漫談「吃飯」〉，《中央日報》，1949年6月23日，第6版。

104 如：Charles, Nickie and Marion Kerr, *Women, Food, and Families*（Manchester: Manchester, 1988）; Murcott, Anne, "It Is a Pleasure to Cook for Him: Food, Mealtimes and Gender in Some South Wales Households," in Gamarnikow, Eva, David Morgan, June Purvis and Daphne Taylorson（eds.）, *The Public and the Private*（London: Heineman Educational Books, 1983）.

105 夏祖麗，《從城南走來：林海音傳》，頁441。

除了此段提及的特殊待遇外，林海音每年夏天一定配合夏承楹煮北京酸梅湯，看到他自製的花椒鹽即將用罄，也趕緊補上，好讓他蘸炸花生米或炸胗肝吃。每年過年，夏家的年菜「十香菜」更是必備。[106] 從這些例子，可以看出男性在家庭烹飪口味上的關鍵影響力，以及女主人在飲食細節上的重視，這也十分符合前述「良餐」中「讓家人滿意」的要件，主婦的烹飪不僅是餵飽家人，讓家人感到舒暢快意更是重要目的，為此，主婦必須花費不少心思，如同 DeVault 筆下對家庭烹飪（doing family meal）的分析，為了維繫「家庭」這個群體生活，家中烹飪者（通常是女性）經常透過「分開烹飪」來為家人間矛盾的口味求取平衡，但同時必須顧及家中經濟能力，也經常為家人烹調而忽略了自己喜愛的食物。[107]

　　例如，在另一篇〈再談「吃飯」〉中，林海音繼續為鎮日煩惱菜錢的主婦抱不平，她先提出孩子們經常只記得賺錢給他們飯吃的爸爸，對「一日三下廚房被油煙燻胡了的媽媽就忘卻了」。接著她引用林語堂、錢鍾書等男性知名作家對美食的評判標準，但嘆息主婦們老因菜錢發愁，根本難以做出讓老饕們欣賞的大菜。如錢鍾書在〈論喫飯〉比喻食材的調和：「白煮蟹跟醋，烤鴨跟甜醬，……像佳人和才子，母豬和癩象，結成了天造地設的配偶」，對此，林海音帶點諷刺地感嘆道：「所惜者，這種種『天作之合』早已離開我們文化人的飯桌，而成為腦滿腸肥的寓公們的專利品了。」對於老饕認為「多請客喫好飯」可以增進朋友感

---

106 同上注，頁140-141。

107 DeVault, Margaret L. *Feeding the Family: The Social Organization of Caring as Gendered Work*（Chicago: University of Chicago Press, 1991）.

情、減少仇敵毀謗的議論，她雖同意，卻也忍不住抱怨「今日的主婦拿了稀少的菜錢，如何能做出那種『增進感情，減少毀謗』的菜來卻是問題」。[108] 甚且，除了擔憂菜錢等經濟問題之外，辛苦煮飯的母親，自己卻常常無法悠閒地用餐：

> 我們站在廚房的同志見了面常常感嘆地說，買菜燒飯的日子不知何日才能結束，真是「廚下無歲月」！而且我們總是「先眾人之做而做，後眾人之吃而吃。有時我端上那最後一道湯的時候，飯桌上的菜盤早就風捲殘雲一掃而空了，我只能拿殘湯泡泡飯，馬馬虎虎吞下去兩碗，又繫上圍裙下廚刷洗。[109]

煮家人愛吃的食物卻經常僅能吃殘湯剩菜充飢，因為還有清潔工作有待完成，這說明了家庭備餐從不僅是烹飪而已，還包括餐後收拾、剩菜處理這些DeVault所稱的隱藏性工作（invisible work），這類工作經常被視為瑣碎不值一提，卻是維持日常生活常軌運作的重要環節。

觀諸如上主題，對於煮飯一事，從買菜、生火烹飪，到聚餐享受家人共餐的歡愉，以及「煮婦」與職業間的掙扎，林海音對於烹飪的相關主題不僅有很細緻、多元主題的發揮，更透過這些面向的書寫構築出一個「家」的具體形象。在她筆下所顯現的家，是共餐談笑的場所、是共享美食的歡樂時光，經由主婦的努力，家人們都能享用適口的食物與對話，這些飲食與烹飪的日常

---

108 含英，〈再談「吃飯」〉，《中央日報》，1949年7月3日，第5版。

109 林海音，〈口腹之樂〉，《中央日報》，1951年4月18日，第6版。

生活實踐，也讓遷徙到台灣這塊土地落腳的林海音一家重新落實家的意涵，在日常生活中進行「家」的體現，儘管並非昔日的家鄉，這樣的日常實踐卻也是構築新家鄉的起點。與此同時，林海音進一步思考家庭烹飪中女性的角色，在這個議題上，林海音的飲食書寫緊扣她的一貫關懷，以女性生命為中心，藉由廚務的描寫，彰顯出1950年代女性所處的社會位置仍是以家中主中饋為己任，她不僅刻畫出主婦們操持家務的辛勞，亦大膽調侃寫吃、懂美食卻不諳下廚的男性文人們，在1950年代的書寫中頗為特殊。

　　除了家庭飲食書寫之外，從自身家庭進一步擴展出的書寫主題，則是藉由家鄉食物，對家鄉進行重新定位與思考。對林海音來說，台灣與北京兩個家鄉都有讓她難忘的「家鄉味」。

三、對「第一故鄉」的重新認識：台灣飲食評介

　　基於林海音獨特的成長背景，台灣與北京同是她的重要寫作題材或背景，往返於台灣、北京二地的經驗，讓她一方面成為報導台灣的「中介者」，[110]另一方面也纏繞出迂迴的思鄉情感，可藉此看出「家鄉」的多元意涵。

　　林海音所寫關於台灣飲食介紹的文章，集中在剛來台灣的最初三年，多刊登在《國語日報》上。1949年中，林海音進入《國語日報》當編輯，附帶主編一份叫《周末》的文藝性周刊，但在隔年初就為了照顧孩子辭去編輯職務，只編周末版，[111]她自述：

110 王鈺婷，〈報導者的「中介」位置——談五〇年代林海音書寫台灣之發言策略〉，《臺灣文學學報》17（2010），頁133-158。
111 林海音，〈回到廚房〉，夏祖麗，《從城南走來：林海音傳》，頁132。

> 每個星期為了填滿這個沒有稿費的周刊，自己總要寫些文章。我便在那個時期寫了許多台灣風土人情的小文，都是聽到的，看到的，隨手記了下來。材料很多，寫作慾也很強。112

她並稱，這段時間寫這些民俗鄉土小文時心情十分愉快，因為回到台灣這個第一故鄉後，「要處處熟習家鄉的一切，遇到有關民俗鄉土的文章，總要仔細研讀。」113而這些「台灣風土人情的小文」，就包括不少飲食相關主題，包括：灶君、菜市場、夜市、年糕、水果等。林海音當時作為妻子與母親，以烹飪為每日要務，在菜場與廚房中對於吃食相關的台灣民俗、生活習慣等有諸多觀察。對於初返家鄉的林海音來說，這些飲食上的特色是在異地剛開始寫作時容易下筆的題材，也是許多剛來到台灣的「外省讀者」所感興趣的題目。

對於此種題目的撰寫，林海音同時掌握北京話與台語的語文優勢，能閱讀日文資料如《民俗台灣》期刊與池田敏雄寫的《台湾の家庭生活》，又有可以隨時徵詢的母親與其他本地親友，在寫作上也展現了多元的觀點。

首先，她經常是以「老北京」的他者眼光提出觀察，指出台灣生活方式中較特殊之處。例如，她介紹台灣的水果：「一年到頭都有水果吃，……冬季的西瓜要比夏季甜，大年初一吃西瓜，北方人到台灣來，都糊塗了。」114但儘管氣候溫暖的台灣在水果蔬

---

112 林海音，《兩地》（台北：三民書局，2011[1966]），頁1。

113 林海音，《剪影話文壇》（台北：純文學出版社，1984），頁6。

114 含英，〈八月的水果〉，《國語日報》，1949年8月6日，第4版。

菜上與中國北方大不相同，林海音因為母親的緣故，對於某些台灣特有的飲食方式仍展現了相當的熟悉度，與其他遷台人士相較也更能適應，如她在〈那拔和羊桃〉提及台灣人吃水果的特殊方法：用鹽和甘草來調味，吃西瓜、鳳梨要抹點鹽，也有把甘草泡水後加鹽醃漬水果的作法。這種在台灣十分普遍的吃法對其他外省朋友來說難以入口，但因林海音的母親在北京時就經常這樣做，因此對她來說這反倒是十分喜愛的吃法。[115]

其次，由於原籍台灣，來台初期又積極閱讀與台灣相關的若干書籍，林海音也常以「解說者」的姿態，在文中對台灣的特殊飲食與相關民俗進行說明，使文章不僅呈現個人的觀察，也有相當的知識性，較為貼近台灣的真實情況，與其他遷台作家單純以個人觀感進行評論頗為不同。如她寫〈艋舺〉一文引《稗海記遊》與《臺海使槎錄》的文句來說明；寫〈愛與牽手〉引《諸羅縣志》、《台灣府志》；寫〈媽祖和台灣的神〉引日人梶原通好的《台灣農民生活考》；介紹台灣「最叫座的鄉土冷飲」〈愛玉冰〉一文中所提及關於「愛玉」名稱由來的民間史話，則是在吳德功（1850-1924）的〈愛玉凍歌〉中有記載。[116]這些台灣重要史料或文人作品經由她的介紹，也更為讀者所知悉。[117]

不過，除了以老北京或解說者的姿態來介紹外，林海音對於

---

115 林海音，〈那拔和羊桃〉，《大華晚報》，1950年5月10日，第3版。

116 吳德功，〈愛玉凍歌〉，收入沈光文《臺灣詩鈔》，臺灣文獻叢刊第280種（南投市：台灣省文獻委員會，1997），頁198；林海音，〈愛玉冰〉，（寫於1950年5月27日）收入氏著《兩地》（台北：三民書局，2011[1966]），頁142-143。

117 林海音，〈艋舺〉、〈愛與牽手〉、〈媽祖和臺灣的神〉，收入氏著《兩地》，頁164-165、184-186、199-201。

自身有品嚐經驗且與回憶連結的食物書寫則更富於情感，其中尤以台灣的年節食物最為顯著。

年節飲食對於移民來說具有特別的重要性，因為離鄉不僅是身體的離開，也意味著離開原有的人際網絡與社會關係。食物經常是尋求與家鄉或所屬文化聯繫的重要方式，許多移民研究顯示，多數移民會保留原鄉在節慶時的慶祝方式與飲食，以鞏固本身的文化認同。例如許多印度裔移民在英國仍保留家鄉食物的食用習慣，並將之作為連結同族裔的重要方式；許多海外華人格外重視祭祖與農曆年的慶祝亦為一例。[118]

林海音一家過去在北京期間，林母黃愛珍這位離開台灣的「離鄉者」也經常以台灣年節食物的製作來表現對家鄉的思念，在最重要的過年，她並不入境隨俗與北京人一同包餃子，林海音自陳：「我們在北平是過台灣年，母親忙的是蒸年糕」，因此她對年糕、菜頭粿等台灣的年俗食物十分熟悉，在文中多次提到台灣的俗唱「甜粿（糕）過年，發粿（糕）發錢，包仔包金，菜頭粿（糕）作點心」。[119] 發粿、菜頭粿以及用糯米或在來米粉製皮後包菜肉餡的「包仔」都是台灣重要年節食物，林母身在北京時仍年年製作，而不包北京餃子，足見她對家鄉食物的懷念與喜好，這

---

118 Narayan, Uma, "Eating Culture: Incorporation, Identity and Indian Food," in *Social Identities*, 1（1）（1995）: 63-83. Pilcher, Jeffrey M, "Introduction," in Jeffrey M. Pilcher（ed.）, *The Oxford Handbook of Food History*（Oxford, New York: Oxford University Press, 2012）, p. 21.

119 林海音至少在三篇文章中提過這段俗唱：含英，〈臺灣的年糕〉，《國語日報》，1949 年 12 月 31 日，第 3 版；林海音，〈年的準備〉，收入氏著《兩地》，頁 207-208；林海音，〈菜頭粿〉，收入何凡、林海音著，《窗》，頁 229-231。

份對家鄉的情感也隨之傳遞給兒女們。

　　林海音在描寫台灣的年節食物時，經常憶及過去在北京吃相同食物的回憶，這些年節食物可說是她在北京與台灣兩個故鄉的共同經驗，連結了北京與台灣，是家鄉食物也是家庭食物。另由於林母以台語為母語，林海音也能聽、說一些，在寫作時偶以注音標示文中人物所說的台語，更在語言上強化食物與地方、回憶的連結。例如，在〈台灣的年糕〉一文中，她就以「ㄐㄧㄚ ㄏㄛ ㄐㄧㄚ」標示台語「真好吃」的發音。[120] 台語對林海音來說是親近的「媽媽的語言」，在文字中寫台語既能增加文字的聽覺性而更為生動；對不諳台語的讀者來說，也能稍加理解常見的台語詞彙。

　　林海音文中所介紹的多種菜餚、點心，對當代台灣人而言絕不陌生，但對1950年前後到台灣的「外省同胞」來說，毋寧是一種文化的衝擊。林海音對這些飲食風俗的介紹，一方面是扮演了文化中介者的角色，將之引介給遷台人士，另一方面，對林海音自身而言，也是親近、了解台灣這個「陌生家鄉」的重要方式。儘管自小知道台灣是父母的故鄉，但台灣僅是一個遙遠的影子，停留在父母的回憶與述說當中。來到台灣後，她從所蒐集的書面資料與實際的生活經驗中逐漸認知台灣的形貌，再透過書寫這個從身而心的「銘刻」過程，在飲食生活面更加認識台灣。

四、雙重離鄉者的「家鄉味」

　　然而，除了逐漸認識台灣這個「家鄉」外，另一個家鄉北京

卻仍召喚著她，兩個家鄉的纏繞充分顯示在林海音對「家鄉味」
的書寫上。林海音的「家鄉味」有兩個源頭：父母的「台灣味」
及自己的「北京味」，這源自林海音幼年離台、成年又離北京的
雙重「離鄉者」身分，她所書寫的家鄉味也因此是雙元而纏繞
的。

　　許多研究已指出，「離鄉者」的飲食書寫具有獨特的意義，
對移民、流亡者來說，家鄉食物所具有的重要性，既是經濟上
的，亦是民族情感上的，同時甚至如Appadurai認為具有道德上
的（moral）意義。[121]離鄉者所撰寫的飲食書寫一方面是生活現實
的呈現，另一方面也是情感的凝鍊、表達，在其中尋求共鳴與慰
藉。Roy對印度移民之飲食書寫與食譜的分析即顯示了，食物、
自傳式飲食書寫、味覺、性別與民族記憶等要素間具有相互纏繞
的親密關係。身處異鄉的移民或離散者（diaspora）經常在飲食
書寫中將食物與烹飪當作一種轉喻，功能不僅在於與民族同鄉的
聯繫，同時也作為一種品味的篩檢。[122]換言之，故鄉的食物不僅
是同鄉者間的共同語言，牽繫著彼此，同時也是一種文化認同的
表徵，關乎對民族的情感與文化記憶。

　　由此觀點來檢視林海音對「家鄉味」的飲食書寫，可進一步
發現雙層的文化記憶，一層是繫於親情、童年、家庭的台灣味
道，可說是家鄉味的基底；另一層則是成長經驗與文化教養積累
而成的北京味道，與此緊緊相繫的是中國傳統的文化記憶。

　　林海音對台灣味道的依戀來自父母的影響，畢竟台灣以一個

121　Appadurai, Arjun, "How to Make a National Cuisine: Cookbooks in Contemporary India," in *Comparative Studies in Society and History,* 30(1)（1988.1）: 11.

122　Roy, Parama, "Reading Communities and Culinary Communities: The Gastropoetics of the South Asian Diaspora Parama," in *Positions,* 10(2)（2002）: 471-502.

遠方海島的形象，是深植在她心中、與父母緊緊連繫的「故鄉」。特別是母親對家鄉口味的喜好與手藝影響更大，她自述，即使幼時住在北京，「但是家鄉台灣的風味在我們家的飯桌上也一直沒有離開過。母親的烹調在同鄉中是有口皆碑的。」[123]對林海音而言，母親的菜式就是「台灣菜、客家菜」，[124]包括母親自己的福佬口味，以及父親特別喜愛的家鄉客家口味：

> 林家廚房總是熱熱鬧鬧的。愛珍常做豬腸灌糯米、炒米粉、麻油雞、乾煎帶魚、大蒜炒空心菜、蘿蔔糕、花生湯、燙豬肝、白斬雞……，這些台灣菜、福建菜，家裡北方鄉下來的老媽子都跟她學會了。[125]

在林海音的作品中，也偶會寫到客家菜、閩南菜，例如〈蘭姨娘〉中的客家菜釀豆腐、白斬雞，以及閩南菜五柳魚。[126]這些菜都是台灣重要的大菜，尤其五柳魚至晚在清末已是台灣代表性的宴席菜，許多日治時期菜譜均有記載，林文月在《飲膳札記》一書中也曾詳述製法。[127]由文中判斷，林海音之母應也在北京烹煮過，讓遠在北京長大的林海音有機會嚐到這道台灣菜。

　　林海音多次述及母親還在北京時對家鄉味道的思念，例如〈英子的鄉戀〉中提到，小小的蜜餞勾起母親的思鄉情：

123 林海音，〈家鄉菜〉，《中央日報》，1950年2月12日，第7版。

124 林海音，《我的京味兒回憶錄》（台北：城邦文化公司，2000），頁14。

125 夏祖麗，《從城南走來：林海音傳》（台北：天下文化公司，2000），頁29。

126 林海音，《城南舊事》（台北：爾雅出版社，1960），頁165。

127 林文月，〈五柳魚〉，《飲膳札記》（台北：洪範書店，1999），頁141-146。

圖6.3　五柳魚

出處：陳玉箴攝。

　　媽媽說，要哥哥設法寄這幾樣東西：新竹白粉、茶葉、李
鹹和龍眼乾。後面幾項是我們幾個人要的，把李鹹再用糖醃
漬起來的那種酸、甜、鹹的味道，我們說著就要流口水啦！
媽媽說，故鄉還有許多好吃的東西，在這裡是吃不到的，最
後媽媽說：「我們還是回台灣怎麼樣？」我們停止了說笑
聲，不言語了，回台灣，這對我們豈不是夢嗎？[128]

　　短短的敘述充分顯示了林母的思鄉之情，並特別表現在對家鄉食
物的懷念上，耳濡目染之下，台灣菜的形象與母親有著深深的連
結，也彷彿承接了「母親」所代表的溫暖與慈愛。特別是在回台
之後，林海音有了許多為台灣菜發言的機會。

　　林海音在1950年寫的〈家鄉菜〉指的就是台灣本地的味道，
與同時期其他遷台作家以大陸故鄉為主體的懷鄉散文截然不同，
主要即因父母均來自台灣。「台灣菜」在1950年代甚不受遷台移

---

128 林海音，〈英子的鄉戀〉，收入氏著，《兩地》，頁130。

民歡迎，包括林海音的丈夫與眾多讀者在內均不喜嚐，林海音卻
多次稱這「家鄉美味」讓她嘴饞。如她在〈家鄉菜〉一文述及，
返台初期赴姑母家邀宴，儘管姑父謙稱「台灣本無『料理』」，她
卻早對桌上的白斬雞、紅燒肉筍干饞涎欲滴，立刻夾了滿嘴。而
當他人批評台灣菜，她也急著為之辯解，例如她提到，台灣菜對
於祖籍南京、北京長大的丈夫而言實在不合口味：[129]

> 帶血的麻蛤，青脆的炒扁豆，開鍋不到半小時的白雞，雞
> 湯裡又煮了魷魚……簡直使這位江南嬌客無處下箸，只好揀
> 那盤裡麵炸的蝦仁勉強下飯。以後有他在場，我就要到廚下
> 叮囑母親：炒爛點兒，再爛點兒，爛到母親發脾氣：「煮這
> 樣爛還有什麼好吃！」

這段描繪充分顯示不同地區人在口味上的顯著差異，夏承楹家中
的江蘇口味喜多放醬油，將菜煮至軟爛，這些均與台式作法不
同。在林海音的認知裡，台灣在烹煮肉類時經常僅是白煮，吃時
佐些香菜、青蒜絲、醬油或海山醬，「這種吃法能使我百嚐不
厭」。甚且，丈夫批評台灣菜老是紅燒，打趣說：「貴省人的腦筋
這樣簡單呀？」林海音也辯駁：「在這島上，一切原都是富於原
始風味，不善矯揉造作的，何必一定去追求那文明社會的複雜
呢？」[130]將台灣島的「原始風味」與「文明社會的複雜」相對
照，相當程度反映了當時許多遷台人士對台灣的看法，即為一遭
受殖民的中國邊陲之地，在中國傳統文化的承襲上有所不足，然

129　林海音，〈家鄉菜〉，《中央日報》，1950年2月12日，第7版。
130　同上註。

林海音反以「文明未必足恃」的觀點辯之，說明了她維護這塊父母所出之地的心意。

在另一篇〈捧台灣菜〉中，林海音也稱，在台北市有各省餐館與食物，包括廣東叉燒包、汕頭砂（沙）茶牛肉、蘇式湯糰大王、排骨大王、無錫麵筋、北平燒鴨、撈麵，這些菜「把本鄉本土的台灣菜就打入冷宮了」，而這種情形頗令她傷懷，她也獨排眾議地強調，台灣菜對她仍是極具誘惑力的，因為過去在北京時就常要燒這些家鄉菜解饞，她特別介紹了家鄉的客家菜：[131]

> 客家人喜歡曬醃各種蔬菜，像菜頭（蘿蔔），一切四開，每天排在牆頂上曬，晚上收起來，等到乾縮成菜頭乾兒的時候，真是香極了。還有客家人喜歡把筍干放在豬肉裡一同紅燒，筍干略帶酸味，在我吃起來味道比豬肉還好吃。

客家菜是林海音父親的口味，也是父親台灣友人到訪時常吃的菜，足以喚起林海音對居住北京時台灣同鄉互相取暖的回憶。如〈番薯人〉一文所述，「番薯人」是當年北京的台灣同鄉間對「台灣人」的代號，為了避免遭到日本領事館注意，大家籍貫上多寫祖籍閩、廣兩省，林海音自己在北京讀書時便是在籍貫欄寫父親祖籍廣東蕉嶺，父親過世後再改為母親的祖籍福建同安，而她的小叔因參與抗日活動，被日人逮捕病死在獄中，連帶也導致父親染病早逝。[132]同時期在中國的台灣文人洪炎秋這段話，充分說明了這些旅居中國的台籍人士心境：

---

131 林海音，〈捧「台灣菜」〉，《國語日報》，1950年1月14日，第3版。
132 林海音，〈番薯人〉，收入氏著，《我的京味兒回憶錄》，頁22-29。

> 我的故鄉是在四周環海的某一塊土地上──恕我不舉出她
> 的芳名來吧，因為她在這年頭兒，是處在一種左右做人難，
> 各方不討好，無處不受歧視，無處不被猜忌的那種觸霉頭，
> 那麼可憐兒的境遇，何必說明她來受糟蹋。[133]

在這樣的環境與家人遭遇下，林海音自幼即感受到台灣人身分的
尷尬與特殊。北京的台灣人社群基於同鄉、同命運的情誼，有著
特殊的情感與緊密聯繫，台灣菜可說是當年北京台灣人社群聚會
時共同的家鄉菜，象徵著彼此共同的坎坷命運，台灣同鄉間共餐
吃家鄉菜，更是此種特殊聯繫的體現。在這個意義上，台灣菜作
為林海音的家鄉菜，不僅是媽媽的味道，亦是「台灣人」的味
道，這也呼應了前述Appadurai所指出，家鄉食物對移民者具有
民族情感與道德上的重要性，正因家鄉食物與民族情感相聯繫，
日後當台灣菜遭受批評時，在情感與道德上便有需為之辯護的迫
切感，以護衛家鄉的價值。

　　「共餐」是重要的社會互動媒介，一同烹飪、吃共同的家鄉
食物，是群體維持彼此關係與認同的重要方法。[134]林海音追憶童
年還在北京的時期，家中不時有台灣同鄉前來聊天打牌，如知名
文人張我軍（考古人類學者張光直之父）的母親「阿婆」也住在
北京，是林海音母親的牌友，不會說北京話，常來找林母做台灣

---

133 林海音，〈光復以來〉，《中央日報》，1950年10月20日，第8版。

134 Bell, David & Gill Valentine, *Consuming Geographies: We Are Where We Eat* (London; New York: Routledge, 1997); Beardsworth, Alan &TeresaKeil, *Sociology on the Menu: An Invitation to the Study of Food and Society* (London; New York: Routledge, 1997).

點心打發時間，林海音的妹妹燕玢回憶：[135]

> 每次阿婆來了，媽媽就叫她上梁家園後頭買糯米粉回來，
> 她們蒸蘿蔔糕、搓糯米丸子，把青蒜爆香煮鹹丸子吃，用紅
> 糖薑汁煮甜丸子吃。兩人用家鄉話聊天，吃家鄉小吃，解除
> 鄉愁。

此段提到的鹹甜丸子即是台灣常見的鹹甜湯圓「圓仔」（înn-á）。
張我軍是板橋人，張母與同是板橋人的林母不僅說相同語言、有
許多話可聊，也藉由共同烹飪家鄉菜餚抒發思鄉情感，獲得家鄉
歸屬感的撫慰，共烹與共餐，可說是離鄉者的文化儀式
（ritual），藉此分享情感，並強化彼此的連帶。「共餐」既常居於
社會生活的核心，共餐的形式與表現也往往標示了社會生活中的
權力關係，[136]藉由共同烹飪與享用家鄉食物，不僅滿足了口腹之
慾，也標誌了彼此平等的地位，在異地遭受的不平等、因族群或
語言遭受的委屈，都可暫時忘卻。

令人感嘆的是，對照當年林海音的母親在北京想念台灣食
物，數十年後反而換成林海音在台灣「苦念北平」。

林海音對北京吃食懷念的書寫大多出現在1960年代之後，此
時遷居台灣已超過十年，返回北京的機會更加渺茫，思念之情也
更增，因此她追念北京的一切，例如秋天的水果，儘管北京產水
果的季節很短，但在思念之時，林海音卻也認為「水果的種類比

---

135 夏祖麗，《從城南走來：林海音傳》，頁62-63。

136 Counihan, M., Carole *The Anthropology of Food and Body: Gender, Meaning, and Power*（New York: Routledge, 1999）.

號稱『果之王國』的台灣並不遜色，且猶有過之」，以北京盛產的棗子來說，有郎家園、老虎眼、葫蘆棗、酸棗，「各有各的形狀和味道，卻不是單調的桂圓可以比的了」，另外還有涮羊肉、「心裡美」品種的蘿蔔等，都讓她懷念。[137]

　　不過，在1950、1960年代，林海音關於北京味的雜文、散文書寫其實不多，直到1987年出版的《我的京味兒回憶錄》才有更多對「京味兒」的具體描寫，包括扒糕、辣蘿蔔乾、燒餅夾羊肉配酸梅湯等等。[138]她說，儘管母親煮的是台灣菜、客家菜：「我卻另有一套北京吃兒，當然以麵食為主，餃子、餡餅、韭菜簍、撅條炸醬麵、薄餅捲大蔥、炒韭黃豆芽菜什麼的。在這樣的飲食愛好下，我從小就學著幫宋媽擀皮包餃子，用炙爐烙盒子。喜歡做是因為我愛吃嘛！」[139]相對於母親的台灣菜、客家菜，例如五柳魚、青蒜燒五花肉、炒豬肝、豬心、薑絲炒豬肺等，林海音對於北京味與台灣味的差異有著清楚的認知。此外，她也強調北京春天吃的「薄餅」與福建、台灣的薄餅、潤餅有著很大差異，並非以春捲皮包裹菜料，而是將麵團燙後揉麵、壓扁，再抹香油烙熟，吃法則是將之裹以切成細絲的菜料並搭配大蔥與麵醬捲起食用。[140]這北方的薄餅到了台灣，也常成為林海音家宴上的主角，只不過是由好友「烙薄餅能手」潘人木協助烙餅，她稱「在台北

---

137 林海音，〈苦念北平〉，（此文寫於1962年）收入何凡、林海音著，《窗》，頁216-217。

138 林海音，〈我的京味兒回憶錄〉，收入氏著《我的京味兒回憶錄》，頁1-21。

139 林海音，《我的京味兒回憶錄》（台北：城邦文化公司，2000），頁14。

140 〈圓桌會議實錄〉，收入林慶弧主編，《第三屆中國飲食文化學術研討會論文集》（台北：中國飲食文化基金會，1995），頁501。

我家吃薄餅在朋友間還小有名氣呢」，[141]經常以薄餅宴客，充分顯見林海音對北京薄餅的喜好。

比較林海音對台灣、北京的書寫，她對北京的思念，主要是展現在她多本以北京為背景的小說中，對「北京味」的思念方式也與「台灣味」不同：台灣味是「父母的味道」，對林海音來說是父母提供的一扇望向遙遠故鄉的窗口；與此相對照，「北京味」則深植在她自己長年的生活經驗與身體裡，除了食物的味道之外，還有太多親身經歷的童年世界、觀察到的人情世故與承載的喜怒哀樂，小說或是更佳的表現形式。

綜前所述，林海音飲食書寫的兩大重要主題為家庭烹飪飲食與家鄉味的描寫，前者描繪自身從事廚務的各面向，在日日重複又瑣碎的買菜、烹飪、共餐中，藉由重複的身體實踐體現了「家」的意義，也在台灣這塊新土地上重新建立「家」所帶來的歸屬感、安定感。林海音對家鄉味的描寫則凸顯出「家鄉」的多元面向，家鄉不僅是出生的處所或久居之地等地理空間上的意義，亦來自與父母、家庭與族群的聯繫，母親的味道、童年的記憶、北京台灣人社群的困頓境遇，均賦予台灣菜「家鄉味」的豐富色彩與重要意義。

從上述二主題看來，林海音的飲食書寫環繞著「賢妻良母」與「雙重離鄉者」二角色，從烹飪、共餐、年節食物分享與追憶等飲食實踐，具體演繹了「家」的不同面向。這些飲食書寫刻畫了離散情境中一個「家」的空間如何構成，而「家」之所以為家，家中溫暖的「良餐」供應為重要條件，在這其中則仰賴女性的烹飪實踐，女性因此一方面被期待扮演賢妻良母的角色，另一

---

141 林海音，〈我的京味兒之旅〉，收入氏著《我的京味兒回憶錄》，頁205-206。

方面卻也握有相當的主動性，在「家」的構成上扮演重要角色。在此，「家」不但是地理上的故鄉、時間上的童年記憶、空間上的房屋，更是身體實踐上的柴米油鹽日常飲食，是能供應「良餐」而為肚腹帶來溫暖飽足的處所，這樣的良餐且非任何外食場所能夠取代。

　　林海音的例子提供了很好的機會檢視「家鄉味」的意涵，台灣菜之所以成為一種「家鄉味」，一方面來自與母親、家庭的連結，另方面來自「台灣人」在北京作為一處境不易之特殊族群，因而產生獨特的群體情感，也因而增強了對本地菜餚的感情。「家」因此並非僅是指個體出生長大的地理區域空間，也可以是浮動的、繫於親人的、繫於群體情感的抽象空間。在1950年代，林海音寫的「家鄉味」以「台灣味」為主，儘管一開始或許是因為對於台灣菜有些「少小離家終於返鄉」後的好奇與驚奇，但後續的飲食書寫則顯示了食物作為一種群體情感表述的深層原因。

小結：「家鄉味」的重新界定：文化記憶的定著之處

　　經由分析唐魯孫、逯耀東、林海音等人對家鄉食物的書寫，本章嘗試重新理解這些文學作品中所界定的「家鄉味」究竟為何？「家鄉味」一定是指童年、少年時期所居故鄉的食物嗎？當人們處在持續移動、遷徙的環境中，又將如何重新定義自身的「家」在哪裡、「家鄉味」是什麼？

　　唐魯孫、逯耀東、林海音三人各自不同的移動軌跡，對此問題提供極佳的思考路徑。唐魯孫的家鄉作為國家首都，對他而

言，離開了家鄉也正是離開了引以為豪的國族榮光與文化傳統，終其一生他所認定的「家鄉味」很清楚就是傳統中國飲食文化下的「北平味」。相較之下，逯耀東原本也認定他在少年時最熟悉的蘇州小食為其朝思暮想的家鄉味，但之後長年在台、港兩地遷徙，及數十年後終能返鄉，卻在故土遍尋舊味無著的經驗，使他重新思考、尋找不僅是在認知上，在身體經驗上也最能符合「家鄉」意涵的味道，亦即一種歸屬感、安全感、熟悉感。在此過程中，因為他最能在台灣食肆中尋找到符合其「文化記憶」的味道，台灣味也逐漸轉變為他所認定的家鄉味。林海音雖也歷經了遷徙，與唐魯孫、逯耀東一樣都是戰後才到台灣，但其特殊之處在於林海音父母原本就是台灣人，台灣是她從小就認知的「故鄉」所在，對林海音而言，父母親的血緣聯繫，是台灣味作為一種「家鄉味」的基礎。

綜言之，唐魯孫的家鄉味源於自身故鄉與家、國的密切連帶關係；逯耀東的家鄉味以「文化記憶」之所繫為基礎，林海音的「家鄉味」則主要建立在原生家庭的親緣關係上。這三種路徑說明了，對「家鄉味」的理解，不受限於童年成長地或長期成長地的地理空間概念，也並非單純「日久他鄉變故鄉」的時間催化，而包含了對國家、親緣的認同，與自身的文化記憶是否能植基於某地。「家鄉」最重要的意義並非地理上的特定空間，而是能夠作為一種「記憶點」，作為與家族親屬記憶之連結或文化記憶的定著點。

除了「家鄉味」外，本章也進一步提出，「文化記憶」可作為理解傳統變化動態的概念，因為文化記憶是群體認同形塑的基礎，文化記憶的形成，不僅與風俗習慣的積累有關，也同時鑲嵌了文化價值。群體認同是個體共享其認同的基礎，當個體享有共

同的文化記憶，共享的文化記憶便成了個體間彼此連結的紐帶，也強化了作為一共同群體的意識。然而，當新的經驗與記憶逐漸積累，並進一步被文本化、知識化，新的經驗與記憶便可能成為新的文化記憶，換言之，文化記憶本身絕非固定不變，而會隨著新經驗與記憶的產生、書寫論述與論述的流傳而變動。

　　上述說明可使我們更理解台灣飲食文化傳統長時間的變化歷程，在第三章所述的本地飲食傳統基礎上，戰後移民與新的社會條件帶來多種不同的飲食要素，不僅重塑了街頭、市場內的飲食景觀，也同時重塑了台灣人的飲食經驗。新飲食經驗的積累逐漸成為個人與群體的新記憶，儘管這些經驗與記憶其實是多元的，不同地方、不同社會階層的人有著不同的生活經驗，但接著文本化、知識化的過程，決定了哪些原屬「溝通記憶」的經驗會被書寫，並進而有機會被多數人認知、記憶，被形塑為公共的文化記憶。

　　然而，所謂「文化記憶」不僅是將過往事件予以知識化而已，其重要性更在於，文化記憶是保存文化並使之延續的重要方式，這有賴於集體知識的創造，也同時是文化認同建立的基礎。

　　此外，文化記憶的一大重要性在其「規範性」，戰後初期遷台作家們在懷鄉與讚揚中國家鄉飲食文化的同時，也是藉由書寫、懷念及充沛的感情追念，將「中國飲食文化」建立為一個良好的模範，若與之有異，即認為違背了這些文化記憶的規範，亦是對中國飲食文化傳統的一種悖反。以逯耀東為例，他認為「飲食習慣是文化結構重要的環節」、「一飯一菜都自有其淵源，如果壞其流、破其體，就不堪問了。」[142] 他並舉梁實秋批評湘菜館不賣

142　逯耀東，《祇剩下蛋炒飯》（台北：圓神出版社，1987），頁5、7。

東安雞、竟賣廣東菜的現象，認為台北現已無可吃之菜：

> 湘菜館出售清蒸海上鮮、好有一比，那真是林則徐當總
> 督，統領湖廣了。今天臺北的菜已被一些新興的暴發戶，掌
> 灶的毛頭小伙子弄得雜亂無章、毫無體統了。無怪知味如實
> 秋先生默然而嘆……無怪美國的「某當奴」、「啃大雞」甫一
> 上岸，就所向披靡了。[143]

也正是在文化記憶所具有之「規範性」的作用下，戰後來台作者
在懷鄉的同時，往往貶低台灣的食物，作為與故鄉食物的對照。

　　值得注意的是，這樣的評論不僅是作者個人的抒發，也構成
一種集體的文化意識，並透過文字的傳播，逐漸影響時人對飲食
文化的認識，例如，從前幾章我們已經知道台灣在20世紀中葉以
前的飲食資料並非逯耀東所說「一片空白」，但對於台灣飲食
「貧乏無可談者」卻已然構成許多人的印象，而這就與早期飲食
書寫中對台灣飲食的忽視、貶低有很大的關係。這樣的印象甚至
延續至相當晚近，如1989年由廣告公司出版的《吃在臺北》一
書，對台灣菜的描述開頭仍是：「說起來台灣菜並沒有什麼特別
之處，想要例舉一兩樣典型的台灣菜，卻偏只想得出一些小
吃」，另也提及「台灣菜的成本低」、「台菜館成為大眾化的消費
場所」等語。[144] 對繼起的書寫者來說，前人的出版品經常構成重
要的知識來源，也影響對文化的認識，當這些向下傳承的文化記
憶都傳達了類似的聲音，自然影響後人對台灣飲食文化變遷的看

---

143 同上注，頁5-6。

144 博大廣告有限公司，《吃在臺北》（台北：博大策略廣告公司，1989），頁37。

法。如布迪厄（Pierre Bourdieu）所言：「語言不僅是溝通或知識的工具，同時也是權力的工具……因而能力（competence）完整的定義是指有權說話，那就是，有權去正當化語言、權威化語言。」[145] 這些飲食書寫一方面構築出強大的溝通記憶向下傳承，另一方面，這些傳播記憶與他們的文化記憶也毫不扞格，當溝通記憶與文化記憶層疊結合，便創造出更強大的力量。

---

145 Bourdieu, Pierre, "L'économie des échanges linguistiques," in *Langue Française*, 34（mai 1977）p. 20, 轉引自 Thompson, John, B., *Studies in the Theory of Ideology*（Cambridge: Polity Press, 1984）, pp. 46-47.

第七章

結論
玻璃沙拉罐裡的台灣菜

　　本書考察殖民、威權、民主化等不同政治歷史時期下「台灣菜」的定義變化與多元內涵，回到歷史脈絡與社會結構的轉變，分析不同的國族性（nationhood）如何體現在日常生活食物消費中，不同行為者與個體又如何參與此「台灣菜」形塑與變化的過程。

　　從本書考察可看出，不同歷史時期對「台灣菜」有著截然不同的描述。日治時期的「台灣料理」乃相對於「日本料理」而命名，是當時台人上層仕紳階級精緻宴飲文化的代表，但同時也是一種殖民視野下所命名、定義的料理。1945年後，新政府與新文化論述者到來，日治酒樓中台灣料理的精緻宴飲文化消失，多元菜系口味在台灣展開新生命。隨著政治結構的轉變，「台菜」也成為相對於江浙菜、湖南菜等中華菜系的一支。1990年代中期之後，各地農特產推廣蓬勃，小吃受到重視，辦桌或小吃被賦予了「台灣菜」的代表性，但同時也造成「台灣菜」意涵窄化的危機。與此同時，原住民料理、客家菜在台灣族群論述的興起中，同步成為飲食論述中受重視的要素。直到近十餘年，台菜論述才有更多元而蓬勃的發展。

　　在前述歷史過程中，「台灣料理」、「台菜」均是相對於一個相異的「他者」（the other）而被建立。「台灣料理」乃相對於殖民者的日本料理、西洋料理，「台菜」則相對於多種外省菜，以及日本觀光客的消費需求而產生。各類型「台菜」均是基於不同的歷史脈絡、在不同的社會階層中形成，並共同構成今日台菜的內容。換言之，對於台菜的不同定義，均是台菜不同面向的認知與凸顯。在不同歷史時期、社會階層中形成的分支，共同形成了今日的台菜系譜。

　　在前幾章的基礎上，本書結論除了回答第一章所提出的三個

研究問題，亦將檢視在「國族菜」形塑過程中，政治要素、文化要素與個體主觀認同三者間的互動。

1.「國族菜」的三個特徵：關係性、表演性、商品性

　　從「台灣菜」意涵的變化過程可以看到，三個不同的政治時期中，「台灣菜」的定義持續隨著與中國菜的關係而改變。在日治時期，酒樓中所展示、消費的「台灣料理」事實上是採擷自一套精選的中國料理，但菜式與口味也隨著主要消費者與地方食材而進行調整。到了二次戰後國民政府來台，台灣菜被納為中國菜系的一部分，在中國文化為代表的社會脈絡下，隨著中國各省飲食移植到台灣，加上本地飲食長期欠缺文本化、知識化的結果，台灣本地的食物也更加被邊緣化。直到1990年代，因長期兩岸隔絕、政治自由化、民主化下對台灣主體文化的重視漸興，台灣菜的獨特性才又重新獲得重視，被視為台灣文化的重要代表。這樣的變化歷程顯示了，「國族菜」的定義取決於與其他飲食體系間的關係，可說是一種「關係性」（relational）的概念，特別是取決於與其他相近飲食文化體系間的關係變化，及彼此間界線的劃分。此種關係性的概念適用於代表國族、族群或地區的特定飲食，說明了許多對飲食的定義其實出自於區辨與彰顯自身獨特性的需求，無論所欲區辨的是其他族群、國家，或是全球性的食物。

　　其次，「國族菜」定義的第二個特性是「表演性」（performative），為了與其他飲食文化有所區隔，「國族菜」的界定往往會選擇最容易或最適宜作為展示的部分，也因此，在「台灣菜」的定義中，日治時期的「台灣料理」消費具有顯著的展示

性與表演性，二次戰後則因失去了區辨與展示台灣特殊菜餚的需求，台灣菜的面貌因此變得模糊。由此也可看出，在選擇、展演「國族菜」的過程中，擁有論述與展示權力者扮演了重要角色，此亦本書序論提出的第二個研究問題之核心：誰來定義？

　　從本書章節可看出，台灣菜的定義者不斷轉變：在日治時期，掌握日台語言的通譯、大型酒樓老闆、較富裕的紳商階級消費者及知識分子，是主要的定義者。到了戰後，握有語言優勢的文化論述者轉變為遷台政治人物、作家與食譜作者，帶來台灣的不僅是更多的中國各省食物，也包括中國飲食文化論述與文化記憶，與此同時，台灣菜則被定義為難登大雅之堂的地方食物。2000年政黨輪替，帶來台灣菜的新舞台，不僅政治領袖與新的文化行動者（cultural agents）成為新的台菜定義者，各地餐廳、觀光業者也參與其中，台灣食材與菜餚開始作為台灣文化的重要展示與象徵。

　　儘管在國族菜的形塑過程中，政治與文化行動者及業界的確扮演了積極的角色，但被選擇、展演出的飲食文化並非毫無根據的新創，而是來自台灣社會中長久累積的要素，包含兩大傳統：上層階級的飲食與庶民階級的飲食。前者除了日治時期高級酒樓中的昂貴菜餚外，也涵蓋較富有人家中私廚製備或家傳的特定菜餚。此類菜餚的製作難度與象徵性均較高、但僅有相對少數人有機會品嚐。不過，在二次戰後大批移民來台，台灣社會的上層階級經過大幅換血後，此階層的飲食文化便已迅速沒落，直到近十幾年才開始逐漸被重視、挖掘，而有部分精緻老菜的復興。相較之下，第二種飲食傳統——庶民食物——來自一般台灣家庭，包括日常食物與節慶食物如辦桌，在1990年代之前，這些菜餚很少被視為具有高度符號性價值，但在近二十年隨著政治、社會條件

的改變與對台灣主體性的重視，逐漸被認為是「台灣菜」的代表。在此過程中，包含原住民風味、客家菜、在地食材等概念的「台灣美食」不僅是被重新塑造的文化符碼，同時也成為重要的市場商品。

　　從前述二大傳統的發展可看出，擁有文化詮釋權與論述再生產（reproduction）權力的行動者（agents），能夠選擇「國族菜」的代表性要素，藉由相應的國族論述，來強化自身的政治權力與文化獨特性。然而，當「國族菜」不僅是文化符碼同時也是一種市場上的商品，一般消費者仍然有其影響力。在此需強調的就是國族菜的第三個特性：商品性（commercial）。從餐廳的發展來看，儘管二次戰後各種北平、江浙、廣東餐館大興，以台灣庶民食物為主的台菜餐廳仍基於廣大的消費群眾基礎，在1960年代後期開始成長，並隨著觀光業的發展與經濟普遍改善、民眾外食增加等因素而逐漸興盛。

　　不過需注意的是，「台灣菜」並不是一個對所有消費者都有意義的概念或分類，只有部分消費者會接收或感知到此概念所傳遞出的象徵面訊息，甚至進一步賦予此概念新的意義，對其他部分消費者來說，「台灣菜」僅是一種市場商品的分類，如本書所陳述的，消費者對「台灣菜」的感知，取決於對於納入／排除的不同需求、個人生活經驗、自身身體記憶與文化記憶等。此外，隨著自身經驗、記憶的累積與社會位置的轉變，對台灣菜的認知與觀感也是持續變動的。

2. 食物消費中「國族菜」的產生

　　基於前述的關係性、表演性與商品性三種特質，食物消費中

「國族菜」的形成，具有三個階段：

首先，特定的菜餚透過象徵或展演被賦予國族的意象。在象徵化的過程中，包括法律、政策、觀光推展、認證或博覽會等政治要素，對於定義國族的外部關係（與其他國家）與內部關係（族群或中央—邊陲關係）均有很大的影響力。在這些關係的基礎上，國族、地方或族群相關的文化要素，包括記憶、傳統、歷史等，都可被鑲嵌在特定的菜餚上。在這個階段，統治階層等政治行動者經常有權力選擇、決定哪些要素是「國家的」，且這些選擇經常是為了特定的政治目的而服務。

第二階段，被賦予象徵意涵的菜餚進入市場成為商品，如同國宴菜餚、族群菜等，讓消費者能夠創造這些被賦予象徵意涵食物的消費經驗，在此過程中，文化行動者與市場行動者就扮演重要的角色。

接著在第三階段，就是消費者的具體實踐，唯有當消費者認知到食物或菜餚的象徵意涵時並進一步認同與實踐，「國族菜」才會真正的產生。

以上三個階段構成了一個循環，且可以從任一階段開始，例如，當某些菜餚原本就是消費者日常生活中習以為常、具有地方、族群或國家代表性的菜餚，也可能透過市場化的機制與象徵性的賦予，成為更多人所認知到的國族菜。且當「國家」的意義或重要性改變了，這整個過程也會重啟。「國族菜」的意涵因此也並非固定不動，而在社會條件有顯著改變時會再發展出新的意義。

此過程可顯示如下圖：

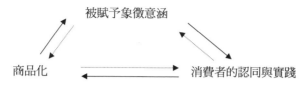

圖7.1　「國族菜」的產生迴圈

　　國族菜的形塑需要政治、市場行動者與消費者的共構，三者缺一不可。儘管國家與市場具有相當的影響力，但若無消費者的參與亦無法完成，國族菜的形成因此不是一個由上至下的過程。以台灣的情形而言，國家、市場與消費者三者形成的迴圈，是形塑「台灣菜」意涵變遷的主要結構，「國族菜」作為一種國家的體現（embodiment of nationhood），有賴消費者的認知與實踐得以完成，而消費者的認知與實踐，又是在多種政治、文化因素形成之網絡下進行。

3.「國族」界線的流動與個體的感知方式（sensibility）

　　前述討論說明了，「國族」概念被體現在食物消費上的過程，「國族菜」作用則如同界線的劃分，如同杜贊奇（Prasenjit Duara）所指的「軟界線」（soft boundaries）。[1] Duara認為，所有的文化實踐都有其潛力可以作為一種區分一社群邊界的界線，包含軟性界線與硬性界線。「軟界線」可以讓我們辨識出一個群體，但並不阻止其他群體的成員也同樣進行或共享此種文化實

1　Duara, Prasenjit, "De-Constructing the Chinese Nation," in *The Australian Journal of Chinese Affairs*, 0(30)（1993）: 1-26.

踐。經常作為軟性界線的「文化實踐」，例如：烹飪方式、語言、儀式、音樂等。當一社群有需要定義、動員自身成員時，可將某些原本是軟性界線的文化實踐轉化為硬性界線，例如，強化某些文化實踐的特殊地位，強調其作為社群獨特性元素的必要性與不可侵犯。換言之，當一群體有與其他群體進行區辨與劃界的強烈需求時，菜餚、音樂等也可能轉化為標示「我群」所有、不容共享的文化。反過來說，硬性界線也有軟化的可能。從軟到硬也就是從「共享」到「專屬」，宜以光譜的方式來理解。

從界線的角度來理解，國族菜的形成，可以說是一個軟性界線逐漸轉化為硬性界線的過程。此過程說明了該國族有著愈來愈高劃分他人與我群的需求，也有更顯著的主體自覺。然而，文化實踐的界線不是有形可見的，對於不同的個體也無法一概而論，差別之處就在於個體對此界線的感知方式（sensibility）。

感知方式早在嬰兒時期就開始逐漸形塑，其影響因素包含語文論述形式與非語文的感官、身體經驗。透過教育、媒介資訊及各種不同的身體實踐，個體獲取各式各樣的知識、資訊、經驗，發展過自身獨特的感知方式。如從本書第六章的例子就可看出，不同作家的生命經驗、所受的教育與專業訓練，都塑造了各自不同的感知方式，因此對於什麼是「台灣菜」有著不同的見解與感受。感知方式可以說是一套引導個體行為與對事物現象如何反應的規則或原則，個體未必能察覺己身的規則，但卻不自覺地受其引導。但個體的感知方式既是在經驗影響下所形塑，新的經驗累積也會產生新的感知方式，進而改變個體對事物的看法。

同時，基於各自相異的感知方式，個體對事物會有不同的敏感度，部分的人培養出對「國族差異」敏感、認為其重要的感知方式，其他的人則可能對性別現象、公平正義、族群差異，或其

他現象有較高的感知度。

從感知方式的討論，再回到序論中所提出的問題，個體的主觀認知如何與國族的政治、文化要素互動，以在日常生活中維持國族性？本書的研究認為，這個問題可以分別從國族與個人角度來回答。

從國族的概念來說，國家不僅是一個機構或一套論述，而是一個提供觸及可能的經驗性空間。國族性就鑲嵌在不同的物質與日常生活面向中，如執法的警察、娛樂活動，與各類標誌著國籍的菜餚中，透過這些具體形式，政治要素與文化要素就在日常的經驗性空間中運作。以台灣菜來說，在許多地方可以感受到「國家」的存在：例如，國宴對「本土」食材或菜餚的標榜與相關論述、食譜對「台灣菜」的定義與介紹、強調「台灣原創」的牛肉麵、客家菜與原住民菜中的族群意涵，以及所有在台菜餐廳中感受到的氛圍、媒體報導等。這些論述或餐廳共同構成了一個空間，在其中我們可以品嚐「國族」、感受「國族」，也可能再用其他的形式將之傳遞下去。

再從個人角度而言，由於「國族」有其可視、可感、可品嚐的面向，個人即可透過感官身體經驗，藉由與之互動產生新的意義。例如，在辦桌場合中，個體可以創造台灣公共文化相關的獨特經驗，在原住民餐廳或客家菜餐廳用餐時，感受到台灣的「族群」之存在。

因此，從國家與個人角度而言，個體與國族之政治、文化要素的互動也是雙向的：一方面，國族的政治與文化要素，如國家機器與傳統，影響個體對國家的身體經驗（想想被警察攔下的感覺，或置身廟會中的興奮），而這些經驗也構築了個體「感知方式」的一部分。另一方面，個體的「感知方式」又彷彿是個過濾

器或特殊眼鏡，每個人帶著自己的過濾器或眼鏡，來理解外界的事物、現象，用自己的方式來解讀、賦予這些事物意義。二者的雙向流動，促成了「國族」在日常生活中的體現。

這樣的討論也提醒了，國族或國家意識型態相關論述的提出，不能輕易地被轉化為個體認同的存在。「國族菜」的產生，也不能輕易地歸諸為政治意識型態所操作、形塑而成，或僅是觀光業者為了獲利而提出的口號。事實上二者皆非。本書認為，較好的說法是，國族菜是具有商業性潛力、被賦予象徵性意涵的產品，但也唯有消費者的參與、接受，「國族菜」的意涵才得以完整。

4. 沙拉罐中的台灣菜

除了理論意涵的說明，在本書最後，希望用最簡單的方式，來說明究竟什麼是台灣菜。

「台灣菜」可比喻為一個貼了標籤的空瓶，在不同的歷史時期，不同的台灣住民在其中填入不同的內容，定義者則在外面的標籤寫上不同的名字，瓶中的內容隨著住民填入內容的增加、混合，在其中產生變化。依據「台灣菜」這個瓶子當中內容的填入先後、階級與族群差異，可將之約略分成幾個層次：

（1）酒樓菜（參見第二章）：源於日治時期酒樓菜色，餐廳廚師曾擔任或師承於日治時期酒樓廚師，此類餐廳屬精緻古菜路線，強調菜餚的歷史長久與手工。之後變形為酒家菜，但二者其實不太相同，不同處在於酒樓菜的食譜留存甚少且多費工，代表菜如五柳枝、燒豬、萬兵圍

城、品鍋等，現已少見；酒家菜多為熱湯類及口味重的
下酒菜，相同處則在於菜餚都是客製化且非家常菜。

(2) 庶民常食與街頭小食（參見第三章）：以庶民的家常菜
為基礎，也包含多種街頭小食，標榜「清粥小菜」的餐
廳則興起於1960年代後期，以「葉」字輩餐廳為代表。
初期此類餐廳菜色的基礎是「醃漬菜＋肉／蛋／魚」的
變化，以及家庭中的宴客菜，如香腸，但隨著經濟變
化，後期已增加許多新穎菜色。

(3) 辦桌菜（參見第三章）：以庶民的宴客菜為基礎，包括
封肉、炸肉丸等，辦桌菜多重油鹹，後來部分辦桌菜師
傅轉開餐廳後，也會以辦桌菜為基礎，但又增加許多一
般餐廳中受歡迎的菜色，或自己在其他餐廳工作時學得
的拿手菜。

(4) 台菜海鮮（參見第四章）：台人雖喜愛水產，但在捕撈
技術與冷藏技術普及之前，吃到新鮮水產並不容易，這
也使得新鮮水產被賦予珍貴的意涵，日治時期的酒樓
中，高級料理就經常是魚翅等水產類。而在水產類隨技
術進步逐漸容易取得、較普及，與經濟水準普遍提升，
對宴客菜的要求提高後，1980年代後的餐廳開始順應消
費者的要求與喜好，大幅增加水產品項，部分更以海鮮
為主打，形成許多「台菜海鮮」餐廳。海鮮餐廳之受歡
迎，也與海鮮多、價格昂貴的粵菜餐廳受歡迎、香港師
傅曾因政治因素大舉來台有關，吃海鮮成為身分與消費
能力的表徵。

(5) 混融菜（參見第四章）：以戰後至今多種地方口味逐漸
融合出的菜餚為主，已加入多種戰後移入的口味，包括

台灣化的川菜、粵菜、湘菜等，如三杯雞、鳳梨蝦球、宮保雞丁等均為餐廳中常見，但在家庭中也可製作的菜色。

(6) 族群特色菜（參見第五章）：包括原住民與客家餐廳，強調不同「族群」因特定地理環境、生活條件、文化習俗等因素而形塑出的獨特飲食方式。其中的代表性菜餚常與特定的「族群性」相連結。

　　雖可分為如上層次，但就像漸層飲料，其中各層次的界線不會是截然劃分的，亦會彼此融合，如前述二、三、四類，其實如今已常見於同一家餐廳中，又如魷魚螺肉蒜其實是部分家庭的宴客菜，卻因其方便適合配酒，也常出現於酒家而被視為酒家菜。其實從百年前的酒樓至今天的快炒或一般餐廳，早期物資的缺乏加上一波波移民的改變，台灣人的餐廳很少崇尚「正宗」，一直都是以適口、好吃、是否受消費者喜愛為尚，並常加入其他市場上受歡迎的口味新創菜色。也因此使得「台灣菜」這個瓶子中的內容顯得模糊。

　　誠然，若論其他國家，也都有這個歷史積累造就飲食文化改變的過程，但台灣菜的特殊性在於，不僅瓶子中的內容不斷加入新元素、積累、改變，瓶子外的標籤也有變動，從「台灣料理」到「台菜」，不僅標籤上的名稱無法代表全部的瓶中內容，標籤上對於瓶中內容物的說明文字，更因為掌握詮釋權力者的不同，而呈現差異，且忽略了二次戰前的狀況與一般庶民的食物。正因如此，台灣菜的內涵對台灣人而言，才會如此複雜、不清，難以清楚述明。

　　不過，儘管標籤不清楚，瓶中內容的精彩卻無法抹煞，同時

也不斷變化，當生活條件與飲食習慣不斷變動，全球交通日益頻繁，台灣新一代人對這土地孕育的飲食方式或許逐漸陌生。本書希望透過歷史資料的爬梳與田野訪談，讓更多人理解什麼是台灣菜、台灣味，並由此深究台灣飲食的形成方式與特殊性，進一步作為與其他地區、國家飲食研究的比較基礎。

引用書目（中文）

1. 《大華晚報》
2. 《中央日報》
3. 《中央社》
4. 《中國時報》
5. 《民生報》
6. 《民報》
7. 《申報》
8. 《自強晚報》
9. 《重慶時事新報》
10. 《商業週刊》
11. 《國語日報》
12. 《經濟日報》
13. 《監察院公報》
14. 《臺灣省行政長官公署公報》
15. 《臺灣省政府公報》
16. 《臺灣省參議會第一屆第九次定期大會會議紀錄》
17. 《臺灣省參議會第一屆第十次定期大會會議紀錄》
18. 《臺灣省參議會第一屆第五次定期大會會議紀錄》
19. 《徵信新聞》
20. 《聯合晚報》
21. 《聯合報》
22. 《警民導報》
23. 〈圓桌會議實錄〉，收入林慶弧主編，《第三屆中國飲食文化學術研討會論文集》（台北：中國飲食文化基金會，1995），頁491-512。
24. 一剛，〈圓環夜市‧龍山寺夜市〉，《臺北文物》6:4（1958），頁28。
25. 小民，《故都鄉情》（台北：大地出版社，1983）。
26. 小民，《故園夢》（台北：九歌出版社，1988）。

27. 幻余，〈臺北酒家演變史〉，《臺灣風物》17:3(1967)，頁71-74。

28. 王甫昌，《當代台灣社會的族群想像》（新北：群學出版有限公司，2003）。

29. 王敏川，《台灣社會運動先驅者王敏川選集》（出版地不詳：臺灣史研究會，1987）。

30. 王皖佳，《臺灣飲食文學的類體形構與演變（1980-2011）》（台北：淡江大學中文研究所碩士論文，2012）。

31. 王鈺婷，〈報導者的「中介」位置──談五〇年代林海音書寫台灣之發言策略〉，《台灣文學學報》17(2010)，頁133-158。

32. 王鈺婷，〈想像臺灣的方法：林海音主編《國語日報・周末周刊》時期之民俗書寫及其現象研究（1949~1954）〉，《成大中文學報》35(2011)，頁155-182。

33. 台北市商會編印，《台北市公司行號名錄》（台北：台北市商業會，1952）。

34. 台灣省政府民政廳編，《台灣省實施地方自治紀要》（台中：台灣省政府民政廳，1951）。

35. 司徒衛，《五十年代文學評論》（台北：成文出版社，1979）。

36. 田中一二著，李朝熙譯，《臺北市史》（台北：臺北市文獻委員會，1998）。

37. 田其虎主編，《客家飲食文化輯錄》（台北：行政院客家委員會，2004）。

38. 任鼎，〈廢娼問題與首都市政〉《首都市政周刊》第28期，《申報》（上海）1928年7月17日。

39. 成露茜、熊秉純，〈婦女、外銷導向成長和國家：台灣個案〉《台灣社會研究季刊》14(1993.03)，頁39-76。

40. 朱介凡，《中國諺語論》（台北：新興書局，1965）。

41. 朱介凡編，《閒話吃的藝術》（台北：華欣文化，1978[1972]）。

42. 朱介凡編，《閒話吃的藝術續編》（台北：華欣文化，1978[1972]）。

43. 朱德蘭，〈日治時期臺灣花柳業問題（1895-1945）〉，《國立中央大學人文學報》27(2003.06)，頁99-174。

44. 行政院主計處編，《中華民國統計年鑑》（台北：行政院主計處，1989）。

45. 行政院客家委員會，《2005客家美食嘉年華輯錄》（台北：行政院客家委員會，2006）。

46. 何凡、林海音著，《窗》（台北：純文學出版社，1972）。

47. 何寄澎，〈試論林文月、蔡珠兒的「飲食散文」——兼述臺灣當代散文體式與格調的轉變〉，《台灣文學研究集刊》1（2006.02），頁191-206。

48. 余舜德，〈物與身體感的歷史：一個研究取向的探索〉，《思與言》44:1（2006.03），頁5-47。

49. 余舜德，〈政治經濟變遷下的夜市小吃：以臺北盆地的個案為例〉，《中國飲食文化》13:1（2017.04），頁7-34。

50. 余舜德，〈對立與妥協：試論夜市與國家的關係〉，《中央研究院民族學研究所集刊》82（1997.11），頁115-174。

51. 余舜德、周耿生，〈臺灣夜市市場系統的發展：以臺北都會區及臺南縣為例〉，《中央研究院民族學研究所資料彙編》18（2004），頁1-42。

52. 余舜德、顏學誠，〈體物入微：「物與身體感專號」導言〉，《國立臺灣大學考古人類學刊》65（2006），頁1-8。

53. 余舜德主編，《體物入微：物與身體感的研究》（新竹：國立清華大學出版社，2008）。

54. 佚名，《安平縣雜記》（臺灣文獻叢刊第52種，1958）。

55. 吳乃德、陳明通，〈政權轉移和精英流動：臺灣地方政治精英的歷史形成〉，收入賴澤涵主編，《臺灣光復初期歷史》（台北：中央研究院中山人文社會科學研究所，1993），頁303-334。

56. 吳子光，《臺灣紀事》（臺灣文獻叢刊第36種，1959）。

57. 吳阿美，《排灣族原鄉食譜》（台北：台灣原住民基金會，2000）。

58. 吳逸生，〈艋舺零食譜〉，《臺灣風物》17:6（1967），頁33-35。

59. 吳新榮著，張良澤總編纂，《吳新榮日記全集10》（台南：國立臺灣文學館，2007）。

60. 吳新榮著，張良澤總編，《吳新榮日記全集10（1955-1961）》（台南：

國立臺灣文學館，2008）。

61. 吳新榮著，張良澤總編，《吳新榮日記全集9（1948-1953）》（台南：國立臺灣文學館，2008）。

62. 吳德功，〈愛玉凍歌〉，收入沈光文《臺灣詩鈔》，臺灣文獻叢刊第280種（南投市：台灣省文獻委員會，1997），頁198。

63. 吳聰敏，〈臺灣戰後的惡性物價膨脹（1945-1950）〉，《國史館學術集刊》10(2006.12)，頁129-159。

64. 吳瀛濤，〈稻江回顧錄〉，《臺北文物》7:3(1958)，頁40-44。

65. 吳瀛濤，〈稻江百業雜談〉，《臺北文物》8:1(1959)，頁93-97。

66. 吳瀛濤，《臺灣民俗》（台北：臺灣時代書局，1975）。

67. 吳瀛濤，〈江山樓、台灣菜、藝旦〉，《臺北文物》，7:2(1958.07)，頁88-92。

68. 呂紹理，《展示臺灣：權力、空間與殖民統治的形象表述》（台北：麥田出版，2005）。

69. 巫仁恕，〈明清飲食文化中的感官演化與品味塑造──以飲膳書籍與食譜為中心的探討〉，《中國飲食文化》，2:2(2006)，頁45-95。

70. 李怡君，趙憶蒙編輯，《台灣原住民傳統食譜》（台北：行政院原住民族委員會，2000）。

71. 李信夫口述，陳慧俐整理，〈臺灣菜烹調技術溯源〉，《中國飲食文化基金會會訊》8:4(2002.11)，頁28-33。

72. 李政亮，〈帝國、殖民與展示：以1903年日本勸業博覽會「學術人類館」事件為例〉，《博物館學季刊》20:2(2006.04)，頁31-46。

73. 李淑郁，《臺灣當代飲食散文研究》（桃園：中央大學中文研究所碩士在職專班碩士論文，2007）。

74. 汪士淳，〈圓山大飯店的前世今生──臺灣省敦睦聯誼會發起人周宏濤訪談錄〉，《歷史月刊》179(2002.12)，頁24-33。

75. 汪淑珍，《文學引渡者：林海音及其出版事業》（台北：秀威資訊科技公司，2008）。

76. 辛永清著，劉姿君譯，《府城的美味時光：台南安閑園的飯桌》（台北：聯經出版公司，2012）。

77. 東南文化出版社編輯委員會編，《南臺灣人物誌》（台中：東南文化出版社，1956）。

78. 林文月，《飲膳札記》（台北：洪範書店，1999）。

79. 林玉茹、王泰升、曾品滄訪問，吳美慧、吳俊瑩記錄，《代書筆、商人風：百歲人瑞孫江淮先生訪問紀錄》（台北：遠流出版公司，2008）。

80. 林明德，《台灣民俗小吃》（台北：漢光文化公司，1998）。

81. 林玲玲編，《高雄市選舉史》（高雄市：高雄市文獻委員會，1994），頁265。

82. 林海音，《冬青樹》（台北：純文學出版社，1980）。

83. 林海音，《我的京味兒回憶錄》（台北：城邦文化公司，2000）。

84. 林海音，《兩地》（台北：三民書局，2011[1966]）。

85. 林海音，《城南舊事》（台北：爾雅出版社，1960），頁165。

86. 林海音，《家住書坊邊：我的京味兒回憶錄》（台北：純文學出版社，1987）。

87. 林海音，《剪影話文壇》（台北：純文學出版社，1984）。

88. 林海音，《燭芯》（台北：愛眉文藝出版社，1971）。

89. 林海清主編，《眷戀：海軍眷村》（台北：國防部部長辦公室，2007）。

90. 林豪，《澎湖廳志》（臺灣文獻叢刊第164種，1963）。

91. 花東縱谷國家風景區管理處所，《花東縱谷原住民美食專輯》（花蓮：花東縱谷國家風景區管理處所，2001）。

92. 邱澎生，〈物質文化與日常生活的辯證〉，《新史學》17:4（2006.12），頁1-14。

93. 姚人多，〈政權轉移之治理性：戰後國民黨政權對日治時代保甲制度的承襲與轉化〉，《臺灣社會學》15（2008.06），頁47-108。

94. 洪掛口述，黃玉峰整理，《看台灣成長》（台北：允晨文化實業公司，1996）。

95. 洪淑昭，《傳統節慶米食的象徵：以高雄市閩南族群的「粿」為例》（高雄：國立高雄師範大學臺灣歷史文化及語言研究所碩士論文，2013）。

96. 胡家瑜，〈博覽會與台灣原住民——殖民時期的展示政治與「他者」意象〉，《國立臺灣大學考古人類學刊》62（2005），頁3-39。

97. 原住民族委員會，《103年臺灣原住民族經濟狀況調查》（台北：原住民族委員會，2015）。

98. 唐魯孫，《中國吃》（台北：景象出版社，1977[1976]）。

99. 唐魯孫，《什錦拼盤》（台北：大地出版社，1982）。

100. 唐魯孫，《天下味》（台北：皇冠出版社，1977）。

101. 唐魯孫，《故園情》（台北：時報文化公司，1979[1978]）。

102. 唐魯孫，《唐魯孫談吃》（台北：大地出版社，1994[1988]）。

103. 唐魯孫，《酸甜苦辣鹹》（台北：大地出版社，1988[1980]）。

104. 夏祖麗，《從城南走來：林海音傳》（台北：天下文化公司，2000）。

105. 孫寅瑞，《牛肉成為臺灣漢人副食品的歷史觀察》（桃園：國立中央大學歷史研究所碩士論文，2001）。

106. 徐正光，《徘徊於族群和現實之間：客家社會與文化》（台北：正中書局，1991）。

107. 徐耀焜，《舌尖與筆尖的對話：台灣當代飲食書寫研究（1949-2004）》（彰化：彰化師範大學國文研究所碩士論文，2005）。

108. 秦孝儀主編，張瑞成編輯，《光復臺灣之籌劃與受降接收》（台北：中國國民黨中央委員會黨史委員會，1990）。

109. 張若蘭，〈站在原住民的高崗上〉，《美食天下》79（1998），無頁碼。

110. 張茂桂，〈臺灣的政治轉型與政治的「族群化」過程〉，收入施正鋒主編，《族群政治與政策》（台北：前衛出版社，1997），頁37-71。

111. 張毓芬，《女人與國家：台灣婦女運動史的再思考》（台北：國立政治大學新聞研究所，1998）。

112. 張漢裕，〈臺灣人民生活水準之測量——以農民、非農民間的比較為中心〉，收入張漢裕博士文集編委員會編，《經濟發展與農村經濟：張漢裕博士文集》（台北：張漢裕博士文集出版委員，1984[1970]），頁193-234。

113. 張巍騰，〈台灣當代飲食散文的流變（1949-2008）〉（台中：靜宜大學中文研究所碩士論文，2009）。

114. 曹介逸，〈生活習俗變遷談〉，《臺北文物》6:3（1958.03），頁77-91。

115. 梁實秋，《雅舍談吃》（台北：九歌出版社，2009［1985］）。

116. 梁瓊白，《台菜料理》（新北：膳書房文化公司，1999）。

117. 梁瓊白著，施如瑛譯，《台菜料理》（新北：膳書房文化公司，1999）。

118. 梅家玲，《性別，還是家國？：五〇與八、九〇年代臺灣小說論》（台北：麥田出版，2004）。

119. 梶原通好著，李文祺譯，《臺灣農民的生活節俗》（台北：臺原出版社，1989；1941原刊）。

120. 許芳庭，《戰後台灣婦女運動與女性論述之研究（1945~1972）》（台中：東海大學歷史學系碩士論文，1997）。

121. 許俊雅，〈論林海音在《文學雜誌》上的創作〉，收入李瑞騰主編，《霜後的燦爛：林海音及其同輩女作家學術研討會論文集》（台南：國立文化資產保存研究中心籌備處，2003），頁55-80。

122. 許雪姬訪問，曾金蘭記錄，《藍敏先生訪問紀錄》（台北：中央研究院近代史研究所，1995）。

123. 連玲玲，〈典範抑或危機？「日常生活」在中國近代史研究的應用及其問題〉，《新史學》17:4（2006），頁255-282。

124. 連橫，《雅言》，（臺灣文獻叢刊第166種，1963）。

125. 郭冠麟，《從竹籬笆到高樓大廈的故事：國軍眷村發展史》（台北：國防部史政編譯室，2005）。

126. 陳玉箴，〈日本化的西洋味：日治時期臺灣的西洋料理及臺人的消費實踐〉，《臺灣史研究》20:1（2013.03），頁79-125。

127. 陳玉箴，〈從「家務」到「勞動商品」：臺灣家庭晚餐型態變遷的考察（1980-2013）〉，《台灣學誌》13（2016.04），頁71-103。

128. 陳玉箴，〈傳播領域的飲食文化研究：「煮吃師傅」口述史與社會記憶〉，《傳播研究與實踐》7:1（2017.01），頁265-290。

129. 陳玉箴，《飲食文化》（台北：華都文化公司，2015）。

130. 陳玉箴、曾品滄，《台江地區文史資源調查及應用規劃研究（四）：台江飲食文化源流成果報告書》（台南：台江國家公園管理處，2015）。

131. 陳君玉，〈大稻埕的舊市場〉，《臺北文物》7:3（1958），頁36-40。

132. 陳烱崧，〈臺灣之甘藷〉，《臺灣銀行季刊》3:3(1950.09)，頁136-165。

133. 陳梧頭、林衡道對談，〈五十年前的臺灣風俗（對談）〉，《臺灣風物》17:4(1967.08)，頁3-10。

134. 陳逸人主編，《臺灣旅行手冊》（台北：南華出版社，1961）。

135. 陳愷璜編，《圓山故事：圓山大飯店一甲子風雲》（台北：圓山大飯店，2012）。

136. 陳溪松主編，《眷戀：空軍眷村》（台北：國防部部長辦公室出版，2007），頁170。

137. 陳銘鴻，《「拒絕漂流」：李國修劇作主題之研究》（台中：靜宜大學中國文學研究所，2004）。

138. 陳興唐主編，《臺灣「二‧二八」事件檔案史料》（上）（台北：人間出版社，1992）。

139. 陳麗華，《台灣辦桌食譜》（台北：玉山社，2006）。

140. 傅培梅，《五味八珍的歲月》（台北：橘子文化公司，2000）。

141. 傅培梅、程安琪，《美味台菜：古早味與現代風》（台北：韜略出版公司，1997）。

142. 傅培梅編，《培梅食譜》（台北：中國烹飪補習班，1969）。

143. 博大廣告有限公司，《吃在臺北》（台北：博大策略廣告公司，1989）。

144. 彭小妍，〈巧婦童心──承先啟後的林海音〉，收入楊澤主編，《從四〇年代到九〇年代：兩岸三邊華文小說研討會論文集》（台北：時報文化公司，1994），頁19-26。

145. 曾品滄，〈炎起爨下薪──清代臺灣的燃料利用與燃料產業發展〉，《臺灣史研究》15:2(2008.06)，頁37-78。

146. 曾品滄，〈物競與人擇──荷治與明鄭時期臺灣的農業發展與環境改造〉，《國史館學術集刊》14(2007)，頁1-37。

147. 曾品滄，〈從「平樂遊」到「江山樓」：日治中期臺灣酒樓公共空間意涵的轉型（1912-1937）〉，收入林玉茹編，《比較視野下的臺灣商業傳統》（台北：中央研究院臺灣史研究所，2012），頁519-549。

148. 曾品滄，《從田畦到餐桌：清代臺灣漢人的農業生產與食物消費》（台北：國立臺灣大學歷史研究所博士論文，2006）。

149. 曾品滄，〈從花廳到酒樓：清末至日治初期臺灣公共空間的形成與擴展（1895-1911）〉，《中國飲食文化》7:1（2011.01），頁89-142。

150. 曾品滄，〈鄉土食和山水亭：戰爭期間「臺灣料理」的發展（1937-1945）〉，《中國飲食文化》9:1（2013.04），頁113-156。

151. 曾品滄，〈戰時生活體制與民眾飲食生活的發展（1947-1960s）〉，收入呂芳上主編，《戰後初期的臺灣》（台北：國史館，2015），頁585-626。

152. 曾品滄，〈辦桌——清代臺灣的宴會與漢人社會〉，《新史學》21:4（2010.12），頁1-55。

153. 曾品滄，〈懷念我的大稻埕生活——洪陳勤女士訪談錄〉，《國史研究通訊》5（2013.12），頁137-149。

154. 曾品滄、陳玉箴，〈台江地域食生活的傳統、變遷及其創新運用〉，《國家公園學報》26:2（2016.12），頁61-76。

155. 湯志傑，〈追尋記憶的痕跡——二階觀察的解謎活動：簡介 Jan Assmann, *Moses the Egyptian: The Memory of Egypt in Western Monotheism*〉，《新史學》14:3（2003.09），頁173-182。

156. 童世璋，《小吃的藝術與文化》（台北：行政院文化建設委員會，1986）。

157. 菱子（林海音），〈菜場巡禮〉，《婦友雜誌》39（1957.12），頁7。

158. 逯耀東，〈台灣飲食文化的社會變遷——蚵仔麵線與臭豆腐〉，《飲食》1（2005.09），頁76-85。

159. 逯耀東，《已非舊時味》（台北：圓神出版社，1992）。

160. 逯耀東，《出門訪古早》（台北：東大圖書公司，1998）。

161. 逯耀東，《肚大能容：中國飲食文化散記》（台北：東大圖書公司，2001）。

162. 逯耀東，《那年初一》（台北：東大圖書公司，2000）。

163. 逯耀東，《祇剩下蛋炒飯》（台北：圓神出版社，1987）。

164. 逯耀東，《寒夜客來：中國飲食文化散記之二》（北京：生活·讀書·新知三聯書店，2005）。

165. 逯耀東教授治喪委員會編，《逯耀東教授追思集》（台北：三民書局，

2006）。

166. 黃于玲，〈女人、國家與性工作：1946年至1960年台灣公娼政策的轉變〉，收入中研院社會所籌備處編，《「女性主義與臺灣社會的關係：社會學的觀點學術研討會」論文集》（台北：中央研究院社會所籌備處，1999）。

167. 黃仁姿、薛化元，〈戰後臺灣精英的連續與斷裂：以農會精英為例（1945-1953）〉，《臺灣史研究》18:3（2011.09），頁93-140。

168. 黃文珊，《高雄左營眷村聚落的發展與變遷》（高雄：國立高雄師範大學地理研究所，2006）。

169. 黃叔璥，《臺海使槎錄》（臺灣文獻叢刊第4種，1957）。

170. 黃旺成著，許雪姬主編，《黃旺成先生日記（一）一九一二年》（台北：中央研究院臺灣史研究所；嘉義：中正大學，2008）。

171. 黃旺成著，許雪姬主編，《黃旺成先生日記（二）一九一三年》（台北：中央研究院臺灣史研究所，2008）。

172. 黃旺成著，許雪姬主編，《黃旺成先生日記（三）一九一四年》（台北：中央研究院臺灣史研究所；嘉義：中正大學，2008）。

173. 黃旺成著，許雪姬主編，《黃旺成先生日記（六）一九一七年》（台北：中央研究院臺灣史研究所，2010）。

174. 黃宣範，《語言、社會與族群意識：臺灣語言社會學的研究》（台北：文鶴出版有限公司，1993）。

175. 黃得時，《臺灣遊記》（新北：臺灣商務印書館，1967）。

176. 黃智絹，《遠渡重洋的美食：台灣客家擂茶的流變》（桃園：中央大學客家社會文化研究所碩士論文，2011）。

177. 黃順星，〈文化消費指南：1980年代的《民生報》〉，《中華傳播學刊》31（2017.06），頁117-155。

178. 楊文山研究主持，李小玲、陳琪瑋研究，《93年全國客家人口基礎資料調查研究》（台北：行政院客家委員會，2004）。

179. 楊昇展，《南瀛眷村誌》（台南：台南縣政府，2009）。

180. 楊昭景主編，《客家飲食文化輯》（台北：行政院客家委員會，2003）。

181. 楊翠，《日據時期臺灣婦女解放運動》（台北：時報文化公司，1993）。

182. 詹月雲、黃勝雄，〈觀光夜市發展之課題與對策探討——以高雄六合觀光夜市為例〉，《土地問題研究季刊》1:4(2002)，頁62-78。

183. 鈴木清一郎著，馮作民譯，《增訂臺灣舊慣習俗信仰》（新北：眾文圖書股份有限公司，1989；1934年原刊）。

184. 廖怡錚，《傳統與摩登之間：日治時期臺灣的珈琲店與女給》（台北：國立政治大學臺灣史研究所碩士論文，2011）。

185. 臺灣省文獻委員會，《日據時期臺灣總督府公文類纂（明治二十八年乙種永久第八至十三卷）》（南投：臺灣省文獻委員會，1992），第4輯。

186. 臺灣省行政長官公署警務處編，《臺灣警務》（台北：臺灣省行政長官公署，1946）。

187. 臺灣慣習研究會原著，臺灣省文獻委員會譯編，《臺灣慣習記事》（台中：臺灣省文獻委員會，1987），2:10。

188. 臺灣慣習研究會原著，臺灣省文獻委員會譯編，《臺灣慣習記事》（台中：臺灣省文獻委員會，1990），5:5。

189. 臺灣銀行經濟研究室編，〈臺灣光復後之經濟法規〉，《臺灣銀行季刊》1:1(1947)，頁303-408。

190. 蒲慕州，〈西方近年來的生活史研究〉，《新史學》3:4(1992)，頁139-153。

191. 趙祐志，《日據時期臺灣商工會的發展（1895-1937）》（新北：稻鄉出版社，1998）。

192. 鳳祥主編，《眷戀：聯勤眷村》（台北：國防部史政編譯室，2008）。

193. 劉枋，《烹調漫談》（台北：立志出版社，1968）。

194. 劉枝萬，〈臺南縣西港鄉瘟醮祭典〉，收入劉枝萬著，《臺灣民間信仰論文集》（台北：聯經出版公司，2002），頁285-402。

195. 蔡文怡編，《家鄉味》（上）、（下）（台北：中央日報出版社，1982）。

196. 蔡承豪，《天工開物：臺灣稻作技術變遷之研究》（台北：臺灣師範大學歷史研究所博士論文，2009）。

197. 蔡玫姿，〈幸福空間、區隔女人、才女禁區——初論1960年後廚房空間的性別議題〉，《東海中文學報》21(2009.07)，頁337-370。

198. 蔡秉書，《神人間的宴王饗宴：以臺南西港刈香為例》（高雄：國立高雄餐旅大學臺灣飲食文化產業研究所碩士論文，2013）。

199. 蔡振豐，《苑裡志》（臺灣文獻叢刊第48種，1959）。

200. 蔡錦堂，〈戰後初期（1949-1950）臺灣社會文化變遷──以《中央日報》記事分析為中心〉，《淡江史學》，15(2004)，頁253-288。

201. 蕭容慧，〈要吃好菜，上那兒去？──介紹臺北的名館名菜〉，《寶島的中國美食》（台北：光華畫報雜誌社，1985），頁101-130。

202. 賴台生，《眷戀老食光：那個你最熟悉的味道就是家》（台中：文化部文化資產局；嘉義市：嘉義市政府文化局，2015）。

203. 謝兆楓、劉建甫，《蓬萊米的故事》（台北：國立臺灣大學磯永吉學會，2017）。

204. 鍾辰英等執行編輯，《原住民國宴食譜》（屏東：屏東縣政府，2004）。

205. 顏學誠，〈「客家擂茶」：傳統的創新或是創新的傳統？〉，收入《第九屆中華飲食文化學術研討會論文集》（台北：中華飲食文化基金會，2006），頁157-167。

206. 羅秀美，〈漫遊者的飲食散文──試論舒國治的飲食書寫及其建構新典律的可能性〉，《中國現代文學》17(2010)，頁79-124。

207. 羅香林，《客家史料匯篇》（香港：中國學社，1965）。

208. 羅肇錦，〈看不見的族群──只能做隱忍維生的弱勢人民嗎？〉，收入台灣客家公共事務會主編，《台灣客家人新論》（台北：臺原出版社，1993），頁31-36。

引用書目（日文）

1. 《臺報》

2. 《臺灣人士鑑》，查自「臺灣人物誌」資料庫

3. 《臺灣日日新報》

4. 《臺灣民報》

5. 《臺灣商報》

6. 《臺灣總督府統計書》第2、9、19、25、34回統計書。

7. 〈支那料理の名稱及定價〉，《臺灣慣習記事》5:5（台北：臺灣慣習研究會，1905），頁63-68。

8. 〈產業界《七》〉，《臺灣慣習記事》4:10（台北：臺灣慣習研究會，1904），頁57-59。

9. 〈慣習日記〉，《臺灣慣習記事》6:5（台北：臺灣慣習研究會，1906），頁80-85。

10. 〈稻江花柳〉，《臺灣藝術新報》1:1（台北：臺灣藝術新報，1935），頁70。

11. 上野專一，《臺灣視察復命書》（台北：成文出版社，1985）。

12. 千草默仙，《全島商工人名錄：臺北市商工人名錄》（台北：高砂改進社，1928）。

13. 川原瑞源，〈油烹と熬油（下）〉，《民俗臺灣》3:5(1943)，頁36-41。

14. 川原瑞源，〈煮食、炊粿、捕粽、醃豆油〉，《民俗臺灣》2:2(1942)，頁42-46。

15. 川原瑞源，〈臺灣の漬物（鹹菹）上〉，《民俗臺灣》3:1(1943)，頁34-37。

16. 川原瑞源，〈點心と新春の食品〉，《民俗臺灣》2:1(1942)，頁42-46。

17. 川原瑞源〈臺灣の漬物（鹹菹）下〉《民俗臺灣》3:2(1943)，頁35-37。

18. 川原端源，〈遺ひ物としての粿と粽〉，《民俗臺灣》2:12(1942)，頁28-31。

19. 不著撰人，〈農產加工品生產〉，《臺灣農事報》373(1937)，頁113-123。

20. 井出季和太著，《興味の臺灣史話》（台北：林本源中華文化教育基金會，1997）。

21. 月出皓編，《臺灣館》（台北：臺灣日日新報社，1903）。

22. 片岡巖，《臺灣風俗誌》（台北：臺灣日日新報社，1921）。

23. 王瑞成，〈冷熱と食補〉，《民俗臺灣》1:5(1941)，頁6-9。

24. 王瑞成，〈食是福作是祿〉，《民俗臺灣》1:4(1941)，頁28-30。

25. 臺灣新民報社調查部編，《臺灣人士鑑》（台北：臺灣新民報社，1934）。

26. 平出鏗二郎著，紀田順一郎編，《東京風俗志 中卷》（東京：クレス，2006）。

27. 立石鐵臣，〈台灣民俗圖繪（二）〉，《民俗臺灣》1:2(1941)，頁34。

28. 池田敏雄，〈臺灣食習資料〉，《民俗臺灣》4:1(1944)，頁2-17。

29. 池田敏雄，《台湾の家庭生活》（台北：東都書籍株式會社臺北支店，1944）。

30. 吳槐，〈新舊年末年始行事考（二）〉，《民俗臺灣》2:2(1942)，頁2-12。

31. 東方孝義，《臺灣習俗》（台北：同人研究會，1942）。

32. 染川郁次郎，〈臺灣に於ける麵類に就て〉，《實業之臺灣》8(1910)，頁19-20。

33. 徐氏青絹，〈食姊妹卓〉，《民俗臺灣》2:3(1942)，頁35。

34. 國分直一，《壺を祀る村：台湾民俗誌》（東京：法政大學出版局，1981）。

35. 國分直一、吉田忠彥、細川學、潮地悅三郎，〈海邊民俗雜記（二）〉，《民俗臺灣》5:1(1945)，頁1-11。

36. 國分直一、河井隆敏、潮地悅三郎、大城兵藏、宮城寬盛，〈海邊民俗雜記（一）〉，《民俗臺灣》4:12(1944)，頁2-12。

37. 國分直一、黃旭初、張上卿，〈村の歷史と生活（下）——中壢臺地の「湖口」を中心として〉，《民俗臺灣》4:6(1944)，頁22-45。

38. 陳氏董霞，〈陰匙〉，《民俗臺灣》4:8(1944)，頁16-17。

39. 陳逢源，〈點心と擔仔麵〉，《民俗臺灣》3:8(1943)，頁20-22。

40. 殖產局調查，〈臺灣に於ける豚肉の加工の方法（續）〉，《臺灣農事報》59(1911.10)，頁43-50。

41. 無作者，〈豚肉加工品に關する調查〉，《臺灣之畜產》（台北：臺灣畜產會，1935），頁15-39。

42. 黃氏鳳姿，〈田佃の家〉，《民俗臺灣》3:5(1943)，頁42-44。

43. 黃氏鳳姿，〈艋舺の少女〉，《民俗臺灣》2:4(1942)，頁40-42。

44. 黃廷煌，〈民俗採訪：狗母鍋〉，《民俗臺灣》3:10(1943)，頁46。

45. 黃連發，〈農村のお粥〉，《民俗臺灣》4:4(1944)，頁36-38。

46. 新樹，〈宴席及料理に關する雜話〉，《臺灣慣習記事》2:10（台北：臺灣慣習研究會，1905），頁61-68。

47. 新樹，〈宴席及料理に關する雜話（つづき）〉，《臺灣慣習記事》3:1（台北：臺灣慣習研究會，1903），頁69-78。

48. 臺灣旅遊組合聯合會編，《臺灣の旅》（台北：編者，1935）。

49. 劉氏淑慎，〈臺南の迎春〉，《民俗臺灣》3:3(1943)，頁44-46。

50. 潘迺禎，〈士林市場について〉，《民俗臺灣》1:6(1941)，頁42-43。

51. 潘迺禎，〈士林歲時記〉，《民俗臺灣》1:6(1941)，頁8-16。

52. 盧子安，〈論公學校家事科宜應用臺灣料理〉，《臺灣教育會雜誌》149(1914)，頁3。

引用書目（英文）

1. Anderson, Benedict, *Imagined Communities: Reflections on the Origin and Spread of Nationalism* (London; New York: Verso, 1991).

2. Anderson, Eugene N., *The Food of China* (New Haven: Yale University Press, 1988).

3. Andrée, Peter, Jeffrey Ayres, Michael J. Bosia, and Marie-Josée Massicotte (eds.), *Globalization and Food Sovereignty: Global and Local Change in the New Politics of Food* (Toronto; Buffalo; London: University of Toronto Press, 2014).

4. Appadurai, Arjun, "How to Make a National Cuisine: Cookbooks in Contemporary India," in *Comparative Studies in Society and History*, 30(1) (1988): 3-24.

5. Appadurai, Arjun, *The Social Life of Things: Commodities in Cultural Perspective* (Cambridge; New York: Cambridge University Press, 1986).

6. Assmann, Jan, "Collective Memory and Cultural Identity" (John Czaplicka, Trans.), in *New German Critique*, 65(1995): 125-133.

7. Assmann, Jan, *Religion and Cultural Memory: Ten Studies* (R. Livingstone, Trans.) (Stanford, Calif.: Stanford University Press, 2006).

8. Augustin-Jean, Louis, "Food Consumption, Food Perception and the Search for a Macanese Identity," in D. Y. H. Wu & S. C. H. Cheung (eds.), *The Globalization of Chinese Food* (Richmond, Surrey [England]: Curzon, 2002), pp. 113-127.

9. Avieli, Nir, *Food and Power: a Culinary Ethnography of Israel* (Oakland, California: University of California Press, 2018).

10. Bahloul, Joëlle, *The Architecture of Memory: A Jewish-Muslim Household in Colonial Algeria, 1937-1962* (New York: Cambridge University Press, 1996).

11. Ball, Eric L., "Greek Food after Mousaka: Cookbooks, 'Local' Culture, and

the Cretan Diet," in *Journal of Modern Greek Studies*, 21(1)(2003): 1-36.

12. Bampilis, Tryfon, *Greek Whisky: the Localization of a Global Commodity* (New York: Berghahn Books, 2013).

13. Beardsworth, Alan & Keil, Teresa, *Sociology on the Menu: An Invitation to the Study of Food and Society* (London; New York: Routledge, 1997).

14. Belasco, Warren James & Scranton, Philip, *Food Nations: Selling Taste in Consumer Societies* (New York: Routledge, 2002).

15. Bell, David & Gill Valentine, *Consuming Geographies: We Are Where We Eat* (London; New York: Routledge, 1997).

16. Ben-Ze'ev, Efrat, "The Politics of Taste and Smell: Palestinian Rites of Return," in M. E. Lien & B. Nerlich (eds.), *The Politics of Food* (Oxford: Berg, 2004): 141-160.

17. Bhushi, Kiranmayi (ed.) *Farm to Fingers: the Culture and Politics of Food in Contemporary India* (Cambridge, United Kingdom; New York, NY: Cambridge University Press, 2018).

18. Billig, Michael, *Banal Nationalism* (London; Thousand Oaks, Calif.: Sage, 1995).

19. Bourdieu, Pierre, *Distinction: A Social Critique of the Judgement of Taste* (Cambridge, Mass.: Harvard University Press, 1984).

20. Brown, Melissa J., *Is Taiwan Chinese? The Impact of Culture, Power, and Migration on Changing Identities* (Berkeley: University of California Press, 2004).

21. Brulotte, Ronda L., *Edible Identities: Food as Cultural Heritage* (Farnham, Surrey; Burlington, VT: Ashgate, 2014).

22. Carole Counihan, *The Anthropology of Food and Body: Gender, Meaning, and Power* (New York: Routledge, 1999).

23. Charles, Nickie and Marion Kerr, *Women, Food, and Families* (Manchester: Manchester, 1988).

24. Chen, Yu-jen, "Bodily Memory and Sensibility: Culinary Preferences and National Consciousness in the Case of 'Taiwanese Cuisine'," in *Taiwan*

Journal of Anthropology, 8:3（2010）: 163-196.

25. Collinson, Paul, Iain Young, Lucy Antal and Helen Macbeth（eds.）*Food and Sustainability in the Twenty-first Century: Cross-disciplinary Perspectives*（New York: Berghahn Books, 2019）.

26. Connerton, Paul, *How Societies Remember*（Cambridge［England］; New York: Cambridge University Press, 1989）.

27. Constable, Nicole, *Guest People: Hakka Identity in China and Abroad*（Seattle: University of Washington Press, 1996）.

28. Corcuff, Stéphane, *Memories of the Future: National Identity Issues and the Search for a New Taiwan*（Armonk, N.Y.: M.E. Sharpe, 2002）.

29. Counihan, Carole M., *Around the Tuscan Table: Food, Family, and Gender in Twentieth-century Florence*（New York: Routledge, 2004）.

30. Counihan, Carole M., *The Anthropology of Food and Body: Gender, Meaning, and Power*（New York: Routledge, 1999）.

31. Craib, Ian, *Experiencing Identity*（Thousand Oaks, CA: Sage Publications, 1998）.

32. Csordas, Thomas J., "Embodiment as a Paradigm for Anthropology," in *Ethos*, 18（1）（1990）: 5-47.

33. Cusack, Igor "Pots, Pens and 'Eating out the Body': Cuisine and the Gendering of African Nations," in *Nations and Nationalism*, 9（2）（2003）: 277-296.

34. Cwiertka, Katarzyna J. and Boudewijn C. A. Walraven（eds.）, *Asian Food: The Global and the Local*（Richmond: Curzon, 2002）.

35. Cwiertka, Katarzyna Joanna & Walraven, Boudewijn, *Asian Food: The Global and the Local*（Honolulu: University of Hawaii Press, 2001）.

36. Cwiertka, Katarzyna Joanna, *Modern Japanese Cuisine: Food, Power and National Identity*（London: Reaktion, 2006）.

37. David Y. H. Wu and Chee Beng Tan, *Changing Chinese Foodways in Asia*（Hong Kong: Chinese University Press, 2001）.

38. Debevec, Liza and Blanka Tivada, "Making Connections through Foodways:

Contemporary Issues in Anthropological and Sociological Studies of Food," in *Anthropological Notebooks*, 12（1）（2006）: 5-16.

39. DeVault, Margaret L., *Feeding the Family: The Social Organization of Caring as Gendered Work*（Chicago: University of Chicago Press, 1991）.

40. Douglas, Mary, "Deciphering a Meal," in *Daedalus*, 101（1975）: 61-81.

41. Duara, Prasenjit, "De-Constructing the Chinese Nation" *The Australian Journal of Chinese Affairs*, 0（30）（1993）: 1-26.

42. Elias, Norbert, Edmund Jephcott（trans.）, *The Civilizing Process: The History of Manners and state Formation and Civilization*（Oxford: Blackwell, 1994）.

43. Eugene N. Anderson, *The Food of China*（New Haven: Yale University Press, 1988）.

44. Farrer, James（ed.）*The Globalization of Asian Cuisines: Transnational Networks and Culinary Contact zones*（New York, NY: Palgrave Macmillan, 2015）

45. Frederick J. Simoons, *Food in China: A Cultural and Historical Inquiry*（Boca Raton: CRC Press, 1991）.

46. Gellner, Ernest, *Nations and Nationalism*（Ithaca: Cornell University Press, 1983）.

47. Goody, Jack, *Cooking, Cuisine, and Class: A Study in Comparative Sociology*（Cambridge; New York: Cambridge University Press, 1982）.

48. Halloran, Vivian Nun, *The Immigrant Kitchen: Food, Ethnicity, and Diaspora*（Columbus: The Ohio State University Press, 2016）.

49. Halvorsen, Francine, *The Food and Cooking of China: An Exploration of Chinese Cuisine in the Provinces and Cities of China, Hong Kong, and Taiwan*（New York: J. Wiley, 1996）.

50. Hsieh, Shih-chung, "Representing Aborigines: Modelling Taiwan's 'Mountain Culture'," in Kosaku Yoshino（ed.）, *Consuming Ethnicity and Nationalism: Asian Experiences*（Richmond, Surrey: Curzon; Honolulu: University of Hawaii Press, 1999）, pp, 89-110.

51. Ian and Crang Cook, Philip, "The World on a Plate: Culinary Culture, Displacement and Geographical Knowledge," in *Journal of Material Culture*, 1(2) (1996): 131-153.

52. Ishige, Naomichi, "Introduction of Chinese Cuisine to Japan during the Twentieth Century," in David Y.H. Wu (ed.), *Overseas March: How the Chinese Cuisine Spread?* (Taipei: Foundation of Chinese Dietary Culture, 2011): 13-26.

53. K.C. Chang, *Food in Chinese Culture* (New Haven: Yale University Press, 1977).

54. Kenyon, Liz, "A Home from Home: Students' Transnational Experience of Home," in T. Chapman & J. L. Hockey (eds.), *Ideal Homes? Social Change and Domestic Life* (London, New York: Routledge, 1999).

55. Kershen, Anne J. (ed.), *Food in the Migrant Experience* (Aldershot; Burlington, VT: Ashgate, 2002).

56. King, Michelle T., "The Julia Child of Chinese Cooking, or the Fu Pei-mei of French Food?: Comparative Contexts of Female Culinary Celebrity," in *Gastronomica* 18.1 (February 2018): 15-26.

57. King, Michelle T. (ed.) *Culinary Nationalism in Asia* (Bloomsbury Academic, 2019).

58. Leong, Sow-theng, *Migration and Ethnicity in Chinese History: Hakkas, Pengmins, and Thei Neighbors*, Edited by Tim Wright (Stanford, CA: Stanford University Press, 1997).

59. Levi-Strauss, Claude, "The Culinary Triangle," in *Partisan Review*, 33(1966): 586-595.

60. Lien, Marianne E. & Nerlich, Brigitte, *The Politics of Food* (Oxford: Berg, 2004).

61. Lu, Shao-li. Savage World, Immortal Island: The Colonial Gaze and Colonial Taste of the Penglai Rice," in Bi-yu Chang & Pei-yin Lin ed., *Positioning Taiwan in a Global Context: Being and Becoming*, London: Routledge. 128-143. 2019.

62. Lupton, Deborah, "Food, Memory and Meaning: The Symbolic and Social Nature of Food Events," in *The Sociological Review*, 42 (1994): 664-685.

63. Lupton, Deborah, *Food, the Body and the Self* (New York: Sage, 1996).

64. Mallery, Garrick, "Manners and Meals," in *American Anthropologist*, 1(3) (1888).

65. Mauss, Marcel, "Techniques of the Body," in M. Mauss & N. Schlanger (eds.), *Techniques, Technology, and Civilisation* (New York: Durkheim Press/Berghahn Books, 2006 [1935]).

66. Mauss, Marcel, *The Gift: the Form and Reason for Exchange in Archaic Societies*, (translated by W. D. Halls) (London; New York: Routledge, 1990 [1954]).

67. Mennell, Stephen, *All Manners of Food: Eating and Taste in England and France from the Middle Ages to the Present* (Oxford: Basil Blackwell, 1985).

68. Mennell, Stephen & Murcott, Anne & van Otterloo, Anneke H., *The Sociology of Food: Eating, Diet and Culture* (London; Newbury Park [Calif.]: Sage Publications, 1992).

69. Merleau-Ponty, Maurice, *Phenomenology of Perception* (London; New York: Routledge, 1962).

70. Miller, Daniel (ed.), *Material Cultures: Why Some Things Matter?* (Chicago: The University of Chicago Press, 1998).

71. Mintz, Sidney and C. Du Bois, "The Anthropology of Food and Eating," in *Annual Review of Anthropology*, 31(2002): 99-119.

72. Mintz, Sidney W, "Eating Communities: The Mixed Appeals of Sodality," in T. Döring, M. Heide & S. Mühleisen (eds.), *Eating Culture: The Poetics and Politics of Food* (Heidelberg: Winter, 2003), pp. 19-34.

73. Mintz, Sidney W., *Sweetness and Power: The Place of Sugar in Modern History* (New York: Penguin Books, 1985).

74. Murcott, Anne, "Food as an Expression of National Identity," in S. Gustavsson & L. Lewin (ed.), *The Future of the Nation State* (New York,

London: Routledge., 1996), pp. 49-77.

75. Murcott, Anne, "It Is a Pleasure to Cook for Him: Food, Mealtimes and Gender in Some South Wales Households," in Gamarnikow, Eva, David Morgan, June Purvis and Daphne Taylorson (eds.), *The Public and the Private* (London: Heineman Educational Books, 1983).

76. Murcott, Anne, *The Nation's Diet: The Social Science of Food Choice* (New York: Addison Wesley Longman, 1998).

77. Naguib, Nefissa, "The Fragile Tale of Egyptian Jewish Cuisine: Food Memoirs of Claudia Roden and Colette Rossanti," in *Food & Foodways*, 14(2006): 35-53.

78. Narayan, Uma, "Eating Cultures: Incorporation, Identity and Indian Food," in *Social Identities*, 1 (1) (1995): 63-86.

79. Nestle, Marion, *Food Politics: How the Food Industry Influences Nutrition and Health* (Berkeley: University of California Press, 2002).

80. O'Neill, John, *Five Bodies: The Human Shape of Modern Society* (Ithaca: Cornell University Press, 1985).

81. Ohnuki-Tierney, Emiko, *Rice as Self: Japanese Identities Through Time* (N.J.: Princeton University Press, 1993).

82. Oosterveer, Peter and David A. Sonnenfeld, *Food, Globalization and Sustainability* (London; New York: Earthscan, 2012).

83. Palmer, Catherine, "From Theory to Practice: Experiencing the Nation in Everyday Life," in *Journal of Material Culture*, 3(2) (1998): 175-199.

84. Pang, Ching-lin, "Beyond 'Authenticity': Reinterpreting Chinese Immigrant Food in Belgium," in T. Döring, M. Heide & S. M_hleisen (eds.), *Eating Culture: The Poetics and Politics of Food* (Heidelberg: Winter, 2003).

85. Petridou, Elia, "The Taste of Home," in Daniel Miller (ed.), *Home Possessions: Material Culture behind Closed Doors* (Oxford; New York: Berg, 2002).

86. Pilcher, Jeffrey M, "Introduction," in Jeffrey M. Pilcher (ed.), *The Oxford Handbook of Food History* (Oxford, New York: Oxford University Press,

2012）.

87. Pilcher, Jeffrey M., *Que Vivan Los Tamales!: Food and the Making of Mexican Identity* (Albuquerque: University of New Mexico Press, 1998).

88. Prabhu, Anjali, *Hybridity: Limits, Transformations, Prospects* (Albany: State University of New York Press, 2007).

89. Renan, Ernest, "Qu'est-ce Qu'une Nation?," in J. Hutchinson & A. D. Smith (eds.), *Nationalism* (Oxford; New York: Oxford University Press, 1994).

90. Roy, Parama, "Reading Communities and Culinary Communities: The Gastropoetics of the South Asian Diaspora Parama," in *Positions*, 10(2) (2002): 471-502.

91. Rudolph, Michael, "The Emergence of the Concept of 'Ethnic Group' in Taiwan and the Role of Taiwan's Austronesians in the Construction of Taiwanese Identity," in *Historiography East and West*, 2(1) (2004): 86-115.

92. Scheper-Hughes, Nancy and Margaret M. Lock, "The Mindful Body: A Prolegomenon to Future Work in Medical Anthropology," in *Medical Anthropology Quarterly*, 1(1987): 6-41.

93. Smith, Anthony D., *National Identity* (Reno: University of Nevada Press, 1991).

94. Smith, Anthony D., *Theories of Nationalism* (New York: Harper & Row, 1971).

95. Strathern, Andrew, *Body Thoughts* (Ann Arbor: University of Michigan Press, 1996).

96. Susan E. Reid, "Cold War in the Kitchen: Gender and the De-Stalinization of Consumer Taste in the Soviet Union under Khrushchev," in *Slavic review*, 61(2) (2002): 211-252.

97. Sutton, David E., *Remembrance of Repasts: An Anthropology of Food and Memory* (Oxford: Berg, 2001).

98. Tate, Shirley, "Talking Identities: Food, Black 'Authenticity' and

Hybridity," in T. Döring, M. Heide & S. Mühleisen (eds.), *Eating Culture: The Poetics and Politics of Food* (Heidelberg: Winter, 2003), pp.??

99. Tien, Hung-mao & Chu, Yun-han, "Building Democracy in Taiwan," in *The China Quarterly*, 148(1996): 1141-1170.

100. Tierney, R. K. & Ohnuki-Tierney, E., "Anthropology of food," in J. M. Pilcher (ed.), *The Oxford handbook of food history* (Oxford; New York: Oxford University Press, 2012), pp. 117-134.

101. Tilley, Christopher, *A Phenomenology of landscape: Places, Paths and Monuments* (Oxford: Berg, 1994).

102. Townsend, James, "Chinese Nationalism," in *The Australian Journal of Chinese Affairs*, 27(1992): 97-130.

103. Tozer, Warren, "Taiwan's 'Cultural Renaissance': A Preliminary View," in *The China Quarterly*, 43(1970): 81-99.

104. Van Wieren, Gretel, *Food, Farming and Religion: Emerging Ethical Perspectives* (Abingdon, Oxon; New York, NY: Routledge, 2018).

105. Wachman, Alan, *Taiwan: National Identity and Democratization* (Armonk, N.Y.: M.E. Sharpe, 1994).

106. Wang, Fu-Chang, "Why Bother About School Textbooks?: An Analysis of the Origin of the Disputes over Renshi Taiwan Textbooks in 1997," in John Makeham and A-chin Hsiau (eds.), *Cultural, Ethnic, and Political Nationalism in Contemporary Taiwan: Bentuhua* (New York: Palgrave Macmillan, 2005), pp. 55-101.

107. Wang, Li-jung, "Diaspora, Identity and Cultural Citizenship: The Hakkas in 'Multicultural Taiwan'," in *Ethnic and Racial Studies*, 30(5) (2007): 875-895.

108. Warde, Alan & Martens, Lydia, *Eating Out: Social Differentiation, Consumption, and Pleasure* (Cambridge [England] New York: Cambridge University Press, 2000).

109. Warde, Alan, *Consumption, Food and Taste: Culinary Antinomies and Commodity Culture* (London; Thousand Oaks, Calif.: Sage Publications,

1997).

110. Watson, James L. (ed.), *Golden Arches East: Mcdonald's in East Asia* (Stanford, Calif.: Stanford University Press, 1997).

111. Watts, Sydney, "Food and the Annales School," in Pilcher, Jeffrey M. (eds.), *Oxford Handbook of Food History* (New York: Oxford University Press, 2012), pp. 3-22.

112. Wilk, Richard R, "Food and Nationalism: The Origins of 'Belizean food'," in W. J. Belasco & P. Scranton (eds.), *Food Nations: Selling Taste in Consumer Societies* (New York: Routledge, 2002), pp. 67-89.

113. Wilk, Richard R., "Real Belizean Food: Building Local Identity in the Transnational Caribbean," in *American Anthropologist*, 99(1999): 244-255.

114. Wu, Yu-shan, "Taiwanese Nationalism and Its Implications: Testing the Worst-Case Scenario," in *Asian Survey*, 44(4) (2004): 614-625.

115. Yiakoumaki, Vassiliki, " 'Local,' 'Ethnic,' and 'Rural' Food: On the Emergence of 'Cultural Diversity' in Post-EU-Accession Greece," in *Journal of Modern Greek Studies*, 24(2) (2006): 415-445.

116. Yip, June Chun, *Envisioning Taiwan: Fiction, Cinema, and the Nation in the Cultural Imaginary* (Durham: Duke University Press, 2004).

117. Young, Robert, *Colonial Desire: Hybridity in Theory, Culture, and Race* (London; New York: Routledge, 1995).

118. Yu, Shuenn-Der, "Hot and Noisy: Taiwan's Night Market Culture," in David K. Jordan, Andrew D. Morris, and Marc L. Moskowitz (eds.), *The Minor Arts of Daily Life: Popular Culture in Taiwan* (Honolulu: University of Hawaii Press, 2004), pp. 129-149.

「台灣菜」的文化史：食物消費中的國家體現

2020年6月初版　　　　　　　　　　　　　　　　定價：新臺幣580元
2020年6月初版第二刷
有著作權·翻印必究
Printed in Taiwan.

	著　　　者	陳	玉	箴		
	叢書主編	沙	淑	芬		
	校　　　對	陳	佩	伶		
	封面設計	沈	佳	德		

出　版　者　聯經出版事業股份有限公司　　　副總編輯　陳　逸　華
地　　　址　新北市汐止區大同路一段369號1樓　　總經理　陳　芝　宇
叢書主編電話　(02)86925588轉5310　　社　　長　羅　國　俊
台北聯經書房　台北市新生南路三段94號　　　發行人　林　載　爵
電　　　話　(02)23620308
台中分公司　台中市北區崇德路一段198號
暨門市電話　(04)22312023
台中電子信箱　e-mail：linking2@ms42.hinet.net
郵政劃撥帳戶第0100559-3號
郵撥電話　(02)23620308
印　刷　者　世和印製企業有限公司
總　經　銷　聯合發行股份有限公司
發　行　所　新北市新店區寶橋路235巷6弄6號2樓
電　　　話　(02)29178022

行政院新聞局出版事業登記證局版臺業字第0130號

本書如有缺頁，破損，倒裝請寄回台北聯經書房更換。　　ISBN　978-957-08-5534-0（精裝）
聯經網址：www.linkingbooks.com.tw
電子信箱：linking@udngroup.com

國家圖書館出版品預行編目資料

「台灣菜」的文化史：食物消費中的國家體現/陳玉箴著.
初版. 新北市. 聯經. 2020年6月. 416面. 14.8×21公分
ISBN　978-957-08-5534-0（精裝）
[2020年6月初版第二刷]

1.飲食風俗　2.台灣文化

538.7833　　　　　　　　　　　　　　　　　　　109005775